奥斯曼与莫卧儿

遥相辉映的帝国

［德］苏莱娅·法洛奇 著 乐欢 译

山东人民出版社

图书在版编目（CIP）数据

奥斯曼与莫卧儿：遥相辉映的帝国 /(德)苏莱娅·法洛奇著;乐欢译.— 济南:山东人民出版社,2024.5
ISBN 978-7-209-14860-3

Ⅰ.①奥… Ⅱ.①苏… ②乐… Ⅲ.①奥斯曼帝国－历史②莫卧儿帝国(1526－1857)－历史 Ⅳ.①K374.3 ②K351.32

中国国家版本馆CIP数据核字（2023）第210336号

奥斯曼与莫卧儿：遥相辉映的帝国

AOSIMAN YU MOWOER : YAOXIANGHUIYING DE DIGUO

［德］苏莱娅·法洛奇 著　乐欢 译

主管单位	山东出版传媒股份有限公司
出版发行	山东人民出版社
出 版 人	胡长青
社　　址	济南市市中区舜耕路517号
邮　　编	250003
电　　话	总编室（0531）82098914
	市场部（0531）82098027
网　　址	http://www.sd-book.com.cn
印　　装	山东新华印务有限公司
经　　销	新华书店

规　　格	32开（145mm×210mm）
印　　张	16.5
字　　数	325千字
版　　次	2024年5月第1版
印　　次	2024年5月第1次
ISBN 978-7-209-14860-3	
定　　价	68.00元

如有印装质量问题，请与出版社总编室联系调换。

致南迪塔・普拉萨德・萨哈（1960—2013）

致　谢

　　想要通过一个作者/读者并不十分熟悉的政体来对比研究像奥斯曼帝国这样复杂的社会结构，并不是一件容易的事，而我本人对莫卧儿帝国的熟悉程度就颇为有限。2014年起，我在伊斯坦布尔比尔基大学（Istanbul Bilgi University）教授莫卧儿帝国历史入门课程，自此萌发了写这本书的想法。在课堂上，我意识到，对学生而言（对我自己亦是如此），探讨一个话题的最佳方式就是退后一步，看一看奥斯曼帝国的人是如何处理某个问题的，而莫卧儿帝国的居民又会以怎样不同的方式来对待同一个问题。更值得深思的是，一些在研究奥斯曼帝国的历史学家看来习以为常的准则——例如奥斯曼帝国历史上，税收持有者有义务制定并维护封地的法律以及构建社会秩序——却并非印度莫卧儿帝国的通行标准。经常性地在熟悉与不熟悉的领域间来回探究，是我在教授这门课程以及后来写这本书期间所体会到的最激动人心的事。

　　比起开展自己专业领域内的研究，作者在进行比较性研究的时候会需要更多的帮助。为了不漏掉任何一个对我有所助益的人，我将按时间顺序向他们表示感谢。首先，在这个项目的起始阶段，我要感谢伊斯坦布尔科驰大学（Koç University）的教授穆斯塔法·艾德姆·卡巴达伊（Mustafa Erdem Kabadayı），他在2011年鼓励我向印度劳工史研究协会2012年代表大会提交书面提案。我在这里也非常感谢普拉布·莫哈帕特拉（Prabhu Mohapatra）、奇特拉·乔希（Chitra Joshi）和拉娜·比哈尔（Rana Bihal），他们在这个用自己的奉献精神组织起来的大会上，慷慨地接纳了我这个外来者，并且帮助我与同样对莫卧儿帝国感兴趣的印度同侪保持联系，这些都令我感佩万分。而且，2012年春，普拉布·莫哈帕特拉邀请我、维贾雅·拉马斯瓦米·克里希南（Vijaya Ramaswamy Krishnan）和纳杰夫·海德尔（Najaf Haider）分别前往德里大学（University of Delhi）、贾瓦哈拉尔·尼赫鲁大学（Jawaharlal Nehru University）和阿里格尔穆斯林大学（Aligarh Muslim University）进行学术研讨，海德尔还为我引见了伊尔凡·哈比卜（Irfan Habib）和希琳·莫斯威（Shireen Moosvi）。此外，萨布亚萨奇·巴塔查里亚（Sabyasachi Bhattacharya）还将我的一篇文章编进了大会论文集中，对此我万分感激。我始终能够感受到，我的同侪正是通过这种方式对这样一个事实表达了欣赏之情：无论在哪个领域，劳动人民的斗争都是相似的。

也正是借着这次机会，我认识了比迪莎·达尔（Bidisha Dhar）。她当时还只是个博士研究生，正在等待自己关于勒克瑙刺绣的博士论文通过，而她现在已经是特里普拉大学（Tripura University）的教师了。这次与会的经历使我们成了朋友。2014年，她与蒂洛塔玛·慕克吉（Tilottama Mukherjee）一同在加尔各答（Kolkata）的贾达普大学（Jadavpur University）安排了一次学生见面会，学生在会上不断地提出与奥斯曼帝国历史有关的问题，直到他们的老师提出教室要关门了，这一点令我印象深刻。那次，拉克希米·苏布拉曼尼亚（Lakshmi Subramanian）还邀请我前往位于贾杜纳斯·萨卡尔（Jadunath Sarkar）故居的社会科学研究中心——萨卡尔先生是研究莫卧儿帝国及其同时期其他王朝的近代历史学先驱之一。

而在伊斯坦布尔这一边，如前所述，2014年春，一方面，我斗胆在伊斯坦布尔比尔基大学为硕士研究生讲授莫卧儿帝国历史入门课程，我的学生们以耐心与宽容接纳了我这样一个对这门学科只有粗浅认识的老师；另一方面，这段师生共同学习的经历也尤为特别，我的学生们经常与我分享他们在网络上找到的有意义的文献。我将永远珍视这段回忆。

除此以外，时任伊斯坦布尔比尔基大学人文和社会科学学院院长的艾登·乌尔（Aydın Uğur），欣然支持这项对伊斯坦布尔比尔基大学而言史无前例的研究项目。2014年秋，伊斯坦布尔比尔基大学举办了一次座谈会，邀请研究奥斯曼帝国的历史学家和研究印度的历史学家同台交流。距离托松·阿勒詹勒（Tosun Arıcanlı）主办的双方学者初次交流会二十多年后，我们终于又可以共襄盛举，尽管这次的规模比起那一次的要小许多。2015年秋，贾瓦哈拉尔·尼赫鲁大学在德里（Delhi）举办了一系列研讨会，研究奥斯曼帝国的历史学家在伊斯坦布尔比尔基大学的慷慨资助下踊跃参与。另外，当我在2017年夏天退休后，贾瓦哈拉尔·尼赫鲁大学又一次举办了奥斯曼–莫卧儿史学研讨会，可以说，这是我的退休礼物。对此，我必须感谢时任和现任史学研讨会主席比伦特·比尔梅兹（Bülent Bilmez）及古尔汗·巴索伊（Gülhan Balsoy），另外还有巴沙克·图（Başak Tuğ）、穆拉特·达勒（Murat Dağlı），以及最近给予我支持的穆斯塔法·阿卡伊（Mustafa Akay）。图纳罕·杜尔马兹（Tunahan Durmaz）也在章节设置方面为我提供了极大的帮助。

贾瓦哈拉尔·尼赫鲁大学的历史研究中心邀请我担任高级研究院（JNIAS）的成员后，我得以与研究莫卧儿帝国的历史学家进一步建立联系。因此，在2016年秋季学期，我在该大学教授奥斯曼社会历史这门课程。我要感谢G.J.V.普拉萨德（G.J.V.Prasad）的邀请，同时我尤其感谢维贾雅·拉马斯瓦米·克里希南和纳杰夫·海德尔，他们帮助我这个新人熟悉这个陌生的学术领域的基本规则和常用的研究方法。我万分感激海德尔教授协助我一起教授奥斯曼社会历史这门课程，并协助我处理学生成绩等行政事务。我必须说，倾听尼赫鲁大学丰富多彩的演讲是令人难忘的经历。其中，朴拉琪·德什潘德（Prachi Deshpande）关于奥朗则布（Aurangzeb，1658—1707年在位）的宿敌西瓦杰·邦斯拉（Shivaji Bhonsla，1627—1680）的演讲给了我重大的启发。而罗米拉·塔帕尔（Romila Thapar）的演讲也让我意识到，当时已不幸离世的南迪塔·普拉萨德·萨哈（Nandita Prasad Sahai）的研究成果堪称本书研究内容最重要的灵感来源。我的学生也给我的研究提供了重要帮助，他们多数时候在上课前就都完成了预习；2016年11月，印度日常生活最常使用的纸币骤缺，在这个因为"废钞令"而动荡的时期，我的两个学生帮助我抵达斋浦尔（Jaipur）。另外，我还要感谢吉约提·阿特瓦尔（Jiyoti Atwal）、诺尼卡·达塔（Nonica Datta）和苏尼尔·库马尔（Sunil Kumar）的友情帮助，以及穆扎法尔·阿拉姆（Muzaffar Alam）、派厄斯·马勒坎达提尔（Pius Malekandathil）和纳杰夫·海德尔热心地为我提供了我自己遍寻不到的出版物。

借着到各地参加学术交流的外出机会，我还参观了法塔赫布尔·西格里城（Fatehpur Sikri）、阿格拉堡宫殿（the palaces of Agra Fort）、泰姬陵（Taj Mahal）和锡坎德拉（Sikandra）的阿克巴陵（Akbar's Mausoleum），无一不是与众不同的体验。德里的红堡（Red Fort）、旧堡（Purana Qila）和18世纪修建的萨夫达尔疆陵墓（Mausoleum of Safdār Jang, 1754）的游览也让我对阿克巴（Akbar）和贾汗吉尔（Jahāngīr）统治前后莫卧儿（以及苏尔王朝）的建筑形态有了大概的了解。我不会忘记，在尼赫鲁大学的研讨会结束后，阿里夫·比尔金［Arif Bilgin，土耳其（Türkiye）萨卡里亚大学（Sakarya University）］勇敢地陪伴我在德里秋天的严重污染下参观了萨夫达尔疆陵墓与红堡。如果没有与他们相遇，如果没有与古迹相遇，我就不可能完成本书的研究内容。

感谢下列朋友阅读并评校本书的部分章节：艾利夫·阿克塞廷（Elif Akçetin）、沙达布·巴诺（Shadab Bano）、贾恩卡洛·卡萨莱（Giancarlo Casale）、里沙德·乔德利（Rishad Chowdry）、莱斯特·克鲁克（Lester Crook）、斯蒂芬·戴尔（Stephen Dale）、理查德·伊顿（Richard Eaton）、简·哈撒韦（Jane Hathaway）、A. 阿兹法·穆因（A. Azfar Moin）、哈尔班斯·穆齐亚（Harbans Mukhia）和桑贾伊·苏布拉马尼亚姆（Sanjay Subrahmanyam），以及通过出版商发来匿名评论的学者们。特别感谢贾恩卡洛·卡萨莱、莱斯特·克鲁克、理查德·伊顿和简·哈撒韦耐心阅读全书。

此外，我现在在伊本·哈尔顿大学（Ibn Haldun University）任教，感谢大学给了我许多空余时间编写这本书。这段空闲的黄金时间对我而言是一份难得的礼物，我必须感谢系主任哈利勒·贝尔克塔伊（Halil Berktay）以及历史系的同事们。当然，本书的错漏和瑕疵与这些慷慨的人毫不相干。

苏莱娅·法洛奇（Suraiya Faroqhi）

写于伊斯坦布尔，2018年9月

目　录

引　言

我们将在本书中尝试对比16、17以及18世纪早期奥斯曼帝国和莫卧儿帝国统治下的社会的情况。换句话说，我们考察了这两个帝国经济和政治方面共有的社会特征，同时，我们强调了两者的差异。

将这两个帝国统治下的社会放在一起进行对比是有充分理由的，因为只要把某一帝国和另一个与之相似的帝国进行比较，我们就能理解该帝国的政体的特点。否则，至少是在研究奥斯曼帝国的过程中，我们会很轻易地把仅在伊斯坦布尔或开罗（Cairo）存在的政治、宗教、艺术活动以及理念视为所有主要伊斯兰国家的典型特征。当然，南亚的历史学家也许不容易产生这种错误倾向。然而即便如此，倘若我们不去进行比较，就有可能忽略16—18世纪的统治者、精英阶层以及艺术家们的选择范畴，也会忽视被统治阶级成员有限的选择范围，这是很危险的倾向。通过比较，我们旨在为人类的生活方式和探寻其历史可能性提供更为广阔的视野。

尽管我们在本书中主要关注的是被统治阶级，但倘若我们不去研究这两个帝国的管理者所撰写的史料文献，就无法探究他们的生活。为审查浩如烟海的现存史料，我们需要始终明确一点：

如同所有作者一样，以统治阶级的利益为服务对象的官员，也将自身的思想顾虑与预设立场带入了其所撰写的文件或史书中。毕竟，无论是在奥斯曼帝国还是在莫卧儿帝国，那些哪怕看似不在官方关注范畴内的活动，例如诗歌，也往往是书写者赢得朝廷青睐的手段；同时，朝廷的偏好也可以影响某个官员的职业发展。因此很不幸的是我们永远都无法直接接触到奥斯曼帝国或莫卧儿帝国的被统治阶级。在多数情况下，我们只可以看见他们在镜子里的影像——而这些影像又被镜子严重扭曲了。

此外，奥斯曼帝国与莫卧儿帝国早期史料记载的社会几乎全由男性组成，这种选择性的记录极大地限制了我们的视野。就算被史料忽视，女性仍然是我们进行研究分析的必要基础。尽管我们竭尽全力地寻找相关资料——这也是历史学家长久以来坚持不懈的努力方向——但最终发现奥斯曼帝国和莫卧儿帝国的女性确实只在某些特定的情况下才被载入史册。我们将尽可能地将其涵盖在内。

在这样的情况下，为了研究"普通百姓"，我们需要采用间接的研究手段，将注意力转向两个方面：一方面是奥斯曼帝国和莫卧儿帝国统治机构之间的关系，另一方面是城镇和乡村的纳税人。

由于这种镜像游戏的存在，乍看之下，我们在比较两者异同方面似乎没怎么下功夫，但实际做的工作却复杂得多。正如杜弘睿（Jeroen Duindam）所说的，在不同的环境下，明显的相似之处背后可能隐藏了潜在的差异，而显而易见的差异也可能掩盖着隐性的相似之处。只要瞥一眼就能发现，这句话同样也适用于奥斯曼帝国与莫卧儿帝国。例如，一方面，奥斯曼高层官员拥有的大型采邑［哈斯[1]（has）］在一定程度上可以类比于莫卧儿皇帝奖赏给官员与地方长官的扎吉尔[2]（jagīr）；另一方面，莫卧儿帝国的官员并没有过多地强调皇帝是一切耕地的最终所有者这一观念，但这一观念却是奥斯曼帝国官方所有权理念的基础。尽管存在这一差异，但无论是莫卧儿还是奥斯曼，农民都不拥有自己的农田，即使他们可以根据个人喜好来处理自己所耕种的土地，甚至放弃耕种。然而，在种姓和氏族隔离下，莫卧儿帝国的农民对收取自己田税的扎吉达尔[3]（jagīrdār）的依赖度要比奥斯曼帝国的农民的更低（见第八章）。

世界历史背景下：奥斯曼与莫卧儿的帝国架构

本书研究范畴隶属于欧洲历史学家几个世纪以来倍感兴趣的帝国历史的一部分。尝试衡量评判罗马帝国对中世纪以及19世纪和20世纪欧洲影响的历史研究非常多，这类研究文献至少起源于

---

[1]　哈斯：岁入超过10万阿克切（akçe，即银币单位）的封邑，通常被授予省督或苏丹皇室成员。

[2]　扎吉尔：皇帝分配给将领和大臣的大片税收封地，以保证他们为自己提供军事和行政服务。

[3]　扎吉达尔：扎吉尔的拥有者。他们终身享有征收封地田赋的权利，但不能世袭，对封地也没有所有权。

18世纪，并一直持续到今天。

还有一些历史学家通过比较的手段对帝国进行研究，例如一位研究罗马帝国的史学家就曾提出，罗马政体绝非19世纪现代体制的前身，这一观念与一些同样研究罗马帝国的史学家的观点并不一致。基于一系列令人印象深刻的莫卧儿帝国史相关研究，彼得·邦（Peter Bang）提出，与前3世纪至19世纪整个亚欧大陆出现的帝国政体相比，罗马政体与它们在社会、政治、经济形态上都十分一致。笔者认为，奥斯曼帝国也许是彼得观点的一个很好的例证，因为数百年来，苏丹们统治着罗马世界以东的区域，与之面对着相似的地理和环境限制。不过，彼得试图强调的是，政体的相似之处并不是相似的地理环境或政治传统导致的结果。罗马帝国与莫卧儿帝国在地理环境与政治文化方面都相去甚远，但在有限的财富和落后的交流方式的影响下，二者形成了类似的帝国格局。由此可见，传统和意识形态的影响力也许并不如物质条件的制约力。

与之相异的是，15—18世纪的奥斯曼帝国学者，例如著名的卡蒂布·切莱比（Kâtib Çelebi, 1609—1657）则更侧重于研究伊斯兰帝国与王朝。然而，在19世纪50年代之前，只有极少数奥斯曼帝国的穆斯林学者表现出了对穆斯林世界以外的罗马、中国、日本和其他帝国的兴趣。有一个例外可供我们参考，那就是征服希腊各城邦和阿契美尼德（Achaemenid）王朝的马其顿国王亚历山大（Alexander the Great, the Macedonia King, 前356—前323），伊斯兰世界的作者们将他视为一位"荣誉穆斯林"。也许，最早的一批作者在传记中以亚历山大大帝作为叙事模型来描述奥斯曼苏丹，并非出于偶然。

在20世纪兴起并瓦解的帝国吸引当今的历史学家对过去曾经兴盛的政体进行回顾。在这里面，具有启发意义的案例之一，就是奥斯曼帝国的崩塌，以及紧随其后的所谓"终结所有和平的和平"。尤其是奥斯曼帝国最后几年的战争、屠杀和驱逐，已经成为众多研究与争议的主题。此外，历史学家也研究了沙俄（Tsarist Empire）的衰落、该国在苏维埃政权统治下的再度崛起以及20世纪90年代的苏联解体，还有大英帝国（British Empire）在第二次世界大战后十年内的销声匿迹，更遑论我们正亲眼见证的美帝国所面临的挑战，尽管美国并非传统意义上的帝国。而在印度这边，大英帝国的殖民统治以及随之而来的暴力流血，包括"继承国"印度和巴基斯坦对彼此的敌意，都促使历史学家对过去种种进行详细的探究：莫卧儿帝国和英国统治的余波在何种程度上决定了印度和巴基斯坦的道路？对于"几十年前甚至几个世纪前的政体留下了何种后遗症"这个问题，研究者们多数时候众说纷纭。在这一点上，研究者对某个国家的拥护也许具有重要影响，但其他方面的考虑因素也会发挥作用。无论如何，历史研究和/或考古研究都是进行任何一场理性讨论的条件。

我们在探究当前与王室统治相关的争论时发现，杜弘睿在其最近一项针对14—18世纪活跃的统治王朝的研究中，着重强调了奥斯曼帝国和莫卧儿帝国的统治者。根据他的分析，这两个国家的君主与日本的天皇及幕府将军、中国明清的皇帝、奥地利的哈布斯堡（Habsburg）王朝统治者、法国的路易十四（Louis XIV，1643—1715年在位）以及非洲撒哈拉沙漠以南各王国统治者的地位等同。而其他的王朝则只在特定情况下才会进入研究的范围。杜弘睿的研究对我们的研究项目具有重要的参考价值，因为他尽其所能地避免了诸如"西方崛起"或是"大分流"这一类在笔者看来当今历史学家至少应该暂时回避的宏大叙事方式。另外，宗教和文化是历史发展的主要推动者的观点，曾在20世纪中期普遍流行，并于今天再度获得众多研究者的偏爱。杜弘睿的看法与此不同，他将宗教和文化视为其他因素。

与主流研究方向相反，杜弘睿专注于研究政治领域的异同，这点在分析皇帝/苏丹/国王或其他皇室统治者本身和他（极少数情况下是她）的职位需求之间的紧张关系时尤为明显。在他的著作《十四至十八世纪世界王朝社会史》的第二章，杜弘睿研究了统治者在自己庞大的家族中的地位，包括继承关系以及由此带来的各种问题。第三章涉及皇室。而与本书研究内容关系最密切的则是他作品的最后一章——第四章。在这一章，杜弘睿分析了统治者和已有切实史料记载的被统治阶级之间的相互关系。这正是本书研究内容的灵感来源。

我们认同费尔哈特·哈桑（Farhat Hasan）的表述，即奥斯曼帝国与莫卧儿帝国的统治阶层与广泛的社会群体不断发生冲突。

后者中的一部分是各阶级中统治的精英，而其他人（或多或少）则被排斥在精英圈之外。因此，管理机构与它们所试图统治的社群之间的关系必然是模糊的，因为部分社会行动者声称自己拥有权威地位，而其他人对此则表示强烈反对。此外，权力的平衡也是不断变化的，因此，某个人或某个群体（我们可以将其称为农村小型势力）也许在几十年内会成为政界巨头甚至君主。不过，这一类问题对于所有研究近代早期帝国的史学家来说，其实都是极为普遍的。

在奥斯曼帝国内部，苏丹的仆人［阿斯科利[1]（askeri）］和纳税人群［拉亚[2]（reaya）］之间的区分在理论上是无比鲜明的；但是因为费尔哈特·哈桑所提及的不断的斗争，所以在事实上，两者之间的界限没有那么分明。而在莫卧儿帝国这边，对统治机构的成员和被统治者之间关系的分析更加难以进行，因为中央政府代表们通过各种方式与高种姓人群及社区领袖们相互渗透。

时间与地域问题

我们首先要明确相关的术语。虽然我们将奥斯曼与莫卧儿都称为"帝国"，但对莫卧儿的君主，我们保留"皇帝"这个称

---

［1］ 阿斯科利：苏丹的仆人，免缴大部分税收。尽管"阿斯科"（asker）的意思是"士兵"，但包括法官和教士在内的学者兼官员也属于阿斯科利。

［2］ 拉亚：非精英阶层纳税人群。

呼，而对于奥斯曼帝国统治者，我们将其称为"苏丹"（一译素丹）。如果有人认为"苏丹"只是一个地区首脑，而奥斯曼帝国的君主显然是地位更高的统治者，那么我们也接受他对我们使用这个术语的质疑。同时，使用这两个称谓的好处是，读者一眼就能看出我们所指的到底是哪个帝国的统治者。从另一个角度来看，"莫卧儿"（Mughal）这个词也同样有一定的争议，读者容易把莫卧儿人（Mughals）和蒙古人（Mongols）相混淆。不过，鉴于"莫卧儿"一词的使用十分普遍，尤其是在印度史领域，我们相信这一风险不太大。至于它的替代词"帖木儿帝国"（Timurid Empire）则是学者才熟悉的词汇，而它的另一个替代词"巴布尔"（Baburî）则只有说土耳其语的人使用。至于地理方面，我们将遵循印度的习俗，将现在印度、巴基斯坦和孟加拉国所在的地理位置简称为"次大陆"，或称其为"南亚"。

在研究土耳其人建立的奥斯曼帝国的历史时，通常将15世纪末至19世纪中期称为"近代"，也有许多专家更愿意采用"近代早期"这个词。然而，和其他历史领域一样，印度史学家们在时期的划分上争议不断，许多学者（包括一些大学课程）将印度历史划分为古代、中世纪、现代和当代四个时期。看起来，众多历史学家都将12世纪后期德里苏丹国（Delhi Sultanates）的建立作为新时期的开端，即历史学家所说的中世纪。大量移民的到来是印度这一时期的显著特征，其中中亚突厥人是移民的重要组成部分。另外，来自伊朗和现在的阿富汗的移民也在13世纪开始进入印度，他们往往是遭到蒙古袭击的难民。此时，德里苏丹国的权力已经深入南部，一度将印度半岛的大部分区域纳入其领土之中。

部分历史学家将16世纪前后视作新时期的开端：桑贾伊·苏布拉马尼亚姆把16世纪左右至18世纪称为"近代早期"。凯瑟琳·阿舍（Catherine Asher）和辛西娅·塔尔博特（Cynthia Talbot）在自己有关莫卧儿帝国和印度非莫卧儿地区的史学著作中也运用了同样的术语。这两位作者都强调说，她们关注的是"受欧洲影响之前的印度"，而非欧洲的影响本身——1498年葡萄牙人的到来并不在其研究的范围内。即便如此，她们仍然承认，次大陆各地域间的互动次数是在不断增加的，这意味着将16—18世纪视为后中世纪时期或近代早期是完全合理的。这个观点与约瑟夫·弗莱彻（Joseph Fletcher）的结论不谋而合，即1500年至1800年，整个亚欧大陆的人类社会都具有普遍的共同特征，这些共同特征包括人口的增长浪潮、加速的社会变革以及城镇与商业的发展。这些观点都支持了本书的假设，即奥斯曼帝国与莫卧儿帝国都是近代早期世界的一部分。

1526年，帖木儿/跛足帖木儿（Timur/Tamerlane，1336—1405）的后代巴布尔（Bābur，1526—1530年在位）征服了最后一个由罗第王朝（Lodi Dynasty）统治的德里苏丹国。这次征服标志着近代早期的开始，本次研究也将以此处作为起点。相比之下，更青睐"长期"中世纪概念的学者可能会把1526年作为"中世纪"某

个细分时间段的开始，即莫卧儿时期（1526—1739，也有说法是
1526—1857）。从 1526 年到 18 世纪初的这段时间，莫卧儿皇帝
统治印度，并不断扩张自己的领土。该帝国持续——至少在纸面
上持续——到 1858 年英国正式接管为止。不过，帝国的瓦解从
1739 年就开始了。1739 年，伊朗统治者纳迪尔沙[1]（Nādir Shāh
Afshār，1688—1747）突袭德里，抢夺了大量财富，其中就包括所
谓的"孔雀宝座"。这一事件也许可以标志莫卧儿帝国对印度统
治的终结。近代早期的末尾，通常被称为"过渡时期"（1739—
1857）。在奥朗则布驾崩之前，整个次大陆几乎都被收进了莫
卧儿帝国的版图。但到了过渡时期，帝国版图已经严重缩水。
1739 年后，莫卧儿帝国只是亚穆纳河（Yamuna River）以及恒河
（Ganges River）流域的一个区域性王国，并且其势力还在进一步
衰弱，与此同时，英国东印度公司（EIC）对该地区政治的影响却
在增大。随着英国东印度公司获得普拉西战役（Battle of Plassey，
1757 年）的胜利，原本属于莫卧儿帝国的孟加拉（Bengal，以前
是莫卧儿帝国主要的财富来源地）落入英国东印度公司手中，由
此，莫卧儿帝国日薄西山的境况就更加显而易见了。

由于研究的范围过大，为了进一步缩小分析圈，我们将重点
放在 1600 年前后，也就是阿克巴的王朝即将结束的时候。在西北
方向，莫卧儿帝国掌控了克什米尔（Kashmir）和喀布尔（Kabul）。

---

[1] 沙：波斯语古代皇帝头衔（Shah），又称沙阿。——译者注

帝国北境大致以喜马拉雅（Himalaya）山脉为界线。帝国向东延伸至恒河与下游的孟加拉。南部边界最为复杂，因为到了1600年，莫卧儿对德干（Deccan）的征服已经开始，但尚未完全结束。因此，贝拉尔（Berar）和古吉拉特（Gujarat）已经被纳入帝国版图，但艾哈迈德讷格尔（Ahmadnagar）、比贾布尔（Bijapur）和戈尔孔达（Golconda）仍然是由各自的苏丹统治的独立政体。

相比而言，奥斯曼帝国在研究范围内的时间与空间概念的界定则更加简单明了。1526年，巴布尔取代了德里苏丹国最后一代王朝的统治地位，我们的研究也从这里起始。巧合的是，奥斯曼帝国的军队对匈牙利（Hungary）的征服也是从1526年开始的，那一年他们赢得了莫哈奇战役（Battle of Mohàcz）的胜利。到了16世纪中叶，奥斯曼帝国向西北部的扩张几乎已经到达了巅峰，一度深入中欧地区。17世纪，奥斯曼帝国又从对手哈布斯堡王朝和波兰（Poland）手中获得了一部分领地，并征服了曾属于威尼斯（Venice）的克里特岛（Crete）。不过，奥斯曼帝国最终只保留下了克里特岛，因为哈布斯堡王朝在1699年收复了失地，苏丹不得不放弃在匈牙利夺占的几乎所有领土。除此以外，在18世纪末以前，奥斯曼帝国在领土上并没有什么损失。再具体一点说就是，虽然短暂地输给了萨非（一译萨法维）王朝（Safavid Dynasty，1502—1736），奥斯曼帝国还是再度攻克了伊拉克（Iraq），夺回了被哈布斯堡王朝占领数年的贝尔格莱德（Belgrade，1718年起被哈布斯堡王朝占领）。本书中我们的分析将主要集中在"中央领土"部分，即安纳托利亚（Anatolia）中部和西部以及巴尔干半岛（Balkan）东部。埃及（Egypt）和叙利亚（Syria）也会被纳入研究范畴。然而，假使我们声称研究范围涵盖了整个帝国版图，那一定是痴人说梦。

我们把对奥斯曼帝国的研究限定在1768年以前，应该是个明智的想法。这一年，俄罗斯（Russia）、普鲁士（Prussia）和哈布斯堡王朝的统治者分割波兰之心昭然若揭，穆斯塔法三世苏丹（Mustafa III，1757—1774年在位）由此向俄罗斯宣战。分割之举始于1772年。由于奥斯曼帝国从哈布斯堡王朝手中收复贝尔格莱德（1739年）与纳迪尔沙突袭德里发生在同一年，而我们又将这一年作为研究的终点，可能会让许多读者对奥斯曼帝国的历史产生盲目的乐观，而忽略了帝国在不久以后即将面对的挑战。事实上，在相对繁荣的世纪中叶以后，苏丹的帝国陷入了一系列大规模危机之中，并在18世纪末期一度濒临崩溃。然而与此前所有的预测相反，奥斯曼帝国之后又维持了非常久的时间，并不比其老对手哈布斯堡王朝和俄罗斯帝国短命。

帝国间的关系

除了对两者进行比较以外，我们也会探究奥斯曼帝国与莫卧儿帝国人民之间的联系，并遵照桑贾伊·苏布拉马尼亚姆提出的"交锋"论点，将其视作所有亚欧帝国历史的一部分。然而，在这一范畴内重要的几个方面——例如奥斯曼与印度的贸易往来的史料却十分匮乏。因此，尽管帝国间的关联一定比我们有限的文献记录下来的更为密切，但我们关于帝国间"交锋"的讨论还是十分简短。

包括雅库普·莫卧尔（Yakup Mughul）、纳伊姆·拉赫曼·法鲁基（Naim Rahman Farooqi）和萨利赫·奥兹巴兰（Salih Özbaran）在内的历史学家，都研究过奥斯曼帝国在红海（Red Sea）和印度洋（Indian Ocean）的干预行动，并将其视为奥斯曼帝国对葡萄牙入侵的应对行为以及对麦加（Mecca）朝圣之路的保护手段。一开始，这只对埃及和叙利亚的马穆鲁克（Mamluk）苏丹至关重要，在1517年汉志（Hijaz）臣服于奥斯曼后，这对奥斯曼帝国也变得更为重要。近来，贾恩卡洛·卡萨莱受到将奥斯曼帝国进一步纳入世界历史的研究和教学的启发，采取了更为广阔的视角。他提出，除了保护香料贸易以及先前的学者所强调的宗教和政治的合法性以外，谢里姆一世（Selim I，1512—1520年在位）和苏莱曼（Süleyman，1520—1566年在位），尤其是他们的海军上将，也怀有探索更为广阔的世界并扩张奥斯曼帝国海外领土的目的。

如果这一假设能够得到普遍接受，那么16世纪中期奥斯曼帝国统治者们的意图就与西班牙国王和葡萄牙国王的意图类似。所以，史学家们不应该把奥斯曼帝国简单地看作一个海军与海战仅仅是附属品的陆地政体。至少在苏丹朝廷某些派系——例如以维齐尔（Vizier）索科卢·穆罕默德帕夏（Sokollu Mehmed Paşa，1506—1579）为首的派系——成员的眼中，印度洋地区的扩张就是帝国建设的重要组成部分。不过，在16世纪的最后二十五年里，索科卢被谋杀后，奥斯曼帝国的首要目标发生了变化。同时，随着17世纪葡萄牙实力的下降，奥斯曼帝国的苏丹们不再试图驱逐葡萄牙人，甚至还可能不再试图征服印度洋西海岸的土地。

另外，在阿克巴在位期间（1556—1605），莫卧儿帝国的统治者似乎希望通过允许部分地位较高的宫廷女性高调地前往麦加朝圣来尝试掌握对汉志的控制权，这致使帝国间的关系变得极为紧张。这些宫廷女性在汉志居住了几年，引起了奥斯曼帝国当局的不满。据推测，阿克巴的措施包括向统治麦加的谢里夫（Sharif）献殷勤，当时的麦加虽然有自治权，但承认奥斯曼苏丹的宗主地位。在贾汗吉尔（1605—1627年在位）和泰姬陵的建造者沙贾汗（Shāh Jahān，1628—1658年在位）统治期间，两个帝国时常互派使臣，并在18世纪初期建立了许多使馆。

除了莫卧儿帝国以外，与奥斯曼帝国互有往来的印度国家还有巴赫曼尼苏丹国（Bahmani sultanate，1347—1526）。15世纪的巴赫曼尼苏丹国与奥斯曼帝国有着密切的贸易往来，1517年后，巴赫曼尼的精英阶层也经常前往奥斯曼帝国治下的汉志。从奥斯曼帝国迁至印度的移民群体更值得我们关注，他们多数居住在古吉拉特，一度占据了苏拉特市（Surat）。苏拉特后来成了莫卧儿帝国在印度洋的主要港口。16世纪中期，以鲁米（Rumi）为主的移民大力支持奥斯曼苏丹和维齐尔，反对葡萄牙人在印度洋夺取海洋控制权的企图。

尽管18世纪末期不在我们此次研究的范围内，但奥斯曼与印度在此期间的交流也值得一提，当时迈索尔的蒂普苏丹（Tippu Sultān，卒于1798年）寻求奥斯曼帝国的援助以抵抗英国入侵。然而，在那几年里，阿卜杜勒·哈米德一世苏丹（Abdulhamid I，1774—1789年在位）和谢里姆三世（Selim III，1789—1807年在位）都深陷帝国内部和帝国之间的冲突之中。因此，插手远在印度半岛的英国入侵从而与大不列颠进行对抗，对他们而言显然不是个实际的选择。

问题定位：史学背后的政治

正如前文所说，许多（如果不是大多数的话）幸存下来的早期文献作者都曾在官僚机构任职或曾经任职。因此我们必须认识到，他们在很大程度上都旨在稳定奥斯曼苏丹和莫卧儿皇帝的统治。我们的研究目的显然与此不同，因此需要在必要的时候尽可能地"反向"阅读。考虑到存在这样那样的困难，本书的研究范围要比杜弘睿的小。他的著作涵盖了许多王朝，而我们只关注其中的两个，探讨奥斯曼帝国和莫卧儿帝国统治阶级的精英为统治阶级创作的反映相关人群处境的文字和图像的方法。

这两个帝国的政体都是由突厥军队征服了一个发展完善的农业地区而形成的。从11世纪后期起，突厥移民就出现在安纳托利亚了。到了12世纪，由于蒙古的帝国建设往往伴随着对当地居民的残酷扫荡，因此中亚的许多居民从蒙古逃离，突厥的人数出现了大幅增长。14世纪初，当奥斯曼王朝首次出现在史书上时，其成员与追随者实际上已经对安纳托利亚这片土地并不陌生了。但是，奥斯曼人是使用土耳其语的穆斯林，其学者使用波斯语作为书面语言，而当地居民则多数是使用希腊语的东正教教徒以及亚美尼亚人，这是奥斯曼人与当地居民本质上的不同，奥斯曼人也因信奉伊斯兰教而长期处于边缘地位。

12世纪，中亚也出现了大规模的军队移民至印度的现象，其原因也许与安纳托利亚出现移民的相似。因此，1526年，突厥和穆斯林武装在北印度建立苏丹国的情况也并不鲜见，其中部分统治者鼓励史官按照伊朗宫廷常用的格式撰写编年体史书。

1398年，德里苏丹国成为帖木儿一次大规模袭击的目标，帖木儿的军队屠杀了德里的居民。巴布尔的回忆录至少间接地表现了他对这一创伤性事件的清醒认识以及撇清与此事关系的意图。即便如此，莫卧儿王朝在印度建立了庞大的帝国后的很长一段时间内，其代表——至少在某些特定的语境下——仍然将自己视为帖木儿汗和成吉思汗的后裔。相比之下，奥斯曼早期历史的编纂者们当然没有理由赞扬在13世纪末至14世纪初仍然是异教徒的蒙古人，而15世纪的史书编写者也不可能去歌颂1402年帖木儿击败巴耶塞特一世（Bayezid I）。不过，受过良好教育的奥斯曼帝国早期成员是"波斯文化"传统的追随者，而波斯文化也是莫卧儿人的文化启蒙源泉。因此，两者的治理理念非常相似。他们与伊朗的萨非统治者不同，后者治理的国家穆斯林人口占绝大多数，甚至抱有令所有人都皈依伊斯兰教什叶派（Shiite）的野心。而奥斯曼帝国与莫卧儿帝国的权贵们在各自的历史上，都接受了众多非穆斯林臣民的存在。

尽管与其他国家存在这样或那样的联系，长期以来，研究奥斯曼历史的学者仍然将苏丹统治的国家视为特殊的存在，认为它与自己东方或西方的邻居几乎没有相似之处。对于一部分将奥斯曼帝国以及这个历史悠久的帝国19世纪转型后的政体视为现如今已经有近一个世纪历史的土耳其共和国的"先祖"的人而言，这种"孤立主义"的观点是有一定道理的。同时，从20世纪40年代起，尤其是在20世纪末，随着奥斯曼帝国的档案文献逐渐被发掘，从事奥斯曼帝国研究的相关历史学家开始重点关注帝国内部的历史，因为研究人员很快就意识到，在此之前，他们对城镇或行省的人民的生活知之甚少。对于身处20世纪最后25年的历史学家而言，奥斯曼帝国内部的历史明显值得优先探讨，尽管其中仍然存在与外界的联系。

当我们探讨奥斯曼帝国与外界的联系时，奥斯曼帝国对巴尔干半岛、安纳托利亚，以及阿拉伯（Arab）地区的公国、王国和苏丹国的征服都是避不开的话题。然后，这些新的领土被吞并进帝国版图，并随着帝国的发展发生深刻的变化。关注经济关系而非政治的历史学家可能会把目光投向奥斯曼帝国领土以外的地区，希望可以绘制出帝国或至少帝国的某些行省在遭遇早期由欧洲工业化强国主导、后期由北美主导的"世界经济""侵入"的过程图。相比之下，研究文学和绘画的史学家则将目光投向了伊朗，因为帖木儿和萨非王朝的伊朗文化都对创造奥斯曼宫廷文化的人产生了深远的影响。至于日本，从赢得日俄战争（1904—1905）开始，这个古老的国家先是让奥斯曼帝国对其产生了极大的兴趣，后来又引起了奥斯曼研究学者的关注：当时持不同政见的"青年土耳其党人"认为日本是他们可以效仿的对象。

因此，土耳其和日本学者都发表过关于奥斯曼帝国晚期的历史著作。相比之下，世界上的其他帝国仍然不在奥斯曼史学界的关注范畴里。奥斯曼学者对俄罗斯的关注至今依旧有限，而在不久之前，中国还完全在奥斯曼研究者的视野之外。

在今天的土耳其，历史学家与"大众"关于奥斯曼帝国的观点仍然有许多分歧，而"大众"的观点在政府中也拥有许多拥趸，他们强调奥斯曼苏丹的伟大和崇高及其赐予全人类的祝福。即便是在历史学者中，也有许多人认为奥斯曼帝国代表伊斯兰的正义与道德，而将霸凌与暴力轻描淡写地带过，认为这些是罕见且不典型的。不过，目前争论这类问题的多数是电视节目和/或印刷媒体领域里对历史感兴趣的记者。在为专业人士撰写文稿时，很少有历史学家会侧重奥斯曼帝国的荣耀与道德。

但探讨印度问题时，情况却有所不同。在印度，印度教教徒（Hindu）占总人口的绝大多数，但在1857年前的几个世纪里，统治者和精英阶层大多是穆斯林，这个事实引发了激烈的政治辩论。甚至在更久远的时期，例如德里苏丹国（1206—1526）和莫卧儿帝国（1526—1857）时期也不能免于这类政治争议。近来，讨论更加两极分化，因为现任政府显然认为自己代表的印度教价值观等同于"国家"价值观。

同时，不少在印度一流大学执教的历史学家对这一主张持怀疑态度。实际上，他们很可能担心自己的工作被用于政治用途，这使得他们比身处政治环境不那么严重的奥斯曼的研究者对文献的使用和滥用更加敏感。

奥斯曼帝国与莫卧儿帝国间的联系以及马歇尔·霍奇森（Marshall Hodgson）的漫长影响

从另一个角度来看，读者很快会发现，在奥斯曼、萨非和莫卧儿的比较研究中，关于奥斯曼的研究仍然稍显欠缺。马歇尔·霍奇森是一位全球历史学家，在他曾将其称为尼罗河（Nile River）和奥克苏斯河（Oxus）流域之间地区的研究领域是先驱者。他激发了学者和教授对这方面比较性研究的兴趣。霍奇森绝对不属于奥斯曼帝国研究学者，他主要研究的是被他称为伊斯兰教历史的"中期"的宗教文化，因此他集中研究了约16世纪前的历史。斯蒂芬·戴尔和道格拉斯·斯特雷桑德（Douglas Streusand）也曾写过有关"三个帝国"的著作，并因此在印度尤其是研究莫卧儿帝国的历史学家中享有盛名。穆扎法尔·阿拉姆、桑贾伊·苏布拉马尼亚姆、纳伊姆·拉赫曼·法鲁基和最近的加甘·索德（Gagan Sood）都对奥斯曼的世界充满兴趣，但他们主要是印度历史学家。只有阿里·阿努沙哈儿（Ali Anooshahr）属于不同的一类，他的主要研究领域是中亚，也对奥斯曼和莫卧儿两个帝国成立初期的对比兴趣十足。当然，现在是时候从成熟的奥斯曼帝国的角度来完成拼图并进行比较了，这也是本书研究的目的所在。

迄今为止，学者们在用比较的目光审视奥斯曼帝国和莫卧儿帝国时，也经常将伊朗的萨非政体纳入视野。有许多理论支持这种比较方法。第一，尽管只有奥斯曼帝国的军队擅长使用加农炮和火枪作战，但这三个帝国都在不同程度上使用了火药武器。第二，奥斯曼帝国、萨非王朝和莫卧儿帝国毗邻，因此把它们放在一起讨论，就可以得出涵盖南亚和西亚大部分地区的研究结果，就连埃及、北非和巴尔干也在研究范围内。第三，历史学家会发现一个很有趣的事实，即萨非王朝和莫卧儿帝国几乎是在同一时间繁荣发展，并在同一时间走向衰落的。

还有第四个理由将萨非王朝包括在研究的范围内，即对伊朗政治文化的观察也可以令我们注意到奥斯曼帝国和莫卧儿帝国中存在而我们却可能并未给予足够重视的那些现象。例如，鲁迪·马特（Rudi Matthee）对17世纪萨非王朝最后两任君主对军事事务缺乏兴趣的研究，就可以为我们提供许多"思想的食粮"——这无疑是与18世纪中叶莫卧儿帝国穆罕默德·沙（Muhammad Shāh，1719—1748年在位）关联性很强的话题。另外，萨非宫廷严重的派别分裂使得行省官员疲于应对政敌对自己立场的指责，而无法专注于工作本身。这使我们想到，相较而言，18世纪奥斯曼权贵们在伊斯坦布尔享受的同时，面对的事务更多的是处理税收地的农业收益与损失，处理对于过度税收的投诉，而较少需要面对指责自己叛国的谣言。同样地，萨非坎大哈（Qandahar）省长出于对自己可能被执行死刑的担忧，一度将这座城市移交给莫卧儿统帅，也许这是源于另一个宫廷阴谋。马特在著作中提到的精英阶层的士气问题显然也适用于莫卧儿帝国和奥斯曼帝国的情况。

尽管进行三方比较存在诸多优势，我们仍然有充分的理由只关注奥斯曼帝国和莫卧儿帝国。霍奇森和戴尔以高雅文化为着眼点撰写了通史，阿努沙哈儿探讨了文学在伊斯兰教统治者的自我塑造中所起到的社会政治作用，斯特雷桑德则以政治和军事史学家的身份进行了三方比较。笔者将着眼于精英阶层与大众阶层之间的互动关系，并着重强调后者。因此，本书研究的重点是城市和城镇体系的扩大与收缩、活跃于帝国内外的贸易商人，以及有组织和无组织的手工业者。此外，还包括或许被当时的精英阶层视作"边缘人群"的男性与女性，例如臣民、仆人和奴隶中的女性。光是探讨在这两个差异巨大且多宗教共存的社会里的众多议题，就要花费极大的篇幅。如果要尝试深入探讨三个社会，那么将导致书的篇幅过长（对多数出版商而言），更别说对于一个奥斯曼帝国史研究者来说，对除了奥斯曼帝国以外的任意一个帝国能有哪怕一点点的了解就已经是一个极大的挑战了。笔者会尽可能地对各个已知细节进行仔细的审查，如果此过程意味着要牺牲一定的研究范围，那也只能如此了！

如前文所述，目前学者进行奥斯曼帝国和莫卧儿帝国比较研究的出发点是马歇尔·霍奇森的经典著作《伊斯兰的历程》（*The Venture of Islam*）第三卷。不可否认，霍奇森（1922—1968）一生的多数时间都在芝加哥执教，并与当地的历史学家与人类学家交流合作，但他身后留下的巨著却是残缺的，只能由他的朋友和学生将其整理出版。霍奇森如果活得更久一些，那么当然会对作品进行更多的润色。但即便有一些瑕疵，他作品中对"伊斯兰式"文化的观点也一直有着深刻的影响力。历史学家用"伊斯兰式"这个词来指某一个由伊斯兰文化占主导地位的环境，但是在这个环境中，包括基督徒、犹太人和印度教徒在内的非穆斯林也许是重要的少数群体——甚至可能在总人口中占多数。

霍奇森写道，当时人们只能在非常有限的范围内查阅奥斯曼帝国的档案，不过文献研究也并不是他最感兴趣的方面。作为一个虔诚的贵格会教徒（Quaker），他对宗教在培养个人的良知和社会责任感方面的作用尤为在意。从这点出发，霍奇森强调伊斯兰教法思潮的重要性，这是一种可以把精英群体与非精英群体联系在一起的世界观。鉴于他的学术老师古斯塔夫·冯·格鲁内鲍姆（Gustav von Grunebaum）提出的一系列观点，霍奇森对全球文化趋势颇感兴趣。如今的读者可能会认为这个趋势是单维度的，至少在《火药帝国与现代伊斯兰》（*The Gunpowder Empires and Modern Times*）里看是这样。然而，霍奇森非常清楚自己所做的研究，他并不认为伊斯兰国家之间的差异与它们的共同特征（尤其是宗教方面的）相比不值一提。作为一个谨慎的学者，他不可能做出这样的判断。同时，与他的前辈们不同，他也不认为奥斯曼帝国毁掉了攻占的地区的繁荣。霍奇森指出，情况往往恰恰相反。同样，在探讨18世纪由于分权而导致的固有问题时，他欣然承认，一些行省长官远比苏丹的官员更亲近他们所管辖的人民。

霍奇森在撰写自己的巨著时，只有哈利勒·伊纳尔哲克（Halil İnalcık）的一小部分参考文献是用英语写就的。20世纪70和80年代，是这些文献让不了解奥斯曼帝国的人看到奥斯曼帝国的人民除了宗教或道德责任以外的世界，看到他们在谋生或仅仅是享受生活时是什么样子的。毕竟，1968年伊纳尔哲克还没有搬到芝加哥——我们可以想象，如果霍奇森的寿命可以再延长十年，那么这两位学者之间将会有怎样的交流。但既然想象中的交流并未发生，那么霍奇森描绘的奥斯曼社会形象在很大程度上还只是符合古斯塔夫·冯·格鲁内鲍姆偏好的总体概述，并没有我们今天所希望的从对奥斯曼文化和社会的描述中看到对各个不同的城市、行会、书籍以及建筑的具体描述。然而，霍奇森称，同伊朗和莫卧儿帝国相比，奥斯曼帝国的文化更加鼓励奥斯曼人对哲学或智力上的创新保持谨慎。这种说法具有一定的合理性。即便如此，和20世纪五六十年代相比，对于和同时代人的保守主义倾向不相符的奥斯曼人的"不服从精神"，我们也有了更进一步的了解。艾弗里雅·切莱比（Evliya Çelebi，1611—1684）是首先提出这个观点的人，夏尼查德·穆罕默德·阿塔乌拉·埃芬迪（Şânîzâde Mehmed Atâullah Efendi，卒于1826年）也是类似理论的忠实拥护者。迫使民众顺从的压力固然很大，但奥斯曼帝国的确塑造了民众勇于探索物质与文化精神的民族品格。

霍奇森欣赏奥斯曼帝国和莫卧儿帝国的宫廷文化，但是对其精英阶层的特点却抱有疑虑。他参观过莫卧儿帝国的许多宫殿，例如在印度读博士后时参观了阿克巴的法塔赫布尔·西格里城。任何外国学者都可以轻易见到奥斯曼和莫卧儿具有代表性的建筑，但当时还很少有人能接触到细密画的奥秘——就连在像奥斯曼皇宫这样具有代表性的建筑上的也是如此。当时也没有古尔鲁·内吉普奥卢（Gülru Necipoğlu）和莱斯利·皮尔斯（Leslie Peirce）的研究成果，因此倘若霍奇森没有这么谨慎，那么恐怕就会把帝国的祸端全部归因于"后宫阴谋"，尤其是太监和宫廷女性身上。

有趣的是，尽管霍奇森的作品也有很高的声望，但研究奥斯曼帝国和莫卧儿帝国的历史学家却没有在公元2000年前发表多少

将三个帝国或两个帝国进行比较的研究成果。20世纪80年代末
90年代初确实出现了一批将奥斯曼帝国和莫卧儿帝国的历史学家
聚到一起的研讨会，但是相关的研究人员并没有通过特定渠道发
表大多数研究成果，因此相关工作的影响也极为有限。只有少数
学者坚持强调关于奥斯曼和莫卧儿的对比研究是有极高价值的，
也许桑贾伊·苏布拉马尼亚姆是其中立场最坚定的一位。不过，
在千禧年来到之时，世界帝国研究热潮再度兴起，也吸引了一部
分历史学家向这一比较研究工作发起挑战。

　　2006年，苏布拉马尼亚姆发表了一篇关于西班牙哈布斯堡王
朝、奥斯曼帝国和莫卧儿帝国的重要文章，并于2018年出版了
修订版。在考察伊比利亚半岛（Iberia）和莫卧儿帝国之后，苏布
拉马尼亚姆对哈利勒·伊纳尔哲克描绘的奥斯曼帝国的经济和商
贸状况又进行了长期细致的研究。他总结道，伊纳尔哲克高估了
奥斯曼的统治政策，即许多奥斯曼研究者所称的"计划经济"的
重要性。更引人注目且令笔者感到欣慰的是，苏布拉马尼亚姆认
为伊纳尔哲克夸大了伊斯兰机构的作用——基本是指奥斯曼帝国
经济生活中的宗教基金会瓦合甫[1]（vakıf, evkaf）。在此前提下，
苏布拉马尼亚姆指出，如果按照伊纳尔哲克所指的方向再前进一
步，历史学家就会得出伊斯兰机构阻碍了资本的形成从而导致奥
斯曼帝国的经济发展滞涩这一有失偏颇的结论。

---

[1]　瓦合甫：宗教基金会。

他的逻辑是无可挑剔的，尽管伊纳尔哲克从未做出过这样的结论。然而，对莫卧儿帝国的进一步研究让我们可以从一个批判性的角度审视奥斯曼帝国研究学者的观点。由此，苏布拉马尼亚姆引导读者重新思考一个古老的问题：伊斯兰机构是否真的像部分作者所认为的那样阻碍了经济的发展？如果不是，那么我们又该如何解释奥斯曼式市场经济没有走向资本主义这一事实？继希萨克贾（Çizakça）和肯纳罗鲁（Kenanoğlu）之后，笔者倾向于认为其根源是奥斯曼帝国精英阶层的中心人物持有的政治观点。他们对难以控制的社会团体深恶痛绝，因而制定的政策至少在核心省份阻碍了资本的形成，既然如此，那么在其他行省出现类似的情况也是有可能的。

让我们再转向政治和文化领域。苏布拉马尼亚姆指出，奥斯曼帝国从未试图强迫大多数基督徒皈依伊斯兰教，而莫卧儿帝国不仅做到了这一点，还在确保非穆斯林、印度教精英在帝国架构内占有一席之地上做得更为出色，从而建立起了可以促进跨地区统一的政治文化。我们将在本书中继续探讨这个命题。

在2010年出版的一本书中，斯蒂芬·戴尔将三个主要的伊斯兰帝国结合起来进行了探讨。除了发表有关南印度的莫普拉（Mapilla）人和印度商人在俄罗斯领土的活动情况的相关研究外，这位作者还撰写了有关巴布尔自传以及伊本·卡尔敦（Ibn Khaldūn）的著作，因此涉足了社会经济史和再次兴起的文化史学、传记学领域。他把《穆斯林帝国：奥斯曼、萨法维与莫卧儿》(*The Muslim Empires of the Ottomans, Safavids, and Mughals*)
作为学生指导用书。然而他迄今为止的成就已经超越了教学这个
朴素的目标，他绘制的文化史全景图甚至吸引了许多专家、学者
的关注。由于经济问题只占用了一章的篇幅，因此，得益于《火
药帝国与现代伊斯兰》出版后近四十年的研究成果，这本书读起
来就像霍奇森著作的现代版本。

　　霍奇森和戴尔在时间上的选择使得他们的作品非常相似：他
们并没有将研究范围限制在18世纪之前——就像本书一样。因
此，他们需要面对帝国衰落以及追忆过去的辉煌的课题，这是当
今土耳其政治文化中一个很有特色的课题。不过，戴尔没有将重
点放在霍奇森作品里强调的宗教道德推动力上，也没有像他一
样关注如何将政治和社会的变革周期系统化。即便如此，戴尔和
霍奇森一样也注重向美国或欧洲的读者阐释当今穆斯林所面临的
困境。

　　粗略浏览一下戴尔著作的"目录"，读者就会发现文化史是
其中的主要话题：除了统治者的合法性之外，戴尔还探讨了他们
建设的文化，其中三分之一的篇幅用于讲述诗歌、艺术，特别是
伊朗的哲学和神秘主义。此外，戴尔坦言，他希望给建筑和花园
更多篇幅，因为这是莫卧儿皇室及贵族，尤其是巴布尔的最爱。
以我们的研究目的为立足点来看，他的著作中最吸引人的话题是
苏莱曼苏丹如何将波斯风格韵律知识用于个人和政治用途。文学
在现实生活中的作用是一个复杂的话题，阿里·阿努沙哈儿的研

究只比戴尔早了一年，不过阿努沙哈儿认为自己的作品有一部分内容与戴尔的《巴布尔传》中的观点是相悖的。

在我们讨论过的作者中，阿努沙哈儿与众不同，因为他愿意关注两个很少（如果有的话）被历史学家认为有共同点的统治者，即莫卧儿帝国的皇帝巴布尔和奥斯曼苏丹穆拉德二世（Murad II，1421—1444 年，1446—1451 年在位）。与现在提出的"自我塑造"观点一致，阿努沙哈儿认为中世纪伊斯兰史学不仅提供了描述过去的行为事件的方式，也为未来的行为提供了参考模型。因此，当巴布尔在恒河-亚穆纳河（Ganges-Yamuna）平原征战之时，加兹尼（Ghazni）的马哈茂德（Mahmūd）的事迹便是他用来引导自己行为的第一部"剧本"，当然，后来他用自己的创作替换了其中的一些内容。在阿努沙哈儿探讨巴布尔的自我塑造时，巴布尔本人的日记是无可辩驳的一手史料。同时他做了进一步的假设，指出匿名史书作者对于穆拉德二世的伊斯兰英雄战役［卡扎瓦[1]（gazavat）］的描述与巴布尔自己的"剧本"也有相似之处。当然，问题在于我们无从得知巴布尔是否真的听说过这个文本——如果他听说过，那么会是通过怎样的交流渠道？虽然我们乐意和阿努沙哈儿一样放下这个问题，但是有一点还是很重要的，即这些文本，包括史书，不仅仅可以反映现实，也可能为英雄行为以及宗教制裁行为提供参考。

---

［1］ 卡扎瓦：打着推进伊斯兰教普及的口号的掠夺战争。

战争作为文学题材和"自我塑造"的手段之一，使我们想起将奥斯曼帝国、萨非王朝和莫卧儿帝国放在一起进行比较的最新作品，即比较史学家中芝加哥学派的另一个成员——道格拉斯·斯特雷桑德的作品。斯特雷桑德从霍奇森率先提出的研究视角出发，同时彻底吸收了哈利勒·伊纳尔哲克的研究成果。斯特雷桑德的这本专著探讨的是莫卧儿对印度的征服，他在自己的第二本书中开始尝试对这三方进行比较，并将更多的注意力放在奥斯曼帝国的扩张上，伊纳尔哲克有关"奥斯曼征服之路"的文章对他的这一选择影响深远。斯特雷桑德声称自己的作品是为（先进而有学识的）大学生而写的，这一点和霍奇森相似，但不同的是，他的言行十分一致。笔者认为，霍奇森的许多探讨都只适合有充足的知识储备的读者，而斯特雷桑德却尽量让自己的文章通俗易懂，尤其是他通过长篇的"年表"来探讨目标帝国的政治历史的文章。另外，作为军事机构的教授，斯特雷桑德相当重视战争中的战术和军事技术，这又要以伊纳尔哲克的奥斯曼帝国研究和乔斯·戈曼斯（Jos Gommans）的莫卧儿帝国研究为基础。斯特雷桑德从另一个视角入手，以莫卧儿帝国阿克巴及其继任者们在位时期的王权观念为重点，讨论军事历史并不是一个独立的领域，而是帝国统治结构的一部分。尽管军事历史并不是我们研究的侧重点，但斯特雷桑德提醒我们要对奥斯曼和莫卧儿帝国统治的军事基础保持清醒的认识。

本书概述

如前文所述，我们研究的起始年份为1526年。当时，巴布尔大帝赢得了第一次巴尼伯德战役（Battle of Panipat）的胜利，苏莱曼苏丹也踏上了征服匈牙利之程。不过，这个选择并不意味着我们认为这两位君主在各自帝国的历史中扮演着相同的角色。正如阿里·阿努沙哈儿详细阐释的，在对这三个深受中世纪伊斯兰帝国历史学家青睐的帝国进行比较后可以看到，巴布尔是帝国的"奠基人"，大概相当于奥斯曼帝国的穆拉德二世；与之相比，苏莱曼则是一个已经成熟的伊斯兰帝国的君主，他的职责是维护正义以及附庸国的"战斗忠诚"，并不需要御驾亲征。然而，虽然本书的灵感来源于杜弘睿的研究成果，但研究重点并不在于各个朝代，而在于精英和平民之间的关系。因此，我们并不强调王朝兴衰的问题。

第一章，我们将讨论文字史料。在过去的几十年中，研究奥斯曼帝国和印度的历史学者都再度关注起历史上的作者所说的话语，关注他们在既定的文学模式下表达出来的言论，关注他们希望传达给读者什么样的信息，最重要的是，关注那些他们没有说出口的话。在现有知识和相当谨慎的措施的基础上，我们可以尝试破解他们的言外之意，搜寻帝国官员和普通民众之间互动的信息。此外，由于档案中关于同一段历史的记载在奥斯曼帝国和印度的背景下是完全不同的，我们还将简单地探讨关于历史文献的储存和获取的话题。值得牢记的是，在某种程度上，撰写档案文献的文官和编纂史书的史官遵循的规则相同，他们都必须在既定的模式下进行工作。因此，他们所描绘的事件并非对现实简单而真实的反映。也是出于同一个原因，弱势群体的声音往往是被隐藏起来的。我们尝试做的正是让这一类声音可以为我们所闻，尽管困难重重，但是值得一试。

第二章将探讨图像史料。莫卧儿和奥斯曼帝国的统治者通常都会资助艺术家受伊朗艺术风格启发而创作的艺术品。不过，对于莫卧儿及伊朗的贵族订购的绘制有人物和动物的大型壁画，奥斯曼艺术爱好者们也是熟悉的——可能是通过军队首领从伊朗的战役中带回来的战利品来了解的。想要探索奥斯曼精英和平民之间的关系，展现1582年与1720年婚礼和割礼仪式的细密画是最有帮助的，因为它们表现的是伊斯坦布尔手工业者在穆拉德三世苏丹（Murad Ⅲ，1574—1595年在位）和艾哈迈德三世（Ahmed Ⅲ，1703—1730年在位）统治下的日常生活。而在莫卧儿帝国方面，阿克巴的随行人员所作的细密画尤为珍贵。毕竟，这位君主喜欢亲自莅临建筑工程现场，并要求随行人员描绘他在工人们建造城堡或宫殿的场景中的形象。另外，日常生活场景往往在以宗教或文学为主题的画作中作为背景出现，它在这些画作中出现的频率之高，足以让我们将其视作重要的历史资料。然而，我们在确立主要的艺术准则时，很快就遇到了特定画室的规则设置的限制。也就是说，我们不知道画家出于审美需求或是对庄重性、礼节规范的考虑，牺牲了平民的哪些信息。

第三章的重点是讨论奥斯曼苏丹和莫卧儿皇帝如何通过军队建立并巩固自己的统治，在奥斯曼帝国方面，我们还要额外探讨16世纪中期地中海（Meditarranean Sea）区域最强大的海军。无论是从萨非王朝手中获得的安纳托利亚的东部，还是与哈布斯堡家族统治的奥匈帝国接壤的西北部地区，一旦苏丹将某个地区纳入版图，奥斯曼帝国就往往会建造堡垒以保证新的税收。在莫卧儿帝国方面，城堡似乎具有完全不同的功能。莫卧儿对印度拉其普特[1]（Rajput）王公贵族的征服总是伴随大量流血牺牲，而这些城堡是拉其普特王公的据点。阿克巴、贾汗吉尔和沙贾汗也增强了他们在阿格拉（Agra）和德里的宫殿的军事防御力量。

我们在第三章里还会讨论在描述这两个政体时常用的"火药政权"的概念，当然，奥斯曼统治者对火药武器展现出来的热情比莫卧儿统治者的更大。在这一背景下，我们要对马拉地人（Marathas）进行介绍，他们旨在推翻莫卧儿帝国，并在印度半岛建立印度教国家。显然，在特定条件下，马拉地的战争领袖可以轻松地获得一大批愿意为他们征战的战士。接下来我们要讨论的话题就是邻国的政体对莫卧儿政权的挑战，其中最典型的就是葡属印度和英荷贸易公司。不过，只要莫卧儿帝国的政权仍然稳固，这些外国政体的政治重要性就始终是有限的。

---

[1] 拉其普特：声称是原印度武士阶级刹帝利后裔的印度军人阶级，一部分是莫卧儿帝国忠实的盟友，另一部分则是帝国的宿敌。

军队由士兵构成，他们的薪俸有限，所以渴望通过缴获的战利品来增加收入。15世纪，奥斯曼苏丹和官员要求农民服兵役，他们对巴尔干地区的游牧民族的要求也是如此，只不过奥斯曼帝国同这些部落的隶属关系很早就中断了。16世纪，奥斯曼帝国的官僚机构迫切地希望将纳税人群和苏丹的仆人这一拥有特权的人群划清界限，于是他们逐步将农民和游牧民族从正规军队中淘汰，即便这些人可能成为近卫军。从16世纪晚期到本书研究范围的末尾，苏丹和各个等级的精英从平民中招募了大量的士兵，使得服兵役成了许多村民的主要谋生手段，尤其是安纳托利亚地区的村民。通过这种方式招募的士兵与莫卧儿帝国和马拉地军队中的农民兵有一定的相似之处，不过在奥斯曼中央控制力较弱的边境地区没有这类士兵，而这类士兵在印度边境地区却十分常见。

第四章论述奥斯曼和莫卧儿帝国都面临的问题，即如何在征服一个地区后使自己的统治合法化。为了达到这个目的，双方的精英阶层都通过举行仪式、节日庆典以及展示珍品来彰显统治者的力量和荣耀。统治者可能会因为给生活单调而辛苦的民众提供视听体验而得到拥戴。仪式和节日在印度社会中尤为重要，但是关于莫卧儿皇帝、精英和独立艺术家在庆典中所扮演的角色的信息，我们所知甚少。相反，奥斯曼帝国则留下了大量组织此类活动的"细枝末节"的文献，其中甚至还记录了偶尔发生的城市手工业者和商人反对庆典高额花费的抗议活动。毕竟，虽然"名义上"是苏丹和高官们负担这笔支出，但资金的实际来源还是这些城乡纳税人手中稀薄的资源。

苏菲派和托钵僧与统治阶级的精英的关系有时是密切的，有时又明显是疏远的，他们在多数近代早期穆斯林帝国构建及巩固政治和宗教的合法性方面发挥了作用。一方面，他们经常调和奥斯曼和莫卧儿王室里伊斯兰教不同派别的关系；另一方面，他们对穆斯林——有时还包括非穆斯林——进行调停。在这两个帝国中，苏菲派成员都为艺术开辟了空间，特别是诗歌和音乐。当我们讨论到莫卧儿和奥斯曼的相关联系时，就会提到由印度宗教人物创立的"新式"纳格什班迪耶教团（Naqshbandī/Nakşbendi）的托钵僧穆加迪底耶（Mujaddidiya），其在18世纪的奥斯曼精英中有众多拥趸。

在另一层面，苏丹和莫卧儿皇帝对非穆斯林人口所采取的政策也是追求统治合法性的一部分。两个帝国之间存在本质差异的领域之一是人头税，即吉兹亚[1]（cizye/jizya）。奥斯曼的非穆斯林都必须缴纳吉兹亚，而在莫卧儿，这项政策却经历了几次变革：阿克巴废除了这一税项，奥朗则布又将其恢复，后来的继任者则不断地废除和恢复它。在印度莫卧儿王朝，缴纳吉兹亚可能会引发关于荣誉和尊敬的问题，因为印度纳税者经常在抱怨中强调收税人具有侵略性的行为。相比之下，在某些伊斯兰学者看来，重新征收吉兹亚是莫卧儿帝国巩固统治合法性的行为。

---

[1] 吉兹亚：一种曾经在伊斯兰国家向非穆斯林人民实施的人头税。

　　对于富庶的莫卧儿帝国而言，征收吉兹亚的意义并不大；而对财政状况欠佳的奥斯曼帝国来说，吉兹亚却是国库主要的收入来源，尤其是在对抗哈布斯堡王朝战争时期（1683—1699、1715—1718），吉兹亚是军饷的关键来源。吉兹亚是以个人而非社区为单位收取的税款，因此官僚机构可以把手伸向缴税者的家庭。我们还想要探讨，收取吉兹亚在莫卧儿帝国中是不是掌握非穆斯林人口行踪的一种手段。

　　在为统治者招募仆人的环节中，语言是一项重要的考查内容。有时候，是否会一门语言，对于一个渴望晋升精英阶层的男孩来说是至关重要的。例如，15世纪至16世纪，苏丹不招募懂土耳其语的男孩做近卫军，也许是不想让他们知道精英阶层所想要隐瞒的信息。另外，精通奥斯曼土耳其语或波斯语，又分别是进入苏丹朝廷或莫卧儿官僚机构的先决条件。如果一个具备必要语言技能的男孩进入了统治机构，那么他的家庭会非常欣慰，而且必然将君主视为地位和生计的合法来源。

　　在印度，印度教徒可以进入伊斯兰宗教学校［又称"马德拉沙[1]"（madrasa）］习得流利的"学院派"波斯语，这是其他想进入奥斯曼统治机构的人所没有的选项。据我们所知，在奥斯曼帝国，一个农民的儿子是不可能进入学校并成为学者的；另外，也没有基督徒或犹太人上过这类学校。在奥斯曼帝国，非穆斯林是

---

[1]　马德拉沙：奥斯曼帝国伊斯兰教法学校和莫卧儿帝国未来行政人员培训学校的称呼。

无法在统治机构占有一席之地的，除非他们皈依伊斯兰教。因此，奥斯曼人学习奥斯曼土耳其语的动力远远不如印度教徒对波斯语的热情。

第五章的重点是市场、小城镇、首都和重要港口城市。两个帝国的道路站点和海关都吸引了大批买卖双方。随着人口和贸易机会的增长，农村可能变成城镇。在莫卧儿帝国、后莫卧儿时期的各独立公国以及奥斯曼帝国，官员们总是努力建造市集，因为作为收税人，他们需要把农作物转换为货币，从而促进商品和现金的交换。然而，如果村民和市民不把新建立的市场视作合格的市场，那么这个市场仍然只是个空架子。

影响港口城市兴衰的部分原因是自然因素，即沿海地区的水深是否满足大型船只的卸载需要。如果附近的河流淤塞严重，导致大型船只无法进入港口，那么这座港口城市就会衰落。政治也在其中起到了一定的作用。同为港口城市，肯帕德（Cambay）之所以敌不过苏拉特，就是因为后者得到了莫卧儿帝国的保护；同样，苏拉特在后期的衰败，也正是因为莫卧儿在古吉拉特的势力瓦解。从这方面来讲，帝国权力至少可以保护商人免受强盗、官员和王公的侵扰。对比之下，伊兹密尔（Izmir）的繁荣则至少部分归功于17世纪安纳托利亚地区的冲突，因为这限制了苏丹对新城镇地区的统治：尽管我们不应该夸大17世纪甚至18世纪早期"爱琴海（Aegean）地区向欧洲主导的世界经济的融入"的效果，但相对远离中央政权的地理条件无疑吸引了外国商人。政府控制力较弱的聚居地也吸引了奥斯曼商人和工匠。遗憾的是，我们无法明确地判断，统治势力在什么时候是安全的保障，而又在什么时候导致了地区的不稳定以及纳税人的逃离。

至于首都，奥斯曼帝国和莫卧儿帝国的情况则截然不同。在14和15世纪，苏丹多次迁都，最终于15世纪后半叶将中央政府定在伊斯坦布尔，除了17世纪有五十年的中断外，其余时间一直以此为都城，直到1923年帝国灭亡。相比之下，德里的首都地位就不那么明确了。在16世纪和17世纪早期，拉合尔（Lahore）和阿格拉交替成为莫卧儿帝国的首都，皇帝在阿格拉建造了集宫殿、清真寺和陵墓为一体的法塔赫布尔·西格里城。到了17世纪中期，沙贾汗纳巴德（Shāhjahānabād）建立后，德里才成为毫无争议的莫卧儿首都。

统治者建筑皇城的需求刺激了贸易的发展，即使就伊斯坦布尔而言，我们也不应高估由此产生的商贸机遇。毕竟，奥斯曼纳税人必须以低于市场价的价格提供许多商品和服务，甚至要以免费提供的商品和服务来充当税款。即便如此，当1703年苏丹准备永久迁都至埃迪尔内（Edirne）时，伊斯坦布尔的手工业者还是发动了叛乱。毕竟，皇宫和中央政府雇用的那一大批人都要在城镇市场购买必需品。伊斯坦布尔在共和时期的约前五十年（1923年到20世纪70年代）遭遇的严重困难就显示出了政府雇员及其投资所产生的市场价值。

在莫卧儿帝国这一边，尽管皇帝及其附庸国的王公可以在除了市场之外的渠道采购到优质商品，但宫廷和市场之间的纽带似乎更为牢固。印度黄金白银的数量远超奥斯曼帝国，也就是说，在沙贾汗纳巴德或阿格拉流通的货币要远远多过在伊斯坦布尔流通的，这使得大量的德里和阿格拉居民在市场谋生。

第六章的焦点是个体商人，与这个群体相关的档案记录在奥斯曼和莫卧儿帝国都很难找到。在奥斯曼帝国，相关记载之所以能在文献中得以留存，主要是因为在财物所有者死后，出于债务原因，官员没收了违法者的遗产。不过在17世纪前后的开罗，曾出现过一位杰出的商人，出于至今不为人知的理由，他的大多数甚至全部交易都由当地的卡迪[1]（Qadi）记录在册。根据内莉·汉娜（Nelly Hanna）的研究，这是一个与威尼斯和印度都有贸易往来的商人，甚至有时他会与不同宗教的商人进行合作。显然，商业技能是一位初出茅庐的商人想要和这位可敬的名叫伊斯梅尔·阿布·塔奇亚（Ismā'īl Abū Taqiyya）的商人开始并保持合作关系的首要条件。此外我们还应当注意到，这位成功的商人避开了和官僚机构打交道。很明显，在17世纪左右的开罗，这是可能做到的。与此相反，在伊斯坦布尔，这类商人则大概无法避免商业活动导致的税务缴纳和财产罚没。

关于印度商人的详细记载也很少，但是我们找到了一个特例，即17世纪一位专门从事珠宝交易的耆那教（Jainism）商人。

---

[1] 卡迪：阿拉伯语qadi的音译，意为"教法执行官"。

虽然他闭口不谈商业成功的秘诀，但对自己贸易中的失败和如何克服失败倒是知无不言，这为我们了解17世纪北印度的商业生活提供了极为珍贵的历史材料。

印度史学家对经营出口贸易的当地商人有诸多研究，因为他们的荷兰、英国或法国的商业合作伙伴会将他们的商业活动记录在案。奥斯曼帝国的史料文献中似乎很少有关于活跃于出口贸易的商人的记录，但是和伊兹密尔关系密切的亚美尼亚商人在18世纪向阿姆斯特丹出售棉花的商业活动出现在了阿姆斯特丹的档案中。另外，18世纪在中欧进行贸易活动的奥斯曼商人也在维也纳（Vienna）或是匈牙利的历史文件中留有记录，大多记录存在于1699年哈布斯堡王朝统治后。历史学家之前一直认为18世纪在欧洲活跃的奥斯曼商人都是非穆斯林，直到最近这一看法才发生改变。虽然在多数情况下事实的确如他们之前所想，但是最新研究表明，穆斯林也偶尔参与其中。

没有哪座城市可以少得了手工业者：在第七章中，我们将对为两个帝国的宫廷服务的工匠进行有趣的对比。毕竟，奥斯曼帝国的档案中有关于宫廷服务人群的大量史料记载，其中就包括技术水平很高的大师和只做单调乏味的工作的技工。印度方面，与阿格拉和德里保持长期密切往来的首府斋浦尔也给我们留下了大量与宫廷手工业者相关的记载，这是研究精英阶层和工匠之间关系的主要史料之一。

手工业者的迁移也在研究课题之内。在印度莫卧儿王朝，皇帝的频繁迁都一定会引起手工业者的追随，毕竟帝国宫廷里有他们最好的顾客。不仅如此，在17世纪末18世纪初，莫卧儿和马拉地之间的战争使得百姓流离失所，也导致了众多工匠的迁移。另外，干旱通常会导致基础食品价格的提升，以至于购买手工艺品的可支配资金减少。在这样的情况下，迁移成了他们生存的先决条件。

在17世纪的安纳托利亚，当像阿马西亚（Amasya）这种16世纪的繁华城市衰落到实力只有全盛时期的一半时，工匠们不得不与其他居民一起迁走。伊斯坦布尔或许是包括工匠们在内的移民的首选目的地，因为苏丹和他的军队足以保护这座城市免受强盗的袭击，即便不一定会保护郊区。在被吸引到伊兹密尔的工匠中，我们发现，有一批犹太羊毛纺织工是来自萨洛尼卡（Salonika，即塞萨洛尼基）的难民，当地羊毛市场的疲软以及近卫军要求交付的大批纺织品使得许多织布工陷入绝境。于是，大量手工业者再次逃向税收低、客源多的城市。

所有城镇居民的食物都依赖于农村，第八章主要探讨的就是粮食作物的种植、销售和税收。奥斯曼和莫卧儿帝国都有可以反映官员对农民纳税的看法的税收登记册。16世纪的奥斯曼帝国的相关资料中关于这类信息的记载繁多，但之后的记载对我们的帮助不大。而在莫卧儿，大量16世纪的相关资料——尽管不是全部——都在阿布勒·法兹勒（Abū'l-Fazl 'Allāmī, 1551—1602）留下的文献里。即便如此，曾臣属于莫卧儿帝国且保留了莫卧儿的征税模式的公国为我们留下了足够的相关史料以研究其对农业土地的掌控，同时探讨被我们称为农村首脑的人群在中央政府和农民群体之间起到的中介作用。

奥斯曼帝国在16世纪对这类中介群体进行了相对严格的控制，而在17世纪末和整个18世纪，则表现出明显的权力下放。即使如此，中央政府仍然对其委派的人员保留了一定的控制权，而且与18世纪的莫卧儿不同，奥斯曼的当地巨头自治并未使中央政权彻底从行省管理中退出。

在奥斯曼帝国，苏丹的官员并不在法律上承认大地主对"他们的"农民拥有控制权，尽管他们默认了大地主事实上的权力。与这一点密不可分的是，苏丹宣称对其帝国中的所有耕地和草原都有毋庸置疑的所有权，他的臣民只能拥有商店、房屋和花园。而莫卧儿的农民显然对土地拥有相对安全的权利，尽管他们也只能在一定范围内处置自己的土地。另外，除了农村社区以外，当地的首脑，即柴明达尔[1]（zamīndār），也对较富裕的地主的权利进行了制约。

莫卧儿帝国及其"公国"的农民往往比奥斯曼农民与市场的关系更为密切，因为除了以现金缴纳税款以外，至少在某些地区，农民还兼职编织棉布。途经印度莫卧儿王朝的旅行者经常会指出乡村地区普遍存在的贫穷状况，但是今天的历史学家对这类

---

[1] 柴明达尔：印度对一种土地拥有者的称谓，指（多多少少）融入莫卧儿系统的地方首脑，负责低等级的收税。

说法并不认同。当然，没人否认当地人在通常由季风雨迟来或稀少造成的饥荒期间遭受的痛苦。在这样的情况下，广泛的经济货币化增加了农民陷入债务的可能性，导致他们的妻子和儿女沦为富裕家庭的仆人。显赫的家族，包括部分和王公贵族有联系的家庭，可能会以拯救者以及剥削者的姿态出现。

在最终章节——第九章里，我们会简单介绍这样一群人，他们在同时代的人眼中属于边缘人群，其中统治阶级精英圈外的女性是最主要的一部分。也许把精英阶层外的所有女性都归类到边缘人群中显得有些夸张，而且在奥斯曼帝国，现在已经有一系列重要的研究表明当时已经出现专门保护女性权益的机构，有一部分女性试图摆脱边缘人的身份，成为法律主体，并对自己的财产和婚姻生活进行某种程度上的控制。然而，根据南迪塔·普拉萨德·萨哈对18世纪的焦特布尔（Jodhpur）的研究以及马德琳·齐尔菲（Madeline Zilfi）对18世纪末19世纪初的伊斯坦布尔的研究，非精英阶层的女性处境十分艰难。女性在维护自己作为自由人的权利时障碍重重，尽管奥斯曼帝国的丈夫售卖自己的妻子是不合法的，但在焦特布尔，这种情形却还是可能出现。齐尔菲的研究表明，在伊斯坦布尔，有钱的男人很容易就能买到女奴做妾，她们有可能成为拥有自由人身份的妻子的强力竞争对手，甚至掌控男性的"后院"。不过，大多数女奴只是中等收入家庭的女佣，也有一部分从小在奥斯曼生活的女奴会成为陪着精英家族同龄女孩长大的仆人。

从小被贫穷的父母卖给富裕家庭的孩子，也就是所谓的贝斯勒梅[1]（besleme），倘若接下来雇主想要将其作为奴隶转手，那他们是很难证明自己自由人的身份的。在印度，仆人通常是低种姓的男女，这些人虽然不是奴隶，但是因为社会地位低下而被迫提供服务。莫卧儿和后莫卧儿政府很少干预种姓等级制度。

正如关于奥斯曼和莫卧儿/后莫卧儿帝国的研究所表明的，我们很难在不关注性别鸿沟的情况下总结其社会结构。在奥斯曼的伊斯坦布尔，宫廷以外的地区男性奴隶数量稀少。为奥斯曼精英和一些中等阶层家族服务的奴隶以女性为主。性别歧视使整个社会分裂，即便相较于非精英阶层的女性，精英阶层的女性获得的保护更多。因此，非精英阶层的女性所要承受的不仅仅是和与她们同阶层的男性一样接受来自精英阶层的差遣，还有来自男性亲属的压力。比起历史学家，诗人通常更能表达社会生活中的这类现实：纳泽姆·希克梅特（Nazım Hikmet，1902—1963）曾经描写过20世纪30年代安纳托利亚的女性农民，在当时农村男性的心目中，她们只有在牛吃够了饲料的情况下才配吃饭。从这一点来看，我们也许可以将当时可怜的女性和牲畜进行类比，因为这两者都只能通过不懈的辛勤劳作才能够得以生存。不过，这是个范围很大的话题，需要另起一书才能深入探讨。

---

[1] 贝斯勒梅：由条件优渥的家庭养大的穷人小孩，即童养仆，长大后提供相应的服务。

第一部分
伊斯兰世界的比权量力

第一章

隐秘的角落：听到"普通人"的声音

　　本章和下一章都是对方法论的探讨。学者们试图理解某份书面材料时，总会遇到一系列复杂的问题，我们就从讨论这一系列问题开始：这真的是我们已知的这位作者的作品吗？他或她的写作意图是什么？我们该如何理解作者的弦外之音？作者可以或不可以说出的内容受体裁限制的程度如何，有证据证明作者在尝试挣脱这些限制吗？历史学家在研究课题时该如何定义这些文献，又有什么样的社会或政治因素限制了他们能查阅到的文献记载的范围？

　　在一定程度上，文本考证可以挖掘出其中所固有的偏向性，考证本身则可能表现为对"客观性"的追求。然而，这样的追求不可能是"纯洁无瑕"的。恰恰相反，在研究人员无意识的情况下，其自身的政治立场及社会或文化背景都会影响考证的结果。这样的挑战是任何时期任何地区的历史学家都会面临的，而我们在这里将主要关注奥斯曼帝国和莫卧儿帝国的历史研究者们所要面对的具体问题。在本章的最后，我们将提出研究这两个帝国的学者都关心的问题，它们对我们所要研究的统治者和被统治者之间的关系而言也是十分重要的议题，即"20及21世纪的历史学家如何定义奥斯曼和莫卧儿社会？他们如何定位帝国的被统治阶级，而且在这个过程中特别强调的又是哪一部分一手史料"？

中世纪背景：伊斯兰教、波斯语和新的文本美学

突厥人对北印度及土耳其的征服——包括之后的奥斯曼帝国向地中海领域的扩张，都不是孤立的现象。与之相反，这都是从11世纪开始的"人口迁移"的一部分。人口迁移速度在12世纪和13世纪突然加快，特别是在13世纪，蒙古的扩张改变了整个亚欧大陆的政治版图。在此背景下，突厥征服者将伊斯兰教引进了非穆斯林的聚居地，至少在安纳托利亚是这样。原本安纳托利亚的穆斯林人口稀少，但到了中世纪后期，外来移民在这片土地上强力推行自己的宗教（伊斯兰教）和语言——即今天所谓的"古安纳托利亚土耳其语"（Eski Anadolu Türkçesi），这种语言出现于14世纪的阿拉伯文献。只有在巴尔干地区被征服的多数人口仍然是基督教徒，并且继续用希腊语或斯拉夫语，尽管巴尔干的部分地区依然存在大量说土耳其语的穆斯林移民，特别是在波斯尼亚（Bosnia），许多当地土著皈依了伊斯兰教。而在北印度，尤其是恒河-亚穆纳河平原地区，那里人口稠密，虽然也有很多皈依伊斯兰教的人，但多数人还是继续信仰我们如今称为印度教的各类宗教。

13世纪以前，在这两个文化圈内，波斯语都是上流阶层使用

的语言，同时也是书写时使用的语言。几个世纪以来，在莫卧儿帝国和后莫卧儿时期的印度，波斯语一直处于中心地位。到了16世纪或17世纪，莫卧儿和奥斯曼帝国的政府机构具有许多共同特征，从双方都使用波斯语就可见一斑。即使如此，至少从15世纪开始，古安纳托利亚土耳其语就在奥斯曼帝国占据了主导地位，而阿拉伯语和波斯语仅在特定情况下被使用（参见第四章）。在奥斯曼帝国中央地区，伊斯兰世界的两种"古典"语言还是学术界和文学界的重要语言载体，尽管到了16世纪，所有试图在精英阶层立足的人都必须精通吸收了大量阿拉伯语和波斯语词汇的奥斯曼土耳其语。1516年后，在被奥斯曼苏丹征服的阿拉伯土地上，阿拉伯语仍然是主要语言。

　　鉴于共同的突厥–伊朗文化背景，研究奥斯曼史的学者和研究中世纪或近代早期的印度史的历史学家面临的文献考证问题也具有相同点。毕竟在双方的研究里，直到突厥征服者建立了具有一定规模和实力的苏丹国后，伊朗宫廷风格的编年体史书才开始流行。奥斯曼文人和他们的德里苏丹国以及后来的莫卧儿帝国的同行都乐意采用编年体（tarih）这种体裁。这也是伊朗风格宫廷文化的一部分，不过在苏丹的政权里，多数史书还是用奥斯曼土耳其语撰写的，这算是历史文本的"本土化"之举了。相比之下，印度的历史文本用的基本都是波斯语。在对神祇和先知穆罕默德（the Prophet Muhammad）的祈祷进行标准化后，这些编年体史书就只涵盖政治事件了，战役和扩张是其中的主要内容；来自君主宫廷的各类信息，包括"高级政要的任命或离任"是另一个常见话题，或许是因为这些作品的目标读者是渴望成为政府官员的人群，至于他们最后是否如愿以偿，我们当然无从得知。

虽然伊朗式的史书是三个帝国之间的"文化桥梁"，但迄今为止，这个话题尚未引起学术界的广泛关注。也就是说，撰写奥斯曼帝国历史在很大程度上被视为苏丹的"内部事务"。此外，在18世纪以前，帝国的东正教教徒和犹太人没有产出多少关于自身所处时代的历史文献。所以，我们甚至可以将16世纪至17世纪的奥斯曼帝国史书编写视为以受过宫廷教育的穆斯林精英阶层为主的典型行为。

书法是在双方文化中都备受推崇的艺术形式，称职的书吏和官方文件制作人都需要有一定的书法造诣。17世纪北印度的书法鉴赏家对著名的伊朗书法家都十分熟悉，而在奥斯曼，即使是最负盛名的书法大师也不一定能在南亚的书法界留有姓名。因此，尽管有许多相似之处，但印度各苏丹国和莫卧儿帝国的读写群体与另一头的奥斯曼帝国同行之间并未建立起多少密切的联系。在18世纪的伊斯坦布尔，穆赛迪地（Müceddidi）版本的苏菲派托钵僧纳格什班迪戒言大为流行，戒言虽然以中亚文化为基础，但起源于北印度，这属于少数例外之一。试图阅读、理解并评估"他们的"第一手史料的史学家们必须在这些理论参考内进行研究工作。

文本定位

史料考证对不同的人而言意义不同。正如前述，史学家常见的任务之一是根据作者、时间和撰写地点等找出文中有争议的内容并判断其真实性。在可追溯的情况下，作者、编辑和抄写员的意图也值得关注。笔者在此采用"史料考证"这一广泛概念，将研究范围扩大到"新"史料的搜索层面，无论是之前未使用过的史料，还是很少用于合并研究的史料，都属于新史料。在关于奥斯曼帝国和南亚的研究中，还很少有学者做过将书面文献和考古发现结合起来进行共同研究的尝试。

然而这并非全部，因为在不同的时间和地点，人们在进行考证的时候都会考虑各种各样的"背景因素"。奥斯曼帝国的历史研究者可以举出一个典型的例子，那就是19世纪早期夏尼查德·穆罕默德·阿塔乌拉·埃芬迪的史书介绍。夏尼查德不仅仅是史书作者，也是医学工作者，并且担任当时是圣城的艾郁普市（Eyüp/Eyüpsultan，如今是伊斯坦布尔的一个区）的卡迪。奥斯曼史研究者们都知道，夏尼查德懂得包括意大利语、现代希腊语和法语在内的多种欧洲语言。另外，他似乎与受过良好教育的亚美尼亚人关系密切，他们会协助他做一部分翻译工作。无论夏尼查德的史料来源是什么，根据埃德海姆·艾勒哈姆（Edhem Eldem）的研究，作为奥斯曼文学史上不可或缺的一部分，夏尼查德的史书介绍只是伏尔泰（Voltaire）作品中平淡且不被认可的翻译版本而已。对于当今的历史学家而言，有必要关注的一点是，18世纪末期和19世纪早期的一些奥斯曼帝国宗教学者对同时期欧洲学者所关注的文本同样感到好奇。可见，与许多人的预设观点相反，不是所有接受过马德拉沙学校教育的人思维都局限在伊斯兰教的神学和律法范围内。

与当今世界联系更为直接的还有艾勒哈姆对夏尼查德的自我审查的探究，其中，"伏尔泰作品的平平无奇的译作"就是个很好的例子。在艾勒哈姆看来，像夏尼查德这样的作者通常十分关注他们的言论在读者和非读者群体中引起的负面反应，因此他们往往会避免说出一些真正想说的话，这在20世纪及21世纪的土耳其是非常常见的。然而，夏尼查德最后在流亡途中死于安纳托利亚的一个小镇，或许是因为他还不够谨慎吧……类似的事例其实还有很多。另外，我们如果要阐明艾勒哈姆对夏尼查德文本进行的考证，就可以说，这位21世纪学者的研究至少已经证明了夏尼查德的史书介绍不是什么，即他的史书介绍不是他本人的原始观点表述；至于他的史书介绍是什么，大概是对伏尔泰作品进行了删节的译本。

互文性：偶尔出现的政治动机

并非所有存在互文性关系的作品都涉及剽窃，历史学家提出的一定程度上被公认的准则也适用于19世纪和20世纪的史料援引。只要编年体史书仍是主要的史料来源，近期的作者们就不可避免地会引用前辈作品中的内容。有时候，无论这类引用是否准确，都有助于作者得到大众的认可。正如索尼娅·布伦特斯（Sonja Brentjes）所指出的，著名罗马作家彼得罗·德拉·瓦勒（Pietro Della Valle，1582—1652）曾经通过引用古代作家的话来丰富自己在奥斯曼帝国、伊朗和印度的游记；德拉·瓦勒试图用这些被引用的话来增强自己文章的权威性，帮助自己的作品通过罗马教皇的审查。

德拉·瓦勒接受过完整的古典教育，自然熟悉自己所引用的文本。然而，一些作者在引用文本时，并未对所引用的部分进行研究。正如五十多年前梅斯库雷·埃伦（Meşkure Eren）所说的，艾弗里雅·切莱比提及的许多文本是切莱比没有亲眼见过的，还有一部分甚至没有提到引用自哪本书。我们尚不清楚这类行为的缘由是什么。

自20世纪50年代以来，尤其是近几年，弄清楚奥斯曼帝国史书作者使用的是哪一部分史料成了热门课题。20世纪前后的学者在进行文献考证的时候，较为重视奥斯曼帝国初期以及奥斯曼二世（Osman II，1618—1622年在位）被弑的事件。因为在土耳其共和国建立之初，这两个议题是使"国家性"和"现代性"合法化这个政治话题的一部分。由于政治上的"粉饰"需求，近期学者往往相当注重"历史"和"史学"之间的相互影响，以丰富他们的考据工作。

图1

奥斯曼帝国的开端 土耳其伊兹尼克（İznik）的铁达尔勒扎德清真寺（Çandarlızade）：这是一座珍贵的奥斯曼帝国早期建筑，因其瓷砖颜色而被称为绿色清真寺。这座清真寺由大法官和后来的维齐尔钱达尔勒·卡拉·哈利勒帕夏（Çandarlı Kara Halil Paşa，1378—1391）下令兴建。照片前景中的石棺现藏于伊兹尼克博物馆的花园中。

奥斯曼帝国的早期历史，也就是约14世纪至15世纪中叶的历史，为历史学家的研究带来了特殊的难题，因为关于征服者穆罕默德（Mehmed the Conqueror，即穆罕默德二世，1451—1481年在位）统治之前的奥斯曼王朝历史记载很少。无论是拜占庭人还是外国人书写的文本中，都鲜少有关于14世纪早期至中期的新兴的奥斯曼的内容。或许存在一份珍稀的早期文献，其作者可能是亚赫希·法基（Yahşi Fakih）——他的父亲是奥尔汗（Orhan）苏丹的伊玛目[1]，不过我们至今尚未发掘出这份原始史料。我们之所以知道这份文献的存在，是因为受到过良好教育且有松柏之寿的托钵僧阿西克帕萨扎德（Aşıkpaşazade，1400—1484）曾将它作为自己作品主要的史料来源。亚赫希·法基的那部神秘的作品也许成书于15世纪早期，它对于奥斯曼早期历史的研究而言意义非凡，做文本考证的学生曾通过比较阿西克帕萨扎德的作品与16世纪早期的史书来尝试找出哪些叙述是对这本书的真实引用。

对于奥斯曼二世的"奥斯曼悲剧"，如今的史学家开始认为，共和国早期的史学研究之所以认为17世纪、18世纪和19世纪早期的近卫军是"腐败"的，主要是因为17世纪以来，他们常常无法获得战役的胜利。因此，土耳其共和国早期的历史学家认为，奥斯曼苏丹试图从安纳托利亚筹集另一支可以与近卫军匹敌的军队，使近卫军边缘化。这是对军队进行现代化改造的早期尝试，

---

[1]　伊玛目：伊斯兰教教职。阿拉伯语Imam的音译，原意为"领袖""教长"。

并且为1826年最终废除近卫军拉开了序幕。而现今的历史学家则倾向于认为这一观点缺少证据支持。或许，奥斯曼二世及其顾问并不是在进行根本性的改革，而只是在寻求应对特定危机的解决方案：当时的危机是奥斯曼帝国在与波兰的战争中频频溃败，这大大削弱了资历尚浅的年轻君主的权威。

此外，学术界对奥斯曼二世的下台和被弑始终保持着极高的兴趣，这要归因于17世纪的文人们对此事曾进行过公开的辩论。相反，生活在近代早期奥斯曼帝国的史书作家之间并没有这么热烈的争论，因为多数作家——当然不可能是全部——避免了进行个人观点的评述，毕竟奥斯曼二世被弑是当时尚无先例的事件。然而，当代一位名叫图格（Tuğî）的作者为这些以近卫军为主的罢免年轻苏丹的士兵的行为进行了辩护。显然，图格的观点代表了多数当代史书作者的观点，即经验不足的奥斯曼二世轻信了其顾问错误的建议。即便如此，仍有一小部分作者认为叛乱士兵的行为已经越界，应该受到严惩。

还有一些有关互文性的研究则关注16世纪后期至19世纪的史书。近期，史学家对奥斯曼帝国史书主要作者所采用的档案史料和叙事文本进行了考证，包括穆斯塔法·阿里（Mustafa Âlî，1541—1600）和艾哈迈德·杰夫代特（Ahmed Cevdet，1822—1895）对这些史料的应用。此类研究通常是撰写评论性论文的关键准备工作，但是一部分主要作者的专著也可能会派上用场。当然，并非所有试图"揭露"共和国早期史学研究的关键规则的行为都是对叙事文本互文性的研究；进行这些研究的史学家的关注点则在档案史料上，它们所讲述的历史可能与早期奥斯曼帝国历史研究学者依赖的史书所讲的故事大相径庭。

南亚的史学家同样会以史料考证来挑战历史学家/学术界/大众对一部分事件的看法，甚至包括学校课本里的理论。正如在研究奥斯曼帝国历史中所出现的情况，可能在一些历史事件发生许多个世纪以后，相关史料具有的现实的政治意义才显现出来。贾杜纳斯·萨卡尔对奥朗则布传记的探究就是例证。萨卡尔专注于研究这位君主以严谨的伊斯兰教君主的身份统治国家的意图，并提出，奥朗则布用这种在萨卡尔看来堪称狂热的行为彻底疏远了印度教徒。几十年来，历史学家对他这个主张的质疑和批判之声不断。这个议题在当前仍具有重要意义，因为部分评论家将奥朗则布与印度教众的疏远视为印度教徒和穆斯林发生冲突的起源，时至今日，他们之间的冲突仍在阻碍次大陆的发展。

在这一背景下，拉杰夫·金拉（Rajeev Kinra）对两位作者的文本进行了比较：一位是他本人的"偶像"，也是波斯语言文学家——谦和的印度教文人昌达尔·班（Chandar Bhan，约1600—1666）；另一位则是年代较后的作者谢尔·可汗·洛迪（Shēr Khān Lōdī），他在自己1690—1691年完成的作品中就引用了班撰写的史书中的部分内容。金拉的研究以这位印度教文人和沙贾汗的长子达拉·舒科（Dāra Shukōh，卒于1659年）王子手下官员之间的联络为起点。当时，达拉·舒科还是皇位继承人，对印度教哲学和神秘主义有浓厚的兴趣，还出资将该领域的重要著作由梵文翻译成波斯文，甚至亲自撰写了不少相关主题的文章。然而，在皇位争夺战中，他败给了奥朗则布。奥朗则布以异端之名将他处以死刑。

拉杰夫·金拉尝试解释一个令人惊讶的事实：尽管昌达尔·班兢兢业业地侍奉过两代莫卧儿皇帝，但他在1682年出于未知的原因被杜撰了一则逸事，这则逸事还被谢尔·可汗·洛迪引用了。据称，这件事是偶然发生的，所以并未被记录在班的生平事迹里。故事说，达拉·舒科将昌达尔·班引荐给了沙贾汗，但这位印度教文学家却御前失仪，背诵了一段可能被穆斯林认为具有冒犯性的诗歌。谢尔·可汗·洛迪不遗余力地使这个故事更具有针对性和"政治性"。不过，金拉强调，以现实中这位君王所具有的文学鉴赏素养，他极可能对这首诗一笑置之。毕竟，最后是达拉·舒科的头号敌人奥朗则布登上了皇位，因此对这位过世已久的王子的尖锐批判具有"政治意义"。

这两位17世纪文学家的著作对我们当前的研究而言意义非凡。正如巴基·泰兹詹（Baki Tezcan）和比德伯格（Piterberg）对奥斯曼二世被弑的探讨那样，金拉也强调了自己作品的现实政治意义。毕竟，有众多学者指责沙贾汗，尤其是奥朗则布背弃了阿克巴的宗教包容政策，建立起了疏远印度教的政府。在这样的背景之下，有一部分学者将最后的希望寄托在达拉·舒科的身上，认为他的统治会成为印度教教徒和穆斯林都能接受的统治形式。与批判奥斯曼二世所谓的"军队现代化改革"的奥斯曼帝国史研究者相比，金拉则是在尽力表明，相较宗教包容性，实际问题才是真正值得探讨的。或许，达拉·舒科作为政客和军人的缺陷，才是莫卧儿的权贵无法接受的。

无论17世纪的政治环境如何，达拉·舒科的悲剧在20和21世纪都具有其现实意义，因为在19世纪和20世纪，英国殖民者的阴谋加深了印度教教徒和穆斯林的敌对情绪，并最终导致1947年的分治惨案以及随之而来的大量流血牺牲与大规模的破坏。金拉的考证证明，即便是近现代史的相关史料也能传播虚构的故事，所以他对一系列的传说提出疑问；他怀疑昌达尔·班的恶意诋毁者可能也是出于职业考虑才对昌达尔·班进行攻击的。另外，金拉还强调，无论是沙贾汗还是奥朗则布，都没有像人们通常宣称的那样敌视印度教教徒。

挖掘"隐藏内容"

另外，史料考证也可能需要发掘出文本的"隐藏内容"。在部分情况下，我们所说的"隐藏内容"是指作者讳莫如深的言下之意，也是他希望只有少数读者才能明白的弦外之音。例如，在奥斯曼帝国方面，16世纪的一位学者可能会把自己对某些异教托钵僧的同情隐藏起来，因为当时这些异教徒正在遭受中央政府的迫害。在另一些情况下，当今的历史学家之所以无法立即理解一部分信息，仅仅是因为在近代早期的作者看来，这类信息太过寻常，不值得花费笔墨。即便如此，这种类型的暗示可能早就悄悄地出现在了当今学者难以理解的领域。

以中世纪印度历史为例：苏尼尔·库马尔详细研究德里苏丹国（1192—1527）的历史时，想要探究这些文本记载的内容里除了一目了然的战争、扩张和宫廷阴谋以外隐含的其他信息。库马尔着手重现外来突厥统治者、第二代皇室成员与现任及前任的军事奴隶之间的关系，他希望通过这样做来进一步了解德里苏丹国是如何在频繁的朝代更迭中形成一个十分稳定的政体的。

从更深层次来看，苏尼尔·库马尔对笼统地概括出来的理论提出了疑问，例如一个笼统的假设说，突厥穆斯林的入侵解放了当地大量贫穷的人，使他们摆脱了种姓制度的束缚，从而促进了该地的城市化和伊斯兰化。穆罕默德·哈比卜（Muhammad Habib，1895—1971）和他在阿里格尔（Aligarh）学校的部分支持者就采用了这个假说来反对殖民者中的历史学家的说法，即突厥穆斯林军队的入侵及随之而来的伊斯兰化摧毁了印度文化。另外，后一种说法在今天的印度民族主义者之中也颇为流行。库马尔虽然对穆罕默德·哈比卜的说法持怀疑态度，但强调要通过史料考证来推翻所谓伊斯兰扩张对伊斯兰化前的印度文化造成毁灭性破坏的一系列历史谎言。他编纂的一本文集的标题"被推翻的到底是谎言，还是清真寺与寺庙？"就简明扼要地指出了这个问题。

作为对宫廷编年体史书的一种补充，碑文也是当今历史学家在研究德里苏丹国时依赖的史料，当然，碑文的数量也不是很多。但是在某些特定的情况下，碑文可以说是实际上唯一可信的书面史料。顺便一提，对于研究11—15世纪安纳托利亚出现的各个公国的历史学家来说，碑文的重要性与其他文献是等同的，因为除了塞尔柱突厥人和后来的奥斯曼人以外，很少有公国的大公会资助撰写宫廷编年体史书。另外，不仅用以装饰清真寺和其他教会的铭文数量众多，刻有铭文的墓碑也大量留存于世。在20世纪30年代至70年代，奥斯曼帝国史研究者们以这些碑文为根据，撰写了大量与安纳托利亚诸公国相关的史学研究著作。历史地名也是研究课题之一，因为它们也可以提供在1071年后定居的突厥部落的一部分信息。历史往往是由胜利者书写的，因此，关于被征服者，很少会留下只言片语。

麻烦的比喻和虚构的历史

许多编年史乍看之下显得非常真实，甚至枯燥，然而，如果我们进一步研究，可能会发现意外情况，比如对于印度的研究，几位史学家就曾强调过下面这个故事。坐落在古吉拉特韦拉瓦尔（Viraval）港附近的索姆纳特寺（Somnath）被加兹尼的马哈茂德（971—1030年在位）摧毁，马哈茂德的宫廷就位于现在的阿富汗。据说，马哈茂德苏丹在1025—1026年袭击了这座寺庙，搜刮了大量的财宝；被他的士兵掠夺走的黄金白银都用于在中亚的扩张。在次大陆建立一座帝国似乎并非马哈茂德苏丹的政治目标。

然而，有关这次事件的历史记载，可能成了描写12世纪和13世纪德里若干任统治者的模板。在这些作者的文本中，我们发现这个事件被反复套用在多位君主及其军队统帅身上，每位作者都宣称是自己书中描写的那位君主及其军队统帅摧毁了索姆纳特寺，他们还在摧毁寺庙的过程中杀死了大约50000名异教徒。然而，罗米拉·塔帕尔却指出，早在20世纪50年代初期，考古学家就发掘出了这座寺庙的遗址，在此之后，针对贾瓦哈拉尔·尼赫鲁（Jawaharlal Nehru）的抗议活动的著名捐助者才对寺庙进行了重建。然而，考古学家的发掘工作并未提供任何可以证明这座寺庙在中世纪曾经遭受过破坏与重建的证据。显然，事实上，当地的捐助者在马哈茂德苏丹回到中亚后重建了这座寺庙。不过，它应该很快就朽坏了，直到12世纪后期，才被一座更大的寺庙取代。看来，德里苏丹国的军队在13世纪后期的确洗劫了这座新的庙宇，但并未对这座新庙进行大肆破坏。因此，对这些史书作者不切实际的说法最合理的解释大概是：破坏索姆纳特寺更像是一种象征，波斯风格编年体史书的作者用这样的象征来表现他们想要歌颂的统治者对伊斯兰教的热情。我们唯有希望，事实上并没有50000个异教徒在这次袭击中丧命。

当然，没人会言之凿凿地说，这些寺庙从未被损毁，但是这类破坏多数时候是出于王公对庙宇所尊神祇的不满才进行的。破坏者甚至可能都不是穆斯林，而是来自不同信仰的"印度教"分支。人们往往会将神像的宗教力量和被废掉的统治者的运势及其正统性联系起来。因此，侵袭和拆除寺庙也是打败对手的象征。既然一位非穆斯林的印度国王在击败对手之后，可能会毁掉手下败将所修建的寺庙，那么中世纪的某位穆斯林苏丹当然也有可能抱有类似的想法。如果说中世纪政治观点的重建是事实，那么由宗教信仰不同激发的圣像破坏行动可能只是其中的一部分。

即便如此，理查德·伊顿还是记录了八十多次穆斯林统治者和军队指挥官们在寺庙亵渎神灵的行为，记录时间从1192年建立德里苏丹国开始一直到1760年莫卧儿帝国处于明显的螺旋式衰落的趋势中。这一数字显然并不是微不足道的，我们也要注意到，巴布尔、胡马雍（Humāyūn，1530—1556年在位）和阿克巴从未有过关于这类行为的记载。然而伊顿也清晰地指出，即便奥朗则布频繁地表现出亵渎宗教的姿态，大多数寺庙仍然完好地保存了下来，而那些被破坏的寺庙往往只与这位莫卧儿皇帝怀疑或真实存在的叛乱有关。

为什么这个问题如此重要？出于种种原因，在近三十年里，宗教和政治宗派主义在世界范围内呈上扬趋势。正如前文所述，1947年，在诸多暴力和流血冲突中，英属印度解体为两个新的国家，一个是以穆斯林为主的巴基斯坦，另一个则是以印度教为主的印度。结果，两地出现了桑贾伊·苏布拉马尼亚姆所说的"名副其实的歧视行为"，而且在印度，这并非仅仅针对巴基斯坦的穆斯林，还针对仍然生活在印度的穆斯林少数群体。正如苏布拉马尼亚姆所指出的，印度史学界的"官方立场"认为，在英国帝国主义到来之前，生活在次大陆的不同宗教和民族之间基本能够和平相处，但在独立后不久，不同宗教和民族对对方的一些仇恨情绪也浮出水面。事实上，穆斯林与非穆斯林之间的紧张关系早在印度被殖民之前就很普遍了。在承认这一观点的同时，一部分试图阻止这种"抱怨文化"盛行的学者强调说，不同的社会阶层甚至偶尔处于对立状态的职业团体之间的紧张关系都可能成为骚乱的导火索——从表面看来骚乱是由宗教引发的，但实际上大多具有世俗的动机。

纳杰夫·海德尔在一项非常严谨的考证研究里，探讨了始于1714年古吉拉特邦艾哈迈达巴德市（Ahmadabad）的一次冲突。当时一位印度教市民正在热烈欢庆洒红节（Holi，音译霍利节）——为了庆祝这个节日，人们会往路人身上喷洒颜料，这种庆祝方式一直保留到了今天——一位有社会地位的穆斯林路过时被喷了颜料，因此认为自己受到了侮辱，就提起诉讼，一直投诉到德里日渐衰败的莫卧儿帝国宫廷里。莫卧儿宫廷的立场并不坚定，完全取决于皇帝偏信哪一方。直到最后，还是当地的首脑而非国家的统治者做出了裁决，判定双方和解。正如纳杰夫·海德尔所指出的那样，许多人选择某一个立场，并非出于宗教原因，而是因为恰好与他们的利益相关，例如商业利益或是需要对当地官员表示忠诚。

要研究这部分争论与奥斯曼帝国史学的关联性，不得不关注桑贾伊·苏布拉马尼亚姆本人提到的一个与之相关的例子，即凯瑟琳·E. 弗莱明（Katherine E. Fleming）所写的有关权势煊赫的"约阿尼纳之狮"阿里帕夏（Ali Paşa of Yanya/Joannina，1740—1822）的专著。弗莱明在该书的标题中将阿里帕夏称为"穆斯林中的拿破仑·波拿巴（Napoleon Bona parte）"，1821年希腊人在伯罗奔尼撒（Peloponnesus）、摩尔达维亚（Moldavia，摩尔多瓦的旧称）和瓦拉几亚（Wallachia）地区起义时，他正好统治着今天的希腊北部地区。弗莱明在专著中讲述道，她在研讨会上提出自己的发现之后，来自希腊的与会者把她单纯地看作阿里帕夏的"拥护者"，因此认为她是反希腊的，也是暗中亲土耳其的，还有些人干脆宣称，只有批评阿里帕夏的人才是亲希腊派的。她这一"非黑即白"的经历引起了苏布拉马尼亚姆的同理心。

为了达到政治目的，历史研究及其他领域的研究时常会被滥用。有时，焦点其实并非宗教和/或民族问题，而是社会阶层问题。在20世纪40年代和70年代，著名史学家穆斯塔法·阿克达（Mustafa Akdağ，1913—约1973）两次陷入了政治困境，至少有一部分是因他坚持认为，尽管16世纪末的奥斯曼帝国处于权力的巅峰，普通百姓却仍过着艰难的生活。如果笔者没有弄错，那么除了阿克达以外，没有其他人对16世纪奥斯曼马德拉沙学校学生中的反叛分子的抗议感兴趣并对此进行研究，这也是当局不信任他的原因。可以想见，冷战时期的政治局势使得许多人将社会民主人士视为国家威胁，也正是出于这一层担忧，土耳其官员和记者将阿克达视为"左翼分子"。由此可见，南亚有关"毁坏清真寺和其他寺庙"的议题也会让许多研究奥斯曼帝国历史的学者感兴趣。

档案史料中的虚构内容

我们在阅读历史学家对档案史料的研究成果时使用的方法和理解其中隐藏含义时所使用的不同。在关于奥斯曼帝国的研究中，由于征服者穆罕默德统治期间的档案史料匮乏，历史学家的工作开展得极为困难。档案文献中最早的连贯税务登记册塔利尔[1]（tahrir）只能追溯到征服者穆罕默德的儿子巴耶塞特二世（Bayezid II，1481—1512年在位）统治时期，关于这几十年的记录也是20世纪研究奥斯曼帝国的历史学家主要的史料来源。档案文献数量的"大飞跃"只出现在苏莱曼苏丹统治时期，当时的经济管理机构成了奥斯曼帝国统治下的一个专门负责管理档案文献

---

[1]　塔利尔：税务登记册，主要用于15—16世纪，登记册上列明省、区和聚居点及纳税人，包括税收豁免等。有些文件还列出农业税，是分配蒂玛的依据。

的部门。16世纪后期是19世纪前奥斯曼帝国档案文献的黄金时期之一。相比而言，17世纪中央档案机构的文献数量增长速度缓慢，可能是由于自17世纪中期到1703年，奥斯曼宫廷多数时间位于色雷斯（Thrace）埃迪尔内。宫廷在两个城市之间搬来搬去的时候，许多档案资料可能会丢失。不过，苏丹重新回到伊斯坦布尔定居后，无论是相关官员还是档案记录，数量都成倍增加。等到18世纪的档案记录录入基本完成的时候，我们也可以期待进一步的重要发现。

奥斯曼的档案文献不仅数目庞大，而且记载范围十分广泛，涵盖从红海沿岸的阿比西尼亚（Abyssinia）到克里米亚（Crimea）、从巴格达（Baghdad）到阿尔及尔（Algiers）、从大不里士（Tabriz）到维也纳的所有地区。20世纪的史学家与这些档案文献，以及当初创建这批档案的现如今早已长眠地下的书记员，度过了数十年之久的蜜月。自然，史学家的偏爱是有充分的理由的，但是很多人还没有意识到这种倾向造成的"盲点"，尤其是在妇女、儿童和其他社会"边缘人群"方面。在相当长一段时间里，史学家都认为，这样的缺失是无法避免的罪过。

我们用了一段时间才将奥斯曼帝国档案文献的范围划分整理清楚，而研究人员为了弄明白缺失的记录到底意味着什么，用了更长的时间。海思·洛瑞（Heath Lowry）就是最早一批指出这一点的人之一，他表示，由于我们无法一一确认的原因，书吏很有可能直接复写了自己的前任所做的塔利尔。在可能的情况下，我们应该按照时间次序研究某个特定地区的塔利尔，而非简单地进行独立研究。进行登记的官员有时可能很难让当地人配合他们的工作，当地人也有可能只是纯粹出于一时兴起，想让远在天边的苏丹来质问无能的官吏。也有一些诚实的官员，或者是一些有良好的人脉关系的官员，如实将自己无法收集到任何有用信息的处境登记在册。欠缺勇气或是不受权贵青睐的书吏则倾向于掩盖问题。我们无法知晓档案记录中每一处欠缺到底分别出于什么具体的原因，但是提出这个问题仍然是有必要的。

研究法学历史的学者还发现，作为16和17世纪社会历史学家的主要甚至唯一的史料来源，伊斯兰教法官（卡迪）的法庭记录通常也没有表面上看起来那么容易理解。波奇·额尔格那（Boğaç Ergene）的研究表明，向卡迪法院提起诉讼的高额费用，以及伊斯兰宗教法偏向证人证词而非书面材料的态度，使得许多诉讼人——尤其是财力有限的诉讼人不愿意诉诸法院。如果关键证人搬离这座城镇，甚至只是搬出这一片城区，那么贫穷的诉讼人该怎么办呢？因为无法追踪到其证词可以决定判决走向的证人，所以他们更有可能通过非正式调解的途径解决问题，而这种调解就很少会记录在册了。

另外一些具有女权主义倾向的学者则指出，由于卡迪法院和整个社会赋予女性的权利有限，社会地位优越的男性可能会利用法律假设来对抗处于弱势地位的女性。例如，在一个法院案例中，一名妇女向丈夫支付现金以要求乎尔[1]（hul'，离婚）。这在16世纪末的奥斯曼十分普遍，多数是有一定财力的女性提出想要结束婚姻关系。但在另外一些案例中，厌倦自己妻子的丈夫也可能会强迫女性提出乎尔的申请，因为按照伊斯兰教法，丈夫如果单方面提出离婚，就需要向前妻支付一笔费用；但要是强迫自己的妻子提出离婚，他就可以省下这笔钱。

　　这些研究成果告诉我们，即便是档案文献中的内容，也并不一定就是真相，或者说不一定是全部的真相，又或者说不一定全部都是真相。如果这位历史学家足够幸运，他或她也许就能够发现苏丹的纳税人和官员录入的虚构内容。随着越来越多的历史学家对法院的书面档案进行深入研究，一些迄今为止还未被发现的虚构内容也可能会浮出水面。尽管在许多研究中，案例的背景再也无法重现，但我们决不能忘记，单纯地复述所研究的史料内容并不会带来令人满意的结果。

　　不过，几十年来，避免对有争议的官方记录进行单纯的概括，是一条业界公认却难以实施的黄金法则。一旦发掘出奥斯曼书史汇编的大文册，学者就需要花费大量的时间和精力来熟悉那些难以解读的文字；学习奥斯曼帝国官僚使用的特殊语言、将收集到的数据制成图表也都是费时费力的工作。研究人员通常很难

---

[1]　乎尔：一种离婚模式，由女方提出，女方需要向男方支付一笔费用。或者说，如果男方提出离婚，则需要向女方提供抚养费；如果女方提出乎尔，则需要放弃至少三个月的抚养费。通常，提出乎尔的女方也需要给男方一定的现金。

在结束这一阶段的工作后再进行更深层次的研究，尤其是在花费了很长时间解决基本问题的情况下，几乎没有多余的精力来挑战更加复杂的课题。

幸好在过去二十年左右的时间里，我们对奥斯曼帝国书吏编撰文档的方式有了更为清晰的理解。现在有不少学者强调，尽管档案文献资源丰富，但我们不一定要以字面意思来理解苏丹官员们书写的内容。这一主张乍听之下显得平平无奇，但考虑到在当今的土耳其语中，"国家"一词被赋予了宗教意义的情况，这个主张就可圈可点了。

由于德里和阿格拉并没有留下多少莫卧儿时期的档案记载，因此，现如今的历史学家就更难研究清楚上诉人和官员是否进行了虚假的陈述——毕竟，历史学家只能通过比较文献来判断内容是不是虚构的。然而从17世纪后期开始，档案文献的保存情况相对改善，包括奥朗则布的信件在内的文件都被很好地保存下来。希琳·莫斯威致力于搜寻"被遗漏"的文献，并出版其带注释的英文译本，从而令其他领域的学者也能够获取这些信息。在少数几个地区公国，尤其是拉贾斯坦（Rajasthan）、焦特布尔、斋浦尔等地，大量18世纪的文献被保存了下来。

不过，至少在某些情况下，近期的莫卧儿史学读者可能会怀疑阿克巴的官员的某些说法夸大其词。例如，莫卧儿帝国各个地区由当地贵族首脑收取税金，并以贡品形式送达莫卧儿朝廷财政部，但按理说，阿克巴的财政专家托达尔·马尔（Tōdar Mal）的中央档案可以确保帝国机构深入普通纳税人群，穿透当地首脑在村庄或地方社区的"硬壳"。在这一点上，奥斯曼帝国的例子值得深思：多数奥斯曼帝国的农民并没有形成以种姓为基础的团体，所以政府容易介入干预。同时，即使官员都认真工作，档案记录也不可能做到绝对没有缺漏。鉴于这些发现，我们可能会质疑莫卧儿帝国的财政官员是否真的像他们自己说的那样成功地深入村落，或者说其成果能否长期保持。正如南迪塔·普拉萨德·萨哈令人记忆深刻的言论："关键问题不在于政府是否渴望实现绝对统治，而在于它能否实现自己的雄心壮志。"

正如前文所提到的，研究奥斯曼帝国的历史学家进行研究的前提是，苏丹官员的档案记录基本是可信的。然而在南亚，很少有历史学家会认为英语、葡萄牙语、荷兰语、法语及其他非印地语的文献和印地语文献具有同等的可信度。鉴于印度档案馆通常不允许历史学家查看欧洲官员在官方档案中的记载，部分研究人员不得不转而对实际留存下来的片面的档案进行细化分析。拉克希米·苏布拉曼尼亚在近期出版的一本关于印度西海岸海域海盗的书中就提醒我们，研究人员首先需要确定地方长官、公司管理者及文员将当前可获得的档案放在一起的目的。诚然，苏布拉曼尼亚所研究的事件发生在本书研究范围终点的约六十年后，不过其方法论也可以为研究奥斯曼帝国提供启发。

为探究档案文献的源头我们需要对负责编撰的官员的背景进行大量研究，这在苏布拉曼尼亚的案例中是切实可行的，因为涉及的时期十分短暂，并且英文报告作者数量有限，同时他们往往会留下官方材料和私人文档，而它们可能反映了截然不同的观点。最有趣的是苏布拉曼尼亚"提炼"出的一部分信息：一些海盗头领声称自己是不被世人关注的拉其普特人勇士，甚至是武林英雄。显然，这吸引了一部分英国作者撰写了一些流传至今的文章——这些作者多数是苏格兰人，这也许并非巧合，其作品也闪耀着沃尔特·斯科特（Walter Scott，1771—1832）浪漫小说的文化光芒。这些大胆的观念也得以载入严谨的军事档案中。

建立史料档案库并允许查阅——或最好别这么做

尽管苏布拉曼尼亚使档案资料变得"充满争议"，奥斯曼帝国史研究者还是倾向于假设奥斯曼帝国中央档案馆馆藏档案里写的就是事实。其实，他们更关注的是，17至18世纪，帝国出现了专门的档案管理机构，并发展出了其独有的记录保存方式。从某种角度来说，这种方式是有价值的，因为奥斯曼帝国官方档案储存的历史可以追溯到15世纪。同时，非官方的文件十分稀少，就算运气够好，历史学家也只能查阅某些托钵僧的档案文献。但是，在印度莫卧儿王朝和18世纪后莫卧儿时期的各个公国，多个当地政府机构所撰写的文件中，只有一小部分被保存在统治者的档案库中，其他的大多留在相关高级官员的私宅里。

随着时间的推移，这部分文件传给了原持有人的继承人。到了20世纪二三十年代，印度史学家开始关注19世纪的现代史写作模式，谁有权访问哪一部分档案则成了其中一个严肃的话题。档案查阅的斗争涉及多个派系：一方面，英国政府控制了1857年正式殖民印度以来其官员收到或创建的档案；另一方面，自18世纪中期英国东印度公司接管孟加拉以及后来接管莫卧儿帝国的其他行省以来，当权者同时接管了当地的档案文件。是否允许印度学者访问这些文件显然是一项政治决定，日益兴起的印度独立运动则在考量中起了重要作用。

与此同时，许多被购买或继承的档案的访问权是由档案主人的态度决定的。他们中有一大部分是王室成员，多数十分富有，并且受过良好的教育，还对历史感兴趣，所以会出资出版自己手头的重要档案。另外，部分殖民政府，例如孟买（Bombay）政府，也一度拨款开展此类项目。然而，另外一些档案所有者却仅仅将它们视为潜在的资金来源。于是，想要"白手起家"建立一套以研究为导向的档案文献的史学家，就需要募集足够的资金来购买相关档案，同时要承受来自个人和政治的压力。此外，档案文献的收集者往往并非经过培训的历史学家，他们可能只对特定的社群和/或家庭的名誉感兴趣。国家建设也是一重考虑，所以想要在学术领域从实证主义角度建立新生的印度史学，还需要同十分强大的力量抗衡。

相较于对奥斯曼帝国历史的研究，在对莫卧儿帝国或后莫卧儿时期历史的研究中，我们会更多地遇到史料可靠性的问题，这一问题已远远超出了"档案问题"本身。出于地区自豪感，一些学者可能更乐于接受在实证主义者看来不可思议的档案记录。例如，印度史学泰斗贾杜纳斯·萨卡尔爵士（1870—1958）与其毕生好友戈文德罗·萨卡拉姆·萨尔德赛（Govindrao Sakharam Sardesai，1865—1959）在奥朗则布的强敌西瓦杰生平资料的可信度上，就产生了极大的分歧。另外，正如朴拉琪·德什潘德的研究所体现的——快速地上互联网浏览一下也可以得出同样的结论——类似的争论一直持续至今。

在笔者个人看来，关于20世纪早期印度档案的建构，迪佩什·查克拉巴蒂（Dipesh Chakrabarty）的理论尤其发人深省，同时可以作为奥斯曼帝国研究学者的"思想食粮"。值得一提的是，关于17和18世纪奥斯曼帝国的私人档案留存至今的很少。即使我们承认由于战争、移民和放逐而损失了大量材料，但也必须认识到，在饱受战争摧残的印度，气候也严重威胁着文件的保存，然而，当地王公贵族仍然能够保存数量可观的档案记录。那么在奥斯曼帝国的档案保存方面，中央政府是否扮演了更为重要的角色呢？也许同莫卧儿和后莫卧儿王公相比，奥斯曼地方权贵保存档案的动机更少。或许，我们近来常常批判的许多奥斯曼帝国史研究者的"中央集权"偏颇立场，是有悠久的传统的，甚至可以追溯到土耳其共和国建立前的很长时间。尽管笔者无法给出这些问题的答案，但它们仍然值得我们深思。

图 2

　　一座重建的拜占庭教堂　希腊塞萨洛尼基（Thessaloniki）的圆形建筑，最早是罗马皇帝加勒里乌斯（Galerius）的宫殿的一部分，400 年前后成为基督教教堂，当时新的使用者捐赠的马赛克装饰仍有部分保留至今。奥斯曼帝国征服此地后，这座建筑在 16 世纪被改建成了清真寺，它的尖塔（宣礼塔）是今天塞萨洛尼基唯一的一座尖塔。

多重史料相结合，从而“创造”新的内容

在奥斯曼帝国，和在苏丹国、莫卧儿帝国和后莫卧儿印度一样，史料考证既是学术问题，也是政治问题，寻找迄今尚未利用或未充分利用的史料也是学术兼政治项目的一部分。只要涉及近现代奥斯曼帝国史学，政治就是无法回避的重要一环：大约一个世纪以前，我们研究方针的“奠基人”之一——穆罕默德·福阿德·柯普吕律（Mehmet Fuat Köprülü，1890—1966）就提出目标，要将奥斯曼帝国与土耳其共和国作为有原始文化传统的正统政体来建立研究框架。因此，活跃在土耳其共和国的第一代史学家们就一直想表明，尽管其传统被欧洲殖民者及巴尔干民族主义盟友以各种理由诋毁破坏，但奥斯曼帝国绝不是由“野蛮人”创造的。

最为重要的是，这种合法性的论述需要可靠的史料支持。然而，当柯普吕律与同时代人争论奥斯曼帝国政体的起源时，很快就遇到了资源匮乏的困境。正如我们之前所提到的，在14世纪，没有一位奥斯曼帝国的作者写过编年体史书；甚至到了15世纪早期，纪念奥斯曼一世（Osman Ⅰ）、奥尔汗苏丹和穆拉德一世（Murad I，1362—1389年在位）的文本都还十分简陋，被帖木儿击败的巴耶塞特一世更是少有提及。必须再次强调，奥斯曼帝国直到1470年才开始撰写编年体史书，那时已是许多作者描述的事件发生一百多年以后了。

图3

奥斯曼帝国的开端　土耳其哈吉贝克塔什市（Hacıbektaş）的哈吉·贝克塔什·韦利（Hacı Bektaş Veli）陵墓入口。这座建筑坐落于从安卡拉（Ankara）到开塞利（Kayseri）的公路上，前往陵墓朝圣的人和路过的旅行者都曾住在这里。如今此地成了一座博物馆，也是供朝圣的神社。经过近几十年的修复，该建筑群保留了许多纪念15—19世纪捐赠者的碑文。

到目前为止，我们尚未解决由这种情况导致的许多问题，但史料来源至少比20世纪三四十年代时广泛，这主要归功于学者对拜占庭后期、巴尔干和意大利的档案文献进行了更加细致的研究。在描述奥斯曼帝国向欧洲东南部扩张的史料中，长寿的拜占庭皇帝约翰六世（John VI Cantacouzenos，约1292—1383）的回忆录占有一席之地。皇家传记作者在约翰六世的回忆录中记录了这位皇帝和奥尔汗苏丹的盟约，这位皇帝甚至让自己的女儿与奥尔汗联姻。有趣的是，皇家官员在拜占庭统治结束后撰写的奥斯曼编年体史书中遗漏了关于这场婚礼和奥尔汗给予自己岳父的军事支持的内容。还有一些历史学家研究了另一个文本，那是一位拜占庭教士对1430年奥斯曼帝国攻占萨洛尼卡的哀悼：梅莱克·德利尔巴舍（Melek Delilbaşı）研究了他的悼词并将其翻译成土耳其语。另外，阿索斯（Athos）修道院也收藏了许多与奥斯曼帝国历史相关的文献，因为在中世纪后期，这些修道院的领袖中有许多人认为拜占庭皇帝无法继续保护他们，所以一部分修道院转而寻求苏丹的保护——而修道院本身也因此得以庇护那些寻求人身与财产保护的巴尔干贵族。

近期，托马斯·M.博恩（Thomas M. Bohn）、阿德里安·格奥尔基（Adrian Gheorghe）和阿尔伯特·韦伯（Albert Weber）发表了弗拉德·德拉古拉王子（Vlad Dracul，约1428—约1476）的相关史料。德拉古拉王子反复攻占又失去瓦拉几亚公国，并多次对抗征服者穆罕默德。此外，自13世纪早期起，威尼斯共和国（Serenissima）开始统治克里特岛，岛上总督定期传回的报告有一部分得以幸存，因此威尼斯档案馆中也存有部分与奥斯曼帝国早期历史相关的文献。威尼斯与艾登（Aydın）和曼特塞（Menteşe）大公签订的《威尼斯条约》，也与奥斯曼帝国早期历史多多少少有间接的关系，伊丽莎白·扎卡里杜亚（Elizabeth Zachariadou）对此进行过研究。毕竟，苏丹曾经征服过这两位大公所统治的领地，但因巴耶塞特一世战败于帖木儿而在1402年失去这些领土，随后的奥斯曼苏丹又在15世纪将它们重新纳入版图。

不仅如此，热那亚（Genoa）由于在黑海（Black Sea）的众多沿岸城镇建立了防御工事，所以直到15世纪后期才为穆罕默德二世所占领，因此，热那亚的档案中也有与14—15世纪奥斯曼帝国历史相关的文献。此外，与君士坦丁堡（Constantiople，后更名为伊斯坦布尔）隔金角湾（Golden Horn）相望的加拉塔（Galata）在1453年市议会向苏丹投降之前，都属于热那亚的领土，而且从13世纪末到15世纪初，都是国家商业中心。除此以外，距离安纳托利亚海岸几公里的希俄斯岛（Chios）上的部落向苏丹进贡的相关事宜也在当地的档案中留有文字记录，直到1566年，热那亚占领了这座岛屿。凯特·弗利特（Kate Fleet）在同时查阅拉丁语和奥斯曼语文献的基础上，揭示了奥斯曼帝国向地中海进行贸易扩张的经济基础，并指出奥斯曼帝国与热那亚的关系在其中占据了重要地位。有一部分与奥斯曼早期历史相关的档案则在杜布罗夫尼克（Dubrovnik）这座小城邦里得以保存，这座城市一开始在威尼斯的治下，后来至少在名义上归匈牙利国王所有，最后，即1808年后，又归属于苏丹。还有一些史料来自耶路撒冷（Jerusalem）圣约翰医院骑士团（Hospitaller Knights），内容主要涉及他们在安纳托利亚海岸博德鲁姆（Bodrum/Petrum）与奥斯曼帝国持久的海上战争。这些档案文献都有对其感兴趣的学者在进行研究，但可能还有不少未知或未经研究的档案仍藏在世界的某个角落。

相反，奥斯曼帝国本身的档案里却没有多少关于苏丹在巴尔干半岛或地中海沿岸发动扩张战争的记载。不过，人们还是对14世纪至15世纪初苏丹及贵族与托钵僧之间的联系进行了记录，福阿德·柯普吕律是历史学家中率先使用《圣僧传奇》[1]（*menakıbnames*）中的传奇的人。艾哈迈德·亚沙尔·奥贾克（Ahmet Yaşar Ocak）、勒扎·耶尔德勒姆（Rıza Yıldırım）和其他人的研究已经表明，我们无法通过挖掘这些故事来得到中世纪晚期的人生活的"真相"。毕竟，这些故事在成为书面材料之前已经口口相传了几个世纪。有时候，史学家能够考证这些后世所写的传奇成书于何时，例如倘若某个文本以19世纪末时兴的修辞风格写就，那么我们就可以推测其写作时间就是这个时期。然而，还有一些时候，我们获得的手稿可以追溯至17世纪甚至更早以前。另外，一些僧舍也或多或少具有中世纪的风格，在这种情况下，建筑史学家的发现也同样值得探究。

因为许多托钵僧的传奇详细阐释了传奇创作时托钵僧所住的僧舍的情况，所以将《圣僧传奇》与建筑史结合起来对我们的研究是有所助益的。换言之，传奇中也会包含相关建筑的"神话历史"。安纳托利亚中部著名的贤者哈吉·贝克塔什·韦利就是个不错的例子。这位贤者很有可能生活在13世纪下半叶，与早期的奥斯曼帝国统治者们没有任何关系。但是，到了巴耶塞特二世统治时期，他的僧舍很有可能得到了苏丹的庇护，也

---

[1]《圣僧传奇》：前文提到的托钵圣僧的相关故事记载合辑。

许是因为君主和/或其顾问认为贝克塔什派（Bektashi）托钵僧能够向安纳托利亚"粗陋野蛮"的人说明融入逊尼派（Sunni）的必要性。其余对僧舍的额外资助则来源于马尔科姆·奥拉里（Malkoç-oğulları）家族，他们虽然很早就定居于巴尔干，但似乎仍迫切地想与原生省保持联系。在《圣僧传奇》中，出现了几个与哈吉·贝克塔什·韦利有关的安纳托利亚贤者的名字，但据称他们的功绩远远不如哈吉·贝克塔什·韦利的。也许僧舍的谢赫[1]（sheikh）只是自信或希望自己的受众相信，自己曾经接纳过这位地位崇高的贤者。由此，将文本研究和托钵僧谢赫的建筑遗迹研究相结合，可以帮助今天的史学家以完全不同的角度来审视安纳托利亚和巴尔干部分地区的伊斯兰化进程，而非将其视为编年体史书上所详细叙述的"征服史"。虽然对《圣僧传奇》的研究可以追溯到约九十年前，而且关于中世纪安纳托利亚建筑的研究历史更为久远，但将两者的历史材料结合起来进行的研究却还属于新领域。

研究中世纪和近代早期德里的史学家使用史料的方式十分相似。通过苏尼尔·库马尔对德里苏丹国编年体史书的分析，我们可以说，从它背后看到的是一座城市写在书面上的历史，尽管这段历史是断断续续的，但这座城市作为印度主要政体的首都已有一千多年。派厄斯·马勒坎达提尔在近期发表的一篇文章中强

---

[1]　谢赫：阿拉伯语音译，原意为"年长者"，是穆斯林对德高望重者的尊称。

调，1192年，库特卜丁·艾伯克（Qutb al-Dīn Aybak）征服了当时在拉其普特人的统治下——也就是今天的德里南部——的定居点后，他显然对在一个曾经被印度教统治者占领的地方建立自己的军事机构信心十足。然而，到了13、14和15世纪，阿克巴的继任者们频繁迁移自己的城堡，占据了附近的许多地点，而这些地点都属于现在德里的南部区域。显然，做出代价高昂且乍看令人难以理解的频繁搬迁的举动无非是因为新登基的统治者对自己前任的奴隶士兵存有顾虑。因此，新任苏丹会建造另一座城堡，并配备属于自己的士兵，将已故苏丹的军队放逐到首都郊外。对于城镇居民而言，频繁迁都无疑使得他们的生活陷入困境，因为他们不仅可能失去顾客，还要组织起自己的防御体系，来应对王位争夺者的频繁攻击。德里苏丹国历代建立的防御城堡有些保存至今，纪念德里的第一位伊斯兰统治者的清真寺也被保存了下来，其中著名的一座就是库特卜塔（Qutb Minar）。

在对印度伊斯兰教贤者的陵墓和墓穴展开研究时，建筑研究与文本研究相结合也是值得采用的方式。此类研究开展的难度较大，毕竟许多建筑物和墓穴，包括名人的墓穴，通常没有用以识别的碑文，所以研究者只能进行假设性的识别。总之，从12世纪后期开始，统治北印度的精英阶层以穆斯林为主，他们都是伊斯兰神秘主义（苏菲派）的代表人物。他们无论在世还是离世，都受人敬仰。石质柱廊是人们最常参观的建筑物。德里曾有（现在也有）大量同类陵墓，一度有益于城市的稳定，因为即便苏丹迁移了，朝圣者还会继续去原来的地方瞻仰苏菲派代表人物的陵墓。在莫卧儿王朝存续的最后几个世纪，也就是本书所讨论的时期之后，傀儡皇帝们通常住在德里南部梅劳里（Mehrauli）一带，就在著名的托钵僧陵墓附近。

与中世纪和近代早期的安纳托利亚一样，生活在德里苏丹治下的圣徒的追随者有时会通过自己圣洁的生活来表达对精神导师的敬仰。在中世纪的安纳托利亚，只有城市的圣徒会用文字记录下他们的教义，例如梅乌拉那·杰拉莱丁·鲁米（Mevlana Celaleddin Rumi, 1207—1273）和米列维（Mevlevi）教团的继承人们，教义通常以诗句的形式记录，又或者由他们的信徒以他们的名义进行记录。相比之下，某些安纳托利亚圣人传奇的作者也许是在农村或小城镇工作的人，他们将这些圣人描绘成与无信仰者斗争的神职人员，甚至有时还和其他圣人争斗。伊雷娜·贝尔迪恰努·斯坦海尔（Irène Beldiceanu Steinherr）就曾提出，这些英雄人物之一——根据档案记载名为赛义德·阿里苏丹（Seyyid Ali Sultan aka Kızıl Deli），就与巴尔干早期的征服者一样，在战争结束后建造了一座托钵僧僧舍。至于带领游牧人民进入安纳托利亚的“圣父”［巴巴[1]（baba）］，我们今天已无法得知他们的教义，后来被视为神圣的巴尔干早期征服者的教义也是一样。

另外，许多关于圣人的印度文献都着重记录了圣人对谢赫的

[1]　巴巴：意思是“爸爸”，同样也用来称呼托钵僧贤者。

教导。显而易见，15 世纪北印度许多居民对苏菲派圣徒的崇拜，与同时期的安纳托利亚人的并不相同。和中世纪安纳托利亚的典型文献不同，记录印度圣人的著作更注重语言表达。由于证据的匮乏，试图对此做出解释不啻为一场豪赌。

构建社会政治历史：共同关注的问题

在前文论述过方法和原则后，现在我们可以看看如何结合实际进行应用，探讨过去几十年里勤恳工作的历史学家关于奥斯曼和莫卧儿政体的综合课题的研究成果。值得注意的是，研究印度莫卧儿王朝的史学家对奥斯曼帝国历史的兴趣高于奥斯曼帝国史研究者对印度发展的兴趣。不过，如今土耳其一些年轻的史学家也在拓宽视野。自 20 世纪 90 年代初期以来，印度史学家如桑贾伊·苏布拉马尼亚姆、费尔哈特·哈桑和鲁比·拉尔（Ruby Lal），一直在阅读与奥斯曼帝国相关的二次文献，并在自己的作品中应用这些史学知识。例如，鲁比·拉尔在关于早期莫卧儿皇帝女性亲属的专著里，就多次提到莱斯利·皮尔斯对奥斯曼帝国后宫的研究，两者间的差异非常明显，读者即便只是随手翻阅也可以看得出来。至于研究奥斯曼帝国的史学家的视野为什么相对窄一些，我们很难给出理由。或许我们可以简单地说，关于印度莫卧儿王朝的史学研究在方法论上更加复杂。

定义奥斯曼帝国社会形态

在构建奥斯曼和莫卧儿帝国的历史结构方面，两个领域的史学家都提供了具有启发性的理念，以说明史料与当今史学概念之间的相互作用。对奥斯曼帝国城市和乡村社会的研究始于20世纪40年代末和50年代初，当时档案馆首次开放大量档案文件。包括厄梅尔·鲁特菲·巴尔坎（Ömer Lütfi Barkan，1903—1979）和哈利勒·伊纳尔哲克（1916—2016）在内的部分历史学家试图说明，奥斯曼帝国（当时距离其解体才过去仅仅几十年）也曾经是一个拥有成熟的土地所有权制度、完善的基础设施建设和活跃的洲际贸易的国家，其中洲际贸易是伊纳尔哲克在其著作中所强调的内容。近来，在这片一度属于奥斯曼帝国的土地上，有一种广泛流传的民族主义言论称"突厥人"去到哪里，就破坏到哪里，而这几位史学家的研究成果证明这种言论是毫无事实根据的。不过，假设最早活跃于土耳其共和国的史学家存在着严重的"厚古薄今"（laudatio temporis acti）的倾向也是不公平的。相反，20世纪六七十年代的许多学者都对奥斯曼帝国档案文献在构建奥斯曼帝国历史方面的潜在价值抱有极大的兴趣，他们的热情堪比研究中世纪和近代早期历史的法国与英国史学家。

尽管各自的研究角度不同，但厄梅尔·鲁特菲·巴尔坎、谢尔达尔·迪维特奥卢（Serdar Divitçioğlu，1927—2014）、忽里西罕·伊斯兰奥卢（Huricihan İslamoğlu）、恰拉尔·凯德尔（Çağlar

Keyder）和哈利勒·贝尔克塔伊（Halil Berktay）都受到马克思主义的启发，参与了关于奥斯曼帝国社会政治形态定位的辩论。这是一个在20世纪向资本主义社会转型的封建社会，还是一个与资本主义政体完全不同且不会发展成资本主义政体的具有其自身特点的政体？土耳其的史学家、经济史学家和经济学家对奥斯曼帝国政体的定位不尽相同。作为保守的非宗教主义者，巴尔坎声称，奥斯曼帝国拥有特殊的政体，无法与中世纪欧洲社会相类比，但他也承认，早期的奥斯曼帝国也存在一些农奴。贝尔克塔伊则认为奥斯曼的社会形态是封建社会，但它是封建社会的一种特殊形式，其中，"国家"扮演领主的角色，从经营自己农田的农民手中获得税收。迪维特奥卢则把奥斯曼社会形态视作以亚细亚生产方式（Asiatic Mode of Production，即AMP，土耳其语：ATÜT）为基础的原始社会，而伊斯兰奥卢和凯德尔则只在各自的研究初期对这一观点进行了探究。

从历史学家的角度来看，这场本应硕果累累的辩论实际上却存在着严重的问题，因为它很快就成了装着完全对立的观点的容器。毕竟，20世纪70年代，与土耳其左翼要建立（或无法建立）的联盟相关的纯粹的政治话题，遇到了另一个特定的历史问题，即有关封建主义向资本主义过渡的争论，二者都是欧洲中世纪晚期和近代早期史学家关注的热点话题。此外，20世纪70年代后期，研究奥斯曼帝国历史的学者——包括哈利勒·伊纳尔哲克在内——对伊曼纽尔·沃勒斯坦（Immanuel Wallerstein）的作品颇感兴趣，并对沃勒斯坦提出的奥斯曼帝国在"世界经济"中的地位以及费尔南·布罗代尔（Fernand Braudel）与此相关的不同观点进行了探讨。

20世纪60年代和70年代的一些土耳其作家强烈谴责了当地文化生活的"黎凡特化"（Levantinization）。而这些土耳其作家使用这个术语则意味着他们采用了欧洲和美国所发展的（历史）模型。相比之下，参与关于奥斯曼的社会形态到底是封建主义社会还是以亚细亚生产方式为基础的原始社会的辩论的学者多数获得过西方重点大学的学位，他们热切希望可以将奥斯曼帝国历史纳入不断拓展的世界史，使之成为其中一门子学科。研究伊曼纽尔·沃勒斯坦的核心与外围模型以及奥斯曼帝国在其中的地位的学者或多或少都有在英语国家学习的经历。

无论所谓的"黎凡特化"有何利弊，相关的争论都对奥斯曼帝国历史的定位产生了深远而积极的影响，因为上述多数参与争论的学者在表述自己的立场时，不仅使用土耳其语，还使用了英语或法语。由此，他们都为奥斯曼帝国历史进入大众的视野做出了自己的贡献，而其中的佼佼者提出的问题也引发了其他领域学者的思考。在此之前的几十年里，里法特·A.阿布-埃尔-哈吉（Rifa'at A. Abou-El-Haj）孜孜不倦地强调，奥斯曼帝国相关研究一向以极为孤立的状态发展，是一门只有极少数专家才能够进入的神秘学科。奥斯曼史研究者与世界历史学最初的接触也许是个意外，但意义非凡。正如卡尔·马克思（Karl Marx）用另一种语言所说的：人们自己创造自己的历史，但是他们并不是随心所欲地创造。

在关于奥斯曼帝国的社会形态是封建主义社会还是以亚细亚生产方式为基础的原始社会的争论中，经常遇到的问题是，缺乏基于一手史料尤其是档案史料的详细研究。因此，拥有哲学或社会科学教育背景的学者使用数据不足的材料进行理论化研究，并非罕见的情况。不过，具体历史知识的空白在后来的几年中在一定程度上得到了填补。

现存的大多数奥斯曼帝国税务登记册塔利尔的记录始于15世纪末，理想情况下，该登记册应当列出所有纳税的成年男性。考虑到城镇居民更容易被纳入管理，可以推测，城镇塔利尔的记录应该是最为全面的。利用这部分材料，20世纪五六十年代以后的历史学家针对安纳托利亚城镇和伊斯坦布尔进行了一系列城市研究，尽管首都伊斯坦布尔只偶尔有伊斯兰宗教基金会的名录而没有纳税人的登记簿。这些研究强调人口和与手工业贸易相关的活动，例如称量丝绸、粮食、水果、染布，因为这类活动也都在税收登记册里留下了记录。另外，如果能够查看当地卡迪的记录册，史学家就会设法将册子中出现的贸易商人及手工业者的相关记录与塔利尔中的记录进行对比。由此，他们有了一些奇怪的发现：用以计算税收的塔利尔中登记的不同粮食的货币价值，与其市场价值并不相符。另外，若干官方定价的详单［纳尔[1]（narh）］为关于商品交易尤其是伊斯坦布尔的商品交易的研究提供了史料基础，并与14世纪德里苏丹国史学家齐亚丁·巴拉尼（Ziyā al-Dīn Baranī）记录的商品价格形成了有趣的对照。在宗教基金会的瓦合甫档案[2]（vakfiyye, vakıfname）中，可能更重要的是，在年度账目中，出现了旨在服务贸易和手工业的建筑物的相关记录。因为那些接受苏丹资助的基金会的管理者必须或多或少地进行定期记录与呈递，其中至少有一部分记录在奥斯曼帝国的档案文献中得以保存。

当一座大城市的商业活动活跃时，其城市历史的书面记载往往也较多。因此，奥斯曼帝国第一个首都布尔萨（Bursa）就成了研究奥斯曼帝国的史学家的宠儿，即使在它将首都宝座让给埃迪尔内和伊斯坦布尔之后，布尔萨仍然是安纳托利亚的重要城镇。撰写小城镇历史的工作要困难得多，因为即便卡迪的登记册可以留存下来，其中也没有多少关于本地商业贸易和手工业的记载，也许原因是当地商业活动的地位远不如园林栽培和耕地。这些研究表明，16世纪，安纳托利亚的城镇及市场的规模在扩大，数量也在增长，但大约从1580年起，军事叛乱和土匪作乱阻碍了贸易发展，农民和城镇居民纷纷逃离，城镇及市场的发展出现停滞甚至倒退的现象。

最近，穆罕默德·库鲁（Mehmet Kuru）为这场动乱发生的原

[1]　纳尔：行政规定的价格清单。

[2]　瓦合甫档案：创建宗教基金会的档案。

因提供了新的解释，他将气候变化因素纳入了讨论范围。库鲁指出，16世纪中期人口的增长主要发生在安纳托利亚中部和东南部，相对充沛的降水使得农村和城市人口居住点明显扩大。1590年大旱以后，在很长一段时间内，这片地区的降水量都很少，所以人们开始逃离该地区，年轻男子加入了军队或是被称为塞拉里斯（Celalis）的叛军组织。逃离的难民选择在安纳托利亚沿海地区定居，因为那里的降水量仍然可以满足农业的需求——而在整个半岛都降水充足的时候，爱琴海沿岸地区对民众的吸引力就没那么明显。伊兹密尔的崛起在16世纪显得微不足道，但是今天它已经成为土耳其的第三大城市；伊兹密尔之所以能不断发展，不仅是因为欧洲在东地中海的贸易扩张使之成为主要交易场所之一，还因为其他地方的干旱和土匪侵扰使人们背井离乡来到伊兹密尔，大规模的人口的迁移促进了伊兹密尔的发展。

定位莫卧儿帝国

　　印度方面，20世纪70和80年代的史学家还在争论"封建主义"是不是世界历史范畴内对政府机构、莫卧儿权贵和"普通"纳税人群之间关系的合理定位。哈尔班斯·穆齐亚（Harbans Mukhia）曾在《农民研究杂志》（*Journal of Peasant Studies*）上发表过相关论文，对奥斯曼帝国社会政治形态进行分类定位的史学家也曾多次在这本杂志上发表论文。穆齐亚的结论是，在印度社会中，争议的焦点在于土地剩余价值的分配和再分配，而非包括土地和资本在内的生产资料的再分配。所以，对于一个以贸易、管理和将原材料发给独立手工业者进行加工为谋生手段的资产阶级人士而言，他在社会和政治层面都没有上升空间。由于没有强大的资产阶级，建立资本主义并挑战以控制土地和农民来获取财富的老牌权贵就是根本不可能的——更别说这些权贵还控制着强权机构了。

同时，教派主义——或者说，宗教社区之间，特别是印度教和伊斯兰教之间的紧张关系——也在印度尤其是莫卧儿帝国这一历史概念的研究中占有重要的位置。这个议题之所以重要，部分是因为几十年来，英国的帝国主义作家通过宣扬英国政府施行法治从而保护印度教教徒以脱离穆斯林统治者百年的统治这个观点，将英国对印度的殖民统治合法化。鉴于不同宗教社区之间的紧张关系，在建立次大陆后殖民政权时，穆斯林精英并不愿意在非宗教共和国里以少数群体的身份生活，于是他们建立了巴基斯坦这个伊斯兰国家。同时，有越来越多的印度教教徒将印度的穆斯林视为问题和混乱的根源。

这一系列议题都对史学产生了影响：正如穆齐亚指出的，教派主义涉及一个假设性概念，即宗教在莫卧儿帝国的社会生活中具有"至高无上的重要性"。矛盾的是，20世纪初的印度教教徒、穆斯林甚至英国史学家往往认同这一假说。在穆齐亚看来，摆脱僵局的唯一方法是将注意力放在完全不同的几个议题上，尤其是放在与统治精英无关的话题上。穆齐亚和哈比卜，以及更年轻的学者，例如马雅克·库马尔（Mayank Kumar），都力促开展以下方面的研究：农民和手工业者可用技术，耕地与手工作坊的组织，应对干旱、洪水等的生态防护措施，森林的开发和（非）灌溉用水。通过这类研究，史学家得以将宗教问题视为众多研究议题中的一部分，从而避免仅从教派主义这一单一视角看待历史。

研究莫卧儿帝国的历史学家不得不面对的另一个严峻的事实是，用以登记土地税收的中央登记册被大量损毁。显然，记录册上的记载十分准确，但我们现在能看到的都是由阿克巴的首席顾问大臣兼挚友阿布勒·法兹勒所撰写的。阿布勒·法兹勒所记载的内容主要发生在1595年前后，因此不包括关于莫卧儿帝国在17世纪后征服的领土的记载。至于农村的生产方面，伊尔凡·哈比卜对阿布勒·法兹勒记录下来的农业数据的研究结果至今仍是标准论述。该档案提供的信息翔实，足以用于对农产品贸易和农民与市场之间的关系进行切实的研究，这显然会引发研究奥斯曼帝国的历史学者的嫉妒，因为奥斯曼帝国的相关档案可以提供的信息十分有限。进一步来看，阿布勒·法兹勒的著作同时让我们了解了农户的生计最终仰赖哪些人的行动。这些人包括村社代表、当地包收租税人柴明达尔以及间接决定者，即皇帝授权可以获得当地主要财政收入（扎吉尔）的地方首脑。阿布勒·法兹勒以超群的能力管理帝国的税收机构，他不愧是财政管理方面的专家。

阅读伊尔凡·哈比卜著作的奥斯曼帝国史研究者会发现，书中内容与忽里西罕·伊斯兰奥卢对16世纪安纳托利亚中部地区农村生活的分析具有一定的相似之处。不同的是，哈比卜用了整整一个章节探讨农村地区起义，但秉承奥斯曼帝国研究的学术传统的历史学家很少关注起义或叛乱。比起农民，游牧民族和半游牧民族在叛乱方面要更加活跃。哈比卜对于农民起义的探讨拉开了他对农民参与的反抗莫卧儿王朝的斗争进行分析的序幕。然而他并不认为是农民起义推翻了王朝统治，更没有宣称起义分子具有初级的阶级意识，相反，他强调了叛乱的农民与柴明达尔之间密切的关系。即使如此，我们也有必要注意到，在这一章节和全书的结尾，哈比卜引用了波斯诗人萨迪（Sa'dī，约卒于1292年）的诗句，诗句描写的是伊朗统治者对百姓的压迫以及暴君最终彻底灭亡。

穆扎法尔·阿拉姆在对18世纪早期北印度阿瓦德（Awadh）和旁遮普（Punjab）的研究里，同样重点分析了此起彼伏的农民起义。他认同哈比卜的观点，认为这是柴明达尔的主动行为，追随的农民往往因为氏族和种姓才与他们联系在一起。另外，阿拉姆和哈比卜都强调，此类叛乱往往没有太大的野心，叛乱团体通常只是为了扩大自己控制的领地范围。因此，莫卧儿帝国的瓦解与贫困农村居民的叛乱关系不大，尽管正如前面所说的，贫困的农民在必要的时刻必定会起义。虽然许多农民生活在赤贫之中，但他们的领袖柴明达尔却在17世纪阿瓦德和旁遮普蓬勃发展的过程中积累了许多财富，并购买了包括步枪在内的武器。正如1600年左右在奥斯曼帝国存在的状况，当地的武器制造商向客户出售手枪，而统治者对此类情况采取的禁止措施往往只是暂时有效。另外，种姓制度使得柴明达尔在其控制的农民中的地位根深蒂固，这是印度的社会结构所特有的，在奥斯曼帝国中央各省都没有类似的情况。

莫卧儿和奥斯曼社会之间另一个重要的区别是：印度莫卧儿帝国的宗教基金会瓦合甫的重要性有限；相比之下，在奥斯曼帝国，这类机构多多少少依赖于捐助者手中的资源，其中农业收入占有较大的份额，由此，农村的剩余价值得以转移到城镇。此外，瓦合甫还提供了众多城市服务，从清真寺、伊斯兰学校，到市场和供水。在莫卧儿帝国，穆斯林的宗教和慈善团体往往是直接从帝国预算中获取资金，中央政府会任命官员来监察账目。因此在17世纪60年代，奥朗则布派遣了我们所熟知的昌达尔·班来管理中央政府分配给泰姬陵的资金。泰姬陵是沙贾汗的陵墓，也是一座重要的清真寺。部分穆斯林宗教、教育和慈善机构依赖莫卧儿统治者下发的财政补助玛达伊玛沙[1]（ madad–i ma'āsh ）才得以运行。另外，17世纪末和18世纪初，因为当地首脑为使自己的权力诉求合法化而寻求支持，所以这类可以同奥斯曼帝国规模较大的瓦合甫的管理者类比的补助持有人就在给予支持的过程中获得了权威地位。不过即便是这样，印度的宗教基金管理者和受益人的地位显然没有奥斯曼帝国的同仁们那么显赫。

---

[1]　玛达伊玛沙：发给宗教人士的财政补助。

时效有限的结论

我们可以从奥斯曼帝国与莫卧儿帝国史料考证的对比中得出什么结论？另外，这些发现对我们研究统治阶级与被统治阶级之间的关系又有什么启发？

首先，阅读这两方面的史学研究，需要我们特别注意文学比喻和体裁要求。理查德·伊顿、苏尼尔·库马尔和罗米拉·塔帕尔所分析的加兹尼的马哈茂德以及索姆纳特寺的故事就表明，文学比喻不仅会用于诗歌，还可能在编年体史书中占有一席之地。奥斯曼帝国的历史研究学者可能会觉得这类信息并不容易消化吸收。在塞尔柱（Seljuk）历史或早期奥斯曼史书中，还潜藏着多少未被发觉的比喻，而后期的作者在面对史料时是否有考证"真相至上"的精神？同时，索姆纳特寺的故事还说明，使用其他学科的，尤其是考古学的研究结果进行交叉考证是至关重要的。如果没有对索姆纳特寺进行发掘，我们至今还会相信这座建筑在中世纪和近代早期经历了多次破坏和大规模重建。

印度史学家对政治和历史研究中"教派主义"的潜在破坏力更加熟悉。通过阅读如纳杰夫·海德尔和拉杰夫·金拉等学者的著作，我们可以很明显地发现，或许是出于同行相轻的心态，为了边缘化自己的竞争对手，17或18世纪的作家可能会传播对手的流言蜚语。当然还存在一些其他的原因，例如只有特定社群的人才有资格参与某些讨论的落后观念。遗憾的是，这种思维方式至今仍然存在。

不过长期以来，这些问题并未如何影响奥斯曼史研究者的研究思路，毕竟奥斯曼帝国和莫卧儿帝国的情况不同，奥斯曼帝国的非穆斯林除非皈依伊斯兰教，否则很难接触到精英阶层的书写文化。因此，即便受过教育的穆斯林和非穆斯林间存在交流，这种交流也并不频繁。所以，引起莫卧儿帝国历史研究者极大兴趣的印度教徒和穆斯林之间的"跨文化"交流在奥斯曼帝国史研究中并没有翻起什么水花。

历史学家，包括研究奥斯曼帝国各个方面的历史学家，都倾向于遵循史料的"变化趋势"，在我们探究统治阶级和被统治阶级之间的关系时，这种倾向性则尤为明显。具体来说，非土耳其语使用者的穆斯林对奥斯曼帝国精英阶层兴趣寥寥，即使他们关注，其注意力也局限于编年体史书和档案文献。20和21世纪的史学研究也是同样的。值得注意的是，阿拉伯世界也存在同样的兴趣缺乏情况，尽管该地区对奥斯曼中央十分重要：埃及地区的税收是奥斯曼帝国国库收入的重要来源，而苏丹为了巩固统治的合法性，也必须充分宣传自己作为麦加和穆斯林朝圣者的保护者的身份。

这种情况出现的原因大概是许多近期的历史学家都乐于迎合伊斯坦布尔和安卡拉读者的阅读取向，而这些读者对阿拉伯世界一向缺乏兴趣。奥斯曼帝国史的研究者中很少有人喜欢使用阿拉伯的史料文献，同样，近代早期阿拉伯世界的史学家也鲜少使用奥斯曼帝国的档案，尽管有一些重要的例外。不过值得欣慰的是，总体上，参考对方史料的情况变得越来越多。尽管情况有所改善，多数奥斯曼帝国历史研究者还是倾向于将奥斯曼在阿拉伯的行省留给阿拉伯世界的专家来研究，而反过来，这些专家对奥斯曼帝国首都、安纳托利亚和巴尔干地区的兴趣也不大。虽然情况略有不同，但同样的概况也适用于苏丹的非土耳其语使用者的臣民。

既然阿拉伯人、东正教教徒、亚美尼亚人、犹太人和库尔德人的历史经验已经成为奥斯曼帝国历史中的一部分，那么"隐蔽的教派主义"问题也极有可能出现在研究奥斯曼帝国历史的学者的议程中。毕竟，在奥斯曼帝国，无论是穆斯林还是非穆斯林，解决自己所属社群遭遇的问题显然也是作者的"隐藏议程"之一。所以在阅读史书、传记乃至档案文献时，我们都要时刻牢记这个可能性。

不过，给历史学家分析和解决问题带来麻烦的不仅仅有书面史料，对图像的诠释也同样困难。在下一章中，我们将探讨研究奥斯曼帝国和印度的史学家在处理图像史料方面的态度。

第二章

绘画艺术：连接不同背景人群的纽带

书法、绘画和雕塑都对历史学家的研究有所助益，尽管多数创作者和赞助方本身的意图并非传达历史信息。奥斯曼帝国的雕塑领域有极大空白，书法则由于与《古兰经》的关联性而占据至高的地位。在莫卧儿帝国宫廷，书法也备受推崇，无论是莫卧儿帝国本土的书法大师的作品还是来自伊朗和中亚的著名书法家的作品，都能得到极高的评价，书面记录上也就顺理成章地留下了这些大师的名字和成就。与奥斯曼帝国不同，印度拥有悠久的雕塑艺术传统，这与印度教繁多的分支派别息息相关，莫卧儿帝国统治者也时不时地参与其中，例如宫殿的大门上就可能有大象图样的雕刻装饰，新德里（New Delhi）的旧堡考古博物馆（Purana Qila archaeological museum）中也收藏着巨大的大象雕塑。然而，相比起浮雕，莫卧儿皇帝其实并不是很喜欢立体雕塑。

素描和油画作品通常是画在纸上的，奥斯曼帝国的画家和艺术家希望自己的作品可以传递信息，尤其是地理和/或历史的信息，同时要歌颂苏丹和维齐尔。显然，绘制这类艺术品不仅是为了引导苏丹宫廷的低级官员，使他们的行为符合奥斯曼帝国绅士的要求，还为了供人们欣赏以获得审美享受。相比而言，莫卧儿帝国细密画的美学目的似乎更为突出：有许多莫卧儿细密画描绘了后宫美女千方百计取悦英俊王子的景象，但服侍他们的宫人也打扮得并不亚于画面的主角，为什么会出现这样的情况？美学目的也许可以为我们提供一种可能的解释。在奥斯曼帝国和莫卧儿帝国，以花卉为主题的画作——以及莫卧儿帝国精英阶层以真实和想象的动物为主角的异想天开的画作——应当都主要是为了满足审美需求。

出于历史研究目的对这些艺术品进行分析时，我们将使用与处理书面文献相似的方法。为了弄清楚可以从奥斯曼帝国或是莫卧儿帝国的画像中获得什么信息，首先，我们需要确定谁是画作的赞助人；其次，要尽可能地了解有关这位（些）画家的信息。完成莫卧儿帝国艺术史研究中的这项任务要比完成奥斯曼帝国艺术史研究中的同一个任务容易得多，因为阿格拉、德里和拉合尔的艺术家习惯在自己的画作上署名。此外，我们要尝试找出赞助人委托画家完成某一幅画作时想要达到的目的。上述所有的问题都是艺术史学家的专长，因此，在进行上述研究时，结合艺术史研究方法是必不可少的。

奥斯曼帝国以及莫卧儿帝国的君主都会出资赞助绘画创作。然而，与我们在文字领域的发现不同，在图像方面，除了伊朗风格对两者的影响都相当突出以外，奥斯曼帝国和莫卧儿帝国之间的差异性远远大于相似性。

在突厥穆斯林移民到来之前的安纳托利亚和巴尔干地区，绘画的数量看似有限，不过我们很难判断这是不是因为当时的图像保存下来的比较少。5—6世纪，拜占庭宫廷赞助了大量宗教及非宗教主题的绘画和马赛克作品，11世纪后的现存作品则以手稿插图为主，并且几乎都是围绕宗教主题的，其中圣像和壁画是用来装饰教堂的；我们还能见到一部分绘有大量宗教图案的家具。在小亚细亚（Asia Minor），多数保存下来的教堂装饰都出现在远离首都的安纳托利亚中部地区于尔居普（Ürgüp）和戈勒梅（Göreme）的洞穴中。在巴尔干地区，有很多教堂曾一度充当清真寺，于是失去了原本的壁画。另外，在奥斯曼帝国时期的伊斯坦布尔，没有被改为清真寺的拜占庭教堂通常只能迎来最终腐朽的命运。在这些教堂中，即便墙壁可能仍然坚固，上面的装饰画也会褪色消失。因此，大概是因为突厥移民来到安纳托利亚后所见到的图像几乎都是宗教性质的，所以他们也就缺乏投身其中的动力。古董雕塑是个例外，一些塞尔柱的贵族会毫不犹豫地继续使用它们。

我们发掘出的最早的奥斯曼帝国插画手稿来自15世纪末，画面的模特都来自伊朗宫廷，没有安纳托利亚或巴尔干文化影响的痕迹。相比之下，莫卧儿帝国的画家则传承了当地悠久的绘画传统，这个传统在很大程度上与印度教的宗教活动有关，但并非完全受宗教影响。而且，当莫卧儿帝国居住在德里的皇帝不能或不愿再赞助图画繁多的插画书时，在18世纪前五十年里形成独立政体的大批印度王公成了细密画的赞助人。我们可以猜测，由于绘画传统在整个次大陆上由来已久，因此来自某个宫廷的单一赞助（无论资金有多么充足）对绘画的影响都比奥斯曼帝国的要小得多。

奥斯曼帝国绘画固有的模糊性

带有象征意义的画作当然也可以用作历史资料，但多数历史学家并不擅长研究这类抽象画，他们更倾向于研究描绘关于生物形象和物质生活的作品。奥斯曼帝国艺术家发明了以花卉为主题的自然风格装饰画，但装饰画中的花卉要么风格鲜明，要么完全是抽象的。这类细密画作品往往收录在苏丹宫廷赞助的画册和书籍中，而宫廷墙壁和天花板上的装饰画则很少有刻画人物或动物的。在托普卡帕宫（Topkapı Palace）里，我们只发现少量这一类型的画隐藏在大型的镶嵌瓷砖作品中。

13世纪，各个宫廷的习俗大不相同。塞尔柱的苏丹居住于安纳托利亚南部科尼亚（Konya）和贝伊谢希尔湖（Lake Beyşehir）畔的库巴达巴德宫（Kubadabad Palace）时，一定在宫殿里使用了以人和动物为主题的镶嵌瓷砖作品，甚至还购买了动物和仙女或精灵之类的"立体雕塑"。正如前文所提及的，塞尔柱的贵族对古董雕塑的再利用现象也很普遍。如今，创作于塞尔柱时期并保存至今的雕塑都在博物馆展出；另外，通过一幅19世纪的版画，我们可以看出，藏品中有一部分曾经是科尼亚城墙上的装饰，后来因为市区重建而被从城墙上拆了下来。

在那个时期，安纳托利亚的塞尔柱突厥人所使用的雕塑，无论是原创的还是再利用的，都十分引人瞩目。但是，对于这些统治者赞助的画作和雕塑中频繁出现的形象，奥斯曼帝国的评论员是如何看待的，却很少有文字记载。毕竟，如果15世纪后期的一些史书记载为真，那么早期奥斯曼帝国的大公一度效忠于这些统治者。值得注意的是，后来奥斯曼帝国的当权者并没有毁坏这些前奥斯曼帝国时期的遗留物。

奥斯曼帝国的文人墨客是否曾经讨论过伊斯坦布尔宫廷对人和动物形象的排斥，哪怕只占了寥寥几页篇幅，这些我们无从得知。他们可能对此展开过争论，但我们已经无法得知当时的细节：毕竟，艾弗里雅·切莱比就曾经注意到，就算是在17世纪中期，鉴赏家来到大不里士的皇宫，也能看到里面有萨非式的亭阁装饰。这还是在切莱比出生之前，由一位奥斯曼帝国的长官带到伊斯坦布尔的。现在我们可以看到的萨非风格的艺术品适用于宫殿而不是清真寺，所以展现的往往是人与动物的形象。我们可以据此推测，博斯普鲁斯（Bosporus）的展览馆里陈列的精美画作可能也包含此类形象。

书籍和画册中存在大量以人和动物为主题的绘画，由此可见，有一部分奥斯曼帝国的精英阶层成员应该十分欣赏这类作品。不过，艾弗里雅·切莱比讲述过一则著名的逸事：一位来自安纳托利亚西部蒂雷市（Tire）的男子，在拍卖会上购买了一幅绘画手稿。由于他认为这幅画的内容与自己的宗教信仰相悖，于是将画中的人脸擦去，破坏了这幅画作。然而，这位虔诚的买家还试图敲诈拍卖方，因此后者向当地长官投诉。官员看到画作所受的损伤后，判定应由画作主人做出赔偿，部分赔偿金用于支付拍卖费用，并不留情面地将他逐出法庭。艾弗里雅并没有解释这个人应当受到谴责的原因，只讲述了一个事实，就是买家显然是"原教旨主义"学者卡迪扎德·穆罕默德（Kadızade Mehmed，卒于1635年）的追随者，而对卡迪扎德，艾弗里雅并未掩饰自己由衷的鄙夷。也许作者的社会政治地位也是原因之一：艾弗里雅接受过宫廷教育，他可能认为，普通百姓并没有资格判断为精英阶层所作的书籍是否为宗教所容。奥斯曼帝国手稿中现存的一些插图里的部分人物的脸显然是被污损的，但是我们往往无法得知这样的损坏到底是故意的还是偶然的。

对写实画的沉默态度也同样出现在莫卧儿帝国的宫廷。埃巴·科克（Ebba Koch）的研究让人们注意到了阿布勒·法兹勒的一篇文章。在文中，阿布勒·法兹勒承认欧洲画家的作品将人们对单纯的表象的关注引向对更高层次的真理的关注。尽管如此，科克还是强调，文章和书法在传达"古人的经验"方面占有最重要的位置。不过，莫卧儿帝国后来的统治者虽然没有同阿克巴、贾汗吉尔和沙贾汗一样的对写实画的兴致，但也没有禁止在宫廷中绘制写实画。

奥斯曼帝国插画手稿的赞助人

在奥斯曼帝国，写实画作的兴起与在位苏丹的兴趣息息相关。赞助过绘画和书籍中的插画创作（包括细密画）的统治者的名字可以列出一份长长的名单，打头的便是征服者穆罕默德。在这位君主去世后，统治者对绘画的赞助大约中断了四十年。后来，有"立法者""伟大者"之称的苏莱曼及其继承者谢里姆二世（Selim II，1566—1574年在位）、穆拉德三世、穆罕默德三世（Mehmed III，1595—1603年在位）、艾哈迈德一世（Ahmed I，1603—1617年在位）和奥斯曼二世对细密画重新产生了兴趣。在他们以后，苏丹宫廷赞助细密画的情况就很少见了，只在艾哈迈德三世时期短暂地出现过。另外，18世纪下半叶，油画开始在宫廷中流行起来，这一流行趋势使细密画的潜在赞助人进一步减少。

17世纪的细密画有的是单页画，方便购买者将画作收录在画册中，大概是为宫廷内外没那么富裕的购买者制作的。其他的细密画则是朴素的底稿，色彩单调，有的甚至是黑白的。这一类画有时是所谓市集画家[1]（çarşı ressamları）的作品，吸引的往往是想要买一些伊斯坦布尔纪念品的欧洲外交人员和富裕的游客。这些细密画虽然缺乏艺术感，但却展示了城市生活的场景，包括商

---

[1]　市集画家：在公共市场提供画作的细密画画家，这些画作比供给宫廷的简陋。由于画家并不署名，我们不知道他们是不是因为作品失去精英阶层的喜爱而沦为普通市场的画家。

店、市集和客栈内部的景象，这是宫廷画师很少会描绘的场景。

纳塔莉·罗特曼（Nathalie Rothman）在一项近期的研究中提到，一位服务于威尼斯大使巴以罗[1]（Bailo）的经验丰富的译者很可能出资制作了一组这样的17世纪的细密画，这些细密画展现的是包括伊斯坦布尔大火在内的各种城市场景，现存于科雷尔博物馆（Museo Correr，位于威尼斯）。也许这位译者购买这些画作是用来指引自己的继任者（们）的。另外，奥斯曼艺术和社会历史学家汉斯·乔治·马耶尔（Hans Georg Majer）以及蒂拉伊·阿坦（Tülay Artan）都指出，在缺少宫廷赞助的情况下，即便是享有盛名的细密画画家也有可能做这类市集作画的工作。显然，没有任何理由在"阳春白雪"的宫廷艺术和"下里巴人"的市集艺术之间划出明显的界限。

很少会有非皇室成员的奥斯曼人去赞助当地画家画插画书，其中一个例外是在16世纪晚期的巴格达，富裕的城市居民会购买小插画书。但无论何时，维齐尔在赞助绘画手稿时都会确保其装饰比供给苏丹的朴素，即便它们的内容是毫无二致的。另外，16世纪，奥斯曼非皇室成员的精英阶层会购买"设拉子（Shiraz）出产"的画册，这些画册品质上乘，但还达不到皇家标准。现在，许多这样的作品被收藏在托普卡帕宫图书馆中。还有一些情况下，苏丹会下令敕造插画稿，抑或地位崇高的皇室成员会委

————————

[1]　巴以罗：威尼斯驻伊斯坦布尔大使。

托他人对书籍进行装饰以呈递给君主。值得注意的是，18世纪和19世纪早期，掌控奥斯曼帝国各行省的政客与富豪似乎没有多少文化气质，也就不怎么乐意购买绘画手稿。16世纪末期，著名的阿里·切莱比（Ali Çelebi）在边境要塞城镇布达［Buda，即现在的布达佩斯（Budapest）］建立了一座大型图书馆，但似乎后继无人。尽管17世纪的维齐尔们的资产中有大量艺术作品，但他们更偏爱《古兰经》的大师书法作品，而非插图书籍。

委托作画：奥斯曼帝国画家

15世纪后期，穆罕默德二世邀请威尼斯画家真蒂莱·贝利尼（Gentile Bellini）入宫作画。贝利尼绘制了一幅苏丹本人的肖像，得到了皇室的慷慨赏赐，并将这笔财富带回了威尼斯。也许苏丹也曾下令赐奖章给包括科斯坦佐·达费拉拉（Costanzo da Ferrara）在内的意大利画家，但他们获得了什么报酬，我们至今不知。包括锡南·贝伊（Sinan Bey）在内的奥斯曼帝国画家也绘制过皇室肖像，画家本人可能曾经也是宫廷中人。从16世纪20年代起，为苏丹工作的画家和工匠（被称为ehl-i hiref，即"天才团体[1]"）的名字就被记录在册，以备皇室随时召唤（参见第七章）。除非宫廷的资助都让他们难以维持生计，否则很难说他们是否接受过

---

[1] 天才团体：服务于苏丹宫廷并赚取工资的画家或手工艺人群体。

宫廷外的委托。同时，他们往往是以"贡品"的形式向苏丹呈上他们的画作的，而苏丹则给他们回以慷慨的赏赐；也就是说，是有非正式的途径存在的。

在苏莱曼苏丹统治初期，被其父谢里姆一世当作从萨非大不里士获得的战利品之一而带去伊斯坦布尔的画家在苏莱曼继任后仍在苏莱曼心中占有一席之地，尽管苏莱曼在继任不久就允许想要回归故土的画家归乡了。奥斯曼的官员登记"天才团体"名册的规定一直沿用到18世纪，但顶级的插画家往往并不在"天才团体"之中。有一些细密画画家只在公务完成后的空闲时间作画：17世纪早期的画家奥斯曼（Osman）甚至最后成了帕夏。

还有一部分画家有私人的工作资源，只在受邀参加某个特定项目的时候才会为宫廷作画：著名的阿卜杜勒切里·李尼（Abdülcelil Levni，卒于1732年或1733年）也许就属于这个类型。我们对这位画家谋生的途径知之甚少。他既然也会写诗歌，那么必然受过文学教育，可能来自有一定社会经济资源的家庭。年轻的李尼师从17世纪后期世所罕见的杰出细密画画家之一——穆萨维尔侯赛因（Musavvir Hüseyin）[1]。后来李尼自己也开始教授学生，其中一些学生还参与制作了艾哈迈德三世为纪念其子割礼所委托绘制的著名节日画册。遗憾的是，他的学生中似乎无人拥有与他同等的创造力。

---

[1]　奥斯曼帝国的细密画画家通常被称为穆萨维尔，即Musavvir。——译者注

莫卧儿帝国的画家及其赞助人

如前文所述，尽管早在阿克巴开创帝国宫廷赞助绘画的先河之时，印度的绘画传统就已经非常悠久了，但正是阿克巴宫廷极力促进了伊朗艺术风格和莫卧儿艺术的融合。毕竟，所谓的帖木儿风格就是伊朗的独创风格，巴布尔及其家族也为自己是帖木儿的后代而感到骄傲。16世纪中期，莫卧儿帝国内就已经有大量接受过伊朗风格培训的画师了，其中有著名的米尔·赛义德·阿里（Mīr Sayyid 'Alī）和阿卜杜·萨马德（'Abd al-Samad），他们在胡马雍攻克喀布尔时就开始追随他，后来又跟随他去了德里。胡马雍回到印度仅仅几个月后就去世了，因此没有什么机会资助绘画，但他的继承人阿克巴继续积极吸纳来自萨非的接受过艺术培训的移民。这一过程自然困难重重，塔赫玛斯普沙（Shah Tahmāsp，1524—1576年在位）甚至一度解散了他的绘画工作室。另外，阿克巴宫廷的一些重要人物还设立了自己的画室，其中阿卜杜·拉希姆汗·伊汗纳[1]（'Abd al-Rahīm Khān-i khānān，1556—1627）因为出资尤为慷慨而赫赫有名。我们尚不确定，这种艺术赞助权力的下放是否仅仅因为莫卧儿帝国精英阶层拥有过度泛滥的财富，毕竟他们富甲天下；还是说，政治结构的不同导致奥斯曼和莫卧儿的精英阶层在面对各自的统治者时，遵循不同的准则？我们可以推测，莫卧儿宫廷支持艺术家之间的竞争和赞

---

[1] 汗·伊汗纳：莫卧儿宫庭的高级官职。

助人之间的竞争，而奥斯曼苏丹则将自己视作唯一的赞助人而非仲裁者。不过，我们最好不要妄下论断。

除了伊朗和中亚地区的移民外，莫卧儿帝国画室也会雇用当地的画家，而且与奥斯曼帝国的作风不同，这些画家并非都是穆斯林。我们得以知道多数画家的身份，其原因正如前文所述，他们中的许多人会在作品上署名，有时还会加上自己父亲的名字。莫卧儿帝国的附庸国也沿袭了这个风俗，因此，让斋浦尔成为著名绘画中心的18世纪画家的档案也得以保存下来。部分画家的后代还会继续从事绘画行业，如此代代相传。今天的斋浦尔甚至还有一个祖先曾为莫卧儿帝国宫廷服务过的画家家族。

很多艺术家可能就是在宫廷作坊［卡卡那[1]（*kārkhāna*）］效力的。阿克巴的宫殿位于阿格拉附近的法塔赫布尔·西格里城，一些研究这个宫廷建筑群的历史学家已经发现，其中可能有用作卡卡那的建筑，但是鉴于书面材料的缺失，无法百分百地确认。多数细密画是由不止一人完成的，在通常情况下，一位资深画家需要一名或多名初级画家的协助，后者一般负责着色和/或（资深画家认为不是很重要的）细节。画作完成后，较重要的画册会被收录进皇家图书馆，有专人对其进行定期查检。专家们已经收集到了成千上万条查检记录，这些记录都是由负责查检的官员登记的，而艺术史学家会以查检的频率判断某件作品在当时的皇帝眼中的重要性。

---

［1］ 卡卡那：莫卧儿皇帝以及次莫卧儿或后莫卧儿大公以及贵族赞助的作坊，生产的产品多数供权贵使用。

图4

　　艺术品赞助人：阿卜杜·拉希姆汗·伊汗纳。位于德里的阿卜杜·拉希姆汗·伊汗纳之墓靠近胡马雍的墓园。阿卜杜是阿克巴统治首年的导师贝拉姆汗（Bayrām Khān）的儿子。叛乱失败后，贝拉姆汗得到皇家赦免，被允许前往麦加朝圣，但还没来得及出发就被敌人杀害。皇帝将其子阿卜杜·拉希姆汗拔擢入宫，阿卜杜·拉希姆汗因此成为最高等也是最忠诚的贵族，并成了伟大的艺术品赞助人。

　　阿克巴及其子贾汗吉尔都是绘画鉴赏家。贾汗吉尔甚至一眼就能辨别出某些画家的作品，并深以为荣。对于贾汗吉尔而言，艺术品收藏似乎是他皇室形象的一部分：在他众多肖像画之一中，他本人形象所处的位置在一位基督圣徒的肖像之上，也许是因为这幅画是他的最新收藏。这两位统治者积极地挑选要画插画的书，以及为自己服务的画家。另外，他们有时还会从自己的收藏中挑选出一部分，将其作为希望画家学习的范本。因此，在皇家画室中工作的画家不仅熟悉伊朗和中亚的绘画风格，也对佛拉芒（Flemish）画派的版画以及威尼斯的油画了解颇深。莫卧儿宫廷画师受托绘制的画作往往包含不同绘画风格的元素。

　　也就是说，即便莫卧儿皇帝的肖像画是按照莫卧儿律法严格依照皇帝的形象绘制的，却依旧可能会出现文艺复兴时期的艺术家在制作艺术品时偏爱的装饰性的小天使。有些观看细密画的人似乎想通过辨别18世纪的艺术家可能在自己的作品中参考了哪些前辈的哪些作品来在细密画鉴赏方面赶上贾汗吉尔。

　　向异邦统治者捐赠艺术品的行为也增强了莫卧儿帝国艺术的影响力。例如，萨迪·布斯坦（Sa'dī's Bustān）的一幅画作的复制品就保存了下来；沙贾汗曾提到他将这幅画作为礼物赠予了英国国王。将美术作品上贡给宗主国也是附庸国宫廷的习俗之一。一部分艺术品的转赠情况被记录在案，我们也得以重现该艺术品的转移路径。在斋浦尔的宫廷中，奥朗则布皇帝的肖像画是非常重要的，所以在莫卧儿帝国的统治结束很久后，1900年前后的画家仍然会临摹它们。相比之下，我们暂时还没有证据证明，奥斯曼苏丹收到来自伊朗的绘画赠礼时，会进行类似的回赠。

细密画绘制委托：对流行题材的研究

关于绘画题材方面，奥斯曼帝国宫廷赞助的一小部分画作的主题是伊斯兰宗教人物，包括对先知穆罕默德生平的描绘。至于"世俗"主题方面，则是伊朗风格的"古典"史诗画卷受到了奥斯曼帝国的赞助人的青睐。在绘制这类作品时，伊斯坦布尔的细密画画家非常严格地使用了伊朗宫廷的样式。"浪漫主义"史诗并不会优先考虑如实地反映日常生活场景这一点，因为它是为富人和受过良好教育的阶层提供的文化飨宴，同时，费尔多西（Firdausi）的《列王纪》（*Shāhnāma*）倒也为歌颂奥斯曼苏丹的文字提供了灵感。萨珊（Sasanid）王朝的国王们被塑造成神话人物，被树立为皇室典范。

图5

　　艺术品赞助人：米赫里马赫苏丹（Mihrimah Sultan，1522—1578），苏莱曼苏丹与许雷姆苏丹（Hürrem Sultan）的女儿。

　　米赫里马赫苏丹清真寺位于埃迪尔内卡普门附近，这里当时是这座城市的边界线。即使到了今天，这座屹立在悬崖上的建筑仍然高耸天际。这位公主还有一座清真寺坐落在于斯屈达尔（Üsküdar）海滨。

　　在描绘时代场景的细密画中，除了皇家狩猎题材的画作外，宫廷生活和出征场面题材的画作也是极受欢迎的。16世纪中期，"伟大者"苏莱曼及其顾问大臣们赞助绘制了从亚当到现任统治者为止这几千年的历史长卷。尽管并非所有的画卷都流传了下来，但我们现在仍然能看到许多展现这位成功而长寿的苏丹的生平事迹尤其是英勇事迹的画作。到了16世纪后期，穆拉德三世放弃亲征后，奥斯曼帝国的高官们开始委托画家绘制关于特定战役的画作。如此，苏丹就可以在画册上看到他并未在现实中经历过的战斗场景。同时，这些画册也是军队统领升迁的敲门砖，还可以说是他们在争夺君主青睐这一激烈的战斗中所持的武器。这部分画册尽管通常是被单独保存在皇宫国库中，而不像其他书籍一样放在各个画廊，但仍然会向朝臣展示，并且会作为教育的一部分让苏丹的仆从学习。

与其祖父、父亲不同，穆罕默德三世的确亲自参与了奥斯曼帝国对匈牙利的战争，尽管事实上统帅士兵的是军队将领。为了庆祝克雷斯茨（Meszökeresztes/Haçova）战役的胜利，穆罕默德三世下令根据他回到伊斯坦布尔的场景进行作画，这是奥斯曼帝国美术作品中罕有的题材。他的继任者艾哈迈德一世也赞助各种细密画，这些画被收藏在一本现在以他的名字命名的画册中。同时，鉴于艾哈迈德一世对狩猎也很感兴趣，他自己或他的大臣们还会赞助绘制相关主题的细密画。有一组描绘不同种类马匹的画作也是以艾哈迈德一世的名字命名的。至于奥斯曼二世这位年轻的苏丹，他和/或他的顾问大臣下令收藏了一批细密画，用以帮助他理解和应对17世纪初期艰难的政治局势。可惜的是，年轻的苏丹没有足够的时间使这一建议的价值得以体现。

在莫卧儿帝国宫廷，阿克巴从十多岁就开始了一项雄心勃勃的计划，即聘请画师为先知穆罕默德的叔父哈姆扎（Hamza）的神奇历险故事绘制插图本。在后世传奇中，哈姆扎是个将所有传奇经历与英勇之举都集于一身的人物。这个大项目的负责人就是跟随胡马雍来到印度的伊朗画家米尔·赛义德·阿里和阿卜杜·萨马德，当然，他们拥有数目众多的助手。阿克巴的传记作者阿布勒·法兹勒称，有一位名叫达斯万塔（Daswanta）的项目参与者也引起了皇帝的注意，缘由可能是这位当时年纪尚小的男孩在某个建筑物的墙上留下的涂鸦。当代人惊叹于《哈姆扎传奇》（Hamza-nāma）画幅之大，虽然声称每张画卷有一平方米是有些夸张了，但实际数值并不比这个数值小太多。尽管这个项目开始与完工的确切日期尚无法确认，不过可以推测出它大概是从16世纪50年代末开始的，并于1572年或1573年完成。抄本由十四"卷"（实际上，负责的官员将画作存放在了盒子里）组成，尽管文字材料都说是"卷"，但得以保存下来的画幅却没有任何被捆卷过的痕迹。不过，由于这一千四百幅画只有十分之一留存至今，我们最好避免使用这种肯定的表述。

还有一些其他的重大项目，包括在印度建立莫卧儿政权的巴布尔的回忆录插图本。此外，在阿克巴的命令下，被翻译成波斯文的《摩诃婆罗多》（Razm nāma）里也有大量插图。在贾汗吉尔和沙贾汗的统治下，皇室的兴趣显然转移到了用精美彩纸装裱的单幅画上。装裱的彩纸上也画有各种人物或动物，各自讲述自己的故事，只是其色彩比中心人物的色彩要暗淡许多。这类画作在画册中也占有一席之地——不幸的是，后来，唯利是图的商人大多将这类作品拆解出售，其被分成两个独立的艺术品。然而，与奥斯曼帝国的情况不同，在阿格拉和拉合尔，单页画之所以更受青睐，显然并不是因为人们想让绘画成为少数权贵的私有物；相反，皇室画册采用这种形式，可能只是为了让皇帝可以专心于鉴赏绘画和书法，而不必为冗长乏味的文本"分神"。

现实书籍里想象中的女性

奥斯曼帝国皇室的女性从未出现在细密画中，并且据我们目前所知，也不存在女性画家。印度的情况则有所不同，虽然"原则上"皇室女性也不该出现在画面上，然而，在一幅17世纪的细密画上，出现了一位被称为"女画家齐特利"（Chiteri the lady painter）的女性画家，画上她坐在贵族的闺房内，正在给一位地位尊贵的女人作肖像画。我们还拥有一些皇室女性的画像，包括贾汗吉尔的皇后努尔·贾汗（Nūr Jahān）的，可能就是齐特利这类女性画家的作品——我们的确知道一部分女画家的名字，但是她们的作品只有在特殊的情况下才能流传下来。还有一部分画像无疑是画家想象出来的，实际上他们从未见过自己描绘的这位女性。许雷姆苏丹/洛克塞拉娜（Roxelana，卒于1558年）的肖像以及她和苏莱曼苏丹的女儿米赫里马赫苏丹的肖像就是这种情况。这两幅肖像画都是威尼斯画家的作品，但这两位皇室女性是否真的在画家面前出现过，还全然是个谜。不过值得注意的是，即便是想象出来的奥斯曼帝国女性的肖像也全部都是欧洲艺术家的作品，从没有伊斯坦布尔画家画过这一类画作。

在奥斯曼帝国，女性形象大多出现在文学作品的插画中，从理论上说，这些插画反映的并非现实世界的情况，例如出现在描绘先知穆罕默德生平的细密画里的女性形象，或是描绘17、18世纪城市生活场景的画中的女性形象，除此以外，还有少数18世纪的单人肖像，其中有一部分就是阿卜杜勒切里·李尼的作品。李尼一定熟悉伊朗画家里扎伊·阿巴西（Rizāyi 'Abbāsī，约1565—1635）的画作，并将笔下的一些男性形象画成了伊朗人的样子，至于女性形象，则（可能）也是伊朗人的形象。我们不清楚李尼是从哪里以及如何找到的模特，这些模特也许是来到伊斯坦布尔的战俘。

爱情场景在奥斯曼帝国的画作中十分罕见，但我们发现了17世纪早期的一幅画，画中王子在花园中接受女性们服务。这幅画或许是波斯文学文本中的插图，因为这种作品允许描绘女性形象。然而，在17世纪，随着时间的推进，在画作中描绘"恋爱角色"的现象变得越来越普遍。一个世纪后，到了18世纪末，女性形象出现的频率更高，种类也更加多样，例如，女性形象出现在了描绘萨德阿巴德（Sadabat）王宫附近花园里野餐的场景中。现在人们也经常临摹这幅画。还有一幅画作则稍显淫秽，场景仍然是花园，其中有两名男子偷窥一群年轻女性，还或多或少出现了一些色情的形象。历史学家仍在试图解释这个趋势，也许和人们对个人生活浓厚的兴趣相关，同样的趋势也出现在17、18世纪的文学作品中。

精英阶层的宠儿：宫廷背景的肖像画

　　15世纪下半叶开始，在奥斯曼帝国宫廷圈子里，出现了一系列描绘奥斯曼帝国苏丹的肖像画，要么是威尼斯画家及其在伊斯坦布尔的追随者所制作的个人作品，要么是统治王朝族谱的一部分。然而，1481年，征服者穆罕默德去世后，该项目就告一段落了，因为巴耶塞特二世与父亲的品位并不一致。不过，苏莱曼苏丹的宫廷重启了这个项目，苏丹的画师与威尼斯的画师之间又开始了频繁的交流，在这种情况下，提香（Titian）和委罗内塞（Veronese）的画室收到了来自苏丹和一些奥斯曼高层人士的肖像画委托。维齐尔索科卢·穆罕默德帕夏甚至从威尼斯订购并收到了苏莱曼苏丹的画像。另外，丹麦画家梅尔基奥尔·洛里克斯（Melchior Lorichs）随同哈布斯堡大使拜谒苏莱曼时，也为这位苏丹留下了画像，这可能也成了某些奥斯曼帝国细密画画家的临摹模板。到了16世纪下半叶的某一段时期，伊斯坦布尔的宫廷肖像画和绘画艺术总体上十分国际化，回应了来自东西方的思想和挑战。

　　莫卧儿王朝也有皇室成员肖像画，但特点却不同。首先，莫卧儿帝国的肖像画不仅数量多，而且种类丰富。光是关于阿克巴的画作就不仅有用于典礼仪式的肖像画，还有展现他沉思状态的画像，这或许是为了表达他对宗教和文化问题的思考。阿克巴时期也出现过以皇帝拜访贤者并聆听教诲为主题的画幅，并在17世纪印度统治者和王公中广为流传，也许是因为人们对贤者的崇敬之情与之产生了共鸣。欣赏者通常是穆斯林，但并不全是。相比之下，我们很难想象奥斯曼苏丹会这么做，因为他们顶多会主持宗教学者们的集会。还有一些绘画则展现了阿克巴的运动能力，如驯服愤怒的大象，等等。奥斯曼帝国也有一幅著名的细密画，描绘的是当时还只是皇位继承人的谢里姆二世的神枪手形象。贾汗吉尔也委托画家为自己绘制了许多肖像画来展现自己的猎人形象，还有一部分画作宣传了他作为宗主国统治者对附属国伊朗的统治者沙阿巴斯一世（Shah 'Abbās I，1588—1629年在位）展现的外交官形象。此外，还有一部分展示其弓箭手形象的画作，画面上他瞄准的是（在想象中）被他杀死的敌人马利克·安巴尔（Malik Ambar，1548—1626）的头部，而事实上他从未俘虏过马利克·安巴尔。

无论是在伊斯坦布尔还是阿格拉或德里，苏丹和皇帝要么出现在动作场景中，要么出现在宫廷聚会［莫卧儿帝国称其为杜尔巴[1]（durbar）］上。在宫廷聚会画中，贵族和仆人根据其阶级等级分组，围绕着君主。相比较而言，只有少数特殊的奥斯曼帝国画作会描绘这类聚会。其实奥斯曼宫廷并不像莫卧儿宫廷那样，王子可以盛装出现在婚礼庆典等公众场合。而且奥斯曼王子并不结婚，即使结婚，也不会举办公开的典礼。只有少数的例外，例如约1534年的苏莱曼苏丹和许雷姆苏丹的大婚庆典。

---

[1] 杜尔巴：皇帝主持的庄严集会，帝国权贵们必须参加。

在日常生活方面，从16世纪中期开始，除了星期五的祷告和军事行动外，日益衰老的苏莱曼苏丹不再频繁地出现在公众面前。遵循苏莱曼的先例，他的继任者谢里姆二世和穆拉德三世虽然也会在公众前现身，但极为罕见。事实上，穆拉德将他的住处搬入了后宫，如此，即便是维齐尔轻易也见不到他，他们往往只通过书面形式进行交流。显然，不可接近这一点使统治者变得更威严了。这些行为与莫卧儿早期的皇帝的行为相比有本质上的不同。莫卧儿早期的皇帝每天早晨都会在宫殿阳台[1]（darokha）上现身，以便臣民谒见——常常有许多人为了拜见皇帝而聚集于此。

奥斯曼苏丹在细密画中的典型形象是坐在宝座上，或独自在一个房间内，或有几位年轻男侍服侍在侧。想要彰显自己战斗英雄形象的苏丹也会有骑在马背上的画像，例如奥斯曼二世或穆拉德四世（Murad IV，1623—1640年在位）。在皇家狩猎图里，苏丹往往会骑在装饰着华丽精美的饰品的马匹上。

再现奥斯曼苏丹接见包括大使在内的外国人的场景的画颇为罕见。在经常被临摹的16世纪的一幅细密画上，匈牙利贵族约翰·佐波尧（John Zapolya，1487—1540）除去冠冕匍匐在苏莱曼苏丹身前。不过，在16世纪中期之后，很少有关于欧洲使者的画像。从这个时期开始，奥斯曼宫廷中欧洲使节的画像就都出自受雇于相关贵族的画家之手，在苏丹看来，这些显然是非正式的画

---

[1]　宫殿阳台：莫卧儿宫殿城墙上装饰精美的阳台，皇帝在此接受公众朝拜。

作。不过，存在一些例外，有两本奥斯曼庆典画册中出现了参加皇室割礼的外国大使的形象。一本是关于1582年庆典的画册，大使处于不起眼的位置；另一本则是李尼绘制的人们欣赏1720年的某次演出的细密画，大使的位置较之前者更加显眼一些。尽管伊朗外交官的形象也会出现在奥斯曼帝国关于统治者接见使臣或外交官参与庆祝活动的细密画中，但这类画同样也不多见。在奥斯曼帝国史书中，莫卧儿宫廷的使节也只是昙花一现，而且据我们目前掌握的所有史料来看，他们没有出现在任何其他艺术作品中。至于外国统治者，包括匈牙利国王路易（King Louis，卒于1526年）和伊朗的沙，都只在战争画面中出现，而且通常处于失败和/或死亡的状况。

相比之下，莫卧儿帝国倒有两幅展示奥斯曼帝国贵族在莫卧儿宫廷的画，其中一幅颇有意大利风格。此外，这两幅细密画还将贾汗吉尔描绘为世界之王，而与之拥抱的沙阿巴斯的形象则明显弱小得多。这种细密画是奥斯曼宫廷所没有的。从现存的画幅来看，我们会发现，当出现在绘画作品而非文字作品中时，苏丹会避免将自己描绘成与超自然力量有关的形象。

奥斯曼细密画画家很少将统治者画在现实风格的自然风景背景里，而会采用具有强烈非写实风格的背景。如果统治者或大臣要求进行写实描绘，那么画家倾向于以城堡为背景，尤其是从匈牙利哈布斯堡家族手里夺取的城堡。相反，在莫卧儿帝国，例如沙贾汗的长子达拉·舒科王子就一度在画作里以蓝牛羚（nilgai）

猎人的形象出现在辽阔的自然风景中。还有一部分莫卧儿皇帝也对自然景观的描绘颇有兴趣，至少贾汗吉尔和沙贾汗就是如此，他们甚至允许风景与王公贵族的形象争风头。

不过一般来说，莫卧儿皇帝及贵族基本都以正式的制式要求入画，通常是四分之一侧面或正侧面像。在沙贾汗时期，对皇家画室画家的要求变得尤为严格。即便如此，宫廷仍然对自然风景画抱有兴趣。因此，画家试图通过将自然背景尽量拉远的方式来调和宫廷等级制度规则和现实自然风景之间的矛盾。欧洲地图、版画甚至铜制细密画的设计理念帮助莫卧儿画家弥合了这一对矛盾的要求。沙贾汗被继任者奥朗则布逼迫禅位后，皇室对绘画的兴趣大大降低，皇家画室也很快就关闭了。但是，一些熟悉皇帝的画家还是继续为他画肖像画。在某些画作中，皇帝是以老人的形象出现的。我们并不知道这些画家后来到底是真的见到了晚年的沙贾汗，还是只是人为地对记忆中的形象进行了老化处理。

无论多么强调阶级制度，莫卧儿宫廷画师通常还是会将皇帝身边的贵族描绘成许多不同的人物类型。避免画面单调的一个办法就是将他们画成不同年龄和身材的男性。印度曾经是——包括现在也是——一个容纳拥有不同肤色和面部特征的人的地方，甚至在沙贾汗时期，非常正式的杜尔巴画也没有试图掩盖这一点。相比而言，李尼虽然也在描绘1720年大游行的画面中为游行者的脸部增加了一些不同的特征，但更强调这些人都具有身为苏丹仆人的统一特质这个事实。李尼在表现出黑宦官总管贝舍·安格

（Beşir Ağa，卒于1746年）无疑是一个非洲人的同时，淡化了他的个人特征。尤其是画家把两名宫廷宦官画在一起的情况下，看画的人可能只会把他们当成皮肤黝黑的绅士。作为宦官，他们显然不长胡须，所以画家可以画出他们鲜红的嘴唇。至于其他国家的人之间的区别，例如克里米亚鞑靼人、波斯尼亚人和埃及人，宫廷似乎认为不值得进行特别描绘。我们可以推测，服务于17世纪莫卧儿统治者的画家试图通过展示不同的种族统一遵循杜尔巴礼节向皇帝致敬的场景来提升皇帝的威望。而奥斯曼帝国则大不相同，由于等级是苏丹宫廷的第一要义，因此既然他们都是苏丹的仆人，那么其个人特征就是微不足道的。

很难说描绘不同种族的人时的风格差异是否在意识形态上对18世纪美术作品的欣赏者产生了潜移默化的影响，抑或这个话题是否主要是在当今背景下令人感兴趣。另外，同样值得我们研究的是，为什么奥斯曼帝国和莫卧儿帝国的画家都喜欢强调时间的流逝：在一些画像中，长寿的统治者，例如苏莱曼苏丹和阿克巴或是奥朗则布，并非以永恒不变的偶像形象出现，而是先以年轻形象出现，后来出现的则是老年人的形象。

宫廷喜好：地图中的美术学

通过对皮里·雷斯（Piri Reis，卒于1553年）和马特拉齐·拿苏（Matrakçı Nasuh，约1480—1564）绘制的地图的研究，我们可以观察到一种现象，姑且称其为奥斯曼帝国海事扩张方面的"泛地中海式"世界主义。皮里·雷斯是奥斯曼帝国海军上将，据推测，他应该是在八十多岁时于巴士拉（Basra）海湾因一次战败而丧生的。皮里·雷斯曾以哥伦布的地图为蓝本，绘制出两幅世界地图，但哥伦布地图的原本我们并未发掘出来，显然，应该是一名被俘的西班牙海军士兵向他提供了这张地图，并给出了注释。这两幅地图仅保存下了部分残片，但仍然可以看出美洲在两张图上都出现了。另外，皮里·雷斯还制作了一套高度原创的地中海地图集，形成了一套波托兰航海图（有1521年版和1526年版两个版本）。尽管地图绘制很大程度上取决于个人经验，但从中我们还是能够发现，皮里·雷斯本人对意大利地图绘制的程序十分熟悉，他还在自己的地图上为港口城市撰写了简介，其中的一些港口城市其实是基督教世界的一部分。鉴于这份地图上有大量锚地和淡水供应的信息，我们可以推断皮里·雷斯本来是打算将这套图册给在航行中进行实际操作的海员看的。不过后来随着地图的复制品做得越来越豪华，从未出过海的奥斯曼帝国贵族们似乎更喜欢把这本航海图册加进自己的个人图书馆收藏中。另外，菲克雷特·萨勒贾奥卢（Fikret Sarıcaoğlu）也指出，在某些图稿上，批注内容基本都和17世纪与威尼斯关于克里特岛的战争相关。在原件上的许多信息已经过时的情况下，这些批注可能就发挥了"更新"的作用。

　　而在陆地线路方面，数学家、艺术家、史书作家、朝臣和运动员马特拉齐·拿苏则创建了一套陆军路线图，原本只是由通往前线的各个道路停靠点构成的简易清单，后来则发展为一种独立的艺术形式。然而，这类创作没有在后来的赞助人群中流行起来。在苏莱曼苏丹的军队向巴格达进军的路线上，拿苏用当地地标性建筑的插图装饰了其中的主要城镇，尽管这些建筑插图具有强烈的非写实色彩，但读者仍然能够辨别出这些地方。尤为引人瞩目的是伊斯坦布尔城市图双面细密画，它再现了伊斯坦布尔在苏莱曼清真寺（Süleymaniyt，1557）、艾哈迈德苏丹清真寺（Sultan Ahmed Mosque，1617）和耶尼清真寺/新清真寺（Yeni Cami/New Mosque，17世纪60年代）成为地标以前的城市风貌。马特拉齐·拿苏的画也体现了苏莱曼苏丹统治早期，拜占庭城墙外进展缓慢的城市化状况。金角湾以北的加拉塔虽然在今天已经是城市的枢纽之一，但在当时只是一个规模极小的小镇。而安纳托利亚海岸线上的居民定居点则更是微不足道，马特拉齐直接将它忽略了。将地理信息和绘画能力相结合的能力是拿苏的"商标"。

17世纪，奥斯曼帝国学者卡蒂布·切莱比在一位皈依伊斯兰教的前牧师的帮助下，制作了一份荷兰《小地图册》（*Atlas Minor*）的翻译版。他对此十分满意，因为这份翻译版图册填补了伊斯兰地理文献中缺失的信息。在卡蒂布·切莱比去世后，他的《世界鸟瞰》（*Cihân-numâ*，字面意思是"世界陈列窗"）的工作得以继续：在由学术出版家易卜拉欣·缪特弗雷卡（İbrahim

Müteferrika，1674—1745）出版的印刷版《世界鸟瞰》（1732 年）中，就有一幅加拉塔的米格里奇（Migrediç）绘制的安纳托利亚地图。在 18 世纪早期的一幅地图上，写有艾哈迈德三世苏丹的名讳，这可能意味着他是这张地图的赞助者。此外，1803 年，伊斯坦布尔印刷出版了一本完整的世界地图册，这是伊斯兰世界读者能够阅读到的第一本世界地图册。

相比之下，莫卧儿宫廷对地图的兴趣则小许多：英国大使托马斯·罗（Thomas Roe，1581—1644）曾经向贾汗吉尔皇帝呈上当时最新出版的地图册，但贾汗吉尔很快就还了回去，并解释说宫廷的学者无法读懂。伊尔凡·哈比卜在研究莫卧儿帝国制图学的论文中，只提到了一位制图专家，即萨迪克·伊斯法哈尼（Sādik Isfahānī），他在 1647 年制作了由几张纸构成的第一本囊括了整个印度的地图集，并探讨了如何确定经度这一长期存在的问题。同时，地球仪也的确在为贾汗吉尔制作的画作中出现了，但这样做与其说是为了丰富地理信息，不如说只是因为它是统治世界的标志。画面上的君主站在象征地球的球体上，而且地球上的中心位置是印度。这种主张称霸全球的表现方式，我们在伊斯坦布尔方面还没有类似的发现。可以推测，除了对美学的追求外，奥斯曼帝国的精英阶层显然更加注重地图作为实用工具的那一面。

不过，印度其他的君主则一直对地图绘制充满兴趣。在与莫卧儿帝国在各方面都类似的斋浦尔拉其普特人建立的卡其瓦哈公国（Kachhwaha）宫廷，就有一些17世纪后期到19世纪中期的画稿工作室的记录，说明了地图绘制在这个公国的重要地位。斋浦尔的制图师兼画家给我们留下了大量城市地图。其中有一幅展现了18世纪早期建立的被城墙围绕着的斋浦尔"新城"的中央区域中，街道按规则的图样交错纵横，这一特征一直保留到了今天。在一些情况下，为18世纪斋浦尔宫廷服务的画家会在展现城市格局和宫廷场景之间寻求美学的平衡，例如再现宫廷马球场等。当然，在另外一些情况下，赞助方和画家都乐于采用纯净而简单的地图形式。

18世纪30年代中期，卡其瓦哈王公的新斋浦尔都城落成后，以这座都城为主题的地图就迅速完成了绘制。地图如实展示了城市"本身"的真实情况，即便是今天的游客都可以凭借这幅地图找到通向琥珀堡（Amber Fort）里昔日王公的宫殿的道路，而且地图的注释使用的是波斯语。同时，另一位斋浦尔王公也赞助绘制了位于德里的莫卧儿宫殿红堡的地图。他应该是获得了测量宫殿的特别许可。在红堡地图上，说明语言使用的是天城体，这是一种至今仍然常用的文字。当地画家还会为贵族的花园制作地图，这也许是在模仿伊朗花园，其中最典型的例子就是其历史可以追溯到17世纪的斋浦尔阿尔伯特大厅博物馆（Albert Hall Museum of Jaipur）。我们所不知道的是，对地图的兴趣是斋浦尔王公所特有的，还是因为比起贾汗吉尔时期，18世纪德里的绘图师地位变高引起了大家对地图绘制的关注。

君主与贵族略感兴趣的：动植物描绘

假如奥斯曼帝国或莫卧儿帝国的赞助人喜欢某一只动物，那么他们赞助创作的画上可能就不会有其他马匹或猎鹰，而只有这只特定的动物。在17世纪早期的奥斯曼宫廷，最著名的例子就是奥斯曼二世最爱的灰色斑点马希什利·齐尔（Sisli Kır），这匹马在其英年早逝的主人去世前就死了，奥斯曼二世甚至还为它竖了一块墓碑，这块墓碑保存到了今日。此外，还有一幅细密画，画的就是苏丹骑着这匹马。奥斯曼的父亲艾哈迈德一世也喜爱经典的狩猎伙伴：马和猎犬。画家们还为他创作了一本画册，里面刻画了各种各样真实的和想象中的马匹的样子。还有一些动物出现在画上并非出于任何人对它们的喜爱，而可能是死亡的象征，其中包括攻击羚羊的猛禽，或是乌鸦啄食筋疲力尽、奄奄一息的马匹。在某些画幅中，想象中的动物和真实存在的动物之间的界限可能是模糊的。

宗教从不反对花卉画。16世纪后期，奥斯曼帝国的瓷砖画上有描绘得相当逼真的风信子、郁金香、玫瑰、康乃馨和梅花等花卉。但一直到了18世纪，花卉才开始被画在纸上。赞助人对此感兴趣也许是因为在此期间，郁金香和贵族社交产生了显著的关联；这一时期无论是平民还是精英都争相展现自己的园艺水平。有些爱好者甚至撰写了有关郁金香美学评估的书籍和小册子，包括如何在球茎状况不佳的情况下培育出高品质的花朵。1725—

1726年，艾哈迈德三世甚至颁布了一项法令来限制郁金香的价格，只允许极少数品种以高价售卖。当然，在所谓的"郁金香时代"（1718—1730），奥斯曼帝国精英们的享乐主义和他们对欧洲新事物的喜爱产生了多么深远的影响的相关论调，在很大程度上是不真实的。然而，在由俄土战争（1768—1774）导致的灾难发生前，奥斯曼贵族对郁金香以及玫瑰和风信子的珍视是无可否认的。有时，这些花卉画是作为文本的装饰出现的，但还有些情况下，花卉作为画面的主体独立出现，为人带来美学享受和愉悦感。

在为莫卧儿宫廷绘制的画稿中，画家同样刻画了植物和动物的形象。马匹在战斗场面中扮演重要的角色，大象在战斗场面中发挥的作用更甚。另外，在一些单幅画作上，某些生物甚至会成为"主角"。巴布尔虽然没有要求在自己的回忆录中加入任何插画，但是提到过自己喜爱的动物，提及频率甚至高到了使这种行为在后代宫廷里形成潮流。尤其是巴布尔的曾孙贾汗吉尔，他经常在自己的回忆录中提起这些令人印象深刻的动物。同时，他又大力支持以动物和花卉画著称的乌斯塔德·曼苏尔（Ustād Mansūr）。还有一幅动物画作也让我们印象深刻，画面里有两只用浅色水彩突出形象的鸽子，这幅画的作者可能是和乌斯塔德·曼苏尔同时期的"波斯风格"动物画家阿布勒-哈桑·阿卡·里扎·贾汗基里（Abū' l-Hasan b Aqa Rizā Jahāngīrī）。曼苏尔曾在1621年左右画了一幅伴有一只蝴蝶的郁金香图，蝴蝶在莫卧儿帝国细密画中是很少出现的形象。颂·普拉卡什·维尔马（Som Prakash Verma）鉴定，他画上的花的种类是克鲁西郁金香。不可否认，这种花是地中海植物，并非在本地种植的喜马拉雅或克什米尔品种。也许这朵郁金香是从地中海回来的旅行者带的礼物，而真相我们当然无从得知。曼苏尔画的红色郁金香花瓣宽而饱满，初绽的花形似圣杯，盛放的花则呈星状。从形态来看，它与18世纪奥斯曼帝国种植者偏爱的那个花瓣细长而窄的品种截然不同。

不受青睐但仍然存在的主题：平民生活场景

正如前文所提到的，1582年，穆拉德三世苏丹为其子——也是后来的继任苏丹——穆罕默德王子举行割礼，庆典持续了近五十天。之后，他赞助绘制了一本"庆典实录"，其中重点描绘的元素堪称史无前例，这个元素就是伊斯坦布尔手工业者大游行，画家还对他们的彩车摊位进行了描画。从16世纪后期到18世纪早期，苏丹宫廷经常组织手工业者游行，庆祝的对象包括王子的割礼以及战役的开始与结束。然而，这些庆典往往只以口口相传的形式流传，流传下来的有的是散文，有的是诗歌。直到1720年，艾哈迈德三世的几个儿子一起进行割礼时，他才再次下令绘制了带插图的庆典实录。这两套描绘1720年庆典的画册里除了画有著名的宫廷权贵游行外，还细致地再现了手工业者游行的盛况。

诚然，即使是这三本庆典实录，展示的也是可以营造节日氛围的花车，而非城市市集的日常景象。遗憾的是，对于如今的历史学家而言，重现"真实"商店的细密画，无论其风格多么程式化，都是相当少见的，而且主要出现在所谓的市集画家的笔下。为上层阶级作画的画家往往只在为寓言或故事等文学作品作插画时，才会对商店进行描绘。

在莫卧儿帝国，如果赞助者要求画家呈现囊括相关细节的景象，日常场景就可能会被画出来，包括正在劳动的工人。例如，在画王子出生场面时，画家就会画下照顾产妇和婴儿的女仆，或是为祝祷人群准备餐食的厨师。对建筑工地进行描绘时，画家也会让泥瓦匠、石匠和其他工人作为"背景人物"入画。劳动人民的形象在画家笔下十分常见，赛义德·A.纳迪姆·雷扎维（Syed A. Nadeem Rezavi）甚至写了一篇论文，专门探讨服务于莫卧儿宫廷的画家是如何描绘"中等阶级专业人士"的。另外，由于皇帝、王子和他们的侍从常常骑象，莫卧儿帝国的图像中也包括大量关于这种珍贵动物的管理者的资料。

奥斯曼帝国的基督徒绘制或赞助绘制的画册

对于奥斯曼帝国的基督教教徒而言，18 世纪是商业扩张和繁荣的时期。不但消费者数量增长，而且随着人们文化水平的提升，一些消费者对书籍艺术产生了兴趣。尽管我们侧重研究画稿和早期印刷品中的装饰性插图，但仍应当意识到，书中插图可能与其他类型的图像有关，尤其是教堂中的圣像。遗憾的是，我们无法在简单的介绍里把这个问题讨论清楚。

近代早期的东正教派印刷的书籍，无论是否有插图，基本都出自书籍市场活跃的威尼斯。尽管16世纪希腊语的印刷品所用语言与学者所用的经典语言不同，在威尼斯却仍然是流行的，因为至少在奥斯曼帝国征服克里特（1645—1669）之前，威尼斯的殖民地［海洋之国（stato da mar）］都有大量东正教人口，因此，出版商可以确保自己获得一定数量的客户。在罕有的几种情况下，威尼斯的这部分出版物也抵达了很晚才引进印刷术的奥斯曼帝国。到了18世纪，摩尔达维亚和瓦拉几亚公国的大公开始提倡以罗马尼亚语为主的学术研究，而罗马尼亚语也成了这个时期的书面语言。在此之前，东正教内历史书籍都严重短缺。从某种程度而言，印本的匮乏有"意识形态"缘由，因为在许多东正教教徒心目中，按照传统，神圣的文本应该用手抄的方式加以复制。在某些时期的某些地区，人们把印刷品看作散发着恶臭的东西，因为这是"拉丁异教徒"的产物，也是威尼斯人的产物，而威尼斯人对克里特的占领使多数东正教教徒深感不满。

即便如此，这些观念也并没有导致人们对印刷术的彻底抵制。相反，奥尔加·格拉齐奥（Olga Gratziou）的研究表明，印本和手抄本的长期共存，意味着誊写手抄本的抄写员和装饰手抄本的抄本画家也经常会阅读印本。因为除了书本设计者所呈现的拜占庭风格的图像的布局以外，手抄本里还有许多排版细节，抄写员如果不熟悉当时的印本，是无法凭空想象的。

亚美尼亚人所作的绘画手稿也可以追溯到中世纪，其中13世纪后期到14世纪前期的成果特别丰硕。18世纪，印刷、木雕和版画才成为重要的艺术形式。尽管早期印本并不便宜，但与手抄本相比，印本面向的群体更为广泛。毕竟，手绘书稿属于教堂的藏品，世俗大众难以获得，但印刷品从理论上说任何人只要付钱就可以买到。然而，在19世纪中期以前，由于其规模和成本，除教堂和修道院外人们通常无法从别处获取早期印本；而且在某些地方，僧侣的劳动成本非常低，导致手绘书稿的成本可以和早期印本一争高下。

至少，格里戈尔·马尔凡内齐（Grigor Marzvanec'i）在伊斯坦布尔设计印刷的卷帙浩繁的作品就可能用于基督教会。这位艺术家大概出生在17世纪60年代，并与安纳托利亚北部的梅尔济丰镇（Merzifon）有些关联，但我们对于他早年的经历基本一无所知。1706年，在开始印刷事业之前，格里戈尔接受了抄写员和细密画家的培训，出版了一套汇集了亚美尼亚礼拜仪式（Synaxary）所提及的所有圣人的生平的作品，并以木刻（木版画）作为装饰。事实上，格里戈尔算是新型木刻的开创者之一。在木刻工作中，工匠会为艺术家准备好木板，这块木板是以垂直而非水平方向从树干上切下的。这种技术使得制作大型木版画成为可能，因为木版画的尺寸不会受到树干直径的制约。此外，垂直切割中出现的波浪状木材纹理也会影响艺术家的设计，使得其艺术风格有别于在水平切割的木材上常见的经典同心式设计。在艺术设计方面，亚美尼亚印刷方在很长一段时间内始终偏好佛拉芒版画家克里斯托费尔·范·希切姆（Christoffel van Sichem）的风格，而格里戈尔也沿袭了这一传统。这位来自梅尔济丰的艺术家并不是唯一一个在伊斯坦布尔艺术品印刷界工作的亚美尼亚人，他的一个合作伙伴后来成了他的竞争对手，而且不知这个人用了什么手段，竟然设法将格里戈尔的工作室和所有原料都占用了。不过，到18世纪30年代，就在有关这个人的信息在历史记录中消失之前不久，格里戈尔的事业生涯重新走上巅峰，他再次为教堂设计印刷了大量精美的插画作品。

开罗的亚美尼亚人参与图像创作的故事则与之大相径庭，因为开罗的亚美尼亚小群体常常要与人数更多的科普特（Copt）教众互动。他们之间的交流是显而易见的，例如，与耶路撒冷关系不明的亚美尼亚圣像画家尤哈纳·阿尔马尼（Yuhanna al-Armānī，卒于1786年），以及他的前辈——也许还是老师——易卜拉欣·纳斯（Ibrahīm al-Nasikh，活跃于1732年前，卒于1785年），他们之间的联系就是交流的典型例子。易卜拉欣是科普特人，既是书法家，也是插画家，这是他能在这一章节里出现的原因。显然，在自己所作的神像画稿上署名就是从易卜拉欣开始的，这也许是源自文字手稿制作中的习惯，毕竟抄写员和细密画家在很早以前就在自己的作品上署名了。

一方面，用木刻装饰宗教作品的伊斯坦布尔画师与开罗的基督教艺术家共有一个重要的特征：他们都努力通过自己的作品谋生。另一方面，如前文所述，在早期的几个世纪中，受到教会支持的僧侣和神父抄写书稿或创作绘画作品纯然出于虔诚的目的，往往会忽略作品的市场价值。此外，专业的基督徒艺术家在伊斯坦布尔和开罗的出现，似乎证实了18世纪市场和市场文化在奥斯曼帝国和在世界其他地方一样都发生了整体扩张的假设。

奥斯曼基督徒创作或购买的绘画作品显然是从拜占庭和当地东正教或亚美尼亚传统中汲取灵感的，同时，西欧（尤其是意大利）的设计风格也以木刻和印刷品的形式来到奥斯曼帝国的土地。苏丹宫廷的艺术品对奥斯曼帝国穆斯林生产或购买的纺织品有显著的影响，并且对东正教教徒礼拜用的织物影响颇深，但相比之下，我们却无法确定细密画对奥斯曼帝国非穆斯林艺术品的影响如何。也许是因为这些作品很少会离开宫廷，所以人们难以获得它们。

印度各公国与莫卧儿皇帝的联系密切程度不尽相同，相较之下，他们自己的宫廷作坊卡卡那的出品则与德里、阿格拉或拉合尔的帝国宫廷赞助的作品近似。这种相似可能来源于画稿的流动性——画稿从皇家画室流动到其他公国的情况是很常见的。卡其瓦哈大公家族的成员最初居于琥珀堡，从18世纪初期开始，搬到了斋浦尔城内，他们就是莫卧儿帝国宫廷艺术作品的狂热收藏者。直到今天，这个大公家族仍然收藏着插图丰富的《摩诃婆罗多》的手稿，它也被称为"战争之书"，是阿克巴宫廷赞助绘制的《摩诃婆罗多》的波斯语版。在阿克巴获得战争的胜利后，卡其瓦哈接受了莫卧儿的统治，继而采纳了帝国宫廷文化的关键要素。

从我们的研究目的出发，斋浦尔是座值得探讨的城市，因为其大公们的藏品在经历了几个世纪以后，绝大多数仍然被保存了下来，并在当地的两个博物馆中展出，其中许多藏品受到研究，且被出版机构出版了研究成果。艺术史学家将莫卧儿帝国宫廷赏赐到斋浦尔的艺术品进行了记录，几个世纪以来，它们一直都是当地艺术家的灵感源泉。另外还有来自德干的印度教和伊斯兰国家以及其他地方的艺术赠礼。此外，斋浦尔宫廷还聘请了曾在莫卧儿帝国宫廷受训的画家。当莫卧儿王朝内不断出现争夺王位的斗争之时，帝国领土逐渐缩小，德里宫廷可用于艺术赞助的资金也越来越少，这些人必然要寻找其他的雇主。

琥珀堡和斋浦尔宫廷工作室生产的高品质商品都留下了大量书面记载，考虑到印度档案许多已不复存在，不得不说这批文档是一笔巨大的历史财富。苏布·哈利姆汗（Sumbul Halim Khan）通过研究发现，帝国宫廷要求贵族进贡奢侈品，因此公国的工作室大多是为帝国宫廷进行生产的。绘制画稿则是制图所琪塔拉（Chitragarh）或苏拉特卡娜（Suratkhana）的职责。最初，这个机构处理的是绘画和印刷使用的纺织品。然而，负责人最终将纺织和制图放在了两个独立的工作室进行。

在南亚，用于墙面装饰的绘制在纸和丝织品上的大型画作在各个公国宫廷十分流行，统治者及其臣民则是这种画常见的描绘对象。鉴于奥斯曼帝国没有这类墙面饰品，因此我们将研究的重点放在插画稿上，在这一领域，较小尺寸的单页画是值得关注的。画稿所有者通常用装饰精美的纸把画幅裱起来，随后装订成画册，即穆拉卡[1]（muraqqa'）。穆拉卡确实是绘画成品，却也可以算作半成品，因为收藏家可以轻松地将它拆开，并对其中的画作进行单独处理。另外，18世纪为斋浦尔宫廷服务的画家也会制作传统的插画稿，其中最著名的两幅描绘了难近母（Durga）与恶魔搏斗的场景，其中一个恶魔的形象是一头象。这个大型项目的参与者之一名为加西（Ghasi），他显然对莫卧儿帝国的水牛和大象在细密画上的形象进行过深入的研究。宗教方面的考虑显然没有阻止他们使用为伊斯兰宫廷而创作的模型，即使在侧重印度教信仰的绘画中也是如此。

总结：莫卧儿帝国艺术作品在印度的广泛吸引力

除了所谓的市集画家的作品以外，苏丹宫廷对15世纪末到18世纪初的奥斯曼细密画几乎拥有独占权。只有在某些行省机构，尤其是在17世纪后期和18世纪苏丹宫廷对奥斯曼细密画失

---

[1] 穆拉卡：书法和细密画作品集，通常装订精美。

去兴趣后，富裕的城市客户群体才能获得这类艺术品。当然，高级大臣也会赞助插图书的制作，但多数情况下，这些书册是上贡给君主的。唯一的例外是在16世纪，一些奥斯曼帝国的贵族出于自身喜好，购买设拉子细密画；而在这些权贵被贬或逝世后，他们的财产就会被没收，因此这类画卷最终还是会进入奥斯曼帝国宫廷藏书馆。显然，在装饰书稿或独立的单页画市场上，奥斯曼帝国的臣民更偏好书法作品，还喜欢用抽象的装饰字体为书页增添一丝亮色。

奥斯曼帝国宫廷和细密画画家之间的紧密联系，决定了绘画题材的选择：虽然伊朗浪漫主义文学题材的插画仍然极受欢迎，但《列王纪》是突出奥斯曼苏丹军事才能的绝佳例子。奥斯曼帝国细密画画家在16世纪接受了最野心勃勃的委托——当时的苏莱曼苏丹希望画家将当时的皇室成员以及他的祖先都描绘成人类神圣计划的一部分。后来的君主，例如谢里姆二世和穆拉德三世的征服者形象不是源于自身的成就，而是源于四处征战的帕夏以他们的名义所取得的胜利。肖像画是苏丹和少数高官的特权，高官中包括海军将军巴巴罗萨·海雷丁（Hayreddin Barbaros），以及一些宗教兼司法大臣；此外，画家偶尔会获得作自画像的许可。这类画作都给看画者留下了深刻的印象，它们通过一种或多种途径与苏丹宫廷产生了联系，具有奥斯曼老牌帝国的正统风范。

莫卧儿宫廷出资绘制了大量皇室肖像画，但尽管宫廷等级制度森严，统治者却不认为肖像画是皇家的特权。相反，阿克巴甚至赞助了一整本画册用以记录贵族和他宫廷里的成员，遗憾的是，这本画册已经失传。另外，这个习俗还流传到了作为"次莫卧儿"的印度各宫廷，无论是穆斯林还是印度教统治者，都接受了莫卧儿宫廷的绘画传统。我们因此看到了许多北印度的男性肖像画，通常是严格的侧面像，背景略有不同，但通常都展示了人物所拥有的高级服饰和珠宝。

近代早期的奥斯曼帝国的"服饰书"最早的版本是欧洲人编写的，后来阿卜杜勒切里·李尼也进行了编写——虽然两者之间并没有已知的关系，但它们的相似之处仍然十分明显。因此，当今的学者研究了庆典服饰，甚至研究了包括阿克巴在内的一些君主在促进宫廷服饰和术语创新方面所起到的作用。我们并不清楚，一方面，这些全身肖像是否也是莫卧儿帝国皇室成员和公国王室成员所应遵循的礼仪指南；另一方面，高官所接纳的某些创新是否会成为年轻人或是地位较低的人效仿的榜样。

奥斯曼帝国和莫卧儿帝国的两种绘画文化之间的主要区别在于，在奥斯曼帝国绘画几乎是专属于宫廷的特权，由苏丹本人而非其他人进行赞助。这类艺术的传统并未在帝国的非穆斯林群体中普及，非穆斯林群体仍然坚持当地自身的传统，后期甚至开始创作欧洲风格的艺术品，尤其是印刷品。相比之下，在莫卧儿帝国，尽管奥朗则布关闭了皇家画室，但皇室的风格在帝国领土之外依旧非常流行，画家继续以莫卧儿宫廷风格进行创作，就算顾客有可能是印度教教徒。

　　我们暂时可以推定，至少在具象绘画领域，莫卧儿帝国崇尚以"波斯风格"为主的艺术风格，而且这种风格被印度大多数非穆斯林精英群体接受。也许帝国宫廷认为绘画是将不同种族和宗教背景的精英阶层连接在一起的纽带。强大的宗教和语言的多样性已然是两个帝国统治阶级面临的巨大挑战，遑论他们还要面对非常复杂的地形。在下一章中，我们将探讨奥斯曼帝国和莫卧儿帝国的精英阶层如何应对帝国治理的政治——或言军事——问题。

第二部分

衡短论长：两个帝国的治理

第三章

地缘政治制约因素、军事事务和财政管理

尽管地缘政治制约因素、军事事务和财政管理本来就是"常规"历史书籍探讨的主要问题，但由于它们本身的特殊性，我们将不把重点放在这些问题上。事实上，它们只是我们所要真正研究的内容的不可或缺的"背景信息"。而我们真正要研究的内容，是奥斯曼帝国和莫卧儿帝国统治阶级之间，以及统治阶级与其统治的社会之间的关系。毕竟，普通人所赖以生存的社会体系都源于征服，无论他在其中终老一生还是不幸英年早逝，即便统治社会的精英阶层在不断改变，其统治的实质却是永恒的。简而言之，人们劳动，幸运的话可以获得一些资本，缴税，然后死去。然而，取决于当时的社会政治系统，特定的男人或女人开展的活动具有特殊的色彩。

本章概括了亚欧环境中，奥斯曼帝国和莫卧儿帝国精英阶层权力的来源，重点关注了边境地区和地缘政治制约因素。这项工作需要我们对苏丹和皇帝的主要对手进行审视，同时快速了解其盟友。没有军人就没有征服，所以军队的组建也是我们关注的重点。在第二小节，我们将以由苏丹和帝国统治家族构成的权力中心为重点。因为无论首都定在哪里，奥斯曼苏丹和莫卧儿皇帝其

实都依赖于实际上守卫着统治者的大营或宫殿的士兵。在第三小节，我们将探索20和21世纪研究奥斯曼帝国和印度莫卧儿王朝的史学家对"征服"这个概念的不同诠释。

由于税收是维持统治的前提，因此分配给军事和行政机构的税收的情况将是第四小节的中心议题。为了探讨这个话题，我们需要首先解决一个棘手的问题，即奥斯曼帝国和莫卧儿帝国的行政机构到底是过于"高效"，把劳动者维持生计以外的所有剩余资源剥削得一干二净，还是给他们留下了一定数量的"闲置"资源，让被统治阶级可以发展自己的业务。为此，我们调查研究了健全的政府机构制定的旨在限制对纳税人的剥削的政策，其中有些行之有效，有些则不然。这部分议题将在后面有关城镇形成、贸易、手工业和农村生活的探讨中（见第五至八章）再次提及。

帝国的边境，苏丹的敌人——和偶尔的盟友

帝国的西北边境：奥斯曼帝国和哈布斯堡王朝的冲突

在1526年前的两个世纪内，奥斯曼帝国的统治者及其精英阶层将帝国的版图扩展到了整个巴尔干半岛地区。在莫哈奇战役中，中世纪匈牙利的最后一位国王拉约什二世（Lajos II，1516—1526年在位）丧命，奥斯曼帝国大获全胜。在随后的几十年中，曾经的匈牙利特兰西瓦尼亚省（Transylvania，今天罗马尼亚的一

部分）成为奥斯曼苏丹的公国，而匈牙利中部的大部分地区则成了由总督或贝勒贝伊[1]（beylerbeyi）管辖的奥斯曼帝国行省。另有一部分面积虽小但人口稠密的地区则成为奥地利哈布斯堡大公领地的一部分，奥斯曼帝国的军队一度包围过其首都维也纳（1529年），但未能成功攻克。也就是说，16世纪中叶，奥斯曼帝国和天主教国家的边界穿过了匈牙利的中部，今天的克罗地亚（Croatia）也有很大一部分土地曾经是奥斯曼帝国的领土。

　　位于维也纳的哈布斯堡王朝虽然领土面积很小，资源也有限，但其统治者能获得同家族的西班牙统治者的支持，这大概就是苏丹的军队未能向中欧继续进军的原因。1516年，有着父亲一脉勃艮第（Burgundy）和哈布斯堡血脉的查理一世（Carlos I）从他的母亲——亚拉冈（Aragon）国王斐迪南二世（Ferdinand II，1479—1516年在位）与卡斯提尔（Castile）国王伊莎贝拉一世（Isabella I，1474—1504年在位）的女儿——的手中接过了西班牙的王位。他外祖父母的联姻正是西班牙政体建立的基石。从16世纪早期起，西班牙国王就从墨西哥（Mexico）和拉丁美洲获取了大量白银，其中大部分用于欧洲战争。到了1519年，查理五世（Karl V，查理一世作为神圣罗马帝国皇帝时称查理五世）成为神圣罗马帝国的皇帝。尽管在宗教和政治方面呈现出天主教和新教对立的情况，并最终引发了导致政体分裂的三十年战争（1618—

---

[1]　贝勒贝伊：省督，在帝国早期管理的区域很大，后来苏丹划给贝勒贝伊的区域较小，但安纳托利亚和鲁米利亚（Rumelia）的贝勒贝伊领地还是一如既往的面积广阔。

1648），但大部分德国大公出于对奥斯曼帝国威胁自身领土边境的担忧，组建了松散的联盟，以维护哈布斯堡王朝的军事防御。

另外，到了18世纪中期，奥斯曼苏丹穆罕默德四世（Mehmed IV，1648—1687年在位）和他的维齐尔卡拉·穆斯塔法帕夏（Kara Mustafa Paşa，卒于1683年）第二次试图征服维也纳（1683年），并在1683—1699年的战争中失去了匈牙利的大部分领土。与早先欧洲大公们的联盟不同，这回，哈布斯堡统治者与波兰国王扬·索别斯基三世（John III Sobieski，1674—1696年在位）的联盟得以维系，哈布斯堡军队挺进了巴尔干地区。根据《卡尔洛维茨（Karlowitz）和约》（1699年），奥斯曼帝国只保留了泰梅什堡（Temeşvar，蒂米什瓦拉的旧称，1716年败于哈布斯堡王朝后失去）和贝尔格莱德的领土。贝尔格莱德曾是中世纪匈牙利王国的边境要塞，于1521年被苏莱曼苏丹占领。尽管贝尔格莱德在1718年再度成为哈布斯堡王朝的领土，但1739—1740年奥斯曼和哈布斯堡王朝间一场短暂的战争使得这座城市再度被苏丹掌控。到了18世纪后期，两个帝国鲜少发生冲突，只在1788年至1791年爆发过战争，但双方都未获得什么好处，而俄罗斯渔翁得利。

遥远的北部边境：苏丹和沙皇之间的帝国战争

在1526年之前，苏丹在帝国北境的统治权无可匹敌。随着穆罕默德二世和巴耶塞特二世的南征北伐，克里米亚的鞑靼人在15世纪接受奥斯曼帝国作为宗主国对其进行统治，黑海成为奥斯曼帝国的领土。诚然，此时的附庸国可汗们对奥斯曼帝国的依赖性不如在即将到来的17、18世纪时那样，因为到了17世纪，莫斯科大公国（Muscovy）——以及后来的俄罗斯帝国——沙皇向南扩张领土，对这些一度向自己朝贡的藩属国持续施压。然而，1569年，莫斯科大公国征服阿斯特拉罕汗国（khanate of Astrakhan），苏丹开始担心中亚到麦加的朝圣路线的安全性，由此引发了一场针对沙皇军队的重大战争。不幸的是，考虑到发动这场战争的原因，苏丹的军队统领们认为，只有开凿一条连接顿河（Don）与伏尔加河（Volga）的运河，才能够驱逐莫斯科大公国的军队，但这一想法并未实现。阿卡德斯·尼米特·库拉特（Akdes Nimet Kurat）评论道，错误的计划是这次失败的根源。

16世纪，奥斯曼帝国与莫斯科大公国以及后来的俄国之间的关系时断时续，但在17世纪中期，两国爆发了进一步的冲突，奥斯曼帝国参与了克里米亚鞑靼人与哥萨克人［其中，一部分人效忠波兰-立陶宛（Poland–Lithuania）国王，一部分人效忠沙皇］之间的冲突。18世纪初期，由于俄国海军在当时属于奥斯曼帝国的黑海航行，奥斯曼帝国与彼得一世（Peter Ⅰ，1672—1725）之间发生冲突，最终奥斯曼帝国取得了胜利。也许就是这场胜利使得奥斯曼帝国的君主及维齐尔对自身的军事实力抱有过分乐观的态度，而忽略了沙皇可以调动俄国境内丰富的木材资源和水资源这个事实。

值得注意的是，18世纪中期，沙皇政府曾邀请奥斯曼大使萨迪·奥斯曼·埃芬迪（Şehdi Osman Efendi）前往位于图拉（Tula）的军械工厂进行"参观"。埃芬迪发现，除了铁匠以外，其他所有工人都使用水力。俄国当局甚至将图拉工厂的产品作为样品赠予埃芬迪，让他带回了伊斯坦布尔，而埃芬迪也尽职尽责地将一切都如实记录在了使馆报告中。但是他的上司，显然并没有完全理解这些新事物意味着什么。

到了18世纪中期，不断向南扩张的俄罗斯帝国成了关系奥斯曼帝国生死存亡的主要威胁。18世纪80年代，也就刚刚超出本研究的时间范围，叶卡捷琳娜二世（Catherine II，生于1729年，卒于1796年，1762—1796年在位）甚至计划分割苏丹的国土，把巴尔干的部分地区归为俄罗斯帝国治下由其亲属管辖的公国。她甚至与哈布斯堡皇帝约瑟夫二世（Joseph II，1780—1790年在位）讨论过这一计划。至于女皇对这个计划的态度是不是认真的，仍然是后世学者们所争论的话题，但无论答案如何，一位帝国统治者公开表露出这样的意图，这个事实本身就意味着苏丹在欧洲统治者中的地位有所下降。

具体来说，《库楚克－开纳吉条约》（Peace of Küçük Kaynarca，1774年）使克里米亚脱离了奥斯曼帝国的统治，这也是克里米亚向1783年最终被俄国吞并迈出第一步。从此，沙皇可以将自己的船队送入黑海。18世纪末和19世纪初，俄罗斯帝国将今天的乌克兰（Ukraine）南部发展成主要的粮食生产地区，敖德萨城

（Odessa）则成了商业中心。至少从长远发展的角度来看，这些变化损害了奥斯曼帝国的利益。有商业资本和贸易经验的人是商业繁荣的先决条件，俄罗斯帝国在四处搜罗这类商人，尤其是有东正教信仰的商人的过程中，吸引了奥斯曼帝国的大批希腊人，他们将物质和非物质资本带离了苏丹的领土。到了19世纪初期，许多活跃在沙皇领土的希腊商人又成了希腊的拥护者。

此外，在1774—1783年一点一点被吞并的克里米亚也曾经是伊斯坦布尔的粮食供应区之一。对于奥斯曼帝国的伊斯坦布尔而言，这是尤为惨重的损失，因为奥斯曼与俄国在1774—1914年频繁发生的战争严重损害了瓦拉几亚、摩尔达维亚和东保加利亚的收成。也就是说，伊斯坦布尔的粮食供给逐渐取决于政治局势，而且到了18世纪末，粮食供应不足成了城市动荡的主要根源。另外，曾经军饷充足的奥斯曼军队也陷入粮食短缺的困境。18世纪的最后二十五年，也就是刚刚超出本研究的时间范围的时期，一个恶性循环出现了：军队由于无法得到稳定有序的粮食供给，于是开始掠夺平民的储备，继而损害了未来的粮食收成和供应链。同时，随着沙皇在帝国东正教民众心中地位的逐渐上升，粮食供应的持续不足甚至使曾经忠于苏丹的子民萌生出对俄国干涉的期待。

综上所述，18世纪中期，俄国向南进行的扩张是对苏丹最直接的威胁，而苏丹与其次要对手哈布斯堡王朝的关系依旧紧张。换言之，奥斯曼帝国的主要对手是两个陆地政体，并且奥斯曼帝国的商业贸易在当代不算最繁荣的，技术在当代也不是最前沿的。因此，事实上，军事技术的落后并非奥斯曼帝国灭亡的唯一威胁，尽管在18世纪后期，这无疑使奥斯曼帝国深陷困境。正如我们即将看到的，奥斯曼常备军在16世纪转变为城市民兵，以及苏丹对雇佣军[1]（Levent）的依赖，这些才是苏丹的军队在18世纪越来越难以和专业的俄国军队抗衡的主要原因。至少，这是当今史学界的普遍看法。

地中海沿岸：（临时）对手法国和手下败将威尼斯

欧洲方面，法国（France）国王是关键的政治人物，由于他对哈布斯堡王朝抱有仇恨，因此对奥斯曼帝国而言至关重要。查理五世的手下败将——国王弗朗索瓦一世（François I，1515—1547年在位）在重大战役（1525年帕维亚战役）失败后，转而寻求与苏莱曼苏丹结盟，以期终结自己的领土被西班牙和奥地利的哈布斯堡王朝包围的窘境。1543—1544年，法国和奥斯曼帝国的军事领袖联合进攻了当时查理五世的盟友萨伏依（Savoy）公爵治下的尼斯（Nice/Nizza），其中奥斯曼帝国军队的将领就是著名的海军将军巴巴罗萨·海雷丁（卒于1546年）。尽管两位统治者没有再采取进一步的联合军事活动，但克里斯蒂娜·伊莎莫-沃海

---

[1]　雇佣军：通常是海军。

伦（Christine Isom-Verhaaren）的研究表明，当时法国国王的拥护者并不认为法奥联盟是不同寻常甚至可耻的——尽管哈布斯堡王朝的拥趸持有相反的观点。在接下来的一百五十年里，法国和奥斯曼帝国之间非正式的反哈布斯堡王朝联盟得以存续，只在奥斯曼帝国和威尼斯对克里特岛战争（1645—1669）期间受到了干扰，因为当时的法国国王虽然表面上保持中立态度，但实际上却允许本国的部分贵族为威尼斯提供志愿协助。

　　到了18世纪中叶，由于西班牙刚刚即位的君主与法国王室之间密不可分的关系，哈布斯堡王朝和法国之间的绝大多数冲突失去了存在的理由。尽管凡尔赛宫廷仍然认为苏丹是阻止沙皇建立地中海政权的主要力量，但哈布斯堡王朝在领土上对法国形成的包围圈不再是凡尔赛宫廷的顾虑，因此法国在外交领域也失去了支持奥斯曼帝国的关键缘由。不过，奥斯曼帝国在1768—1774年俄土战争中的失利当然也向所有相关方证明，女沙皇叶卡捷琳娜二世拥有更为强大的军事力量。

　　至于在地中海海域，整个15和16世纪，苏丹的海军在攻占威尼斯在地中海沿岸的分散的领土即所谓的海洋之国时都取得了巨大的胜利。到了1526年，曾经属于威尼斯的要塞都被收入奥斯曼帝国囊中，塞浦路斯（Cyprus）也于1570—1573年紧随其后被奥斯曼帝国掌控，前文所述的克里特也在1645—1669年被划入奥斯曼帝国的版图。16世纪中期，地中海海岸线上四分之三的土地处于奥斯曼帝国的统治之下，因为在奥斯曼-西班牙海战中，北非海岸弱小的伊斯兰国家要么归顺苏丹成为附庸国，要么直接被纳入奥斯曼帝国的版图。然而，尽管奥斯曼帝国在不断扩张，但地中海西北部降水充沛且农业高产的地区，包括意大利公国、法国南部和加泰罗尼亚（Catalonia），却从未成为苏丹的领地。

即便如此，到了16世纪的第二个二十五年，奥斯曼帝国海军仍然明显处于至高地位，尤其是在巴巴罗萨·海雷丁击败西班牙、热那亚和威尼斯的联合舰队，获得普雷韦扎（Preveza）海战（1538年）的胜利后。16世纪后期，在地中海地区的东部，只有克里特、一些达尔马提亚（Dalmatian）城镇和防御坚固的科孚岛（Corfu/Kerkyra，克基拉岛的旧称）依然属于威尼斯的领地。在1499—1503年的奥斯曼–威尼斯战争中，巴耶塞特二世的先头部队阿克尼济[1]（akıncı）挺进威尼斯弗留利（Friuli）地区，掳走了大量战俘，并杀死了无法带走的俘虏。不过，在整场奥斯曼–威尼斯战争中，威尼斯源源不绝的海军力量显然阻止了苏丹对中心城市的进攻。到了18世纪中期，威尼斯征服伯罗奔尼撒半岛的最后一次尝试失败（1715年），该地区城市中的商人基本上退出了与地中海东部地区的贸易往来活动。即便如此，由于活跃在阿勒颇（Aleppo）的犹太商人还常常向威尼斯共和国传递消息，因此信息渠道仍然是畅通的。

---

[1] 阿克尼济：奥斯曼军队的非常规部队，曾在征服鲁米利亚的过程中发挥了重要作用，后来被降为先头部队，在主力军参战前对当地居民起威吓作用。

奥斯曼帝国遭遇欧洲主导的世界经济

从商业贸易的角度来看，到了18世纪中期，奥斯曼帝国已经开始"融入欧洲主导的世界经济"，虽然仍处于初期阶段，但成了拿破仑战争结束后（1815年）的重要议题。在这一领域，法国方面的活动尤为重要，因为萨非王朝终结后，英国商人大多离开了奥斯曼帝国的港口，伊朗的原丝变得难以获得，而孟加拉的原丝便宜且数量更多。尽管对于18世纪的英国商人而言，东地中海区域还属于边远地区，但法国商人已经开始在伊兹密尔、萨洛尼卡和叙利亚购买大量的商品，因此同伊朗丝绸贸易往来的减少对他们的影响更小一些。另外，奥斯曼帝国内部的贸易商也把大量货物装载在法国船只，也就是所谓的海运商队[1]（Caravane maritime）上。鉴于此，即便法国羊毛的销售量并没有平衡奥斯曼帝国棉花和安哥拉（Angora）羊毛的出口量，但国际收支平衡状况仍有利于法国。不仅如此，在战争时期，法国商人还会非法出口谷物。

另外，苏丹的领地与印度的不同之处在于，奥斯曼帝国并没有本土银行业可以与莫卧儿帝国的苏拉特或其他城市所拥有的复杂商业相媲美。这导致转账汇款成了法国商人有利可图的业务，例如奥斯曼帝国的行省管理者定期向中央国库汇款的业务。结果

---

[1]　海运商队：18世纪，运送货物或人的往返奥斯曼的法国或意大利商队，其常与奥斯曼希腊商人的商队竞争。

到了18世纪后期，奥斯曼帝国的金融循环就已经被法国资本控制了。

活跃在奥斯曼帝国的欧洲商人虽然享有免税及领事裁判权等重要特权，但从未真正拥有可行使政治控制权的城镇。尽管伊兹密尔、萨洛尼卡或阿勒颇也许欢迎外国统治者的臣民，可是其设有卡迪和包收租税人的常规的行政结构却仍然存在。只有帝国西部边境有一个例外：从中世纪晚期到拿破仑入侵，杜布罗夫尼克城始终是向苏丹朝贡纳税的微型自治国家，其城镇并不受苏丹官员管理。不过，杜布罗夫尼克城虽然在1526年以前是商业中心，但到了18世纪中期，它的价值，包括其贸易价值，都已经变得微乎其微。

奥斯曼东部与南部边境

从现存的叙事史料与档案文献来看，在谢里姆一世征服了安纳托利亚东部、埃及和叙利亚后，苏丹及其官员通常会优先考虑在地中海和中欧扩张帝国版图。之所以优先巩固西部边境，大概是因为这边山区较少，降雨充沛，因此其税收高于高加索（Caucasus）或伊朗北部地区的行省。苏丹的军队虽然也可以去征服伊朗西北部，但总是无法长久地维护对当地的统治。

在奥斯曼帝国的东部边境，1490年以后，白羊王朝（Aq

Qoyunlu Dynasty）的分裂[1]导致巴耶塞特二世和萨非王朝的托钵僧谢赫伊斯梅尔（Ismā 'īl，1502—1524年在位）之间爆发了旷日持久的冲突。伊斯梅尔在1501—1502年宣布自己为伊朗沙，并从安纳托利亚的游牧民族与半游牧民族中获得了强有力的支持，毕竟，安纳托利亚的游牧民族与半游牧民族被征服者穆罕默德时期建立起来的官僚机构与军事机构边缘化了许久。因此，谢里姆苏丹不仅要与外国统治者作战，还要面对臣民的内部斗争，许多安纳托利亚的居民都沦为内战中常见的残暴行为的受害者。1514年，谢里姆苏丹在查尔迪兰（Chāldirān）战役中获得胜利，巩固了奥斯曼帝国对安纳托利亚东部地区和萨非西部阿塞拜疆（Azerbaijan）之间边境的控制。另外，曾经属于萨非王朝的伊拉克，在1533—1536年由苏莱曼苏丹发起的战争结束之后，也成了奥斯曼帝国的一部分。除了17世纪早期奥斯曼帝国曾短暂地失去了对该行省的控制权以外，在第一次世界大战前，该行省一直是奥斯曼帝国的领土。

对于我们本次研究目的而言，奥斯曼帝国的南部边界尤为重要，因为在南部边境地区，苏丹的子民与印度各苏丹公国的人民常有往来。奥斯曼帝国对印度洋的关注很大程度上是1498年葡萄牙对红海和圣城汉志的威胁导致的——由于埃及缺乏木材，无法建立海军远洋舰，因此马穆鲁克苏丹国难以靠自身的力量进行防

---

[1]　白羊王朝的分裂：1490年，白羊王朝的统治者雅古布去世，其子侄辈争权内讧，导致国家分裂。

御。奥斯曼帝国和马穆鲁克苏丹国在这个问题上有过短暂的合作，但很快就失败了。另外，在谢里姆一世征服叙利亚和埃及后，保护汉志的责任就落到了奥斯曼帝国的身上，因为前往麦加朝圣是所有穆斯林应尽的宗教义务，而只有保障埃及对圣城的粮食供给，穆斯林才能够顺利完成这项义务。16世纪中期，奥斯曼帝国海军曾试图将葡萄牙人驱逐出印度西海岸。尽管这次尝试失败了，但苏丹的海军将领的确多次成功抵御葡萄牙海军对红海的突袭。

其余各国之间的往来则发生在地位较低的百姓之间。哈利勒·伊纳尔哲克曾在布尔萨卡迪的登记册里发现了相关记录：巴赫曼尼苏丹国的一名商人受维齐尔的派遣，在这座贸易城市以及巴尔干地区出售商品（见第六章）。从政治角度来看，奥斯曼帝国海军将领赛义迪·阿里·雷斯（Seydi Ali Reis）以及葡萄牙的文件都宣称，在印度港口城市苏拉特的奥斯曼土耳其人也在准备接受奥斯曼帝国的接管。另外，苏门答腊（Sumatra）北段的亚齐苏丹国（Atjeh）也与伊斯坦布尔的苏丹建立了联系，亚齐苏丹国向奥斯曼帝国请求火器支援，以抵御葡萄牙人的侵扰。不过，到了16世纪后期，奥斯曼苏丹和他的维齐尔们都把火力集中在发生于帝国左近的战争，很大程度上放弃了印度洋区域。

奥斯曼帝国对红海和印度洋的介入也具有商业意义。16世纪，香料，尤其是胡椒粉的进口，是洲际贸易的主要分支。不仅仅是欧洲的消费者，奥斯曼帝国内部有一定财富的民众也同样大量消费了这种调料，事实上，其中一部分胡椒粉是印度产的。15

世纪，马穆鲁克苏丹把香料贸易变成了统治者的垄断产业，这可能是为了弥补黑死病和当时其他流行疾病造成的人口与税收损失。征服者穆罕默德显然一度希望将香料贸易从埃及转移到奥斯曼帝国中心。然而，事实证明，这并不可行，而且在1516—1517年征服埃及和叙利亚后，亚历山大市（Alexandria）的香料市场也终究成了奥斯曼帝国的一部分。

16世纪初期，葡萄牙人企图切断红海与巴士拉港之间的香料贸易，引发了埃及和威尼斯这两个胡椒贸易中心的经济与政治危机。不过，到了16世纪30年代，葡萄牙人明显无法再垄断胡椒贸易，于是地中海的胡椒贸易得以恢复并蓬勃发展，一直到17世纪初荷兰再次垄断了与拉丁欧洲的胡椒贸易。与此同时，奥斯曼帝国版图内的胡椒供应仍然由也门（Yemen）补给。奥斯曼帝国对控制海外贸易线路的兴趣显然产生于18世纪中期，但是由于当时香料贸易已经失去其重要地位，红海－巴士拉海上航线的重要性则主要体现在印度棉花和也门咖啡的进口上。

1526—1739年莫卧儿帝国在次大陆的扩张与收缩

莫卧儿边境地区一览

巴布尔是从阿富汗来到印度的。在阿富汗，他统治的是以喀布尔为中心的王国，周围地区大多也是新建立的莫卧儿帝国的领土。巴布尔在1526年推翻的罗第王朝也发源于阿富汗，但其苏丹长期居于德里，那里的清真寺和陵墓还有许多保存至今。也许就是出于这个原因，巴布尔及其后代，尤其是他的儿子胡马雍，似乎都将德里视为帝国中心，尽管这两位皇帝因为四处征战很少居住在此。

在西北边境，莫卧儿帝国很快遭遇了在巴布尔到达印度几十年前就建立起来的萨非王朝。巴布尔得到了萨非的支持，其子胡马雍被敌人舍尔沙（Shēr Khān/Shāh）击败流放时，就是在萨非王朝的宫廷中寻求到了庇护，并在伊朗的增援下重新夺回了自己的国家。因此，在16世纪末前，莫卧儿人很难否认萨非在莫卧儿帝国享有极高的声望这一点。然而，到了17世纪早期，阿克巴的儿子贾汗吉尔却开始用不同的眼光看待萨非王朝。紧张的边境局势通常会波及如今属于阿富汗的坎大哈城，这座坚固的要塞城市在17世纪几度易手。从乔斯·戈曼斯（Jos Gommans）所绘制的地图中可以看出，喀布尔位于德里方圆1200千米内，从德里出发的军队可以在一年之内往返，相比而言，坎大哈则恰好位于这个圈子之外。不过看起来，萨非王朝和莫卧儿帝国失去这一军事重镇的原因并不是重大的军事失利，而是一系列的政治因素。

即便如此，坎大哈在1649—1709年依然掌握在萨非王朝手中，但后来，吉勒宰（Ghilzai）的阿富汗人逐渐成为一股强大的地区力量。18世纪初期，在萨非沙的宫廷无视人们多次对驻扎在当地的军队的恶行的投诉之后，吉勒宰人起义，并于1722年占领了伊斯法罕（Isfahan），加速了萨非王朝的覆灭。在1729年前，坎大哈都由阿富汗部落掌控，直到纳迪尔沙将该部落驱逐。我们的研究范围终于1739年伊朗国王纳迪尔沙袭击德里，在此之前，坎大哈一直都是伊朗帝国的一部分。

继续往北，17世纪40年代，莫卧儿帝国试图将版图扩展到中亚。当年巴布尔被乌兹别克（Uzbek）人驱逐后，不得不流窜到印度碰运气；显然，为了增强帝国统治的合法性，后来的沙贾汗皇帝尝试夺回曾由巴布尔统治的土地。17世纪40年代中期，乌兹别克的统治者纳扎尔·穆罕默德·汗（Nazar Muhammad Khān）和其子阿卜杜勒·阿齐兹（Abdul Aziz）之间的王位争夺战给了这位莫卧儿皇帝军事介入的机会——也许可以维持正崛起的乌兹别克帝国因几位野心勃勃的皇室成员而处于分裂之中的状况。然而，军备供应问题和严冬导致了大量伤亡，就算后期战争的指挥权交给了皇储——勤勉的军事家奥朗则布，莫卧儿军队也依旧无法跨越巴尔赫（Balkh）。虽然莫卧儿帝国火炮的质量很高，但包括首都布哈拉（Bukhara）在内的乌兹别克中心地带却在沙贾汗和奥朗则布的威胁圈外。另外，莫卧儿帝国在北伐战争上花费的巨额资金和在这一地区获得战争胜利取得的极低的收益之间明显是不平衡的。显然，这是一场荣誉之战，人力和物力成本是次要的。

一般来说，莫卧儿帝国北部国界是喜马拉雅山脉，除了那几次占领克什米尔的战争——最早一次是在1589年——之外，还有为数不多的几次战争远至西藏地区。尽管莫卧儿帝国的书面文字往往着重描绘克什米尔地区的自然风光以及由官方赞助建造的花园，但到了17世纪，披肩的生产已经成了克什米尔首府斯利那加（Srinagar）商人与工匠的主要经济活动之一。再向东，恒河与雅鲁藏布江下游的三角洲共同形成的茂密森林与沼泽地带限制了莫卧儿帝国的进一步扩张。在巴布尔到来之前和胡马雍流亡伊朗期间，阿富汗政权曾控制着北印度的大部分地区，可在1526年，只有孟加拉仍然是独立的苏丹国，孟加拉也成了阿富汗政权控制的仅剩的几个地区之一。莫卧儿帝国对这个地区的征服始于16世纪70年代，当时臣服于莫卧儿帝国皇帝的达乌德·卡拉尼苏丹（Da'ud Karranī）拒绝继续朝贡。阿克巴征服了比哈尔邦（Bihar）及其中心城市巴特那（Patna），由此拉开了征战的序幕。此后，在莫卧儿帝国推行税收改革的大臣托达尔·马尔在一场野战中击败了阿富汗统治者，比哈尔邦、孟加拉苏丹国和奥里萨邦（Orissa）正式成为莫卧儿帝国的行省。事实上，莫卧儿王朝的统治始于1576年，此前，达乌德就已于第二次遭遇战中丧生。但是由于当地的动荡持续不断，因此直到1602年，阿克巴才得以在达卡（Dhaka）建立自己的政权，到了1613年，莫卧儿帝国才掌控住了整个行省。

虽然孟加拉的农业产值和工业产值都很高，但莫卧儿皇帝并没有尝试阻止外来者在这个地区定居，只要他们是皇帝忠实的臣民就够了。中央集权在很多地方是行不通的，因为长期以来控制着大片领土的地方首脑并不会轻易接受莫卧儿王朝的统治。帝国军队将"未经批准的"葡萄牙定居者赶出了孟加拉胡格利镇（Hugli），因为他们强迫穆斯林奴隶皈依基督教；与此同时，皇帝允许荷兰和英国商人在恒河三角洲定居，他们基本都是来购买当地名声远扬的棉布的。

奥朗则布驾崩后，德里后来的皇帝都难以继续控制他们的地区首脑，孟加拉行政长官建立了一个以穆尔希达巴德（Murshidabad）为中心的半独立公国，在这里，莫卧儿帝国的意识形态和政府机构只是地方实际统治者，即所谓的纳瓦布[1]（nawab）统治的合法性来源。然而，到了18世纪中期，来自那格浦尔（Nagpur）地区马拉地民族社区的战士们发起进攻（1742—1751），破坏了公国的稳定。这导致在17世纪90年代，英国东印度公司轻而易举地占领了这个地区，并建立了名为加尔各答的据点，也就是现在的加尔各答市。1757年，莫卧儿帝国的中央控制权基本消失殆尽，英国东印度公司对当时半独立的莫卧儿纳瓦布西拉杰·乌德·达乌拉（Sirāj alDavla）采取了军事行动。凭借精心策划的计谋，英国东印度公司的指挥官赢得了普拉西战役的胜利。这场战役增强了英国东印度公司的作战能力，为其在18世纪60、70年代全面占领孟加拉打下了基础。

鉴于情况的复杂性，我们无法将对莫卧儿帝国南部边境的探讨简单粗暴地限制在1526—1739年。1530年巴布尔驾崩时，他

---

[1]　纳瓦布：印度莫卧儿帝国时代各邦总督的称谓，国王或皇帝座下的二把手。

的王国版图囊括了拉其普他那（Rajputana）、南部的本德尔汗德（Bundelkhand）以及东南部的恰尔肯德邦（Jharkhand）。不过，莫卧儿王朝的统治并不牢固，只在阿克巴统治的最初几年，卡其瓦哈王朝时任琥珀堡大公的比哈尔·马尔（Bihar Mal）才开启了拉其普特某些大公与莫卧儿朝廷长期的联盟关系。在这段时间，阿克巴治下梅瓦特（Mewat）的省长支持了比哈尔·马尔的一个竞争对手，这显然是为了将琥珀堡纳入莫卧儿帝国直接管辖的范围。不过，阿克巴更愿意获得拉其普特大公的支持作为自己的筹码，无论是面对同样身为巴布尔子孙的众多竞争对手，还是面对一群以中亚标准来看统治力更强的古吉拉特邦南部的大公［米尔扎（mīrzā）］。因为米尔扎的父系家族是成吉思汗（1162—1227）的后代，而巴布尔只有母系家族是成吉思汗的后裔，具体来说，巴布尔的祖先帖木儿的一位妻子是成吉思汗的后裔。不过，阿克巴最终击败了米尔扎，并获得了拉其普特公国治下的梅瓦尔（Mewar）和马尔瓦尔（Marwar）。马尔瓦尔最先成为莫卧儿帝国皇室的领地，但阿克巴最终还是任命了一名当地的大公，让他与萨利姆王子（Prince Salīm）的一位女性亲戚结婚，并把这次联姻作为与莫卧儿宫廷之间的纽带，而萨利姆王子就是后来的贾汗吉尔皇帝。

莫卧儿王朝初期，后来成为重镇的古吉拉特还处于王朝的版图以外，在艾哈迈德沙（Ahmadshāhīs）的掌控之下。1572年，阿克巴才占领了这片土地。与此不同的是，阿克巴以及后来贾汗吉尔对尼扎姆·沙希（Nizāmshāhī）王朝的征服则多次以失败告终，即使是在1660年该王朝首府城市艾哈迈德讷格尔臣服后。这一切都是因为来自阿比西尼亚的奴隶将军马利克·安巴尔，他与马拉地邦斯拉（Bhonsla）公国结盟，组织了顽强的抵抗。1636年，马利克·安巴尔死后仅十年，莫卧儿帝国就吞并了尼扎姆·沙希王国的一部分，其余部分则归于比贾布尔公国。

到了17世纪末18世纪初，奥朗则布将莫卧儿的版图扩展到了印度半岛南部。不过，由于马拉地勇士西瓦杰·邦斯拉在印度半岛西部同时建立的独立王国，莫卧儿帝国对于德干地区的统治并不稳固——一贯如此。西瓦杰的家族崛起于比贾布尔苏丹国，而在17世纪50年代和60年代，西瓦杰突袭比贾布尔苏丹国要塞，并夺取了本属于莫卧儿帝国的领土。考虑到莫卧儿省长不能或不愿进行抵抗，他还两度洗劫了富裕且防御薄弱的苏拉特（在1664年和1670年）。

与上文提及的孟加拉的例子类似，马拉地武装分子时而也会在半岛发动突袭，从中获取大量战利品，并几乎切断一些地方商队的贸易往来。同时，从这些城镇和地区掠夺的金钱甚至成了马拉地人的"常规"税收。奥朗则布与西瓦杰交战，任命拉贾·贾伊·辛格·卡其瓦哈（Raja Jai Singh Kachhwaha，卒于1667年）为莫卧儿军队统帅，攻占了布伦特尔（Purandhar）的要塞（1665年）。西瓦杰被迫投降，前往奥朗则布宫廷觐见，不过次年他又设法逃脱了。1674年，西瓦杰为自己加冕，并在高调的登基典礼上强调自己的王国崇尚印度教，并非承袭伊朗传统的印度王国。在他死后，他的家人接管了印度半岛南部西海岸一个面积狭小的城邦：因为西瓦杰很快就认识到，向包括运送麦加朝圣者在内的船只收取贡税是填补国库的有效途径。浦那（Pune）虽然后来成为马拉地政权的中心，但在西瓦杰去世的1680年，还位于西瓦杰政权统治区域的边境。

奥朗则布在生命的最后几十年依然在德干地区南征北战，其中第一场战争就是他与他的儿子阿克巴王子（Prince Akbar）进行的。阿克巴王子认为皇帝穷兵黩武，对比贾布尔和戈尔孔达苏丹国的战争是毫无必要的，这一观点显然得到了大批贵族的拥护。此外，这些持不同政见的人对穆斯林宗教学者与日俱增的影响力也持有质疑态度，并反对重新启用阿克巴废除的针对非穆斯林的歧视性税收吉兹亚的政策。然而，由于阿克巴王子和西瓦杰的儿子及其继任者无法就共同战略达成共识，因此阿克巴王子在叛乱失败以后逃往萨非宫廷避难。奥朗则布逐步征服了比贾布尔（1686年）、拥有大片钻石矿的戈尔孔达以及新建立的马拉地公国。到1689年，这一过程已经完成。

然而，由于马拉地人的袭击并未停歇，并且转而以分散的方式进行，因此奥朗则布征战的胜利并未使南部边境地区安定下来。马拉地人善于游击战，致使莫卧儿帝国对诸如半岛东南部的金吉（Jinji）等重要堡垒的占领显得无足轻重。莫卧儿的地图通常只呈现了领土密集的区域，所掩盖的实情是，皇帝指派的省长也许可以掌控城市与要塞，但无法保护纳税主体免受劫掠以及不被非法征收税款。到了大约1700年，某些地区甚至存在两种征税制度，即莫卧儿省长与马拉地统治者的代表的征税。从这个层面来看，帝国只是政治控制的"顶层"；且奥朗则布死后（1707年），王位候选人之间的争斗进一步弱化了莫卧儿帝国的中央权力，处于"第二层"的省长和帝国亲王们乘虚而入，建立了地方政权。从某种意义上说，在奥朗则布将帝国的大部分收入用于征战德干时，东印度公司却在这段长久的时间里积累了足够的政治力量，成了地方政权的有力竞争者。

以葡萄牙和英国为载体的欧洲主导的世界经济来到南亚

莫卧儿帝国的瓦解在18世纪早期给印度当地社会带来了不小的麻烦。除了加速印度纺织品生产商与银行家融入欧洲世界经济的进程外，莫卧儿帝国解体后出现的权力真空也让英国东印度公司的接管变得更加容易，英国东印度公司从一家商业组织一跃成为具有掠夺性的"准国家"。在很长的一段时间内，幅员辽阔的莫卧儿帝国与印度海岸小规模的欧洲人定居点表面上的力量差异掩盖了潜在的威胁，因此在"西方威胁"这一点上，莫卧儿帝国所处的位置其实比奥斯曼帝国的更加危险。毕竟，奥姆·普拉卡什（Om Prakash）就指出，直到18世纪中期，当地统治者，尤其是莫卧儿帝国皇帝，还只把欧洲商人——通常被认为是麻烦的葡萄牙人除外——视为有益的财政收入来源。

莫卧儿帝国从未组建过海军，而奥斯曼帝国对印度洋的干预却的确有力地限制了葡萄牙人的选择。鉴于奥斯曼帝国的存在，葡萄牙人无法在红海建立任何基地，几十年后，他们对印度洋航运的控制也逐渐松散。如前文所述，从16世纪30年代起，横跨地中海的香料之路恢复，而葡萄牙海外帝国在印度和其他地区的命运也面临着随之而来的危机。葡萄牙在果阿（Goa）的主要定居点缩水，沦为一个进行有限的贸易活动的小殖民地，其中一部分原因是葡萄牙赞助的宗教裁判所发起的激进的宣教活动对当地基督教徒起到了一定的劝阻作用。另外，西班牙哈布斯堡王朝的反犹太政策也阻止了犹太"新教徒"资本的涌入，他们往往只能秘密进行宗教活动，避开宗教裁判所力量集中的地方。简言之，果阿的衰落是由于政治和商业氛围的变化，而葡萄牙政府对此并未做出有效的应对。

对于17世纪以来一直活跃在次大陆的英国和法国贸易公司而言，莫卧儿帝国在奥朗则布驾崩后的解体使得它们可以就商业乃至政治上的霸权展开恶性竞争。全球性的较量在中欧战场爆发，并波及北美、加勒比海、地中海及印度，而英法在次大陆的竞争只是这场较量的一部分。总之，英国是胜者，尽管其在美国独立战争（1775—1783）中失去了北美殖民地。而在印度，这个紧要的政治事件则促成了英国东印度公司的胜利，从而使得英国东印度公司停止兑现英国皇室向组成英国东印度公司的商人允诺过的贸易特权。面对竞争敌手对其拥有的特权以及给殖民地带来的破坏的尖锐批评，如前文所提到的那样，英国东印度公司转而成为一个类似国家的组织，拥有自己的军队、统帅，甚至还有战舰。1759年，距纳迪尔沙袭击德里仅二十年后，英国东印度公司介入了后莫卧儿时期逐鹿者对主要港口苏拉特的争夺，并在所谓的"城堡革命"中占领了这座城市的防御工事。若干年后，英国东印度公司侵吞了孟加拉富裕行省的税收，从而确保英国能够驱逐对手荷兰，毕竟荷兰在孟加拉纺织品的出口业一度十分活跃。正如奥姆·普拉卡什所言，在这段时期的孟加拉，压迫取代了贸易谈判，这种模式也同样在西海岸的古吉拉特上演。

统治者及其军队：帝国内外的军人征募

作为德里苏丹国的模式的延续，莫卧儿帝国的军队征募制度值得关注，因为印度的外来者在制度建立过程中起到了重要的作用。起初，巴布尔率领一支军队从中亚来到印度，在本书研究的时间范围内，莫卧儿帝国大部分军事及政治精英仍然来自伊朗、阿富汗以及中亚的其他地区，只不过来自阿富汗的人数量较少。这批人多数是大、小军事企业家，或是有文学或行政管理才能的人。通常，这批移民会成为现存统治阶级家族的一分子，甚至成为皇室成员。

在莫卧儿帝国统治期间，统治者始终强调自己的帖木儿血统，来自中亚的移民也因此获益；或者说，尽管至少17世纪的皇帝都有一位印度血统的母亲，但帖木儿这位中亚的征服者始终是莫卧儿王朝形象的一部分。然而，在莫卧儿帝国统治早期，巴布尔却小心翼翼地试图淡化这层联系。他一定深知，当地居民——无论是印度教徒还是穆斯林——仍然对帖木儿在德里的屠杀心有余悸。

奥斯曼帝国的自我定位却和莫卧儿帝国的大不相同。尽管奥斯曼苏丹的祖先也是移民到安纳托利亚西北部的，但移民事件本身基本没有事实证明，也没有确切的日期。苏丹掌权后，从没否认过自己是小国君主的后裔，14世纪的史书作家最先注意到这一点，并推测其祖先应当是安纳托利亚塞尔柱帝国的臣民。不过，早期奥斯曼帝国的史官称，突厥喀依（Kayı）部落以及《圣经》人物以扫（Esau）和雅弗（Japhet）才是奥斯曼苏丹的发源地和祖先。另外，与莫卧儿帝国的制度相比，奥斯曼统治者对纳入其军事系统的外来人员有严格的数量限制。1517年，奥斯曼帝国消灭马穆鲁克王朝后，苏丹允许马穆鲁克制度以新的形式在埃及重现，也就是允许从内陆到黑海以北招募的"贵族奴隶"存在。事实上，奥斯曼时期的马穆鲁克与其前身——中世纪的马穆鲁克禁卫军大相径庭，简·哈撒韦将17和18世纪的马穆鲁克视为一个全新的组织。此外，在特定时期，以阿布哈兹人〔阿巴扎（Abaza）〕为主的其他贵族奴隶也来到伊斯坦布尔，效力于宫廷，作为有机会成为军官的军人。

矛盾的是，15、16世纪大多数所谓的"外来贵族"并不是来自异国，而是来自奥斯曼帝国内部，也就是信奉基督教的百姓，苏丹通过所谓的"少年强征制度"[德夫希尔梅[1]（devşirme）]将他们招募来为自己服务。选拔出来的男孩在进行伊斯兰学习以及接受适应性培训后，主要在部队中做持枪近卫军或守卫皇宫的骑兵，极少数人能够成为统治阶级的一分子。

对该制度的最早记载见于14世纪后期，不过由于文献的匮乏，无法排除该制度在更早之前就已经存在的可能性。被招募的士兵无论自我意愿如何，都别无选择，只能成为穆斯林。这些男孩对此有何反应，我们知之甚少；也许无法接受的人会试图潜逃，但我们无从得知有多少人成功做到了。我们发现16世纪后期，有一部分年轻的士兵在赛义德·加齐（Seyyid Gazi）的托钵僧僧舍［位于埃斯基谢希尔（Eskişehir）］中参加仪式，这是中央政府不承认并试图废除的仪式，但可能并未彻底废除。也许这种礼拜仪式也充当了这些面临身份转变的男孩的"缓冲器"。

另外，被招募的男孩成为苏丹的库尔[2]（kul），这意味着他们和奴隶一样依赖于君主。14和15世纪，从狭义上讲，德夫希尔梅男孩——以及从他们中选拔出的近卫军——都是苏丹的奴隶。从17世纪开始，帝国政府废除了德夫希尔梅制度，从此多数近卫军步兵都是穆斯林出身。16世纪的学者——以及20世纪的

---

［1］ 德夫希尔梅：奥斯曼帝国从其基督教臣民的男孩中募集兵丁的制度。

［2］ 库尔：苏丹的仆人之一，免税，依附于苏丹，类似奴隶。

学者——都在争论德夫希尔梅制度是否符合伊斯兰教法，毕竟伊斯兰教法赋予穆斯林苏丹的非穆斯林臣民保留其自由以及宗教信仰的权利。16世纪后期著名的宗教学者萨德丁（Sa'deddin）则强调了德夫希尔梅制度的"传教"意义：据他估计，该制度在存在的大约两百年中使超过二十万人皈依了伊斯兰教。

近卫军的军事意义极为重大，因为他们是欧洲第一批常备步兵，他们身着制服，按季度领取工资，并以16世纪的章程受训，训练内容包括使用火器。不过，这个组织强大的团队精神可能会与苏丹的意志相悖：1514—1515年的冬天，谢里姆一世计划在卡拉巴赫（Karabagh）过冬，为来年春天向萨非王朝发动新一轮进攻做好准备；然而，由于近卫军的抗议，苏丹别无选择，只得返回伊斯坦布尔。近卫军向来是一支精锐部队，但从16世纪末起，因为需要大量士兵来同哈布斯堡王朝和萨非王朝作战，所以政府征募了大量的士兵，却只给这些士兵象征性地发点儿薪俸。既然士兵需要另谋生路，那么他们向由兼职手工业者和商人组成的城市民兵组织转变则只是个时间问题。在1700年前后，这一转变基本完成。

相比奥斯曼帝国，莫卧儿帝国则不存在军事奴隶，更遑论少年强征制度，不过军事奴隶曾存在于15至17世纪的德干。更重要的是，奥斯曼帝国在18世纪及以后的政治组织的基本特征之一，即免缴税收的苏丹仆从阿斯科利和纳税的穆斯林与非穆斯林民众拉亚之间鲜明的界限，并不存在于莫卧儿帝国。另外，莫卧儿帝国倾向于将移民部落的首领及其仆从纳入自己的军队组织，而这却是奥斯曼帝国所尽力规避的情况。只有安纳托利亚东部边境的省份的首领才可以招募自己部落的同胞，但这批军人很少会参与奥斯曼帝国中央军的远征。

任何有一定数量骑兵随从的人都可以加入莫卧儿的军队，并可能觐见皇帝。如果皇帝认为他的资历合适，就评定他的正式等级扎特[1]（Zāt），并给予其军事采邑扎吉尔作为其资金来源。同时，他也有义务为皇帝提供一定数量的骑兵。扎吉尔通常是以现金形式支付的，涵盖受派遣的曼沙布[2]（mansab）将领的所有开销，而皇帝可以随心所欲地更换将领及扎吉尔。将领必须呈交战马给皇帝检阅，最佳的战马是从阿拉伯或中亚进口的，本地也有优秀的品种。相比于被称为西帕希[3]（sipahis）的奥斯曼将领所获得的采邑蒂玛[4]或迪立克[5]（timar, dirlik），莫卧儿将领拥有的扎吉尔堪称巨额资金。

奥斯曼的西帕希受到召唤时要与武装仆从一起前往集会，武装仆从的数量取决于所分配的采邑收入。许多收入微薄的西帕希

---

[1] 扎特：个人在朝廷的官方职位等级的量化表达。在阿克巴统治下，500 扎特即为贵族，到了 17 世纪，扎特"通货膨胀"，1000 扎特才算贵族。

[2] 曼沙布：莫卧儿皇帝派遣或设立的高等军队或办事处。

[3] 西帕希：为皇宫服务或以农村贡税为生的骑兵，参与苏丹的战争。

[4] 蒂玛：收入达 2 万阿克切的税收封地。蒂玛拥有者必须加入苏丹的骑兵队伍，并根据其蒂玛的规模招募士兵。

[5] 迪立克：参见"蒂玛"。

也许只能只身前往，连一个全副武装的仆从都没有。与莫卧儿帝国的做法类似，奥斯曼帝国通常会定期将西帕希指派到距离先前的采邑较远的新采邑，以防止他们的势力"扎根"。对于多数地区的西帕希来说，在绝大多数的情况下，建立地方联系是非常困难的，因为采邑所有者常常要参与征战而不在当地，所以农民并不认识他们；只在极少数的情况下，西帕希可以留在家里收税，并将采邑的收益转交给军队。然而，在奥斯曼与匈牙利的边境地区，中央政府允许西帕希长期拥有同一块蒂玛，甚至允许子承父业，这也许是对他们风险极大的边境生活的补偿。不过，即便是在非边境地区，也有一部分西帕希可以长期享有同一块封地，毕竟，他们有义务维护帝国的和平，因此需要在其收入来源所在地建立自己的据点也情有可原。

未能响应政府召唤的西帕希可能会丢掉自己的职位。16世纪后期到17世纪早期，由于无视政府的召唤需要付出的代价急剧增大，此事成了一个政治问题：有一部分蒂玛拥有者感到自己无力负担参与遥远的奥斯曼帝国与哈布斯堡王朝的前线战争的费用，因此并未出现在军队召集会上，于是失去了自己的迪立克。

相比之下，莫卧儿帝国的扎吉尔持有者则多数时间都留在宫廷，偶尔会去往自己的封地。他们留在德里或阿格拉的宫廷中享受奢华的生活。中央政府每隔几年会更改封地的分配，以防止扎吉尔所有人成为地方寡头。只有接受莫卧儿宗主统治并受封所谓的瓦坦扎吉尔[1]（Watan jagirs）的老王公，才能世代享有同一块封地，类似于东安纳托利亚地区的领主，他们在奥斯曼－萨非边境拥有这样的特权。多数扎吉尔比奥斯曼的蒂玛的面积大许多，常规蒂玛的收入少于2万阿克切[2]，大一点的蒂玛被称为扎米特[3]（zeâmet），其收入在2万到10万阿克切间波动。也许最接近莫卧儿扎吉尔的蒂玛是富裕的采邑，我们将其称为哈斯，其收入超过10万阿克切，哈斯的受益人通常是奥斯曼帝国最显赫的官僚以及苏丹的家族成员。莫卧儿帝国的贵族义务提供的骑兵和马匹也比奥斯曼帝国的蒂玛和扎米特受益人招募的数量多出许多。而在奥斯曼帝国军队中占有中心地位的由中央政府直接拨款付酬的步兵，在莫卧儿帝国的军事活动中则无足轻重。

　扎吉尔所有人与普通蒂玛拥有者不同，但与奥斯曼帝国的大型采邑（哈斯）持有者类似，他们无须亲自收税。有财力的人会竞标承包农业税收工作［伊贾拉[4]（ijāra）］，伊贾拉是莫卧儿帝国内许多扎吉尔得以运行的不可或缺的一部分：这些包收租税人根据约定把钱交给拥有扎吉尔的贵族。也就是说，莫卧儿帝国无

[1]　瓦坦扎吉尔：臣服于莫卧儿皇帝但仍然保有自己家族税收采邑的大公治下的扎吉尔。与普通扎吉尔不同，瓦坦扎吉尔并不需要几年更换一次。

[2]　阿克切：奥斯曼银币，16世纪后期大幅贬值。

[3]　扎米特：收入介于2万到10万阿克切之间的税收封地。扎米特拥有者被称为扎米或苏巴斯，需要率领一定数量的士兵一起加入苏丹军队。

[4]　伊贾拉：由竞标决定的农村税收转让承包。中央并不认可包收租税，因此只允许针对恢复废弃田地的伊贾拉；然而违规行为还是频繁发生。

法像奥斯曼帝国在 17 世纪前所做的那样，给军事和行政机构分配短期税收。奥斯曼的西帕希只需要带少量随从响应军事召集令，而莫卧儿的扎吉尔所有人则不得不负担大批队伍的派遣费用，因此，16 世纪莫卧儿帝国的资金问题比奥斯曼帝国的要麻烦许多。

两个帝国在低层次的征兵方面也差别巨大。即便是在莫卧儿帝国之前的印度，农耕季节短的地区，年轻的农民都是从小武器不离手，谋求成为当地征税贵族柴明达尔的士兵，或在当地任何活跃的军事组织中谋职。等到农耕季节开始，其中一部分年轻人就会回到村子，其他的则成为服役多年乃至终身的职业军人。任何王公（包括皇帝）都需要从这个"军事劳力市场"雇佣人员。如果不这么做，失业的军人就可能加入敌方的阵营，也有可能抢劫或制造其他骚乱。

奥斯曼帝国也有类似的情况，但并非出现在由苏丹的仆人和各省蒂玛拥有者招募的中央军队中，而是在 16 世纪末以后，战时扩充的士兵在苏丹不再需要他们时受雇于地区首脑，从而出现了一批雇佣军，正是在这些雇佣军中出现了与莫卧儿帝国的情况类似的情景。15 世纪和 16 世纪早期农民兵（亚亚、穆色勒姆[1]）（yaya, müsellem）的处境则有所不同，因为他们获得了需要耕种的土地，在官方税收登记册上也有相关记载：他们种地要缴纳的税很少，同时还在军队服役。然而，在 16 世纪后期，中

---

[1] 亚亚、穆色勒姆：有正式耕地的农民士兵，活跃在早期奥斯曼军队中。

央政府废除了这一制度，可能是因为很难将他们归入苏丹的仆人或包收租税人。亚亚和穆色勒姆不属于价高者得的"军事劳力市场"中的劳力。另外，参与征服巴尔干半岛的"军阀[1]"（uç beğleri）并不是绝对地服从于苏丹，他们的军队可能与莫卧儿帝国的同行处境类似。可惜的是，我们对他们的征兵情况知之甚少。

假如戈曼斯的观点是正确的，也就是说，莫卧儿帝国在其统治期间，都将帝国边境地区作为征兵的来源；而奥斯曼帝国却与此不同，在奥斯曼帝国早期，这个选择是被完全否决的，取而代之的是，将边境地区尽快变成行省纳入中央统治。即便是招募士兵，他们也会为此建立一个以农业为中心的地方政体。例外的是，在与伊朗接壤的安纳托利亚，立国已久的公国为当地提供了主要的后备人力，而靠近波斯尼亚的边境地区则从大多数接受伊斯兰教教化的人中招募军事人员，以保卫那些受到匈牙利更多侵扰的省份。

从17世纪后期开始，地方巨头阿扬（ayan）或基督教领袖可卡拔斯[2]（kocabaşi）成为终身包收租税人以及雇佣兵的雇主，控制了奥斯曼帝国的大部分地区。乍看之下，他们有点像印度的柴明达尔，但仔细探究会发现，双方只是在表面上有一些相似之处。与柴明达尔不同，奥斯曼帝国的地区巨头在许多情况下与其

---

[1]　军阀：参与苏丹征服巴尔干战争的半独立军队。

[2]　阿扬、可卡拔斯：地方巨头或显贵。阿扬可以通过非正规渠道取得地位，或是通过地方选举后受政府任命；可卡拔斯充当收税人，需要苏丹政府的直接任命。

征税人群之间没有家族或宗族的联系。因此，他们所招募的士兵不一定是本地人。而且，莫卧儿政府在试图削减柴明达尔的势力时，仍然承认其合法性，与之相反的是，1600年前后的奥斯曼帝国中央政权则倾向于认为，阿扬非法地横亘于统治者及其"可怜的拉亚[1]"（reaya fukarası）之间。奥斯曼政府认为这种情况十分棘手，但不可避免。为了平衡巨头的势力，苏丹自始至终都将农民视为自己的佃户，而选择无视他们事实上是依赖于阿扬的。

后来，到了18世纪，一部分地方首脑开始和奥斯曼帝国中央政府建立合作甚至共生关系。例如，在摩苏尔（Mosul），这些地方巨头控制了城乡绝大多数的资源，而中央任命的省长，也通过与这批人建立密切的关系，来增加自己的行政权力。作为妥协的一部分，地方巨头为摩苏尔派向苏丹战场的军队供给粮食。另外，他们还为招募士兵提供了资金支持。

从军事角度来看，阿扬是征兵和战争经费的重要来源。尽管君主不能直接命令阿扬参与军事集会，但如果阿扬不能提供君主所需要的人力，则往往会被打压乃至处决。为了一场战役，从四面八方集合起来的省级军事组织会与身为苏丹仆人的正规军一起参与战斗。

诚然，1768—1774年参加俄土战争的奥斯曼帝国军队与16世纪的常备军几乎已经毫无共同之处。16世纪后期，奥斯曼军官需

---

[1] 可怜的拉亚：苏丹"可怜的子民"，是奥斯曼帝国留存下来的文献在引导适度收税的时候经常使用的词语。

要大量的步兵以投入于战争和驻守大型城市。苏丹和维齐尔增加了近卫军、枪手和其他军事人员的数量，即使在与哈布斯堡王朝和萨非王朝的战争暂时告一段落之后，仍须向他们支付工资。在这些年里，多次货币贬值使士兵的实际工资减少了许多，因此他们需要通过制作手工艺品或做生意来贴补家用（见第七章）。因此，有一定政治势力的半军事化城市居民数量增加，这限制了苏丹的权力。另外，人们发现，由不同血统的雇佣兵组成的城市民兵队伍越来越难取得战争的胜利，尤其是在面对俄罗斯对手的时候。俄罗斯职业士兵服役多年，无疑将开展军事活动视为家常便饭——这对俄罗斯士兵来说当然也是不幸的。

至于印度这一边，皇帝和其他掌权人可能会发觉，战场上的胜利变得难以捉摸，因为他们的对手会用金钱贿赂队伍指挥官，使这些指挥官直接放弃作战。最臭名昭著的例子当然是英国人"用间谍、谎言和背叛"赢得的普拉西战役，但在此之前，这种战术却已然使用了几个世纪。毕竟正如前文所说的，各级将领都需要从军事劳力市场招募士兵，倘若雇佣军觉得雇佣自己的一方会败北，则可能商量好一起换到对手一方。如果皇帝处于强势地位，那么藏身于印度乡村众多堡垒之中的反叛的大公或扎吉达尔，也只能眼睁睁地看着自己的军队解散而无能为力。将领假如没有达到部落军队成员的期待，那么也可能会遭到背弃。

同时，尤其是在奥朗则布对德干用兵期间，莫卧儿政府无法召集足够大的力量来对抗马拉地人。尽管西瓦杰失去了自己在半岛西海岸的王国，并于1680年去世，但马拉地人仍然组织了足以深入莫卧儿帝国领土进行掠夺的武装力量。而在奥斯曼帝国，阿扬的衰落则往往意味着苏丹至少在此时重新拥有了对自己领土的掌控权。相比而言，莫卧儿帝国战胜马拉地通常并不意味着帝国对手下败将曾经统治的土地拥有绝对控制权。低等级的巨头常常会留在原地，等待皇帝的招抚。尽管对一片土地的"征服"对两个帝国而言意义不同，奥斯曼帝国和莫卧儿帝国的将领却可能会遇到类似的问题。例如在两个帝国内，雇佣军都会掠夺他们本应保护的地区。对1600年后的奥斯曼帝国纳税人群而言，雇佣军掠夺问题是他们所需面对的新麻烦。毕竟据我们所知，在苏莱曼苏丹时期，蒂玛和近卫军的军队纪律十分严格，很少会有士兵抢劫纳税人的投诉。

军事科技

尽管奥斯曼帝国和莫卧儿帝国的军队都使用枪支火药，但其使用方法却截然不同。在近代早期，奥斯曼帝国的军队迅速将重心转移到火器上，不仅使用加农炮和火枪，还采用了可以最高效利用新式武器的战术。在战场上，奥斯曼帝国的军队将炮车连接起来，由配备长枪和手枪的士兵在旁护卫，这是对15世纪胡斯派（Hussite）抵抗波西米亚时所使用的战术的成功创新。显然，奥斯曼帝国应当是在1444年见识到这种被匈牙利革新过的战术的，并将它称为塔博尔（tabor），匈牙利则将该战术称为战车要塞[1]（wagenburg）。17世纪初期，在与哈布斯堡王朝的十四年战争（Long War，1593—1606）中，近卫军采用了火枪轮射的战术，也就是说，几列火枪手相互接替开火，尽管每一排士兵都必须重新装弹，但可以保证整个部队持续射击。欧洲将领也知道这种战术，但一直到17世纪20年代才能有效使用它。可以说，奥斯曼帝国的军队很有可能是这种战术的先驱。正如京汗·伯雷克奇（Günhan Börekçi）所说的，虽然缺乏这方面的证据，但并不能排除奥斯曼帝国占据先驱地位的可能性。

在印度，来自奥斯曼帝国的士兵被称为鲁米，鲁米是名声在外的专业枪手，因此需求量极大。16世纪中期，赛义迪·阿里·雷斯被迫滞留在印度并决定通过陆路返回伊斯坦布尔时，他必定将自己身边只剩下几个士兵的情况考虑在内了。可以想见，在西印度竞争激烈的环境中，"迷路"的士兵总能找到向自己支付丰厚报酬的统治者。火药武器无疑也是莫卧儿帝国强大武器库的一部分，正是火药武器帮助阿克巴赢得了整个帝国。即便如此，中央军队仍然以持佩剑与长矛的骑兵为主。在莫卧儿统治者中，只有阿克巴对火器技术一直有兴趣。17世纪，莫卧儿炮兵基本都是外国人，最常见的是欧洲人。鲁米士兵肯定也曾在莫卧儿帝国服役，可惜的是，我们对他们知之甚少。

---

[1]　塔博尔、战车要塞：奥斯曼军队成功运用的战术，即将炮车连接起来，由士兵在旁护卫，部队从车队里轮流集结并发起进攻。

作为权力中心的皇室宫廷和首都城市

从15世纪下半叶起到1526年，伊斯坦布尔都是公认的奥斯曼帝国中心。当时，苏丹刚刚征服了埃及和叙利亚（1516—1517），开始统治伊斯兰世界的核心地区。哪怕是这样，苏丹还只是将新纳入版图的行省视为荣誉的象征，而非自己治理的重心。值得注意的是，尽管维齐尔和皇室女性可能获准这么做，但没有一位在位的苏丹曾去麦加朝圣——1516—1517年战争结束后，甚至没有一个奥斯曼苏丹亲临过埃及的省份。

无论治理开罗、麦加和伊斯坦布尔的重要性有几何，对于16世纪的奥斯曼君主而言，对宫廷、首都及其他重要地区的治理都远不如管理自己的家族重要，因为他的家族有成千上万的步兵与大量的骑兵部队。即便如此，1566年，新登基的谢里姆二世还是很难接受这个现实。在苏莱曼苏丹死于锡盖特堡（Szigetvar）的城墙下后，这位新任君主没有表现出一点秋天前往匈牙利参加父亲葬礼的打算，甚至也没有在陪伴苏莱曼进行最后一场战役的贵族与军队前宣告新君登基的准备。显然，谢里姆二世认为他要坐在伊斯坦布尔的宝座上，只要获得身处伊斯坦布尔的贵族与政要的忠诚与服从就足够了。不过，维齐尔索科卢·穆罕默德帕夏在信中向他解释道，新统治者只有亲临，才能真正接管自己刚刚继承的家族，以此鼓励谢里姆二世出行。最终，谢里姆二世接受了他的观点，并在途中遇到了返程的军队。

　　至于莫卧儿帝国，我们可以更为肯定地说，帝国的中心就是皇帝家族所在地。在巴布尔和胡马雍统治期间，这个新兴的帝国没有固定的首都（见第五章）。虽然在建国后，皇帝在16世纪末先是住在法塔赫布尔·西格里城，几十年后又搬去了沙贾汗纳巴德，但许多皇帝并没有在自己的皇宫里住多久。阿克巴热衷南征北伐，奥朗则布也是如此。这两位皇帝都会御驾亲征，特别是奥朗则布，他从阿富汗征战到了德干南部，作为皇室的一部分的贵族成员与军队将领也一路跟随。最后，奥朗则布在远离德里的艾哈迈德讷格尔逝世。相比之下，1707年后，统治领土已然大大缩水的莫卧儿帝国的皇帝则通常居住在德里，如同当时的奥斯曼帝国君主一样，很少会亲征。

　　所以说，莫卧儿帝国在繁盛时期的治理模式与后塞尔柱时期的中世纪安纳托利亚公国的模式一致，统治中心就是国王及其军队所处的地方。然而，在奥朗则布驾崩后，对德里的占有成了莫卧儿帝国主权的标志。除了丰厚的战利品外，纳迪尔沙无疑也是出于这个原因攻占并掠夺了这座城市。对于奥斯曼帝国的人而言，尽管他们从不否认苏丹及其家族是帝国的中心，但随着时间的流逝，他们越来越强调伊斯坦布尔的象征作用，并将托普卡帕宫作为帝国正统性的来源。实际上，17和18世纪，随着军队产生的问题越来越多，君主家族的权力基础越来越薄弱：在我们论及的这段时期内的十五位奥斯曼苏丹中，有七位因为驻扎在伊斯坦布尔的军队叛乱而失去了王位。

对"征服"一词的诠释

奥斯曼帝国和莫卧儿帝国都是征服的产物。哈利勒·伊纳尔哲克构建的莫卧儿帝国征服与吞并的模式依然是有效的，至少在某种程度上如此：一旦苏丹击败了某个王公，后者往往就会接受苏丹的任命，继续治理奥斯曼苏丹统治下的自己曾经的领土。然而，下一代人，也就是被击败的王公的儿子，却并不能继承其父的公国。而且，奥斯曼君主会指派他去管理一个离他父亲的公国较远的省份。如此，这位年轻人曾经的皇室家族的身份就变得无关紧要了，而家族曾经的领土也彻底成了奥斯曼帝国的新行省。

诚然，这个模式在某些地区是行之有效的，但在另一些由公国转变成的行省里却无法发挥作用。例如，尽管克里米亚的鞑靼可汗在15世纪就已向奥斯曼帝国称臣，他的土地却从未成为帝国的"常规"组成部分，但也不得不承认，比起15世纪的可汗，18世纪初期的可汗们与苏丹之间的回旋余地要小不少。类似地，摩尔达维亚和瓦拉几亚的公国也一直是从属国而非普通的行省。自然，18世纪伊斯坦布尔派遣的省督和居住在伊斯坦布尔法纳尔（Fener/Phanar）区的东正教贵族（也就是所谓的法纳尔人）就并不能充当半独立大公。所以，他们与16世纪常常和外部势力结盟叛乱的瓦拉几亚和摩尔达维亚贵族前辈截然不同。尽管他们对奥斯曼帝国中央的依赖性越来越强，但这些地区的省督通常是东正教教徒这一事实意味着苏丹从未将这两个公国变为普通的行省，因为在普通的行省只有穆斯林才能够担任贝勒贝伊。

　　进一步说，苏丹也从未能够将汉志地区变为帝国的行省，汉志一直由自称是先知穆罕默德后裔的谢里夫家族的人统治。通常情况下，距汉志最近的总督管理的是红海对岸的区域。此外，16世纪后期，苏丹委任吉达港（Jeddah）的税收官担任该地区的主要负责人，将其简称为艾敏（emin），也就是责任长官，而非总督。尽管中央政府有权废除当政的谢里夫族人，但直到1922—1923年奥斯曼帝国灭亡，苏丹始终只是指派谢里夫家族的成员做继任者。这种情况使得一部分谢里夫族人有比较大的政治自主权，甚至可以偶尔无视苏丹的命令。

　　奥斯曼的行省"贝勒贝伊领[1]"（beylerbeylik）又分为旗"桑贾克[2]"（sancak）以及区"卡扎[3]"（kaza）。15、16世纪的苏丹划分行政区域后，通常会敕令编制当地的税务登记册塔利尔。尽管如此，从16世纪后期开始，税务登记册也越来越少，因为从平民身上获得的财政税收不再是行政汇总的结果，而是来自包收租税人的竞标结果。例外出现在17世纪和18世纪早期，奥斯曼帝国在最新征服的省份引入新的税务登记册制度，这些省份有克里特（1645—1669）、波多利亚（Podolia，1672年）以及1715年从威尼斯人手中夺回的伯罗奔尼撒等。在15和16世纪，新划分行省的耕

---

［1］　贝勒贝伊领：贝勒贝伊管辖的行省。

［2］　桑贾克：行政区类别，即旗。

［3］　卡扎：卡迪所在的行政区，比旗（也就是桑贾克）小。

地和牧场是苏丹的财产（米里[1]）（miri），耕种者是租户，只要他们耕种土地并缴纳税款，土地使用权便能够得到保障。然而，对于17世纪中期新攻占的克里特岛，政府规定耕种者可以成为土地的所有人。这项改变的原因尚不明确，也许苏丹之所以批准，是因为并非所有宗教学者都承认米里土地的合法性。

如果某个地区在被奥斯曼帝国征服前的统治者是穆斯林，例如1471年被征服者穆罕默德吞并的安纳托利亚中部地区的卡拉曼（Karaman）王朝，那么习惯上至少要在登记册上记下前统治者治下最重要的伊斯兰宗教基金以赋予它们合法性。只有在19世纪上半叶，马赫穆德二世（Mahmud II，1808—1839年在位）才宣布，一部分奥斯曼帝国统治前设立的宗教基金是非法的，从而废除了之前苏丹所赋予其的一系列特权。

即使是在先前由穆斯林大公统治的行省，奥斯曼苏丹也会下令将具有潜在威胁的人转移到他们没有任何势力的地区［流放[2]（sürgün）］。有时，君主的目的是在新近征服的省份安插忠诚的臣民，无论是穆斯林还是非穆斯林。被流放的人虽然不是奴隶，但也不能离开指定地区。我们尚不清楚何时在何种情况下当地管理者及其邻居会忘记苏丹所设的限制，从而使被流放的人成为平民，但随着时间的推移，最后显然普遍会发生这样的结果。相比之下，在印度莫卧儿帝国，我们通常见不到像奥斯曼苏丹以及萨

---

[1] 米里：最终拥有权归于苏丹的田地、草原和树林，农民对其拥有租用权。
[2] 流放：人们被驱逐到苏丹指定地点。

非沙所采取的那种用以巩固其统治的大规模人口迁移的政策。

而对于之前由基督教大公统治的土地，奥斯曼苏丹对基督教大公并没有太多的承诺。不过至少在一部分地区，农民倒得以获利，例如实行废除农奴制的改革，等等。然而，如果苏丹为了支援军事行动而增加税收，那么早期的这一点优势也会很快烟消云散。拜占庭对东南欧的控制瓦解后，一部分修道院，尤其是阿索斯山上的修道院，就其臣服条件进行了谈判。尽管根据1600年前后的资料记载，官方怀疑僧侣极有可能帮助了基督徒海盗，但事实上奥斯曼帝国政府从未占领过阿索斯山。至于基督教教堂的保护和维修，则都取决于当地的状况。在某些时期的部分地区，保护和维修项目好像没有遭到什么阻碍。但在其他的例子中，情况又恰恰相反。由于非穆斯林缴纳的人头税吉兹亚是财政收入的主要来源之一，奥斯曼帝国政府对强迫人们皈依伊斯兰教并没有什么兴趣，是否皈依全然视乎个人意愿以及家庭、村庄或城镇的情况。只有一个例外：如前所述，按德夫希尔梅制度被选中的男孩必须皈依伊斯兰教。

犹太少年之所以免于通过德夫希尔梅制度被选去为苏丹服务，是因为奥斯曼官员想要的是农村的男孩，而犹太人却是城镇手工业者和商人。多数情况下，近代早期的犹太文人的存在对苏丹的统治有利。即使奥斯曼帝国民众中确实出现过反犹太主义，但作为一个受保护的非穆斯林宗教社群成员，这里的犹太人的地位总比在近代早期欧洲遭受迫害、驱逐甚至屠杀的犹太同胞要高得多。矛盾的是，如今的阿列维（Alevis）派信徒，时称奇兹尔巴什（Kızılbaş）的穆斯林群体，在当时某些时间与地区，却因为奥斯曼帝国的征服面临着重大危机。苏丹的官员认为他们不是逊尼派教徒而是异教徒；不仅如此，他们还是苏丹主要的敌人之一——伊朗沙的信徒（见第四章）。

莫卧儿帝国也同样是征服的产物。塔潘·雷乔杜里（Tapan Raychaudhuri）指出，贵族渴望进行新的吞并：即使沙贾汗皇帝乐意将比贾布尔和戈尔孔达苏丹国视为附庸国，但莫卧儿贵族却仍力促彻底的征服，并最终如愿。虽然雷乔杜里强调了贪婪所起到的推动作用，但帝国官员同样不得不担忧军队补给问题。毕竟，士兵的薪水很低，他们只有上了战场，才有机会获得战利品——即便这样的机会并不是每次都有。在奥斯曼帝国，类似的担忧也解释了士兵为什么会向苏丹施压，敦促其发动战争。

莫卧儿帝国的征服与奥斯曼帝国的征服在现实层面上的意义截然不同：在阿拉伯各省的城市甚至黎巴嫩（Lebanese）山区中，显然留有一部分苏丹无法或不愿彻底铲除的地方贵族势力，而巴尔干和中欧的地方贵族势力却十分羸弱，有些地方甚至根本不存在贵族势力。相比之下，在莫卧儿帝国对印度——莫卧儿帝国版图并未扩大到喀布尔或孟加拉以外太远的地区——的征服中，柴明达尔或类似身份的人是活跃其中的重要角色。另外，莫卧儿皇帝并不强调自己对全部的耕地与牧场的所有权，也就是说征服并不意味着对当地土地所有制的彻底改变，皇帝仅仅是希望获得更多的国库收入。正如比贾布尔西瓦杰的崛起所揭示的那样，更为典型的情况是，战败国国王及贵族早在被奥朗则布吞并之前就已经是个"空壳"，需要以扎吉尔的形式作为他们投诚的"补偿"。矛盾的是，有时战败贵族的需求主张过于坚决，以至于在征服后的短时间内，很难找到足够的资源设立新的扎吉尔。

关于17世纪后期与18世纪初期扎吉尔制度的衰落，史学界有大量的研究，无法用寥寥数语总结：例如，萨蒂什·钱德拉（Satish Chandra）曾提出，下层掌权者（柴明达尔）的势力根深蒂固，中央政府往往需要依赖同他们的合作，以至于损害了许多扎吉达尔对皇帝的忠诚度。同时，这一政策也疏远了富农，使他们不再视皇帝为保护自己不受当地巨头盘剥的守护神。这一情形的进一步发展导致莫卧儿帝国解体为若干公国，而这些公国则由持不同政见的前任总督和扎吉达尔各自治理。

莫卧儿帝国的主要财政收入来自北印度高产的农业，而非吉兹亚：毕竟，阿克巴废除吉兹亚也没有导致帝国经济出现任何严重动荡。正如哈尔班斯·穆齐亚强调的，莫卧儿统治者——除了阿克巴以外——都将自己的帝国定义为穆斯林政体，尤其是奥朗则布，他特别希望根据伊斯兰教教法来治理国家。即便如此，皇帝也没有推进任何使人民皈依伊斯兰教的大规模运动，也没有推行像奥斯曼统治者所推行的德夫希尔梅制度那样的强制皈依制度。在莫卧儿帝国，如果有人被命令皈依伊斯兰教，那这种命令通常是一种惩罚措施，也是处决的替代措施——阿克巴甚至一度对被强迫皈依者的忠诚度提出疑问。但是在奥斯曼帝国，强迫他人皈依的是当地人民和管理者，并非中央政府：也许是因为某个非穆斯林年轻人无意中表达了对伊斯兰教的依附倾向，或者发表了贬低这个占主导地位的宗教的言论。在这种情况下，当地人民和管理者可能会用强制他皈依伊斯兰教替代处决惩罚，尽管此类事件也许较为少见。

由于在本书探讨的这一时间范围内爆发了众多征服战争，奴役俘虏也成了莫卧儿帝国的普遍现象。而奥斯曼军队进攻非穆斯林领地时，有时也会带走大量奴隶。正如15世纪编年体史家阿西克帕萨扎德所写的，士兵个人不仅会出售自己的俘虏将其变为奴隶，还可能收到苏丹为嘉奖其军功而奖赏的奴隶。然而，一旦奥斯曼帝国统治某个地区，这里的苏丹的臣民便不再有被政府奴役的危险，除非他们作为非穆斯林发动叛乱。不过，非法奴役则是另一回事（见第九章）。

税　收

对于奥斯曼帝国和莫卧儿帝国的精英而言，平民存在的唯一意义就是提供统治者所需的税收和服务。针对由此形成的政治系统，马歇尔·霍奇森提出了"军事赞助国家"的概念，意思即在这一政治组织中，民众的资源甚至生命完全处于军事精英和君主的支配之下。除了伊斯兰教法外，统治者同时采用各自帝国或严格或宽松的特定律法。

奥斯曼帝国的拉亚以及莫卧儿帝国的莱雅特[1]（ra'īyatī），从词源来说最初是指畜群，意味着在统治阶级看来，纳税人群就像是动物，为获取其羊毛、牛奶和劳力而豢养。有趣的是，到了18世纪，"拉亚"这个原本可以用于代表任何宗教臣民的词，被专门用来表示非穆斯林。这一词汇使用范围的改变，也许与奥斯曼帝国日益被强调的伊斯兰教特性，以及穆斯林城镇居民通过与军事或准军事部队之间的联系而获得的非正式政治权利有关，但我们无从确认。而对穆斯林民众，此时的奥斯曼政府开始使用"伊斯兰"（İslam）这个词指代。

在15世纪末期以及整个16世纪，奥斯曼帝国城乡居民应付的许多税款都记录在塔利尔上。即使在情况已经发生了巨大的改变的18世纪，税务登记册仍然保持着一定程度的规范约束力。针对农作物所收的什一税奥苏尔[2]（Öşür, aşar）是主要的税收来源之一，只有当农作物是容易变质的蔬菜或水果时，才会以现金的形式收取（见第八章）。因为白银供应不足，所以如果要求他们用钱币支付，那奥斯曼农民可能会怨声载道。同时，在现金匮乏的经济体里，就算销售蒂玛拥有人的粮食，也并不总是件容易的事。现金是支付市集摊位费用和农舍使用费用的必需品，其中许

---

[1]　莱雅特：非精英阶层纳税人群。

[2]　奥苏尔：什一税，是伊斯兰教法认可的税种。事实上，该税税率会超出十分之一，一些安纳托利亚的村民甚至需要缴纳双倍的税。

多费用还没进入中央国库，就已经被分配给西帕希、地方官员和宗教基金会瓦合甫的管理人员，由他们在当地直接使用。

至于伊斯坦布尔的中央国库，则只集中收纳如摩尔达维亚和瓦拉几亚公国或是杜布罗夫尼克城政府这类附庸政体的贡税。此外，1526年后，中央国库还会收到哈布斯堡皇帝因一小块匈牙利的领土而向奥斯曼苏丹支付的款项。"维也纳国王"——奥斯曼帝国的官员如此称呼他们——直到17世纪才免于缴纳这部分贡金。威尼斯也要为塞浦路斯岛交付贡金，直到1570—1573年奥斯曼帝国彻底征服该岛。不仅如此，埃及和也门的总督——在也门还是奥斯曼帝国的一部分的时候——也每年向伊斯坦布尔上贡，也就是所谓的以撒里耶[1]（irsaliye），因为苏丹从未在这些省设立蒂玛。从17世纪后期开始，马穆鲁克侵吞了当地的税收，并削减以撒里耶，终止了每年对朝圣车队的资助。众所周知，埃及拥有强大的产能，因此对于奥斯曼经济而言，这无疑是一个沉重的打击。另外，中心行省中还有众多哈斯，其中多数收入都应收归国库，除非苏丹拨款给自己使用。正如前文所述，吉兹亚也是主要的收入来源之一，因为尽管受到数量和规模的限制，城镇居民多数是穆斯林，但巴尔干农村地区还有数量可观的基督教人口。由于匈牙利很少有人皈依伊斯兰教，因此在16世纪中期到1699年奥斯曼帝国掌控期间，这个行省也上缴了可观的吉兹亚。

---

[1] 以撒里耶：向伊斯坦布尔缴纳的贡税，通常来自没有蒂玛的行省。

反观印度，棉布和胡椒的出口带来了大量的金银，税款也多数以现金形式收取，尽管有时也会有部分实物税（见第八章）。16世纪后期，莫卧儿政府特遣中介收集信息，统计农作物的产量、市场价格与耕地面积，并以此作为征收税款的基础。税金因种植的农作物种类而异，而有资源的农民则倾向于种植利润更高的商品作物。莫卧儿帝国的档案记录的信息可能比奥斯曼帝国的更准确，也许是因为阿克巴的顾问托达尔·马尔（卒于1589年）坚持采用统一的重量和度量标准。相比之下，奥斯曼的塔利尔只记录了关于耕地面积的模糊信息，并且16世纪末奥斯曼帝国的档案所记录的分配给蒂玛的农产品的价格也远远低于市场价。大概是因为农业税收项目繁多，官员们很少愿意更新这部分信息（见第八章）。如前所述，莫卧儿帝国内扎吉尔的拥有者会将一部分税收分给所谓的伊贾拉达尔[1]（ijāradār），尽管皇帝常常对这种税收分包模式持保留意见。

为了收取和分配税收，奥斯曼帝国和莫卧儿帝国都建立了先进的金融机构。在对奥斯曼帝国的研究中，16世纪中叶以来保存下来的大批档案文献让我们能够重现当时帝国金融机构的构建过程。不过追溯到15世纪50年代前，征服者穆罕默德开始将政权转移到伊斯坦布尔的时期，相关文献证据却极为匮乏。不过，有一份幸存下来的15世纪30年代的档案残卷也表明，当时已经存

---

[1]　伊贾拉达尔：从伊贾拉合同中获益的人，即前文所说的为扎吉达尔收税的包收租税人。——译者注

在一个机构，机构人员可以横跨新近征服的省份，记录每家每户的情况。在16世纪中期以前，征服者穆罕默德的律法书中提到了财政官德弗特达尔[1]（defterdar）办公室，当时其规模可能还很小，负责的就是相关调查。到了16世纪中期，出现了专门的金融官僚机构，随着时间的推移，其功能也越来越复杂。省级德弗特达尔由苏丹任命，负责审批省总督的开支，从而限制总督的权力。随着岁月的流逝，尤其是在18世纪，负责管理特定收入来源的相关办公室数量稳步增长。因此，成立于17世纪早期的中央对账办公室，即巴斯穆哈瑟贝[2]（Başmuhasebe）所制作的档案登记册的登记范围不断扩大，其重要性也逐步增加：有关官员需要核查众多使用苏丹财政收入的不同的办公室的账目。

就这样，蒂玛逐渐被"淘汰"，最初被金融官僚机构短期替代，自1696年起被终身包税区麻力勘[3]（malikâne）替代。虽然中央政府急于掌控包收租税人，但这个措施并没有导致金融官僚机构的缩小。于是，苏丹的官员密切监督包税区的竞标，由此产生的文献记载也是研究奥斯曼帝国历史的史学家使用的主要史料来源之一。另外，获得麻力勘的人需要预先支付一大笔资金，之后才能开始管理自己的税收。这部分资金要纳入中央国库，包税区耕地的年费也要收归国库。

---

[1] 德弗特达尔：财政长官。

[2] 巴斯穆哈瑟贝：中央对账办公室。

[3] 麻力勘：有多重含义，此处指终身包税区。

图6

位于德里的胡马雍陵寝：权力与虔诚的象征。胡马雍的遗孀哈米达·巴努·贝古姆（Hamīda Bānū Begam）和其子阿克巴在1556年胡马雍去世后建造了这座陵墓。这座庞大的陵园距离至今仍备受推崇的尼扎姆丁·奥利亚（Nizām al-Dīn Awliyā）的陵墓不远。

有趣的是，18世纪，一个古老的举措在官僚层面激起了新的浪花。奥斯曼帝国的官僚机构通常认为，一旦苏丹驾崩或被推翻失去了王座，其政令就不再生效。至少在16世纪中期，莫卧儿帝国的民众似乎也有同样的认知。赛义迪·阿里·雷斯曾前往德里觐见胡马雍，并最终获得其许可能够踏上返回故乡的漫长旅程。但根据他的记录，在他还没有出发时，胡马雍就驾崩了，而官员们告知他，已故皇帝的许可是无效的。当然，我们尚不清楚是胡马雍的驾崩使其政令无效，还是新皇禁止赛义迪前往喀布尔和坎大哈。这位来自奥斯曼帝国的访客要等阿克巴颁发新的许可，而他等待一段时间后，也的确重新获得了许可。

我们不知道这位奥斯曼海军将军所见证的情况是常规状况还是特殊情况，但在奥斯曼帝国，将领的连任总是需要已故苏丹的继任者予以确认的。因此，在新苏丹登基后，拥有大大小小的权力的人就必须将自己的档案呈交伊斯坦布尔。如果足够幸运，他们就可以获得官方的承认。18世纪，中央政府的官员开始将这一举措系统化，对苏丹继位后签署的所有文件都进行核查并登记在册。这或许是奥斯曼官僚机制用以跟踪行省所发生的大小事情的方式，尽管当地贵族或巨头也需要负责日常管理。并非所有核查都有关财政事务，但很大一部分涉及免税，个人、家庭或村庄都可以从中获益。因此，对前任苏丹政令的追踪至少也是部分财政管理机构的义务。

在最近几年里，土耳其档案工作者将大量以前不为人所知的财务档案记录进行了分类，从而让现在研究奥斯曼帝国的学者可以清楚地辨别财务管理部门如何跟进各个项目：从偏远边境要塞的维护，到伊斯坦布尔和埃迪尔内的包括苏丹的儿子的割礼在内的各类庆典。但如果要说这些新近的研究成果会在多大程度上改变多数发表于20世纪八九十年代的奥斯曼财政管理领域的"经典"研究成果，还为时过早。

莫卧儿皇帝的现金储备极为丰富——阿克巴于1605年驾崩

时，其国库据称有5.224亿弗罗林（florin），而帝国贵族也积累了足够的金钱，通常有数百万卢比（rupee）。已故贵族的财产将被收归国库，从这个意义上来讲，莫卧儿贵族的境遇与苏丹的库尔的境遇类似。即使是这样，奥朗则布还是警告自己的官员，他们征收的所有财产都只能属于国家。尽管这一禁令可能意味着皇帝许多热心的仆从私藏了他们所能找到的一切，但仍然要注意，皇帝并不认为贵族拥有的一切都是自己的合法财产。通常，皇帝会决定将已故贵族的遗产中的哪一部分返还给死者的家族。这种安排与奥斯曼帝国的惯例类似，奥斯曼帝国的已故贵族的继承人通常也能够获得遗产的一部分。皇室垄断产业也可能成为额外的财政收入来源：1631年，沙贾汗皇帝本人独占了靛蓝染料贸易，然后将产业出租给包收租税人。诚然，他的垄断尝试并没能持续多久。

除了法律规定的税收以外，还有许多非法税收。欧洲商人充满偏见的证词也许不可信，但印度当地的贸易商人也抱怨过当地总督肆意行事，甚至对商人进行身体上的虐待以获得非法收入。17世纪的珠宝商巴纳拉斯达斯（Banarasidas）就曾记录：阿克巴驾崩后，江布尔（Jaunpur）的所有人都把自己的财产藏匿了起来，因为不知道未来会发生什么。他还说，由于一部分因肆意征税而臭名昭著的贵族，贸易商人纷纷逃离（见第六章）。省督常常向商人索要借款，而且从不归还，或者以高利贷的条件强制借钱给他人。包收租税人经常使用诸如道路通行费之类的合法税收名目来进行勒索——显然，这个问题在奥朗则布时期尤为棘手，以至于他一度废除了所有相关税收，但是很难说地方巨头是否有效地执行了他的指令。奥朗则布在年老体衰之际写道，他后悔没有为子民提供足够的保护，也十分清楚存在众多非法征税，而这一切毫无疑问是他心头的重担。然而，奥朗则布在德干进行的无休止的征战，以及使他声名狼藉的马拉地战争失利，都导致纳税人在前任苏丹治下所享有的主要优势——也就是成本可控的短期战役与中部地区的相对和平——荡然无存。

尽管存在这些问题，但从奢侈品贸易中获得的高利润仍然可以让部分商人得以生存甚至变得富裕。假如奥朗则布真的希望从印度教教徒那里获取的额外的税收能让他们难以继续经营，从而引导他们皈依伊斯兰教的话，那么他的野心其实是无法实现的。然而，奥朗则布是否真的有这样的野心犹未可知，因为这种说法的来源是尼古拉·马努奇（Niccolao Manucci），他是市井八卦的提供者，因此也不算是个可靠的证人。

不计后果的税收？
"正义本位"与瓦哈比[1]（wajabi）的含义

正如我们前面所探讨的，无论是在奥斯曼帝国还是在莫卧儿

---

[1] 瓦哈比："适度原则"，表现为统治者必须维护一定程度的正义，倾听臣民的诉求，并确保适度收税。

帝国，帝国财政机构都需要化圆为方，也就是尽可能多地增加收入，同时要保证一些"可怜的拉亚"有足够的财产维持生活，甚至偶尔可以扩展他们自己的业务。在奥斯曼帝国，尤其是在18世纪后期频繁紧张的战争期间，这种想法经常被抛在脑后。然而，在相对和平的时期，部分贸易繁荣起来，贸易商人也取得了成功。因此，沿着哈利勒·伊纳尔哲克开辟出的道路，我们可以提出与塔潘·雷乔杜里的观点相似的结论：在和平时期，至少在战争时间较短的时期，无论是奥斯曼还是莫卧儿的统治者都需要资本充足的批发商人做货物的供应商。两国的君主都会尽量考虑这类商人的顾虑。

在更普遍的意义上，奥斯曼帝国的精英反复重申自己对"正义本位"的承诺。"正义本位"的概念源于美索不达米亚（Mesopotamia），后来成为伊朗皇室统治的理念。对这个概念进行剖析后可知，其本质是王权依赖军队，但没有必要的财政收入，就不可能有军队。财政收入只能来自纳税人口，而纳税人口只有在足够富裕的情况下才有可能缴纳税金——更现实的是，过度贫困会导致他们逃离。同时，经济的繁荣也依赖于统治者实现正义，所以正义本位源于统治者，也终于统治者。这个概念在奥斯曼帝国的政治理念中常常出现，近期，琳达·达林（Linda Darling）对这个概念及其影响撰写了完整而颇具启发意义的专著。

王子从其导师处学到，保护臣民免受过度剥削，既是他们的责任，也事关其个人利益。一旦登上皇位，王子就会发现，最有可能进行剥削的人就是他们手下的各省总督和为各省总督服务的军队。至少在16世纪下半叶，奥斯曼苏丹发布的命令越来越多，我们常常能看到君主规劝总督节制，警告他们说，如果由于他们过度盘剥而导致人们绝望脱逃，他们就会遭到严厉的惩罚。毕竟，边境地区地广人稀，管控难度大，因而逃出国境是奥斯曼帝国农民和莫卧儿帝国农民都可以找到的"出路"。穆拉德三世苏丹甚至一度禁止地方行政人员派遣武装人员进入安纳托利亚村庄，因为这些雇佣军很可能会利用武力胡乱征税。但后来他撤回了这道禁令，可能是因为事实证明在不使用任何暴力手段的情况下征税是极为困难的。不过，即使从安纳托利亚农村撤走收税士兵只是一次失败的尝试，也意味着苏丹意识到奥尔夫之民[1]（Ehi-iorf）对纳税人的高度压迫，而他统治的合法性则依赖于保护这些农民免受奥尔夫之民的压迫。这一系列事件无疑再次提醒我们的读者，奥朗则布遗憾地承认他未能保护好自己的子民。

　　类似的理念在莫卧儿帝国统治者和被统治阶级的关系中也占有主导地位。阿克巴在对统治合法性的论述中，将自己视为帝国这个大家族的家长。在18世纪的印度公国焦特布尔，随着莫卧儿帝国日渐式微，拉其普特首领拉托尔（Rathor）成为独立国王，这时也出现了类似的论述，规劝统治者克制自己的需求。尽管多数

---

[1]　奥尔夫之民：地方首脑及其武装部队。

相关文献都要追溯到18世纪后期，但仅凭这个原因就忽略它们是不合情理的，毕竟这之间的时间间隔很小，保存下来的档案很多，而我们也可以充分参考南迪塔·普拉萨德·萨哈颇具开创性的分析。南迪塔强调，尽管暴力和压迫是统治者和被统治者的关系的特征，但其中也存在其他因素。矛盾的是，僵化的种姓制度给了生活在该地区的低种姓人口一定讨价还价的能力：比如说，如果剥死动物皮的人离开了某个地方，那么这个地区高种姓的居民就无法获得皮革制品了。

此外，在长期遭受干旱威胁的地区，迁移往往是无法避免的，所以受压迫的低种姓者也不难做出去其他地方讨生活的决定。农民流动性增强的类似情况也出现在1600年前后的安纳托利亚地区。

因此，焦特布尔的拉托尔国王确实有理由抑制自己的需求。至少在政治理念的范畴内，"瓦哈比"或者说"适度原则"是奥斯曼统治者同样需要考虑的自我规范。如果苏丹、国王或皇帝想要收税，那么他们必须为自己的臣民提供谋生的机会，而这就是他们慷慨地赞助奢侈品贸易、建筑物建造或者其他艺术品制作的背后的原因。即便是把多数收入用于军事战争的奥朗则布也举办过盛大的宫廷庆典，这至少在一定程度上是为了给商人提供销售昂贵的纺织品的机会。这些商人可能将大量资金用于纺织品投资，但因为持续的战争而无法找到顾客。

总　结

奥斯曼苏丹和莫卧儿皇帝都将自己定义为征服者，一旦在被征服的土地上建立政权，就必须稳固自己的统治。在管理人员方面，君主和精英坚持认为，新政权能够且应当在本地既有贵族之外找到可靠的支持者。从15世纪中期开始，奥斯曼帝国成功同化或排除了先前的本地贵族，而且通常会将苏丹自己的人放在掌权的位置上。

在16世纪末之前，那些苏丹自己的人来自居住在帝国内部但出身卑微的非精英阶层。这些"内部边缘人群"曾经是基督教农民，但已经皈依伊斯兰教，并接受了军事培训。其中的高级军人将自己定义为苏丹的忠实奴仆库尔，并将这个自我形象作为其身份认定的主要部分。此外，即便到了17世纪，高官都是贵族后代，而不是"内部边缘人群"，但这种忠诚服务于苏丹的理念仍然占有主导地位。例如，穆罕默德四世向贝尔格莱德派遣使者，下令处决在维也纳战败（1683年）的维齐尔卡拉·穆斯塔法帕夏，穆斯塔法的家人自愿为其辩护，但作为高官的他本人却拒绝了。

而莫卧儿帝国并没有出现试图将有印度教背景的军事人员从权力杠杆中撤出的系统性举措。相反，莫卧儿帝国的皇帝，尤其是阿克巴，甚至将印度拉其普特战士纳入了自己的统治体系和军队之中。就连虔诚的穆斯林皇帝奥朗则布也多次委派印度教的卡其瓦哈大公统领军队出征。不过，对于大多数高级职位，莫卧儿皇帝还是更喜欢安排来自伊朗等中亚国家的移民担任，他们有时会形成独立的派系，使统治者可以操纵不同派系，实现相互制衡。值得一提的是，莫卧儿皇帝打破了德干苏丹国开创的先例，也就是购买彻底的外来者——非洲军事奴隶马穆鲁克，我们不知道莫卧儿皇帝做这个决定的具体原因。另外，"军事劳力市场"里有士兵也是印度的特色。尽管这种制衡也是有效的手段，但相比之下，库尔的忠诚精神却是他人难以匹敌的。即便是在生命受到威胁的时候，奥斯曼帝国军事行政机构的大多数成员对统治者仍然能表现出这种忠诚的精神。

由于都是征服者，奥斯曼苏丹和莫卧儿皇帝都要求无条件地服从。即使这样，光靠军事实力也是远远不够的，关于"正义本位"的论述和统治者遵守最低适度原则即瓦哈比的需要，也意味着奥斯曼和印度君主都需要证明自己对各类人群的统治是正当的。被统治人群包括精英阶层和非精英阶层，而穆斯林无疑是有关君主统治合法性理论的首选受众。然而，至少在印度莫卧儿王朝这一边，非穆斯林的受众也同样重要。此外，统治者要管理这么庞大的帝国，就有必要选用一种或几种象征统治的语言，并规范臣民对这些语言的使用权限。因此，在下一章中，统治合法性和语言将成为我们的主要话题。

第四章

宗教与语言多样性中的君主统治合法化

尽管奥斯曼帝国和莫卧儿帝国都是征服的产物，但仅凭军事力量并不足以维持其统治。相反，用"纯政治化"的术语将君主统治合法化，或者说更重要的是在宗教的话语中将其正统化，是奥斯曼和莫卧儿帝国君主政体成功的必要条件。在接下来的章节中，我们不仅要探究精英阶层的作为，也要探讨统治阶级与被统治阶级之间的互动。本章我们将讨论的是奥斯曼和莫卧儿君主青睐的使自身统治合法化的战略中的世俗利益和宗教信仰。当然，笔者并不是说统治者和官员为了一己之私利而摆弄宗教。在大多数情况下，他们可能本身就相信自己的主张是天经地义的。不过无论如何，对于今天生活在"后真相时代"的历史学家而言，弄清楚何时何地信仰会让位于政治考虑是不可能的。毕竟，连活人的心思都难以辨别的我们，又怎么可能确定逝者的思想呢？

在近代早期社会，包括奥斯曼帝国和莫卧儿帝国，很少有人会将"宗教"从"政治"的概念中剥离出来。另外，无论是在非宗教还是宗教合法化战略中，都汇集了各种不同的主旨与观点。我们将从实际的问题开始探讨，例如对统治者能保障的最低程度的行路安全的预期。接着我们将讨论17、18世纪奥斯曼帝国政权合法性所强调的主旨，与15、16世纪的是否相同。倘若合法性策略变化不大，并且基本主旨相似，那么我们是否有理由假设奥斯曼帝国的政体在这四个世纪内基本保持一致？还是说，相似的合法化策略适用于不同的政体？在奥斯曼和莫卧儿帝国，统治者应当保护其臣民免受不公正待遇，这个观念十分重要。因此，这两个帝国政权的合法性论述中有显而易见的相似之处——但是，类似的对公正的强调也普遍出现在中世纪和近代早期的法国。相比奥斯曼帝国，16世纪和17世纪早期的印度也许更加强调政治上的和谐。

接下来我们将从具体的"表现"转向更有普遍性的话题，讨论两个王朝作为著名统治者遗留之物的声望，并着重探讨精英阶层和大众阶层能够接触到君主的条件。穆斯林和印度教统治者，以及基督教统治者，都会采用"固有神圣性"这个概念，我们也将讨论相关内容。阿兹法·穆因就在著作中展示了这个概念在16世纪和17世纪初期莫卧儿王朝中的中心地位。

值得一提的是，正如杜弘睿所提出的，尽管一神教往往迫使统治者在定义自身和宫廷与神明及上天的关系时要极为小心谨慎，但许多王朝还是主张超自然的制裁。如果某些统治者——以及为其服务的文人——需要进一步强调其与超自然的关系，则可能会声称，这个帝国可以延续到时间的尽头，但不会具体说明最后的审判何时降临。这种末世论的主张在非正统的伊斯兰教教徒中尤其受到追捧，不过在特别艰难的境况下，自称继承了正统思想的逊尼派也会表达出对此的兴趣。相比之下，强调对麦加朝圣之路的保护则是所有穆斯林诉求的重点之一，无论是莫卧儿皇帝还是奥斯曼苏丹，都用这个观念来增强自己统治的合法性。

在另一层面上，我们还需要弄清楚非穆斯林是如何融入奥斯曼帝国和莫卧儿帝国精英阶层的合法化意识形态中的。这个问题在南亚尤为重要，因为南亚的多数人口始终是非穆斯林。然而，即使是在自1517年起穆斯林就是主要人口的奥斯曼帝国，有关其合法化的观念也主要是针对这部分民众，基督徒和犹太人仍然是举足轻重的少数派，苏丹需要得到他们的拥戴（见第三章）。

除了宗教的包容性或互斥性基础，奥斯曼帝国和莫卧儿帝国为了强化其统治合法性，在将臣民纳入各自的政府系统前，至少需要对其中一部分成员进行文化适应培训。相应地，说不同语言的群体至少要有一部分代表能够成为君主军队和/或官僚机构的一分子。在这个背景下，语言就扮演了处于中心地位的"整合者"：阿格拉和德里的波斯语，伊斯坦布尔的奥斯曼土耳其语。在总结部分，我们将重点关注两者取得不同程度成功的合并所造成的社会结果。

合法性要素：政治利益

我们可以从分析一种刻意不合时宜的诠释模式开始：如前所述，倘若撇开宗教和礼仪方面的考虑，只关注"赤裸裸的"政治利益，这其实是一种不够熟悉近代早期的帝国居民的思维方式。然而，即便奥斯曼帝国和莫卧儿帝国的子民对事物的看法有所不同，但作为21世纪的历史学家，我们也应当把两个帝国的过去、现在以及现代的经验都考虑在内。先看一看奥斯曼帝国：几个世纪以来，苏丹成功将自己的统治合法化，甚至对巴尔干和匈牙利地区的基督教教徒的统治也是如此。如果没有成功，鉴于西班牙治下的意大利南部和奥地利的哈布斯堡王朝距离奥斯曼的布丁（Budin，即今天的布达佩斯）只有几公里之遥，那么巴尔干西部和匈牙利地区应当会爆发许多反对奥斯曼帝国政权的起义；但这种叛乱并没有屡屡发生，当然，部分原因是东南欧天主教国家强迫其东正教子民皈依天主教。

　　苏丹统治合法性的巩固还有另一个因素：即便是出身低微的外来人口也有机会进入精英阶层，在社会政治地位的阶梯上一路向上攀登。奥斯曼帝国的社会流动往往比阶层等级森严的近代欧洲容易得多，在欧洲想要提升社会政治地位，在最好的情况下也要经过几代人的努力。一定有一部分人是在考虑到这个因素后才移民到奥斯曼帝国的。在更多情况下，来到奥斯曼帝国的战俘也选择了皈依伊斯兰教和"向人才开放的职业"。特别是从奥斯曼帝国兴起到15世纪中期这段时间，由于税收较低且没有农奴制度，奥斯曼政权更是进一步为信仰基督教的农民群体所接受。因此，巴尔干地区大规模的反奥斯曼政权起义直到17世纪后期才出现，当时相当一部分塞尔维亚人站在了哈布斯堡王朝那边，而哈布斯堡王朝的军队已经侵占了贝尔格莱德，甚至还短暂地占领了尼什（Nish）。在他们的精神领袖的指挥下，许多哈布斯堡的游击队员与王朝正规军一同撤离，并在1700年前后以农民兵的身份定居。不过此次事件属于极为特殊的例外。即使在我们本次研究范围以外的19世纪后期，保加利亚的反奥斯曼叛军也往往无力动员当地的农民，结果都以迅速失败而告终。

同样，在印度，不同宗教的村民、零售小贩以及大批发商也看到了接受莫卧儿帝国政权统治的好处。首先，正如我们所探讨过的（见第三章），莫卧儿帝国的征服者往往允许原有的土地所有者（柴明达尔）留在原地，甚至当地原政权的贵族支持者们也轻易地从忠于艾哈迈德讷格尔、比贾布尔、戈尔孔达或孟加拉原本的苏丹转而投诚莫卧儿皇帝。逊尼派与什叶派的差异固然是伊朗萨非政权和奥斯曼帝国政权定位的重要组成部分之一，但它在印度却显然没有扮演如此重要的角色。对部落和种姓领袖抱有强烈忠诚度的人甚至可能觉得朝代的更迭几乎没有带来任何改变，而且无论发生任何变化，他们都可以生存下去。此外，在没有进行军事行动的地区，莫卧儿皇帝也能够在一定程度上保证主要贸易路线的安全性。诚然，17世纪荷兰东印度公司（Vereengde Oostindische Compagnie，VOC）的商人弗朗西斯科·佩尔萨特（Francisco Pelsaert）曾在17世纪20年代来北印度旅行，他声称，贾汗吉尔是"平原及公路之王"，因为贾汗吉尔的政令只针对大城市和有车队可以通过的公路的地区，在偏远的林区，则往往不存在任何帝国的势力。然而，珠宝商人巴纳拉斯达斯（1586—1643，见第六章）曾经描述过，阿克巴死后，在他的家乡江布尔发生了一系列的恐慌事件，这表明强大的中央力量是贸易商人福利的前提；否则，可以预料到的是，当地首脑将会夺取他们的财富。因此，莫卧儿皇帝统治的合法性有一部分取决于他们为民众提供的安全保障，包括保护其臣民免受"普通"强盗的抢劫以及官员的巧取豪夺。

与奥斯曼帝国的情况类似，莫卧儿皇帝的臣民即便出身寒微，也有可能获得成功的事业，至少在足够幸运的情况下是这样。当然，对莫卧儿帝国贵族"合传"的研究也表明，拥有在帝国体制内地位显赫的父亲或祖父是绝对的事业优势。因此，莫卧儿贵族往往会宣扬自己是哈纳扎德（khānazād），意即自己确实（或自认为）接受过皇家宫廷教育。然而，这种现状的存在也并没有把真正有才华的个人排除在外，尤其是在军队中，如同前文所述（见第三章），幸运的移民士兵可以跟随自己的旧主来到莫卧儿帝国，并在帝国军队中获得一席之地。"军事劳力市场"的存在也促进了有领导才华的能人的崛起，因为亲王大公会为他们开出极为有利的条件，以将他们纳入自己的门下。另外，不同于15至17世纪的奥斯曼帝国传统，"统治者的仆人"（阿斯科利）和普通百姓（拉亚）之间并不存在难以逾越的鸿沟。这一事实显然使得社会流动加快。不过在莫卧儿皇帝麾下服务，还存在一个看不见的"天花板"，即进入所谓的贵族圈子往往困难重重，除了需要有较高的正式等级以外，还需要有比较大的采邑。

尽管存在这种限制，北印度的财富以及莫卧儿皇帝的高税收还是吸引了大批来自中亚（包括伊朗）可能成为精英阶层成员的人。相比之下，在奥斯曼帝国，除了一小撮逊尼派的伊朗移民之外，也只有北非的行省招揽了帝国版图之外的大量人口。

是"稳定""社会政治变化"还是"衰落"？
——探讨奥斯曼帝国的统治及社会

只有在既定的统治体系可以有效发挥作用的情况下，奥斯曼苏丹或莫卧儿皇帝的臣民才能享受各类政治优势。既定的统治体系也许可以长期保持稳定，也可能会发生变化，并且变化往往很快。20世纪五六十年代，许多研究奥斯曼帝国的历史学家就认为，苏丹和维齐尔在15世纪下半叶建立的政治制度，在19世纪之前，只进行了一些细微的必要改动。一直到了19世纪20年代，也就是本书研究的时间范围结束之后，马赫穆德二世及其继任者才着手彻底改革国家结构，采取了被我们称为"现代化救国"的政策。

第二次世界大战后的历史学家认为，在马赫穆德二世对18世纪末19世纪初的危机做出反应之前，奥斯曼帝国社会并没有发生过什么惊天动地的变革。哈利勒·伊纳尔哲克是一位将几十年漫长的岁月都投入奥斯曼帝国研究的学者，并且硕果累累。他将20

世纪60年代和70年代早期的奥斯曼社会描述为"传统的"。在他的理念中,传统奥斯曼帝国社会的存续以及治理方式是十分灵活的,从一个半世纪的繁盛到走向"衰落"都是如此。到了16世纪90年代后期,伊纳尔哲克设想的"古典时代"终究是过去了。

在后面的著作中,伊纳尔哲克详细阐述了他认为"古典时代"的政治体系不可行的因素,尤其是军事机构改革的迫切需要。由于手持枪支的普及,单纯靠税收(蒂玛所有者、西帕希,见第三章)资助的骑兵的进攻能力相较于15世纪时,已经起不到决定性作用。然而,一旦军队大规模整改完成,奥斯曼政府及社会就必须应对苏丹或高官所雇的雇佣军在无仗可打时"不受拘束"的问题。这些雇佣军除了会经常犯下抢劫的恶行以外,还会要求雇主以现金支付自己的佣金。由于他们在服役期间获得了火器作为后盾,当他们的目标转向农民时便给农民带来了额外的负担。不过尽管奥斯曼帝国爆发了危机,但根据伊纳尔哲克20世纪90年代中期的研究,他显然认为奥斯曼社会是稳定的,即便在他的早期著作中,他表示枪支火器的扩散和雇佣军对现金支付的需求是引发帝国危机的重要因素,也是帝国"衰落"的特征。但到了20世纪末,他的这种想法似乎已不复存在。

"奥斯曼帝国衰落"的说法早在奥斯曼帝国历史成为一门学科前就被广泛使用了,因为1600年左右的奥斯曼帝国作家以及欧洲当代作家的书中已经出现了这个词。"衰落模式"成了奥斯曼历史学中的重要概念，研究奥斯曼帝国的历史学者通常使用1600年前后数量激增的所谓的咨询文献作为相关的第一手史料。从伯纳德·路易斯（Bernard Lewis）将这类文本戏称为"奥斯曼帝国衰落的内部观察员"以来，对它们的深入研究就一直在进行。

17世纪，"建议文学"的作者为了阻止他们认为的"衰落"，提出了一系列政策建议，包括重新采用苏莱曼苏丹及其前任的做法，提倡雇佣得到税收补助（蒂玛、扎米特）的军人，而非雇佣兵。另外，他们还批判了苏莱曼之后的苏丹不亲自率军的做法；对宫廷妇女可以行使一定政治权力的情况，他们更是大为恼火。

在20世纪80年代以前，这些判断都是标准奥斯曼帝国史学的一部分，直到1980年前后，才有一部分学者对此进行质疑。研究奥斯曼帝国的历史学家的多数（并非全部）辩论都是低调进行的，但这种不正面对抗的风格并不能掩饰其观点和评价的巨大差异。尤其值得一提的是，里法特·A.阿布-埃尔-哈吉就曾指出，我们不能认为"建议文学"作者是坚持说出真相的可靠证人。相反，他们的作品其实是为宫廷各派系之间你死我活的残酷争斗而服务的，其用意是赢得苏丹的注意。有时，为了让自己的主张被采纳，作者会极力诋毁其他的方案。大概更常见的情况是，作者写作的目的是保证自己的主张得到采纳，以维护自身及其派系的利益，这并不是个简单的诉求。对于研究奥斯曼帝国的学者而言，"建议文学历史化"让人们开始质疑建议文学的可信度。而且从20世纪80年代后期开始，多数——当然不是全部——学者倾向于采用奥斯曼帝国的政治"变革"而非"衰落"的说法。

在这个观点的基础上，下一步就是假设整个奥斯曼帝国政治体系在1600年左右发生了质的变化。中央权力被削弱，而在早期没有体现出多少独立政治主动性的团体发挥的作用更加突出。在各行省，税收提供了互惠的可能性。由于雇主支付费用和津贴的增加，收税人可能会成为重要人物，甚至地方首脑。在首都，权力下放意味着苏丹的军队可能会发动叛乱，强制处决维齐尔甚至强迫苏丹禅位——在少数情况下，被废的君主可能会丧命。库尔的忠诚是值得被夸赞的，但这是对整个奥斯曼帝国而言的（见第三章），而不是对某个特定的苏丹。

巴基·泰兹詹分析过这些变化后，得出结论：我们应当假定在17世纪早期，出现了全新的奥斯曼帝国统治体系。首先，苏丹的角色发生了变化：在17世纪早期和马赫穆德二世重新建立专制统治期间，奥斯曼苏丹毫无疑问是帝国的关键人物，如果没有苏丹的存在，帝国可能就会土崩瓦解。后来，当然有一些苏丹直接参与了帝国的治理，但即便是没有亲自参与，或只是断断续续地参与，政府工作依然可以由一部分宫廷人员和维齐尔顺利完成，其中就包括了在1656—1702年把持朝政的风云家族柯普吕律（Köprülü）。

其次，正如前文所述，此时驻扎在首都的军人与伊斯坦布尔的穆斯林商人及手工业者关系密切，常常在不满现状的宗教学者的支持下进行人员变动。泰兹詹总结说，决策者圈的扩大足以证明"民主雏形"的出现。但现在还很难说这个词是否会成为当前史学探讨的一部分。简·哈撒韦曾提出"参与式"这个词，笔者个人认为该词更加适合用来说明奥斯曼帝国的情况。

另外，如果说要将一个帝国的历史分为一百五十年的"繁盛时期"（约1450—1600）和超过三个世纪的"衰落时期"（约1600—1923），显然也是不合理的。我们也许能够将坦齐马特（Tanzimat，意即"革新"，特指奥斯曼帝国在1839—1876年这个时期）视为"衰落时期"的终结，但考虑到19世纪后期的外国入侵和领土丢失，这个想法显然是站不住脚的。

然而，一本有关奥斯曼帝国宫廷礼仪和苏丹统治合法性的重要著作的作者罗兹·墨菲（Rhoads Murphey），提出了对这套观点完全不同的诠释。读者在乍看之下会觉得，墨菲的理论是奥斯曼帝国社会政治体系在15世纪后期到坦齐马特改革期间维持不变的旧观点。然而实际上，墨菲也认为1516—1517年对阿拉伯行省的征服大大改变了王朝的传统。此外，他还认同17世纪的苏丹长子继承制是不再亲自统帅军队的君主的军事影响减弱的必然结果。在墨菲看来，这些变化并非衰落的证据。他强调，16世纪中期苏莱曼的儿子为了争夺王位而造成的破坏，可能对帝国的存亡构成了更为严重的威胁，而17世纪治理能力有限的几位苏丹的行为并不能对帝国的存亡产生那么大的影响。所以说，与认为17世纪奥斯曼帝国经历了政权更迭的观点相比，墨菲的诠释是：不同年代的奥斯曼政权似乎存在的只是细微的差别，而非原则上的不同。

虽然是这样，但墨菲同样也提出，奥斯曼苏丹宣示主权以使自己统治合法化的方式，在几个世纪内都保持不变，直到坦齐马特改革时期才发生了变化。苏丹通过征服、宣战和偶尔的亲征，成为合法的统治者。诚然，到我们研究时期结束时，这种合法性的来源已经消失。

君主提供的保护及其在公共场合的现身，也是统治合法化的特征。在墨菲看来，阿卜杜勒·哈米德二世（Abdül Hamid II，1876—1909年在位）退位后被软禁在耶尔德兹宫（Yıldız Palace），只有他去附近清真寺短暂拜访时，人们才能够见到他一面，这意味着在19世纪下半叶，苏丹统治的合法性发生了影响深远的变化。由此，墨菲强调了君主对公众可见的重要性，这也是奥斯曼帝国看似仁慈的统治风格的前提。从这个角度来看，诸如穆拉德三世这样退居后宫的统治者，应该会破坏苏丹统治的合法性，因为缺席的苏丹就无法像家长一样保护自己的臣民。学者兼朝臣穆斯塔法·阿里对穆拉德的政治能力和个人能力的评价极低，并指责穆拉德缺乏责任感。身为苏丹却退居自己的后宫，也许就是他声誉尽丧的原因。

在战争中取得胜利、保护纳税人免受精英阶层的过度盘剥以及统治者在臣民面前经常性的现身，都是奥斯曼帝国统治合法性的来源。这些对于莫卧儿帝国统治的合法性也同样重要。依笔者拙见，20世纪和21世纪研究莫卧儿帝国的历史学家似乎并不像从事奥斯曼帝国研究的学者一样，认为稳定和政治制度的变迁是重要的话题。究其原因则十分琐碎：毕竟，莫卧儿帝国仅存在两百多年，于18世纪解体。相比而言，奥斯曼苏丹在宝座上坐了六个多世纪，尽管19世纪时苏丹的权力急剧减小，但终究还是设法避免了领土被殖民大国瓜分。

鉴于此，研究奥斯曼帝国的历史学家想知道苏丹和统治阶级进行了哪些调整——无论是有意的还是无意的，才使得帝国能够存续到"一战"结束。如前文所述，人们普遍认为，19世纪20年代开始恢复苏丹专制统治，实际上就是政权的变化，而在苏丹的权力处于顶峰的15世纪后期和整个16世纪的专制统治，实则是与之不同的。无论个人对这个争论的看法如何，显然奥斯曼苏丹通过他的官方言论和行为表明的立场都成了反思的重要课题。

合法化课题："和谐"与"保护臣民"

在莫卧儿帝国和奥斯曼帝国的近代早期，鼓吹帝国统治合法性的论点都强调了君主担任的臣民保护者的角色。特别是在莫卧儿帝国，皇帝作为父系大家长而享有统治合法性，因为在莫卧儿政权内部各处，整个家庭都依赖于父亲的仁慈统治，皇帝的妻子、妃嫔和儿子都恭顺地服从皇帝。阿布勒·法兹勒尤其认为他的主人兼英雄阿克巴在其征服的广阔帝国中，实现了高度家族式和谐。从这个角度来说，他在皇帝的鼓励下倡导的"普遍和平"

概念不同于所有宗教和信仰体系的包容性，使得皇帝统治的合法性脱离了宗教强加的限制，包括伊斯兰教法。

然而，"普遍和平"概念并不适用于王位继承。王位继承的开放性意味着皇子可能会发动战役，最典型的例子就是沙贾汗的儿子在17世纪50年代沙贾汗重病期间的斗争。长寿统治者的儿子有时甚至在父亲尚且在位的情况下，也毫不掩饰自己对皇位的渴求。阿克巴活到了六十多岁——按照当时的标准这已经算是长寿了，就不得不面对长子萨利姆，也就是后来的皇帝贾汗吉尔的叛乱。贾汗吉尔似乎担心阿布勒·法兹勒的势力足以将自己杀死。不过，正如哈尔班斯·穆齐亚所说的，莫卧儿帝国的大臣往往尽己所能地避免提及皇室家族内部的分裂——有时会超出这个限制。

奥斯曼帝国的统治者及思想家不倾向于主张"普遍和平"，尤其是在王位继承问题上。奥斯曼帝国的作家毫无负担地承认，根据征服者穆罕默德建立的规则，为了维持"帝国秩序[1]"（Nizam-ı alem），任何成功夺取皇位的家族成员，必须将其他可能的继承者赶尽杀绝。纵观整个16世纪，奥斯曼帝国君主的统治就是从家族内部的流血事件开始的，即便是年幼的王子也可能会因此丧生。似乎只有在死去的王室人员数量太多且年纪过小的情况下，公众才会爆发对此的抗议，就像穆罕默德三世登基时所发

---

[1]　帝国秩序：实际上指为了避免苏丹的儿子针对皇位发起的长期战争而使皇位迅速得到继承。

生的那样。正如穆斯塔法·阿里所言，穆拉德三世生下了太多注定要早逝的儿子，这是他不负责任的又一例证。

　　叛乱的奥斯曼帝国王子的目标通常是同父同母或同父异母的兄弟，而非自己的父亲。莫卧儿帝国的情况则相反，连阿克巴和奥朗则布都不得不面对想要取代他的儿子的叛乱，更不要说被奥朗则布逼迫退位最终以儿子的囚徒的身份死去的沙贾汗了。如此说来，奥斯曼帝国的谢里姆王子，也就是后来的谢里姆一世，夺走了父亲巴耶塞特二世的王位，只是个例外。一方面，谢里姆亵渎贵族和平民阶层的奥斯曼臣民对自己的父亲的尊敬；另一方面，他击败伊斯梅尔沙（1514年）并征服了马穆鲁克帝国（1516—1517），至少成为时人心中的英雄人物。17世纪中期，在这件事发生近一个半世纪后，艾弗里雅·切莱比清醒地意识到这种双面性，并创作了一个都市传说，说巴耶塞特苏丹是大圣人，原谅了自己的儿子，并预见到他将统治帝国（仅仅）八年。

奥斯曼帝国和莫卧儿帝国的朝廷声望

　　到16世纪为止，奥斯曼帝国已经有两个多世纪的历史了，其存在的时间超过了安纳托利亚的塞尔柱帝国、伊尔汗国（Ilkhans）和土耳其白羊王朝。而王朝的长治久安本身，就是合法性要素之一。到了16世纪中期，宫廷内部已经开始流行收藏画有苏丹肖像的插画作品，最早是奥斯曼一世（约1299—1324年在位）和奥尔汗（1324—1362年在位）的肖像。后来，这类帝国朝廷"集体画像谱卷"［西希勒纳梅[1]（silsilename）］按时间顺序囊括了历任苏丹。朝代久远的多数苏丹从没有画过肖像，因此他们的画像只是想象的产物。不过，征服者穆罕默德、苏莱曼以及其他一些16世纪末以后的统治者，则都有在世时绘制的肖像，并留存至今，我们就是通过这类画像辨认出诸如穆罕默德三世等苏丹的个人特征的。包括西希勒纳梅在内的多数插画书保存在宫廷藏书馆内，宫外的人则无从得观。但是住在宫内的人，包括年轻的侍从、军事或行政储备人员，都有机会接触到部分手稿作为受训的一部分。由于图像会给在普遍缺乏偶像的环境中长大的人留下深刻的印象，因此观赏这些肖像画可能会激发他们对朝廷的崇敬之情，这也是奥斯曼帝国精英阶层长期以来的特征之一。

　　莫卧儿皇帝的宣扬者则强调征服者的统治是合法的，因为莫卧儿的君主只是收回了其先祖帖木儿在血腥袭击德里苏丹国时所短暂统治过的土地（1398—1399）。同时也必须承认，巴布尔一到印度，就似乎不再将帖木儿作为其统治合法性的来源。在20世纪后期，经济史学家塔潘·雷乔杜里仍然不相信任何形式的意识形态正当性，强调具有侵略性的统治者及其军队的动机就是普通而原始的贪婪。在对奥斯曼帝国的研究中很少见到将这种"低

---

［1］　西希勒纳梅：此处指饰有肖像画的奥斯曼苏丹谱卷。

级"的动机归于任何苏丹的情况。毕竟，莫卧儿帝国对于如今印度或巴基斯坦的政权合法化并没有起到什么作用，但奥斯曼统治者及其征服活动则对如今土耳其巩固其政权的合法性至关重要。征服者穆罕默德更是成了英雄的象征，桥梁和大学都以他的名字命名，甚至在伊斯坦布尔城内也有地区以他的名字命名，就是现在官方名为法提赫（Fatih）的地区。另外，在最近几年，对谢里姆一世的尊崇也成了官方及半官方话题的一部分。

考虑到当地人负面的历史记忆，巴布尔在来到印度后，还有意淡化了与帖木儿的关系，并取得了不错的效果。到了16世纪后期，帖木儿屠杀事件已经渐渐落入历史深处，至少在宫廷范围内，尊崇祖先帖木儿不再具有争议性。毕竟，也有一部分研究奥斯曼帝国历史的学者认同帖木儿的做法，穆斯塔法·阿里在提到帖木儿摧毁了由巴耶塞特一世建立的最早的奥斯曼帝国时指出帖木儿是"纵横之王"，注定要统治天下，所以反对他的王公如果要指责帖木儿毁掉了自己的政权并屠杀自己的子民，那真正要怪罪的其实是他们自己。

君主的现身，是否对臣民可见

尽管罗兹·墨菲将苏丹在公众面前的现身视为其统治合法性不可或缺的部分，但我们仍需注意，自苏莱曼苏丹起，奥斯曼帝国的统治者大多居住在托普卡帕宫的后宫中，外人无法得见。君主每次出现都需要现场保持庄严的沉默，只有少数他愿意接见的侍从和官员才能够与其进行交流。当然，这些传统在 18 世纪发生了改变，当苏丹在海滩时，不仅会被人看见，还接受参拜。另外，就在我们所讨论的时期结束后，阿卜杜勒·哈米德一世和谢里姆三世有时还会微服巡访伊斯坦布尔的市集。我们当然是从与这两位苏丹有关的作品中得知这些逸事的，但当时的伊斯坦布尔市民也一定注意到了苏丹的出现。

统治者的现身在莫卧儿帝国更为重要，因为根据印度传统，尤其是在阿克巴时期，无论是显贵还是百姓，都期待每天早晨能看皇帝一眼。为了每天与公众见面的阳台谒见仪式，莫卧儿皇帝所居的宫殿的外部墙面一般设有装饰华丽的阳台，而且阳台建得相当高，以保障皇帝的安全。此外，莫卧儿宫廷还设有两个庭院，一个用于大规模聚会，另一个则在举办小型宴会时使用。通常，帝国显贵都要参加皇帝主持的集会，即杜尔巴，不参与集会将被视作对皇帝权威的挑衅。比方说，战败的西瓦杰出现在奥朗则布的宫廷中（1666 年），因为觉得君主公然对他表示了轻视，于是离开了集会——也有一些史料说他是晕倒后被抬走的。如果这一叙述属实，那么西瓦杰也可能是为了给自己留条后路才假装发病的，一方面通过离开杜尔巴以公开表示自己的反抗，另一方面给妥协和解留有余地。无论是在宫殿中侍奉君主、在朝廷中供职，还是瞻仰现身的皇帝，都意味着这个人接受了莫卧儿皇帝至高无上的地位。

奥斯曼统治合法化工具之一：固有神圣性

在本书中，我们只能对奥斯曼苏丹和莫卧儿皇帝的宗教角色做简化的探讨。与其敌人萨非王朝统治者不同，奥斯曼统治者从未声称自己有先知穆罕默德的血统，而更倾向于强调自己对伊斯兰教事业的实际付出。不过，大臣或前大臣则可能会宣扬，神明特别挑选了奥斯曼王室并赐予其特殊的恩典。例如穆斯塔法·阿里就声称，由于上天的恩惠，苏丹的宫殿即便在伊斯坦布尔瘟疫肆虐之时也没有受到疾病的困扰。另外，奥斯曼王朝的成员没有一个是异教徒，这也许意味着没有一个王子表现出信仰什叶派的倾向。

除了巴耶塞特二世、谢里姆一世和青年时期的苏莱曼以及穆拉德三世以外，很难说哪个苏丹在臣民眼中——至少在部分臣民眼中——有特殊的宗教地位。而谢里姆一世的宗教地位和穆拉德三世的启示梦境，也是到了最近才成为学者们研究的对象。或许也有其他奥斯曼帝国的苏丹试图树立类似的形象，但仍未引起历史学家的注意。无论苏丹做出何种声明，我们都有必要注意到在15世纪和16世纪早期，奥斯曼宫廷允许在已故苏丹的葬礼上有特殊的哀悼标志。然而，到了16世纪后期以及17世纪，这类特殊的东西就消失了，苏丹的葬礼变得与其他穆斯林死者的葬礼并无什么不同。在奥斯曼帝国，很少有苏丹像萨非王朝和莫卧儿帝国的君主一样，以具有神圣品质的千禧年君主的形象出现，就算是有，其受众也极为有限。

即便如此，奥斯曼苏丹仍享有崇高的敬意，尤其是在公开场合露面时，场面一片肃静，侍者和朝臣一言不发地侍奉君主。外国使者经常提到，服务于宫廷仪式的人数众多，但多数是用肢体语言进行交流。自然，宫廷人员"在人后"的举止可能会有所不同，艾弗里雅·切莱比就曾记录下年轻的君主穆拉德四世和他的侍从之间的一些颇有趣味的交流。

与此同时，与深居宫中的苏丹沟通的困难性在一定程度上阻碍了信息的传递。有时苏丹只知道自己的大臣和维齐尔有选择性地告诉自己的事情。所以在17和18世纪，苏丹被尊为奥斯曼统治象征，这也至少在一定程度上补偿了他们政治力量和主动权的损失。换言之，伊斯坦布尔手工业民兵政治基础的扩大，或许巩固了苏丹统治的合法性；而后者也有效弥补了气候灾难、战争失败以及货币贬值给固定收入人群造成的损失。有时，统治的合法性会被动摇，但这永远不足以使军人、手工业者和宗教学者联合起来推翻王朝的统治。

此外，固有的神圣性并非王朝统治者的特权。在奥斯曼帝国和莫卧儿帝国，有一部分男人（以及极少数女性）声称自己具有神圣性，因为他们献身于伊斯兰神秘主义。在奥斯曼帝国，人们有时认为神圣的人之间存在激烈的竞争，甚至与统治者之间也有竞争关系，而这类竞争也可能进一步产生对立。大约在15世纪末，一位匿名作者整理了约莫生活于13世纪下半叶的哈吉·贝克塔什·韦利的生平，其中就有一个故事，讲的是哈吉·贝克塔什·韦利从呼罗珊（Khorasan）来到安纳托利亚，并使用了被猛禽追逐的鸽子的比喻。此外，在15世纪后期，有个托钵僧撰写了自己已故老师奥特曼巴巴（Otman Baba）的传记，关于这个托钵僧，我们只知道他的名字叫作屈奇克·阿卜杜勒（Küçük Abdal，意思是年轻的托钵僧）。他写道，奥特曼巴巴宣称自己对奥斯曼帝国的土地有"真正"至高无上的权力，因此这位圣人至少在精神领域享有高于苏丹的地位。不过到了16世纪，这种主张显然已经不为大众所接受。德米尔巴巴（Demir Baba）的传记作者可能是和苏莱曼苏丹同时代的人，他（们）就宣称，尊重圣人是虔诚的统治者应尽的义务，但圣人本身也是苏丹忠实的仆人而非对手。不过，圣人还是会宣称自己比奥斯曼帕夏的地位更尊贵，而且是虔诚的苏莱曼苏丹"真正"的代表。

在苏丹统治初期，有异教信仰和实践的圣人对宫廷精英阶层大概也产生了一定的影响，但他们的后继者就不再能常常施加这种影响。不过，即便是在其威望全盛时期，即14和15世纪，安纳托利亚和鲁米利亚的圣人也并没有行使广泛的政治权利：相比之下，在早期的白羊王朝，萨非的苏菲派圣徒伊斯梅尔沙甚至登上了王座，这和奥斯曼帝国的情况截然不同。

图7

　　统治合法化手段之一：建造清真寺。图为索科卢·穆罕默德帕夏清真寺。这座清真寺坐落在伊斯坦布尔加拉塔围墙和卡西姆帕夏（Kasimpaşa）船厂之间，是著名建筑师锡南（Sinan）的众多杰作之一。

莫卧儿统治合法化工具之一：固有神圣性

统治合法性的宗教基础在南亚尤为重要。自12世纪末13世纪初以来，南亚的穆斯林统治者往往来自伊朗等中亚国家，其治下的穆斯林人口虽为少数但却在不断增长，而多数人口则信奉毗湿奴（Vishnu）、湿婆（Shiva）和难近母。在德里苏丹国统治北印度的时期，新统治者正是因为获得了巴格达哈里发的祝福，才巩固了自己合法统治者的地位。13世纪初，许多印度穆斯林仍然认为哈里发是神圣的，即使哈里发缺乏政治势力。更明显的是，即便蒙古人处死了巴格达的最后一个哈里发（1258年），南亚的穆斯林精英阶层仍然沿用哈里发的形象作为神圣的象征。

在莫卧儿帝国，强大的托钵僧可能以其精神力量和幻术给皇帝、皇子和大臣们留下了极为深刻的印象。即便如此，比起在之前的时期，例如，在莫卧儿帝国兴起前刚刚开始伊斯兰化的边境地区孟加拉，这类大人物显然失去了许多独立行动的空间。圣人和君主甚至会在暗地里争夺统治的合法身份，某些作者声称，君主的权力只能由特定的苏菲派贤者授予。如果这种想法在奥斯曼帝国也大行其道——这是有可能的，那么我们就不难理解为什么尽管穆拉德三世看起来并不是合适的人选，然而他还是试图树立自己的贤者形象了。

莫卧儿帝国的开国君主巴布尔却并没有宣扬自己的神圣性，

甚至在逝世前几年还肆无忌惮地承认自己一度饮酒，并对此表示忏悔。与之相反，巴布尔的儿子胡马雍却始终在尝试吸收各种印度圣人的力量，甚至还戏剧性地想汲取天体的力量，并试图通过选择穿着特定的服装来利用天体的力量，以稳固自己不那么稳定的统治。巴布尔的孙子阿克巴倒是在生命最后的几年中获得了崇高的宗教地位。毕竟，他于1579年颁布法令，宣称在穆斯林宗教学者尚未有定论的问题上，他的话就是律法。他与亲近大臣之间的关系模式，其实就是苏菲派大师与门徒之间的关系模式。这种关系赋予了阿克巴极大的权力与责任，因为那个时代的人都认同采用神秘主义的教学方式的老师对门徒拥有绝对的权威。因此，他的所谓"神圣宗教"并非普通意义上的宗教，而是确保其成员对皇帝忠贞不贰的命令，他们要向皇帝承诺，在必要的时候甚至可以牺牲自己的荣誉、抛弃自己的家庭。

并不是所有大臣都能接受阿克巴给自己戴上的半神光环，拜达欧尼（al-Badā'ūnī，1540—约1615）在一部同阿克巴的立场相对立的非官方编年体史书中，就表达了自己对阿克巴颁布的诸如禁止屠杀奶牛等新禁令的不满。通过这一禁令，阿克巴自诩有权禁止人们做出穆斯林宗教学者公认的被允许的行为，其目的是使印度教徒徒感到满意，因为印度教教徒认为杀牛是重罪。拜达欧尼因为坚持伊斯兰教逊尼派的信仰而失去了阿克巴的恩宠，但似乎并未因此受到什么惩罚。而其他的宗教学者则受邀，更确切地说是接到命令，前往麦加朝圣，而且未经官方允许不得返回。据我们所知，这种遮遮掩掩的流放方式并非奥斯曼帝国宫廷普遍采取的惩罚方式。

图8

合法化手段：统治者的可接近性。这座墓的一扇窗户靠近胡马雍的陵墓。我们不知道墓主人是谁，但应该是皇帝的近人。该墓俗称"理发师之墓"。

图 9

合法化手段：尊崇贤者。图为印度法塔赫布尔·西格里城的清真寺和墓群。阿克巴用这片建筑群的庭院来纪念契斯提教团（Chishtiyya）谢赫萨利姆（Salīm）。萨利姆曾在阿克巴还没有继承人的时候就预言阿克巴会有儿子。后来，阿克巴将怀孕的皇后送到这位谢赫的房子里去生产（1571年），并在附近建造了法塔赫布尔·西格里城。

　　除了朝廷以外，还有一些男人和极少的女人声称圣洁取决于禁欲的生活方式。在印度，这种"弃世者"自古以来就十分常见且活跃。一些印度绘画赞助者显然将印度弃世者和穆斯林禁欲主义者归为一类。另外，莫卧儿朝廷的成员也许会收藏描绘贵族拜访印度教圣人的画像，在这些画像中，贵族身边少有奴仆，以恭敬的观察者和倾听者的形象出现。

　　从德里苏丹国成立甚至更早以来，地位崇高的苏菲派托钵僧就活跃在印度。特别是契斯提教团的苏菲派教徒成了受人尊敬的贤者，人们为了能够得到赐福（baraka），会前往他们的坟墓进行朝拜。其中一部分朝圣地分布在偏远地区，例如恒河北部支流萨育河（Saryu）上的巴赫赖奇县（Bahraich），也就是今天靠近印度与尼泊尔（Nepal）边界的区域。据称，此处之所以闻名，是因为埋葬了加兹尼马哈茂德苏丹的侄子，即萨拉尔·马苏德/加齐·米亚（Salār Mas'ūd/Ghāzī Miyān）。加齐·米亚这个称号意味着他是穆斯林信仰战士，但目前尚不清楚他是不是真实存在的人。他的生平记录最早可以追溯到1620年，由来自鲁道利（Rudauli）僧舍的苏菲派谢赫阿卜杜勒·拉赫曼·契斯提（'Abd ul-Rah mān Chishtī）以波斯文写就。加齐·米亚可能只是想象的产物，因为记载马哈茂德苏丹生平的史书对这个侄子只字未提。虽然马哈茂德的儿子马苏德称不上是个圣人——甚至恰恰相反——但从名字来看，他或许就是这个故事的原型角色。13世纪末，德里诗人阿米尔·库斯拉维（Amīr Khosrav）就提到了巴赫赖奇的一处圣人墓地，但并没有提及墓主人的名字。五十年后，著名旅行家伊本·拔图塔（Ibn Battūta，1304—1377）与当时的德里苏丹一同拜访了加齐·米亚的坟墓，这体现出官方对他极高的敬意。

加齐·米亚以坚毅的穆斯林战士形象出现在阿卜杜勒·拉赫曼·契斯提的人物传记里，还在当地19世纪后的叙事诗中出现，但我们并不知道他的形象如何以及为何变得模糊不清。一方面，19和20世纪的吟游诗人称，加齐·米亚进入贝拿勒斯/瓦拉纳西（Benares/Varanasi），粉碎了一些偶像，并使其他人皈依穆斯林信仰。另一方面，诗人又将加齐·米亚描绘成年轻的英雄，在他自己的婚礼还未完成的当晚，就为了保护当地的牧羊人和奶牛离家而去，而且他本人直到殉难之际仍戴着新婚的饰品。至此，他们完成了从阿卜杜勒·拉赫曼·契斯提的故事中就已经开始的阿富汗战士的"印度化"。19世纪和20世纪，该墓地就是印度教教徒和穆斯林的朝圣地，今天，尽管前来朝圣的人变少了，但这里仍然吸引着来自两个宗教的信徒。

不过，正如沙希德·阿明（Shahid Amin）所坚称的，单单围绕这个人物来强调伊斯兰教和印度教信仰的融合是远远不够的。与此同时，加齐·米亚的故事及其所谓的坟墓也指向过去几个世纪以来甚至时至今日南亚人口内部的巨大矛盾。加齐·米亚攻击贝拿勒斯庙宇的故事就反映了当地两个主要宗教代表之间的深层次对抗。另一种"矛盾"来自性别不平等。没有儿子活下来的妇女深陷丈夫和家庭造成的深切痛苦之中，于是常常去——也可能在某些情况下不断地去——这位"奶牛守护者"的墓地，以逃避女性面临的危及自身的贫困和羞辱。

奥斯曼帝国和莫卧儿帝国统治合法化中的末世论

根据奥斯曼帝国的说法，神明会在他对世界今后的规划中给特定的君主安排重要的角色。据一些奥斯曼帝国作家的言论，随着1453年征服君士坦丁堡和之后伊斯兰历千禧年（1591—1592）的到来，预言里最后的审判就在眼前。近来，埃德姆·彻帕（Erdem Çıpa）的研究表明，向谢里姆一世请愿的人曾声称自己在梦中见过这位君主，与他同时现身的还有先知和伊斯兰教的著名先贤。显然，他们认为将统治者和这些神圣的人物相提并论是毫无问题的，同时为了加强他们的言论的可信度并确保请愿目标达成，他们往往会进行"事后预言"。其中有一个人显然是受过良好教育的，他甚至引用了阿拔斯王朝一位受人尊敬的作家所著的解梦书，以此来证实自己的说法。

1520年后，在苏莱曼苏丹统治时期，一位名叫海达尔·瑞马尔（Haydar Remmal）的占卜者活跃在奥斯曼帝国宫廷。他说服了许多大臣甚至苏丹本人，主张苏莱曼的征战是为了将伊斯兰教传播到世界各地，从而让人类为世界末日做好准备。一位名叫梅夫拉纳·伊萨（Mevlana Isa）的宗教学者也提出了类似的主张，与

16世纪许多亚欧文明共有的千禧年论不谋而合。不过，到了苏莱曼苏丹中年时期，他的儿子们开始为了继承权而战，这种言论逐渐淡出了人们的视野。尽管海达尔·瑞马尔仍然留在朝廷，但他的预测转而聚焦于世俗问题上了。

桑贾伊·苏布拉马尼亚姆指出，中欧和西欧也同奥斯曼帝国与伊朗萨非王朝一样，出现了千禧年论，同样的观点也在北印度出现。1500年前后，在古吉拉特苏丹还是独立的统治者时，赛义德·穆罕默德·查普里（Sayyid Muhammad Jaunpūrī，1443—1505）通过自称是可以预见最后的审判的马赫迪[1]（Mahdī），很快就在古吉拉特朝廷中收获了许多追随者。尽管查普里的敌人最终将他驱逐出宫廷，但逊尼派学者在他死后很长一段时间内仍然会欣赏其作品。还有，阿克巴曾经赞助编纂过由多名作者共同创作的编年体史书，书名为《阿勒非史》（*Tārīkh-i Alfī*），书名的意思就是伊斯兰教历1000年，显然这是在暗示千禧年论。然而，尽管阿兹法尔·穆因（Azfar Moin）认为阿克巴的王朝充斥着千禧年论，但苏布拉马尼亚姆却似乎认为这种千禧年思潮——虽然确实存在——影响范围和时长十分有限。比方说，阿克巴很快就对《阿勒非史》失去了兴趣。穆斯塔法·阿里最早考虑到末日将近的可能性，又很快推翻了这个观点，也许奥斯曼和莫卧儿帝国的许多知识分子与他的观点一致。

---

[1]　马赫迪：伊斯兰教什叶派期待的"救世主"。阿拉伯语Mahdi的音译，意为"被引上正道者"或"得正道者"。

统治合法化因素：伊斯兰教逊尼派和麦加朝圣

我们曾经提到，奥斯曼和莫卧儿王朝的共同点是逊尼派穆斯林都有伊朗和中亚正统帝国的传统。奥斯曼苏丹偶尔会自称是伊斯兰世界的哈里发，但阿拔斯王朝最后一个后裔赋予了谢里姆一世哈里发尊衔的说法应该是无稽之谈。当然，在本书研究范围之后的1774年，苏丹终究还是获得了这个头衔，这也是一个意义重大的事件。尽管奥斯曼在那一年失去了克里米亚地区，但《库楚克–开纳吉条约》却确认了奥斯曼苏丹拥有的哈里发地位，所以苏丹仍然是沙皇治下穆斯林民众的精神领袖。哈里发的头衔在奥斯曼帝国后期的外交中起着举足轻重的作用。在殖民时期的印度，奥斯曼的哈里发辖地甚至成了当地穆斯林的聚居点。

相比之下，在16世纪的印度却鲜有人认同奥斯曼苏丹的哈里发地位。同时，阿克巴还"差点儿用心险恶地宣称自己才是东部逊尼派穆斯林分布的地区的哈里发"。不过最后他没有真正迈出这一步。奥斯曼和莫卧儿在汉志频频发生冲突，阿克巴允许一些皇室的女人前往汉志朝圣，可能是他想要在汉志凸显莫卧儿帝国的存在感。这些皇室女性在麦加长时间的逗留引起了伊斯坦布尔方面的顾虑。值得一提的是，尽管印度史料中有大量关于"妇女朝圣"的记载，但奥斯曼帝国官方对此却始终缄口不言，也许是因为在苏丹看来，任何他国皇室对于麦加和麦地那（Medina）的干涉都是不受欢迎的。即使是这样，以随心所欲闻名的艾弗里

雅·切莱比在写到17世纪70年代早期时，还是记录下了据说是
由阿克巴修建的卡迪里（Qādirī）托钵僧僧舍，这里容纳了众多印
度穷人[1]（fukara）。除了托钵僧外，艾弗里雅·切莱比指的可能
还有普通的贫困朝圣者。

　　至于奥斯曼帝国方面缄默的原因，我们还有必要考虑到，在
本书研究的时间范围内，苏丹总是侧重于树立自己"朝圣之路守
护者"和"两个圣城的仆人[2]"（hadimü 'l- harameyn）的形象。为
了塑造这个形象，苏丹要担负起保障朝圣者在穿越沙漠时的安全
的职责，因此也需要向居住在朝圣路附近的贝都因人（Bedouin）
提供可观的报酬。经过一番艰苦的谈判，双方会就作为报酬的钱
和/或物达成一致，倘若贝都因人没有收到谈好的报酬，就有可
能向朝圣的车队发起袭击，这样的事情在17世纪后期发生过几
次，在18世纪发生的次数更多。另外，对朝圣之路的保护还包括
长期向麦加和麦地那的居民供应主要产自埃及的谷物。毕竟，汉
志生产的粮食很少，只有靠埃及的货物填补圣城市场的空缺，朝
圣者才能够获得充足的食物。

　　相应地，苏丹也从中获得了宗教上的合法性：他会安排一批
车队，在其中设置一顶被称为马哈马尔（mahmal）的轿子，轿子
有时是空的，有时装有一本《古兰经》。尽管这最早是从马穆鲁

---

[１]　穷人：也用来称呼托钵僧。

[２]　两个圣城的仆人："两个圣城"，指的是伊斯兰教的第一和第二大圣城麦加和麦
地那。

克苏丹处承袭的政治象征，但对许多穆斯林而言，这件物品也具有宗教性质。这再一次展示出近代早期许多政体中宗教与政治之间密切的联系。

凭借保护朝圣之路而获得的宗教合法性也具有普世价值。换言之，奥斯曼帝国苏丹如何跨越一直持续到16世纪后期（甚至更晚）的逊尼派和什叶派之间的分歧，是其维护统治合法性的主要议题之一。毕竟16世纪的时候，奥斯曼帝国和萨非王朝都通过重提逊尼派和什叶派之间的古老分歧，使各自政权之间的差异更加显著。双方的一些宗教学者可能甚至会说，对方是异教徒，并拒绝承认他们是穆斯林。不过，这类言论大多应该属于"战争宣传"手段。相比之下，在和平时期，奥斯曼苏丹也需要包容什叶派朝圣者，即便有时他们是不情不愿的。

统治合法化议题中的穆斯林和非穆斯林

虽然在1526年前，穆斯林都是奥斯曼帝国的主要人口，但奥斯曼帝国还是有不少非穆斯林人口的，尤其是在巴尔干的农村地区。苏丹如何在这部分非穆斯林人口中获得统治合法性，是值得深入探讨的问题。活跃在奥斯曼帝国的东正教教士也许会宣扬，为了弥补基督徒的罪，神才给了苏丹统治基督徒的权力。另外，比起接受天主教政权的统治，许多东正教教徒更乐意做苏丹的子民，尤其是东正教的修士，因为如此就不必承认教皇的无上地位。

16世纪，奥斯曼苏丹往往很受犹太拉比的欢迎，因为他们允许犹太人在自己的领土上定居，使其不会像在拉丁欧洲土地上那样受到侵扰（见第三章）。埃利亚·卡普萨利（Elia Capsali，具体生卒年不详，生于1485—1490年期间，卒于1550年后）在写到当时还属于威尼斯的克里特岛时，就回顾了奥斯曼帝国征服君士坦丁堡（1453年）、叙利亚（1516年）、埃及（1517年）和罗德岛（1522年）的事件。卡普萨利尤其欣赏奥斯曼帝国在征服耶路撒冷后，允许犹太人在不受阻拦的情况下进入这座圣城，因此他称谢里姆一世为具有超凡魅力的伟人。另外，在卡普萨利看来，基督教国家的失败意味着弥赛亚将很快出现，把犹太人从长期困顿的局面中解救出来。

有一部分穆斯林宗教学者也乐意以另一种方式接受能够维护公义的非穆斯林统治者。从较低层次的角度来看，艾弗里雅·切莱比就指出，哈布斯堡皇帝利奥波德一世（Leopold I，1657—1705年在位）尽管奇丑无比，但却是个聪慧的统治者，能够听取逆耳忠言。另外，据称奥斯曼和维也纳之间的边界地区十分繁荣，这一事实也是统治者治理能力突出的体现。因此，在某些特殊情况下，即便是非穆斯林君主，在奥斯曼帝国作者眼中也享有一定的合法性。不过即便如此，多数宗教人士还是认为，倘若统治者不是穆斯林，穆斯林就无法依照自己的信仰来生活。

此外，奥斯曼帝国的官员和宗教学者坚持认为，苏丹能够拥有曾属于穆斯林世界的任何一块土地，都归功于他的伊斯兰教合法性。由此，在与哈布斯堡王朝和谈时，奥斯曼政府很难接受占领地保有原则（uti possidetis），因为这可能意味着要将苏丹先前占领的土地归还给异教徒。在这一方面，突厥传统也体现出其作用：维齐尔会拒绝任何领土上的让步，因为苏丹对被自己的马蹄踏过的土地拥有不可剥夺的权利。此外，宗教学者在施教时也会宣称，苏丹可以撕毁与任何非穆斯林统治者签订的和平条约，以将曾经属于穆斯林政府的土地重新纳入自己帝国的版图。有时候，即便是一座位于异教徒领土上的穆斯林先圣的坟墓，也会成为开战的理由。1570年，奥斯曼帝国废除与威尼斯的和平条约并攻占塞浦路斯岛，打的名号就是异教徒对据称在阿拉伯征服的第一阶段死于岛上的先知穆罕默德的亲人的坟墓不敬。

在一部分莫卧儿帝国的宫廷人士看来，征服者帖木儿不仅是受人尊敬的祖先，还是一位圣人。有趣的是，从16世纪中期开始，有相当一部分数量的印度教教徒也接受了这种关于帖木儿的观念，不仅忠诚于阿克巴，也忠实地为沙贾汗和奥朗则布服务。斋浦尔的卡其瓦哈大公赞助绘制的一些细密画就不仅复刻了莫卧儿宫廷流行的图案，还通过将帖木儿、巴布尔及其后代皇帝围绕成一个圈的作画方式，展现了莫卧儿王朝的凝聚力。

朝臣和宫廷人士心目中莫卧儿皇帝的感召力，有时有标准的伊斯兰思想基础。而在阿克巴的朝廷，阿布勒·法兹勒提出了神秘主义的观点，许多穆斯林宗教学者对此并不完全认同，甚至在一些情况下是坚决反对的。阿布勒·法兹勒想要将阿克巴塑造成

"完美的人"，将他与伊斯兰教中的圣人阿丹（Adam）直接联系起来。通过与创世纪的这层关联，阿克巴可以被塑造成半神的形象，而无须从属于任何特定的宗教。由此，阿克巴跨越了穆斯林和非穆斯林之间的鸿沟，可以宣称整个世界都是他的领土。

语言：奥斯曼帝国融合与互斥的手段

多数帝国只使用一种官方语言，其余帝国的官方语言最多也就两到三种。精英阶层和非精英阶层如果不经过特殊的学习，往往就难以理解对方在说什么。他们如何处理这个问题是这两类人群之间的联系的重要方面，也是我们研究的中心议题之一。此外，如果我们前文所述无误——奥斯曼和莫卧儿帝国的政客都认为君主能够倾听臣民的诉求也是其维护统治合法性的因素之一，那么"语言问题"也就与苏丹或皇帝的统治合法性有关了。

我们从几个普遍事实入手：人们无法自主选择母语，而通常一生都会使用母语。不过，如果有足够的理由，他们就会有意识地通过努力，用更有用和/或更具声望的语言来代替自己的母语。另外，书面交流也有可能需要改变使用的语言。阿尔巴尼亚语在18世纪还不是书面语言，因此阿尔巴尼亚语的使用者在书写时需要使用奥斯曼土耳其语、希腊语或意大利语。我们尚不清楚，经常进行写作的人是否会认为母语不够文雅，其母语是否最终会被书写所用的语言替代。

许多人为了和其他地区的人互通信函，就学会了他们所使用的语言或方言。在1700年左右的国际大都市，例如伊斯坦布尔，土耳其民族方言或职业方言比比皆是，而且某人若是使用了这些方言就可能引来旁人的嘲笑。在这种压力之下，一些被嘲笑或被批判的人成了根据不同的情景熟练运用语言的专家。研究奥斯曼历史的学者一般会将这类问题留给社会语言学家，但现在我们也许需要跨越学科的界限对此进行相关探讨。

无论是在奥斯曼帝国还是在莫卧儿帝国，渴望进入精英阶层的人相应地都必须学习奥斯曼土耳其语或波斯语，并且要做到熟练运用。在奥斯曼帝国，即便是对于只想进入奥斯曼中层官僚机构工作的人来说，掌握书面奥斯曼语也是实现目标的必要条件。鉴于既没有人在自己家里讲奥斯曼土耳其语，奥斯曼土耳其语也并非马德拉沙学校的课程，想要学习这门语言的人便只能去寻找导师，这就把大量说土耳其语的穆斯林排除在政界与文学界之外了。另外，熟练掌握官方奥斯曼语的人也可能会用更加文雅的口吻进行写作，如同艾弗里雅·切莱比和18世纪的一些诗人所做的那样。

奥斯曼多语制及其问题

在16世纪初以前，奥斯曼帝国官方用过多种语言，包括向帝国西部边境外的统治者致函时所使用的旧塞尔维亚语和希腊语。

然而从16世纪20年代开始，帝国不再使用外语，奥斯曼土耳其语成了通信标准语言。于是，收到奥斯曼官方信件的异国统治者仆从就需要聘请专业的翻译［被称为"泰尔举曼"（tercüman），也就是土耳其译员"台尔果曼"（dragoman）[1]］。翻译作为乍看之下截然不同的团体和政治机构之间的中间人，在过去的二三十年间，引起了学术界的广泛关注。

到了16世纪下半叶，许多奥斯曼商人在威尼斯进行贸易活动，不少讲意大利语或斯拉夫语的前商人和前战俘担任他们的官方或非官方翻译。通常来说，前战俘只能做奥斯曼商人的掮客，不被允许直接在威尼斯行商。

奥斯曼官方也要雇用台尔果曼。16世纪的台尔果曼通常是来自意大利、匈牙利或日耳曼的皈依者；到了17世纪，则由当地的东正教教徒担任，因为19世纪中期前出生在奥斯曼帝国的穆斯林很少会学习欧洲的语言。不仅如此，从16世纪起，法国、威尼斯和英国驻伊斯坦布尔大使馆雇用了越来越多的当地台尔果曼。

从大使的角度来看，雇用这些人是他们的义务。但作为苏丹的子民，台尔果曼并不享有外交豁免权，因此在有压力的情况下，他们可能会将雇主的秘密透露给奥斯曼帝国的官员。鉴于这个原因，到了17和18世纪，威尼斯和法国都会培训自己国家的年轻人来做这项工作，其他国家可能也有类似的举措。到了18世

---

[1]　泰尔举曼、台尔果曼：职业翻译（水平参差不齐）。

纪后期，哈布斯堡王朝也采取了同样的做法。阿布·巴克尔·拉提卜（Ebubekir Ratib）在出任驻维也纳大使期间，就在1792年访问了进行这类培训的学校，并发现学生的表现相当令人满意。然而，监督这群年轻的译者候选人学习却并不容易，尤其是当他们在伊斯坦布尔实习期间。所以尽管投诉众多，但在整个18世纪，还是有不少基督教或犹太人出身的台尔果曼为欧洲使馆工作。

从苏丹角度来看，情况也并不见得轻松。根据传统，外国使馆的雇员是可以免缴各类赋税的，包括人头税（吉兹亚）。对于非穆斯林商人来说，即便只是名义上的受雇，成为台尔果曼所能享有的特权也是极为诱人的。事实上，资金匮乏的使馆甚至会将这些职位售卖出去。尤其是在18世纪，许多顶着台尔果曼头衔的人其实并不做翻译工作，甚至根本不懂他们名义上应当翻译的语言。

尽管被免税的假台尔果曼的数量可能并不像学者们一度想象的那么多，但免税依旧给奥斯曼帝国的财政带来了严重的问题。由于急迫的军事需求，奥斯曼帝国的财政在18世纪后期陷入了困境。另外，假如苏丹的非穆斯林子民能如此轻易地逃避其义务，那岂非是对苏丹声望的侵犯！到了19世纪，也就是我们所研究的时期结束很久之后，马赫穆德二世苏丹才开始尝试通过给一部分穆斯林和非穆斯林以免税特权来解决这个问题。苏丹希望通过免税使他们能够同欧洲的商人竞争，然而在那个时候，"台尔果曼问题"已经不再是与翻译和中介相关的问题了，而是18世纪后期19世纪初期的奥斯曼帝国参与欧洲工业化的进程的一部分。

阿拉伯语和波斯语：
被广泛使用，随时间推移被奥斯曼土耳其语取代

　　奥斯曼帝国的绝大多数文件使用奥斯曼土耳其语书写，但阿拉伯语和波斯语也同样重要。宗教基金会（瓦合甫）的文件通常是用阿拉伯语写的，不过18世纪也出现了不少土耳其语写就的瓦合甫档案。在15世纪后期，阿拉伯语写就的布尔萨卡迪登记册也十分普遍，但是到了16世纪，土耳其语开始在其中占据主导地位，安纳托利亚和巴尔干地区其他城镇的登记册也大多使用土耳其语。然而直到17世纪，伊斯坦布尔卡迪法庭的书记员还会用阿拉伯语抄写特定的文本，我们不知道他们是如何进行选择的，可能是因为我们目前还没有伊斯坦布尔或布尔萨卡迪登记册中完整的阿拉伯文本清单。

　　阿拉伯行省文员的母语为阿拉伯语，因此官方文件大多是用阿拉伯语撰写的。不过，至少在大马士革（Damascus），有一些文员在写作中会夹用土耳其语单词，也许是因为有一部分原告和被告人使用的是土耳其语。不过，苏丹的政令都以土耳其语下达，又被"照原样"录入文档中，所以即便是在阿拉伯语的档案里，也包含许多土耳其语文本。我们不太清楚法院的文员如何处

理这种多语言的现象：偶尔出现误解是必然的，主要是因为法官在马德拉沙学校学习的古典阿拉伯语与原告和被告使用的口语区别很大。然而，史学界对这个现象的关注，尚且不如对台尔果曼问题那样重视。

在16世纪，不仅是阿拉伯地区，即便是在伊斯坦布尔和布尔萨这样的市民说土耳其语的城市，公共建筑上的铭文也常常是阿拉伯语的。这些铭文通常用来装饰清真寺和马德拉沙学校，书法精美，如果是在瓷砖上刻写的，那么往往会用深蓝色背景来强调。我们可以推测，就算人们大多无法理解这些文字，也一定会对此印象深刻。虽然15到17世纪留存下来的墓碑数量寥寥无几，但我们发现那些简短且程式化的碑文也是用阿拉伯语写成的。

从18世纪开始，习俗发生了改变。在伊斯坦布尔现存最古老的一处墓园，大约1750年前的墓碑并不多见，而18世纪后期以土耳其语刻的墓碑更加精美，保存下来的也更多。也许这意味着越来越多的人可以通过立碑来缅怀逝去的亲人。18世纪宗教基金会相关的碑文也表现出了类似的趋势，文本更长，使用土耳其语，虽然比16世纪的碑来得小，但是数量更多。土耳其语的诗歌铭文往往被刻在更容易被人看到的地方，例如公共喷泉等，从而让越来越多的伊斯坦布尔公众熟悉这个新的文字趋势。

至少在一定程度上，奥斯曼帝国财政机构也在使用波斯语。财会机构文件中的一部分公式，只要读者拥有金融知识就可以理解，语言水平并非刚性需求。奥斯曼帝国财政部门的基本特征可以追溯到中世纪蒙古伊尔汗国统治伊朗时期所使用的财务手册，奥斯曼帝国早期的官员一定对此非常了解。

　　然而更重要的是，波斯语作为文学语言和精英语言的使用。塞利姆·库鲁（Selim Kuru）的研究表明，直到16世纪下半叶，奥斯曼帝国文人依旧在努力掌握波斯诗歌的精髓，编纂波斯语字典和文集，并翻译伊朗的文学作品。诗人百科全书也很受欢迎，里面还包括诗人的代表作品。通过以上种种教育手段，受过良好教育的奥斯曼帝国将领极有可能精通波斯文学。在16世纪中期，时任海军将军的赛义迪·阿里·雷斯在印度洋痛失舰队，经陆路返回家乡后，就声称自己已经充分掌握了波斯语的精髓，并获得了伊朗文人的赏识。他甚至坚称，自己在伊朗领土上对先知穆罕默德的女婿阿里（'Alī）适时朗诵的赞诗，将他从间谍面临的死刑中救了出来。无论这个故事是真是假，既然他把故事写进自己的游记之中，就足以体现奥斯曼帝国受教育群体眼中的伊朗文学的崇高地位。了解了这一点后，我们有必要注意到，他们并不将波斯语视为萨非王朝的象征，相反，一部分伊斯坦布尔的精英阶层认为萨非人是"野蛮的突厥人"。然而，到了16世纪后期，来自萨非王朝的逊尼派逃难者成为文人系统中高等职位的有力竞争者，著名的历史学家、文学家穆斯塔法·阿里对此表达了自己的疑虑，甚至怀疑他们对新主苏丹的忠诚。对于接受过良好教育的奥斯曼人与伊朗之间的关系到底有多深，我们还没有一个全面的评估，如果要进行这项研究，可以以英国或法国对奥斯曼帝国的观点为模板。不过，正如文化历史学家所提出的那样，在本书研究的时间范围内，伊朗的艺术和文学一直都是伊斯坦布尔的灵感源泉。

另外，奥斯曼帝国的巴尔干地区却并没有多少波斯语的拥趸：在如今的保加利亚留存下来的众多奥斯曼帝国时期的手稿中，阿拉伯语广泛用于宗教手稿（占总数的81.5%），排名第二的——尽管差距有点大——则是奥斯曼土耳其语手稿（14.7%），波斯语手稿占比极低（3.8%）。显然，在这个省级地区，很少有人对与宗教无关的波斯文学感兴趣。

对非精英阶层的土耳其语使用者，我们又了解多少呢？18世纪以前，伊斯坦布尔的居民用已故亲人的墓碑来表明其家庭地位与人情关系。多数情况下，这些墓碑刻有奥斯曼土耳其语短诗，内容大概是对死者生平的介绍。而18世纪的碑文比之前的篇幅更长，因此文字内容作为身份象征的意义也更大，有些并不显赫的人会以此幻想自己与宫廷精英阶层有关。

除了墓碑和本地卡迪的记录簿，生活在19世纪中期以前并拥有一定财产和/或教育经历的奥斯曼非精英阶层，通过数量庞大的请愿书或诉状，也为自己的生平留下了记录，其中一部分请愿书及诉状涉及敏感的话题，例如对女性的暴力等。诚然，这些材料并不能够原原本本地再现向苏丹的官员提出诉求之人的"声音"。对于绝大多数请愿者而言，即便他们自己接受过文化教育，聘请专业的请愿书或诉状撰写人员也是必不可少的，因为多数人并不会使用书面奥斯曼土耳其语，也不知道写这类文本的格式。尽管书记员不会逐字逐句记录，但我们仍然可以得知，卡迪法庭上的诸多谈判都是用阿拉伯语和土耳其方言以口头形式进行的。关于诉状撰写人如何帮助保加利亚的农民或亚美尼亚手工艺人将诉求提交法庭，我们也知之甚少。即便有一定程度的灵活性，但事实就是精英阶层和非精英阶层使用不同的语言和/或方言，但法院文件的标准化格式要求很少或并没有考虑到这个事实所带来的困难。

莫卧儿的多语制

波斯语的使用：确保帝国凝聚力的手段

从语言的角度而言，受过教育的奥斯曼人和莫卧儿人之间的交流应该比较简单，因为他们应当都在学校里读过相同的波斯经典作品。德里苏丹国的文人大多使用波斯语，莫卧儿帝国也沿用了这个文字传统。尽管著名的巴布尔的传记所使用的是察合台土耳其语，但其后代，即便是皇室的女性，也都已转而使用波斯语。阿克巴的姑姑古勒巴丹·贝古姆（Gul-Badan Begam）的宫廷纪事可能也是用波斯文写的。"波斯化"的文化——这是印度莫卧儿王朝历史研究者经常使用的术语——就包括了波斯语在莫卧儿精英阶层日常生活中的普遍应用。

由于波斯曾长期统治北印度，因此后来的莫卧儿统治者可以不费吹灰之力地找到大量波斯语使用者。毕竟，早在莫卧儿征服印度前，古吉拉特和戈尔孔达苏丹国的人口中就有众多波斯人。也就是说，阿克巴皇帝决定在帝国管理机构中运用波斯语也不意味着向次大陆引进一种新的异域语言。这项政策扩展了波斯语的学习者的范围，因为即便是低等级的农村官员，也需要看懂用波斯语撰写的中央政府命令文件，而且他们自己撰写的文件也需要用波斯语，这当然更加费力一些。

此外，中央政府规定，标准的波斯语发音和拼写应当与呼罗珊地区的语言规则一致，从而避免了波斯语出现"印度版本"。自然而然地，帝国精英开始就波斯语的"正确"写法进行了争论，鼓励文人避免使用非波斯语的词汇，包括来自阿拉伯语的借词。在政府官员眼中，能够在广袤的领土上实现标准化是波斯语的主要优势之一，因此波斯语的使用也具有优越性，例如在北印度，波斯语的使用范围就比古印度语的多个变种的使用范围更为广泛。有趣的是，一些研究文学风格的历史学家提出，印度人写的波斯语文本会带有土耳其语言特征，这也许是巴布尔留下的语言遗产。综观全局，是否掌握波斯语这条标准将莫卧儿帝国人民分成了两类，即便只是受过一点教育的人，也与帝国没受过教育的大部分人不同。

莫卧儿帝国和伊朗以及波斯语之间的关系对莫卧儿人的个人日常生活也有影响，因为在此期间中亚和伊朗地区的移民源源不断地进入莫卧儿帝国的贵族圈子。在莫卧儿王朝建立初期，胡马雍在萨非王朝的支持下于1555年重新夺回皇位后，伊朗人在帝国的活动就尤为活跃。莫卧儿皇帝鼓励伊朗移民来到自己的国土，希望以此平衡与包括中亚地区的王朝在内的其他王朝之间的关系。因此，阿克巴朝廷派出了"人才探子"，顾名思义，就是让他们去寻找伊朗杰出的文人，并鼓励这些人迁往印度，朝廷还会大方地补贴移民产生的费用。至于这些移民，其中一部分可能是对17世纪的伊朗感到不满，因为当地什叶派宗教学者占主导地位，这往往导致立场不同的人生活艰难。另外，莫卧儿贵族的资源更为丰富，他们对这些人也更加慷慨。

波斯诗歌：教学、创作，将其作为打败对手的武器

从德里苏丹国时期开始，印度文学家就一直用波斯文创作诗歌和散文，在莫卧儿皇帝治下也承袭了这个传统。从16世纪后期开始，能够写一手漂亮的波斯语文章是进入莫卧儿精英阶层的必要条件。我们在前文曾经提到，人们可以在马德拉沙学校学习这项必不可少的技能，所以印度教教徒也会进入这类机构学习。马德拉沙学校专注于培养未来的行政管理人员，因此也教授数学、税收管理和会计学。在孟加拉地区，富有的印度教教徒甚至会赞助开办这类学校，为当地的年轻人铺就走向行政管理岗位的路子，其他地区可能也有类似的情况。在波斯语教学的早期，多数老师是来自伊朗的移民。不过到了后来，当地的穆斯林和印度教

教徒接过了这项工作，开始教授新一届的学生。

　　然而，我们必须注意到，这些举措所造成的波斯文学的"印度化"是部分文人所反感的。与官方的态度一致，文人崇尚"纯洁的"波斯语，并放言非伊朗人是无法企及这个高度的。伊朗的文人尤其反对印度文人在文本写作中掺杂古印度语词汇。与之前提到的穆斯塔法·阿里提出的争论一样，伊朗出身和非伊朗出身的文职人员之间的竞争也是我们感兴趣的话题。

　　对一心想在莫卧儿帝国晋升的人而言，即便是只想做税收管理人员，能写出好的波斯语文章也是个出众的优势。印度人昌达尔·班采用婆罗门（Barahman）的别称布拉曼（Brahman）作为自己的笔名，这一点就颇值得玩味，他自己也在波斯文诗歌界赢得了声望。正如拉杰夫·金拉所说的，这位文学大师在世期间，从没有人能够质疑他显赫的地位。只是在他去世以后，才有一些文人传言说，昌达尔·班对宫廷礼仪一无所知，因此在规矩森严的沙贾汗宫廷中犯下了大罪。根据金拉的说法，这种流言只不过是昌达尔·班的批判者试图表明自己比他更加优越才散播的，因为昌达尔不仅母语不是波斯语，还是个印度教教徒。而我们也会怀疑，在莫卧儿王朝和萨非王朝之间时不时会紧张的关系下，伊朗移民对莫卧儿皇帝的忠诚是否始终可信。

　　尽管不同民族文人间的关系紧张，但在南亚，对以费尔多西《列王纪》为首的伊朗文学著名文本的熟悉，还是成了居住在不同行省的受过教育的人之间的纽带，这就像熟知莎士比亚的主要作品是英语世界内外的纽带一样。另外，统一使用波斯语也让感兴趣的穆斯林能够读懂印度教的经文、哲学和文学作品。阿克巴就曾委托将一系列梵文作品翻译成波斯文版本，他的曾孙达拉·舒科也继续了他的这项事业。不同宗教和文化传统人群间的合作正是这个项目成功的先决条件。精通梵文和传统的印度教学者通常不懂波斯语，而精通波斯语的宫廷文人则不会梵文。这两个群体唯一的共同语言是古印度语——1600年前后使用的一种口语而非书面语言。因此，这两类文人之间的合作有时是出于自愿，有时却并非如此，而只是遵守皇帝的命令罢了。

由于波斯语是精英圈子里通用的语言，因此许多波斯单词流入了古印度语，古印度语也是今天的印地语和乌尔都语的前身。穆扎法尔·阿拉姆是这么说的："古印度语在进入莫卧儿文化圈前，就已经被波斯化了。"对于今天的土耳其而言，尽管在20世纪多次尝试用土耳其语新词代替阿拉伯语和波斯语的外来词，但无论是现代土耳其语还是印地语或乌尔都语，其中仍保留了大量外来词，这些外来词多数来自伊朗语。至于在当今印度使用的孟加拉语的变体，语言学家认为其中有2500个波斯语词汇仍在使用。

由此可见，"波斯化"文化是莫卧儿帝国皇帝威望与统治合法性的重要因素，并一直持续到18世纪中叶帝国开始瓦解。穆扎法尔·阿拉姆特别提出一则争议事件，该事件涉及19世纪德干海得拉巴（Hyderabad）政权的大公及其宫廷中一位来自北印度的高官。高官建议用基于古印度语且经莫卧儿人"波斯化"的乌尔都语代替波斯语。这个建议引发了大公的怒火，因为他将波斯语视为"用剑征服领土"的穆斯林胜利的象征。所以说，即便在莫卧儿帝国统治解体很久以后，这名统治着莫卧儿世界边缘政体的大公，仍然将波斯语看作穆斯林胜利以及统治合法性的象征。在这一问题上，没有任何含糊的余地。对于穆扎法尔·阿拉姆而言，波斯语对莫卧儿精英阶层而言的最大优势就是它对非宗教内容的开放性。尽管波斯语多少与伊斯兰势力有关，但精英阶层通过使用波斯语，至少在一定程度上使自己的身份与宗教保持分离。

总　结

在对奥斯曼帝国和莫卧儿帝国统治合法性的论述中，有许多都体现出所谓的家族相似性。在两个政体内，统治者都有责任保护自己的臣民，奥朗则布更是在老年忏悔自己没能尽到这个义务。尽管父系大家长的形象更符合莫卧儿统治者，但苏丹对保护臣民安全的承诺也是奥斯曼统治合法性的来源之一。另外，在许多情况下，苏丹确实庇护了寻求避难的外来者，尽管他的做法不同于莫卧儿帝国的做法——系统性地从国外引入人口补充帝国精英阶层。

关于奥斯曼帝国的统治合法性议题的内容变化缓慢，当然我们也不应当夸大精英的保守主义。到了1720年的时候，奥斯曼帝国派遣的大使可能会将自己的君主描述为被战争破坏的土地的重建者，而非从前所说的战争英雄。另外，统治合法性之所以是议题，是因为它可以与这个政体的实际功能有所不同。至少在笔者看来，统治合法性议题的缓慢改变是与同时代政权的变化相适应的。除了在征服者穆罕默德的奠基时期，奥斯曼帝国在17世纪初期和19世纪中期都经历过这种政权的更迭。而对于莫卧儿帝国来说，阿克巴时期官方的统治合法议题显然与奥朗则布时期的大相径庭，尽管两位统治者只相隔一个世纪。看来，今天研究莫卧儿帝国的历史学家尚未发现莫卧儿帝国有与奥斯曼帝国相似的政权变更。不过，这尚不能盖棺定论。

在很大程度上，这两个帝国的相似之处都源于中亚穆斯林王朝的共同传统。相应地，这两个王朝的统治也都源于征服原先属于异教徒的土地。诚然，事实上，这两个帝国的君主也要与穆斯林公国作战，然后吞并它们。奥斯曼帝国的统治者和官员也许宣称逊尼派为正统，什叶派是"异端"。相反，莫卧儿帝国即便存在教派间的争论，也并不受欢迎。即使皇帝要征服邻近的穆斯林政权来扩张莫卧儿帝国，也显然不需要任何特殊的理由。两个帝国都有若干统治者声称自己具有特殊的神性，例如阿克巴自称半神，而奥斯曼苏丹谢里姆一世、苏莱曼和穆拉德三世则称自己得到了圣人的赐福，也许是希望自己也能具有超然的地位。然而，我们终究无法确定：毕竟无论是生者还是死者，我们都不能看到他们内心真正的想法……

　　在苏莱曼苏丹的宫廷中，遵循伊斯兰教义的占卜者一度极为活跃，他们暗示统治者将扮演末世论中的主角。相比之下，阿克巴自称是半神的理论与伊斯兰教的关联不甚密切，显然，琐罗亚斯德教（Zoroastrianism）才是这位皇帝晚年所坚持的太阳崇拜的灵感来源。在当今的印度，各种形式的印度教都倾向于模糊神与人之间的区别，因此神圣王权的概念也许更容易被接受。可是，神与人之间的区别对于伊斯兰教而言却是根本性的，尽管有一部分神秘主义者认为少数被选中的人的神圣性超越了普通人类的极限。不可否认，对于某些声称有与神祇交流的特权的奥斯曼帝国统治者，历史学家的研究还只在起步阶段，也许还有比我们到目前为止所设想的更多的统治者希望自己能与超自然的存在对话。

　　两个帝国的统治阶级都将其政体定义为伊斯兰政体，但其含义却随着时间而变化。奥朗则布想要建立的政体大概与苏莱曼苏丹或穆罕默德四世的政体最为接近，他想将莫卧儿帝国重建为完全符合伊斯兰教义的政体。穆罕默德四世的做法与奥朗则布的尤为相近——毕竟他们几乎是同时代的人。这两位统治者比起他们的前辈，更乐于劝化人民皈依伊斯兰教，尤其是莫卧儿帝国的统治者。我们会发现，奥朗则布重新采用吉兹亚制度，也是出于这个目的，毕竟莫卧儿由此产生的财政税收远比奥斯曼帝国的来得少。然而，假如奥朗则布打算建立一个类似奥斯曼帝国的完全穆斯林化的政体，那他的选择真的十分有限。毕竟他的主要目标是征服德干，他需要与拉其普特军人进行合作，而拉其普特人多数只是文化层面的莫卧儿人，几乎没有改变自己的宗教信仰的意愿。

　　奥斯曼帝国和莫卧儿帝国都推行采用单一帝国语言的制度。在奥斯曼帝国，土耳其语不仅是行政管理和下达命令时使用的标准语言，同样也是撰写诗歌和史书时使用的标准语言。对于奥斯曼帝国的基督徒和犹太人来说，他们日常使用的语言中大部分是土耳其语，而非教士与拉比所用的正式书面用语。今天巴尔干的饮食文化中也包含了许多源自奥斯曼帝国烹饪风格的菜肴。尽管在19世纪末20世纪初，保加利亚和希腊试图进行"语言净化"，但直到今天，许多和食物有关的奥斯曼土耳其语词汇仍在被使用。另外，虽然莫卧儿政权在没有任何过渡的情况下，在包括印度教教徒在内的政府机构、军事机构中推行波斯语，并在马德拉沙学校开展波斯语教学，但波斯语对于次大陆的影响却没有多深远。显然，奥斯曼土耳其语对于苏丹统治的合法性，并没有起到波斯语对于莫卧儿，甚至后莫卧儿时期的孟加拉或海得拉巴那样的作用。

　　出于某些我们尚未完全理解的原因，莫卧儿帝国的统治合法性是一种持久的力量，即便是在奥朗则布这样自觉的伊斯兰统治者治下，许多印度教教徒也成了"文化层面的莫卧儿人"，并是帝国忠诚的子民。类似的情况在奥斯曼帝国比较少见，但也确实发生过。一位名叫斯特凡诺斯·沃格里德斯（Stephanos Vogorides，1780—1859）的东正教法纳尔显贵，即便是在民族主义时期，还是一生都坚定地保持着自己对苏丹的忠诚。在自传中，他直截了当地说，如果神灵真的希望他与俄国人并肩作战，那就会让他出生在俄国。

总体而言，奥斯曼苏丹及精英阶层涉足非穆斯林文化世界的积极性，似乎远不如南亚的莫卧儿帝国皇帝。如果一位奥斯曼帝国的非穆斯林希望统治阶级能认真对待自己的想法，那他首先应当皈依伊斯兰教。假如在1481年后，穆罕默德二世的继任者能够效仿他，继续保持对希腊哲学和文艺复兴的兴趣，那么情况或许就会不一样。但无论如何，历史的或然性并非我们本次讨论的主题。在下一章中，我们将把目光从精英阶层中抽离出来，转而关注城镇、商人、手工业者和农民，多多少少了解一下这群被精英阶层视为社会边缘人群的群体。

第三部分
商业与工作中的"普通人"

第五章
城镇发展中的帝国干预

在第三部分，我们将详细探讨奥斯曼帝国和莫卧儿帝国——以及后莫卧儿时期——的统治机构与纳税人群之间的关系。我们将从手头拥有的史料出发，采用"自下而上"的观察方式，从奥斯曼帝国和莫卧儿帝国普通百姓的角度探讨这层关系。

这个部分的第一章将讨论奥斯曼和莫卧儿或后莫卧儿的城镇，简单介绍自然条件给城市化带来的机遇与阻碍。随后，我们将以同样简短的篇幅探讨城市发展所需要的最低人口密度。接下来的内容篇幅较长，涉及奥斯曼苏丹和莫卧儿皇帝如何推动既有的城市——还有一个例外的新建城市——发挥帝国首都的作用。每每涉及苏丹和皇帝的宝座问题，双方的精英阶层总会提出城镇规划的建议。遗憾的是，我们并不知道，两国君主的臣民在收到搬迁命令时会有怎样的想法——是期待更多的机遇？还是对搬家的不便感到不满？

地图也是重要史料之一。18世纪前，崇尚印度教但文化上却接近莫卧儿王朝的卡其瓦哈公国绘制了一张宏大而精细的城市地图，详细地记录了旧城和新都斋浦尔（1727年始建）的风貌。有鉴于此，并考虑到莫卧儿的艺术传统在这个历史悠久的公国的普及以及适应，我们将以斋浦尔作为重点进行探讨，次数也许会超出读者的预期。尽管它并非狭义上的莫卧儿城市，但以此作为类比模型还是有一定意义的。

相比之下，奥斯曼统治者及精英阶层对绘制城镇地图就没有太大的兴趣。他们通常以签署帝国政令的形式传达治理方略，而在地方一级，则通过卡迪法庭做出裁决的方式来实施良政。这些文件规定了谁在某个地方可以做什么事。

简要探讨防御工事和花园以及它们在城镇形成中所起到的作用之后，我们也将介绍商队或河流贸易的中心城市。我们首先想到的阿拉伯地区的三个例子就是阿勒颇、大马士革和开罗。我们将主要关注阿勒颇，但是也并不可能详细讨论关于这座大城市的各种细节。北印度既非首都也非港口的大型商业城市，则首推巴特那，因为许多来访商人记录过他们对这座城市的印象，可惜的是，这些来访商人多数是外国人。

接下来我们还将研究一类非常特殊的城镇，即深水港口城市。众多专著论证了这些城市对奥斯曼帝国和莫卧儿帝国双方都有巨大的商业价值和政治意义。当然，并非所有港口都能成为商业界的主角。不过，在奥斯曼帝国的爱琴海地区以及西印度，一些规模较小的港口也值得我们研究，因为它们如同养料，将货物输送给成功成为商业界主角的大型港口。换言之，它们也是各国腹地产品的出口。陆路上也有一部分小规模的贸易中心，如果运气够好的话，也会有相关文献记载留存下来。

　　语言上的相似性意味着这两个帝国的城市文化也具有一定的相似特征。例如，在印度，"卡斯巴[1]"（qasbah）这个词指小镇，而奥斯曼语和现代土耳其语中与它发音类似的"卡萨巴[2]"（kasaba）的意思也是小镇。无论是自愿选择还是出于行政命令，镇上的居民都一起居住在城区，"城区"在奥斯曼帝国和莫卧儿帝国的名称分别是马哈勒和马哈拉[3]（mahalle/mahalla）。因为语言与城市文化的相似性，一个帝国的居民去往另一个帝国的城市，往往也能够轻而易举地找对路。

　　尽管我们探讨的时间范围是16到18世纪，但还是要牢记，早在奥斯曼帝国或莫卧儿帝国建国之前，安纳托利亚和巴尔干，以及印度的许多地区，都已然是城市化的区域了。安纳托利亚许多城镇的形成时间甚至可以追溯到古希腊和古罗马时期，即便在9到12世纪，它们还只是军事防御设施比较坚固的村子罢了。尽管巴尔干许多区域的城市化往往开始于中世纪而非罗马时期，但一度属于奥斯曼帝国领土的今天的希腊，还存在不少公元前几个世纪就已经形成的镇子。我们并没有太多关于北印度在12世纪末德里苏丹国之前就建立的城市的信息，寺庙可以说是唯一幸存下来的建筑物。不过在1200年前后，德里最初的居民区就已经成形了。

---

［1］　卡斯巴：小镇。

［2］　卡萨巴：奥斯曼土耳其语和现代土耳其语中"小镇"的意思。

［3］　马哈勒、马哈拉：城区。

一方面，无论是在莫卧儿帝国还是在奥斯曼帝国，新建城镇都是例外情况而非常态。另一方面，尤其是在印度，关于一些新建立城镇的史料，或是在1526年到1740年这段时间内从默默无闻变得广为人知的新兴城镇的史料，往往比成熟的城镇所留下来的史料更为翔实。本部分的探究也能够反映出这方面的不平衡。

先决条件：自然条件带来的可能性与局限性

世界上每个地方的城镇都各有各的历史，奥斯曼帝国和莫卧儿帝国的城镇也不例外。当地的环境对历史发展至关重要。伊兹密尔、伊斯坦布尔和萨洛尼卡的繁荣就归功于天然港口为船只抵御了大多数的——尽管不是全部——逆风。而在内陆省份，一座桥梁的建立就可以促进一个小镇的发展，就像在安纳托利亚中北部的奥斯曼哲克（Osmancık），在变化莫测的克孜勒河上建起的石桥，就为商队贸易提供了便利条件。反过来说，当附近的门德雷斯河（Menderes）里大量的石头与泥沙导致海港淤塞、流域三角洲西移后，安纳托利亚爱琴海沿岸的港口城市巴拉特（Balat）就失去了自身的重要地位。

印度也是一样，印度河（Indus）、恒河、亚穆纳河以及其他河流的无常变化也引发了城镇的兴衰。印度以外的人们知道巴特那，无非因为它的稻米，而巴特那与阿格拉、安拉阿巴德（Allahabad）和瓦拉纳西/贝拿勒斯就要通过恒河与亚穆纳河进行贸易来往。这两条河流附近的商业中心也进一步促进了陆上贸易的发展，特别是促进了中亚和西亚的贸易。往东，水上运输通道将巴特那与孟加拉、奥里萨连接了起来。英国商人早在17世纪初就发现了这个内陆港口的自然优势，他们记录下恒河的水流速度，以便将商品迅速地输送到东方，但商品向上游运输的速度相对较慢。与之不同的是，古吉拉特邦繁荣一时的肯帕德则在1620年后将其地位让位给了苏拉特，其中一个关键的原因就是涌潮——换言之，就是可以在短时间内迅速上升，给船只带来危险的一股浪。尽管这种自然现象和河流中沙土的移动并非这个港口在17世纪衰落的仅有的两个原因，但它们确实是至关重要的原因。

先决条件：一定程度的人口密度

除了自然优势和统治者的政策支持以外，城镇的兴起还需要一定程度的人口密度。如果没有足够的农业生产者，农民或牧民家庭手中的结余就不足以导致城镇的形成。毕竟，奥斯曼帝国和莫卧儿帝国的城镇扮演了当地农作物市场的角色（见第六章）。在莫卧儿帝国的许多地区，农民自己可以出售农产品。在后莫卧儿时期，尤其是在以农作物实物为主要税收形式的地区，如果商人想要从农作物商业化中获利，城镇的市场就是不可或缺的。毕竟，农作物交换意味着收税人自己拥有大量的粮食，所以他们必须将其转化为货币。奥斯曼帝国的情况也是一样，拥有蒂玛的西帕希需要市场进行交换，或者让自己治下的农民进行市场交换，因为粮食什一税是奥斯曼帝国税收系统的支柱。还是那句话，如果人口过于稀少，就不会有粮食购买者，这一点从安纳托利亚中部博佐克分省［Bozok，今天的约兹加特（Yozgat）］16世纪的税收登记册中就可见一斑。这个地区村庄稀少，当地人多数以牧羊为生，到16世纪都没有形成主要城镇，第一个具有划时代意义的城市中心到了19世纪初才出现。

印度的林区大概没有任何城镇。由于文献资料的缺乏，历史学家通常会忽略这些区域。另外，切坦·辛格（Chetan Singh）的研究也证实了，在资源匮乏的情况下，森林的资源保证了农村人口的生存，也由此拯救了城镇人口的生命。同时，拉贾斯坦西部尽管靠近塔尔沙漠（Thar Desert），气候干旱，但仍然有一定数量的集镇，即便该地区总体人口较少。这些集镇为牧民生产的商品（如羊毛和黄油）提供了市集。此外，干旱的气候也推动了盐的生产，盐是牧民需求量极大的商品。盐业利润丰厚，引起了英国人的关注：英国获得印度的政治控制权后，便垄断了盐业，导致大量当地人失业。

帝国干预：推动首都城市发展

除了自然条件以外，帝国的政策也对城市化产生了积极或消极的影响。即便16世纪奥斯曼安纳托利亚的爱琴海沿岸拥有优质的天然港口，但港口城镇的规模依然很小；同时，在16世纪的黑海西部，城市化进展也极为有限。学者们认为这种情况的出现和苏丹的政策有关——苏丹会将从海上运来的农产品储备起来，供军队（包括海军）、宫廷和伊斯坦布尔的居民使用。

毕竟，军队需要消耗大量的食物和饲料，而海军除了食物以外还需要棉花和麻布，宫廷则需要奢侈品以及为众多仆从提供的粗茶淡饭和简朴的衣物。首都伊斯坦布尔通过手工业者的生产与贸易助力帝国的运作，而由于帝国政府对粮食短缺可能引起城市叛乱的担忧，首都的市民可以优先享有肉类和谷物的购买权。此外，在1453年奥斯曼帝国攻占伊斯坦布尔之后，征服者穆罕默德和巴耶塞特二世就赞助修建了不少商业建筑，包括两个至今仍在使用的室内市集，而伊斯坦布尔也从中受益颇丰。为了让伊斯坦布尔成为一个伟大的伊斯兰大都市，让其能够控制贸易线路并展示帝国的辉煌，这两位君主付出了巨大的努力吸引商人和手工业者来此。在那几十年间，这些政策是否卓有成效是值得怀疑的：由于战争引起的动乱，这座城市多处已经空了，而一部分拥有可支配资金的安纳托利亚家庭很可能并不清楚此处的贸易是否能够复苏。另外，一些新居民举家搬迁至伊斯坦布尔是因为苏丹许诺给他们拥有永久产权的住房，所以后来君主改变了主意，将房屋分配给兼清真寺与马德拉沙学校为一体的圣索菲亚大教堂（Aya Sofya/Hagia Sophia），自然会引起许多不满，一定有很多人出于失望的情绪而离开伊斯坦布尔。此后不久，一场瘟疫夺走了该市千千万万居民的生命，这对这座城市来说更是雪上加霜。

不过，到了15世纪70年代，伊斯坦布尔再度成为拥有16324户家庭的大城市，不过我们并不知道这些家庭的平均规模几何，因而无法有把握地估算出城市人口，只可以做出粗略估计。在伊斯坦布尔成为奥斯曼帝国城市和伊斯兰教城市的最初几年，不少家庭拥有相当数量的奴隶，但他们只是主人的私有财产，因而不包括在城市人口内。

在我们所研究的时间范围内，奥斯曼帝国并没有进行过迁都：即使有一些苏丹向往埃迪尔内附近丰富的猎物资源，定期去那里狩猎，但伊斯坦布尔始终是苏丹的住地。摆驾埃迪尔内是16世纪苏丹宫廷的习俗之一，苏丹前往帝国前首都是一种仪式，被称为"君主移驾"（göç-i hümayun）。国君这样的做法可以带来不少利益，基于此，苏莱曼苏丹的女婿、大维齐尔吕斯泰姆帕夏（Rüstem Paşa，卒于1561年）建造了一座两层的商务建筑汉[1]（han），这座建筑里还有两个院子可以为商人提供住宿，至今仍是埃迪尔内的标志性建筑之一。16和17世纪，一些苏丹经常要在巴尔干地区指挥或参与军事行动，因此偶尔需要离开首都在埃迪尔内暂住。只在17世纪下半叶，有大概五十年的时间，苏丹宫廷可能长期存在于这座巴尔干城市。不过，伊斯坦布尔的士兵和

---

[1] 汉：有一个或两个院子的商业建筑，贸易商人和手工业者可以在此投宿，收取的费用通常用来维持慈善机构的运行。

手工业者的抗议迫使刚刚登基的艾哈迈德三世苏丹回到了古老的
首都伊斯坦布尔。

　　在15世纪中后期伊斯坦布尔成为苏丹所在的城市之前（甚至
在此之后），奥斯曼帝国的首都布尔萨吸引了一些官方关注。16
和17世纪，托普卡帕宫厨房的供给就依赖于布尔萨，这座从前
的都城成为苏丹宫廷的作坊。不仅如此，商人和手工业者也从布
尔萨作为首都时遗留下来的商业建筑中受益，这些建筑中还有不
少至今尚存。今天被称为艾米尔汉（Emir Hanı）的"旧带顶棚市
场"，早在1360年就出现在宗教基金会的文件记载上，当时布尔
萨还是奥尔汗·加齐（Orhan Gazi，卒于1362年）的主要居住地。
奥尔汗可以说是将新兴的奥斯曼公国"画进地图"的那个人，不
过这个说法仍有争议。

　　伊斯坦布尔有大量商业组织赞助宗教基金会的例子，在此我
们只能列举一二。例如，维齐尔吕斯泰姆帕夏曾在伊斯坦布尔商
业区中心建造了一座清真寺，该寺位于集市街地势较高的平台
上，建筑外墙上面装饰有精美的瓷砖。这样的设计可以让商人与
手工业者在几分钟乃至几个小时内专注于生活的精神层面上。吕
斯泰姆帕夏还在伊斯坦布尔的港口加拉塔建造了一个商队旅馆，
它时至今日还在作为商业场所使用。几年后，时任维齐尔的索科
卢·穆罕默德帕夏在伊斯坦布尔赞助建造了两座清真寺。其中一
座清真寺坐落在金角湾，一侧与加拉塔城墙相连，另一侧则毗邻
卡西姆帕夏的船厂（见图7）。众多商店、船只停泊点和男女分用

的公共浴室，都是索科卢的宗教基金会的资金来源。另外，这位维齐尔还打算扩大他建的新清真寺的下层容纳空间，以进一步提高来自用户的租金收入。在伊斯坦布尔之外，索科卢在其他城市也有一些商店，包括位于埃迪尔内中心地带的一座至今仍在运营的大型公共浴场，它们都为索科卢位于伊斯坦布尔的慈善机构和其他慈善机构提供了源源不断的资金。

然而，到了16世纪后期，首都宗教基金会的运行并不尽如人意：尖刻但善于观察的作家穆斯塔法·阿里指出，公共食堂分发的救济汤羹，即便是马德拉沙学校的穷学生也难以下咽。据说学生们本为了和朋友见面去了公共食堂，但最终却把拿到的"糟糠"喂给了狗。

从早期阶段开始，奥斯曼苏丹就偏向于选择一座固定的都城，以吸引大量对首都以及连接周边城市的主要道路上的建筑的投资。相比之下，在奥斯曼帝国成为安纳托利亚的唯一统治者之前，统治西部半岛的艾登与曼特塞公国的大公则不一定长住在某一座都城内，而是在公国内部几个主要城镇之间迁徙。这样的模式似乎与莫卧儿皇帝的迁移模式更为相似。莫卧儿皇帝待在德里和阿格拉的时间无疑比待在其他地方的都久，但是除此以外，阿克巴也曾尝试在"钦定规划"的法塔赫布尔·西格里城生活，并在拉合尔居住了许久。而对于奥朗则布来说，次大陆南部的战役占据了他太多的时间，因此他在所谓的首都中居住的时间并不长。

图10

　　推动了帝国首都形成的清真寺建筑群：苏莱曼苏丹清真寺，由建筑师锡南于1550—1557年建成。在苏莱曼去世很久以后，锡南在向一位朋友口述的回忆录中说，他的敌人在苏丹面前诽谤他，导致苏丹对他产生了误会，引发了一场对抗，苏莱曼苏丹甚至曾隐晦地威胁要监禁或处死他。好在锡南及时完成了这项工程，用事实战胜了诽谤者的谣言。

即便如此，莫卧儿帝国的皇帝及其家眷还是在首都的商业基础设施上进行了投资。其中有一个特征是我们未曾在奥斯曼帝国宫殿中发现的，即在宫殿内建有一条设有商铺的街道阿拉斯塔[1]（arasta）。受伊朗样式的启发，17世纪中期沙贾汗在德里的城堡里就有这样的设计，该城堡保存到了今天，现在我们将其称为拉尔奎拉城堡（Lal Qila），或是红堡。这座皇宫中的商铺街从主入口一直延伸到皇帝接受公众觐见的大厅，即公众觐见大厅[2]（divān-i'āmm）。我们不知道17世纪的时候，这些商店里是否只容纳帝国作坊所雇用的手工业者。如果是这样的话，就不由得让人想起为苏丹工作的奥斯曼画家和手工业者，他们的商店有时就在宫殿最外圈的院子里，但是没有苏丹为他们特意造过一条街。

通观历史，阿克巴迁居到法塔赫布尔·西格里城、阿格拉、旧德里和沙贾汗纳巴德等地，是莫卧儿统治者为各自首都的商业提供支持的典型案例之一。显然，安纳托利亚和巴尔干半岛上典型的有顶集市[3]（bedestan）在这里并不受欢迎。在莫卧儿帝国的城市中，人们更喜欢商店林立的街道。有一种精巧的设计是，两条有沿街店铺的街道十字相交，岔路口可能会变成广场，小摊贩

---

[1] 阿拉斯塔：商店林立的街道，通常是一举建成的，赚取租金以提供给某个宗教基金会使用。

[2] 公众觐见大厅：皇帝宫殿中用来召开大型聚会的场所。

[3] 有顶集市：带顶棚的市场，通常是用石头建造的。

们可以在此等候自己的顾客。商队旅馆也是莫卧儿帝国首都的有机组成部分，法塔赫布尔·西格里城至今仍有一些这类建筑的遗迹，类似的建筑在沙贾汗纳巴德也有不少。

阿布勒·法兹勒指出了阿格拉作为莫卧儿帝国首都的优势地位，并认真总结了阿格拉16世纪晚期的税务记录，这正是该市商业方面的史料的主要来源。此外，薄荷也使阿格拉获得了商业上的重要地位。对泰姬陵（见图11）在17世纪中期竣工时的描述就体现了其在城市中相对中心的位置。由早期英国殖民管理人员撰写的波斯语档案，也为现在的读者形象地展现出泰姬陵1800年前后的风貌。尤为重要的是保存在曼·辛格二世（Maharaja Sawai Man Singh II）博物馆中的18世纪阿格拉地图，它不仅描绘了陵墓和河滨宫殿，还标明了商业建筑的位置。对泰姬陵的研究表明，最早这片建筑群的前院就包含商业街，但商业街现在已经不复存在。泰姬陵的大门——也就是现在的"胜利之门"（Sirhi Darwaza）——外曾有四个商队旅店围绕在广场四周，类似于法塔赫布尔·西格里城的规划设计。如今，大门依旧存在，商队旅店却多数消失在历史的长河之中。

尽管泰姬陵与阿格拉堡（见图12）有一定距离，但18世纪的城墙将这两处建筑都围在了城里。也就是说，到17世纪中期，这座城市至少拥有两个商业区。在阿格拉，优质美丽的社区都在亚穆纳河畔，这里形成了阿格拉最美的街道。河畔处处都有花园、宫殿和陵园。阿格拉内部的河滨好像并没有适合船只停泊并装卸

图11

阿格拉的泰姬陵：这是1632—1677年沙贾汗为他最爱的妻子泰姬·玛哈尔（Mumtāz Mahal，卒于1631年）建造的。1666年，被废黜与囚禁多年的沙贾汗也被儿子葬在此地。

货物的空间，不过，来到阿格拉的船只可以停泊在亚穆纳河的河湾，该河湾就在阿格拉堡围墙的外边。由于莫卧儿宫廷的需求，哪怕是在这里建造一个小的内河港口也是有必要的。城市布局表明，莫卧儿王朝至少有一部分城市是根据详细的规划建造的，可能是建筑师与显贵们协商后进行设计的。显然，即使莫卧儿皇帝的公共角色强调其穆斯林的一面，但沙贾汗纳巴德的设计仍然体现了古老的印度教规划原则，即城市应该像弓与箭一样结合在一起。另外，阿尼鲁达·拉伊（Aniruddha Ray）认为，伊斯兰教将

图12

　　阿格拉堡的一个入口：阿格拉堡是在阿克巴的命令下建造的，后来贾汗吉尔做了进一步扩建。这座庞大的建筑是阿格拉的中心建筑，帝国皇室的赞助使得这座曾经名不见经传的小镇一跃成为16和17世纪世界上伟大的城市之一。

城市比作人体，而宫殿是头颅，这个观点也在城市规划中起到了重要的作用。

　　与奥斯曼帝国一样，公共浴室哈马姆（hammam）也是莫卧儿城市——尤其是莫卧儿首都的特点之一。法塔赫布尔·西格里城就有许多公共浴室遗址留存了下来，只是处于破损状态。一座典型的公共浴室包括更衣室、热水浴室、冷水浴室和厕所各一间，所以这些浴室并没有伊斯坦布尔的大型浴室那样精美。伊斯坦布尔的大型浴室，包括索科卢的宗教基金会搭建的，都是男女分开的两座独立建筑。苏莱曼大帝的妻子许雷姆苏丹赞助建造的许多慈善机构中，就包括一座位于圣索菲亚大教堂和艾哈迈德苏丹清真寺之间的大型男女分用哈马姆。经历沧桑后，如今这座建筑再次恢复了最早的用途。

图13.1

　　城镇需要充足的水资源供应：城市中巨大的高架渠彰显着自己在奥斯曼帝国和莫卧儿帝国中的存在感。穿越希腊北部色雷斯卡瓦拉（Kavala）小镇的高架渠就得益于苏莱曼苏丹曾经的朋友——维齐尔马克布尔·马克图尔·易卜拉欣帕夏［Makbul ve Maktul İbrâhim Paşa，又名帕尔加勒（Pargalı），卒于1536年］，他在这座小镇设立了宗教基金会。近期对易卜拉欣帕夏墓地的发现使这个故去几百年的贵族再次吸引了大众的视线。

图13.2

　　城镇需要充足的水资源供应：地下水源汲取口（bauli）具有精美的建筑风格，一度是北印度的常见建筑物。如今，这些建筑物仅仅是"旅游"景点，因此很难对它们进行保护。这座地下水源汲取口是勒克瑙（Lucknow）巴拉·伊芒巴拉墓宫（Bara Imambara）的一部分，它开放于1784年，尽管建成日期较晚，但因为保存状态良好，所以我们选择在这里展示它。

图13.3

城镇需要充足的水资源供应：保加利亚萨莫科夫（Samakov）的埃明·埃芬迪（Emin Efendi）公共喷泉，捐赠者是苏丹的厨房总管，其出身可能与这个小镇有关。这座喷泉建于1660年左右，没有铭文，但有迹象表明后来进行过修缮。18世纪流行在（近）立方体建筑内设置喷泉，因此这座喷泉如今的样貌可能来自后期的修缮。请注意给动物喂水的装置以及附带的鸟舍。

帝国干预：推动朝圣中心与商业场所的发展

汉志境内有麦加和麦地那两座伊斯兰圣城，奥斯曼帝国苏丹会通过宗教基金会来推动该地区的城市化，以满足众多朝圣者的需求。尽管从来没有一位苏丹前往麦加朝圣，但一代代的奥斯曼统治者仍然通过设立在埃及和奥斯曼其他行省的宗教基金会保障了跨越红海的粮食运输——通常从埃及运来——从而保障了成千上万的人能够履行自己的宗教义务。因此，到了朝圣季节，商人就能将食物卖给朝圣者：由于汉志的农业发展水平极低，倘若没有帝国方面的支持，这种情形是几乎不可能出现的。巧合的是，阿克巴显然试图在这个领域和苏丹进行竞争，尽管只是在一种适度水平上竞争。奥斯曼旅行家艾弗里雅·切莱比曾在1672年到访麦加，他注意到，莫卧儿皇帝为印度的朝圣者在卡迪里托钵僧僧舍建造了一个庇护所。不过必须承认，没有其他史料提及这栋建筑，艾弗里雅·切莱比也没有记录下自己信息的来源。他还曾说过，米列维教团有一座位于麦加郊区的梅夫列维哈内[1]（mevlevihane），最初是由来自拉合尔的一名叫作穆罕默德（Muhammad）的托钵僧的基金会赞助建造的。这位穆罕默德一度得到米列维教团领袖的允准，担任基金会的负责人，但这种说法的可信度就更难以把握了。无论是真是假，艾弗里雅·切莱比，包括一些其他到访过麦加的著名旅行者，都相信阿克巴和其他来自印度的显贵曾在麦加建造托钵僧僧舍，并为贫穷的朝圣者提供了慈善援助。

与奥斯曼帝国一样，莫卧儿帝国也拥有许多穆斯林和非穆斯林的朝圣地，而且这些朝圣地都获得了帝国的官方支持。在统治早期，阿克巴之所以将首都定在法塔赫布尔·西格里城，正是因为他曾朝拜著名的契斯提教团的苏菲派贤者（见图9）。在这座以

---

[1]　梅夫列维哈内：米列维教团托钵僧僧舍。

托钵僧的名字命名的城镇中，清真寺、林园和发挥门户作用的大型建筑至今仍然存在。有时非穆斯林的朝圣地也同样受到帝国的庇护，耆那教教徒就曾经满怀热情地参拜阿克巴的皇廷，向这位统治者为他们提供庇护的厚爱之心表示感谢。在莫卧儿的贝拿勒斯地区，拉其普特、贾特（Jat）和马拉地的大人物都资助了许多寺庙，拉其普特人主要建造拉姆的神像，而马拉地人则更重视湿婆。有时，莫卧儿帝国的权贵会资助印度教寺庙的重建，而印度的大公也可能为清真寺的建造提供资金，以期吸引穆斯林商人，或在莫卧儿朝廷赢得威望。类似的情况在奥斯曼帝国极为少见，据我们所知，仅有的几次大多发生在19世纪。

不过，"跨宗教"的赞助也会遇到一些来自官方的挑战：奥朗则布赞助建造了一座清真寺，在该寺所处城镇的任何地方都能看见其宣礼塔的塔尖。他通过这种方式，保证伊斯兰教和莫卧儿王朝在贝拿勒斯至高无上的统治地位始终清晰地存在于宗教朝圣者的脑海中。

对于非穆斯林朝圣者，奥斯曼苏丹时而扮演仲裁者的角色，以确保宗教间的竞争不会阻碍所有基督徒去往耶路撒冷圣墓（Holy Sepulchre）教堂祈祷。毕竟，苏丹的官员还要从基督徒或犹太朝圣者那里收取费用，以保证所有虔诚信徒来此参拜的合理性。不过，维护耶路撒冷及其他朝圣地的秩序所需的费用，通常都来自使用该礼拜场所的群体内部。奥斯曼帝国外的统治者也可能发挥积极的作用：在维修圣墓教堂方面，法国国王以及后来的俄国沙皇也经常提供必要的资金。鉴于当时的政治对抗情况，如何获得苏丹对维修教堂的许可也许会成为复杂的外交问题。

除了首都和朝圣地外，在没有特殊宗教意义的地区，统治者可以通过再度提供适合商业活动的场所来支持城市的发展。在奥斯曼帝国的安纳托利亚地区，一些维齐尔和宫廷女性就建造了许多这样的建筑物：根据西拉达尔·穆斯塔法帕夏（Silâhdâr Mustafa Paşa）的指令在1636年建造的汉，至今仍耸立在当时的马拉蒂亚（Malatya）中心，马拉蒂亚也就是现在的巴特尔加齐（Battalgazi）。在安纳托利亚的城镇里，通过"微型法庭"学习治理艺术的王子们有时会赞助修建有顶集市。例如，征服者穆罕默德的一个儿子杰姆（Cem）王子（1459—1495）住在拉兰德（Larende），也就是今天的卡拉曼的时候，就是这么做的。征服者穆罕默德的维齐尔马哈茂德帕夏（Angelovič，卒于1474年）被苏丹处决后，仍在不少地方被尊为圣人，他曾在安卡拉建造了一个有顶集市，这个集市就是今天安纳托利亚文物博物馆的所在地。

此外，奥斯曼帝国和莫卧儿帝国的精英阶层也都会向几条重点公路上的旅行者提供便利，尤其是那些将主要行省的中心与首都连接起来的道路。根据贾汗吉尔的皇后努尔·贾汗的命令建造的商队旅店，仍然矗立在今天的土地上，与西拉达尔·穆斯塔法帕夏的汉相对应。根据英国旅行者彼得·芒迪（Peter Mundy）所言，这座以皇后的名字命名的建筑物有许多完全用石头建成的拱门和穹顶。彼得·芒迪还说，在一个叫作查帕哈特（Chaparghat）的地方，也有一座类似但或许更为精巧的建筑，该建筑的四个角落有四座塔楼，共有二十一扇门。这些建筑应该都比典型的奥斯曼商队旅店大许多，而且后者的门更少，也很少会有塔楼。

城市规划与构想：奥斯曼帝国的城区和街道

在统治者对城市规划的干预方面，奥斯曼帝国与莫卧儿帝国并不相同。19世纪中叶以前，奥斯曼苏丹可能会为了自己能被远远地看见，将皇室用地划在山上或水边，但他们并没有干涉街道或路口的规划。多数苏丹也不会想要决定什么建筑可以造在伊斯坦布尔海峡（Istanbul Boğazi）或是金角湾旁边，除非苏丹——或统治阶级的某个人——想把宗教基金会的建筑造在从前非穆斯林人口居住的地区；只有在这种特殊的情况下，他们才会野蛮地清理干净这片土地。

此外，在1800年前后，也就是本书研究的时期结束之后不久，谢里姆三世下令将伊斯坦布尔海峡周围的地产列出清单。当时那里已经是精英阶层和富裕人口所青睐的避暑胜地，而这些清单使得统治阶级可以掌握谁的庄园位于哪里，并确保富裕的非穆斯林的房屋不会离穆斯林精英的房屋过近。正如艾谢·卡普兰（Ayşe Kaplan）所言，18世纪伊斯坦布尔城市的扩张以及市民对生活享受的追求，使得不同社会群体之间的界限变得模糊。然而，在发生于1800年前后的危机到来后，谢里姆三世与马赫穆德二世则开始试图重新明确这一界限。

17世纪以前，伊斯坦布尔和各行省主要城市的地图很少见，即便是有，也几乎都是外国人绘制的。不过，即便没有事先绘图，帝国相关人员总归还是会进行一些空间规划的。例如，16到19世纪的奥斯曼精英阶层认为，穆斯林和非穆斯林应该在不同的城区（马哈勒）居住，穆斯林的区域往往是以堪称当地生活中心的清真寺来命名的。通常，统治精英并不希望清真寺的会众太少，因为那会阻碍清真寺的有效运行。因此，在一些情况下，原本居住在清真寺附近的非穆斯林会接到出售自己的房屋并搬家的命令，这样就可以确保足够多的穆斯林居住在清真寺周围。这些命令如果都被严格地执行了，那么会深刻地改变城市原本的布局。当然，在某些情况下，这种类型的布局改变也会有世俗的原因影响，比如当地的某位有影响力的大人物想要获得理想的地产，等等。

相比之下，基督教堂和犹太会堂却并不是总能够被用来命名其所处的城区。在某些地方，当局在编写城市纳税人登记簿时，只是简单地将所有东正教教徒、亚美尼亚人或犹太非穆斯林登记在一起，所以他们各自的礼拜场所并没有被记录下来。事实上，有时的确会出现"宗教混合"的马哈勒，因为这些区域的居民往往正处于非穆斯林向穆斯林过渡的进程，或相反的进程中。不过，这种"混合"生活模式在一些城市持续了几个世纪，其中一个典型例子就是安卡拉。

在关于大型清真寺周边的商业街道恰舍[1]（çarşı）的记载文件中，我们发现了更多有关不使用地图进行空间规划的案例。习惯上，同一行业的手工业者会聚集在同一条街道上，那么这条街就会以该行业行会的名字来命名。这种做法既方便征税，又有利于同一工种的手工业者相互监督，同时也让顾客能够方便地比较他们提供的商品的质量。但是，有时也会有手工业者在指定的街道外设立商店，他们甚至获得了官方的许可。因此我们也不能说，所有手工业者都在自己所在的行会专属的街道内从事贸易。

恰舍的商店往往很小，多数手工业者并不住在自己工作的场所，尽管由于交通不便，他们的聚居地可能离各自的恰舍很近。19世纪前的奥斯曼帝国税务登记簿上并没有标注街道地址，所以我们也无法证明这一推论。不过无论如何，16和17世纪，工作场所和住所分离的习惯似乎仍然占据主导地位。相比之下，到了18世纪后期和19世纪早期，登记簿上开始详细记录伊斯坦布尔手工业者的住址，这些记录确实表明，相当多的人住在自己的商店里。他们也许尚未结婚，或是刚刚搬来这座城市；其中一些人也许是学徒或是出师的学徒工，不得不为他们师傅的店铺守夜。

---

[1] 恰舍：用来做生意和工艺品的街道/区域。

城市规划：莫卧儿帝国的城区和街道

　　前面说到，在莫卧儿，对城市，至少对首都进行正式规划的倾向更为明显，这不仅适用于皇帝直接管辖的地区，还适用于莫卧儿帝国的各附庸公国。法塔赫布尔·西格里城的相关资料就十分齐全：从1571年开始，阿克巴就在已有村庄的基础上将这座城市建为自己的首都，因为附近有一座属于一位备受尊敬的契斯提教团谢赫的僧舍。但是到了1585年，皇帝放弃了这块地方，尽管最近的考古工作和书面史料研究表明，这座城镇在那之后很长一段时间里仍然是商业中心和地毯编织中心，并没有像以前的学者所想象的那样衰败得很快。阿克巴的儿子贾汗吉尔声称，当地的水源并不足以满足一座大城市的需求，但是历史学家兼考古学家赛义德·A.纳迪姆·雷扎维并不认同这个观点，雷扎维认为是政治上的紧张局势迫使阿克巴迁到了附近城池坚固的阿格拉堡（见图12）。无论真相如何，到了19世纪后期，阿克巴的宫殿和依照他的命令建造的城市设施都已经成为废墟。自那时起，法塔赫布尔·西格里城的大部分地区就成了考古研究的场所，同时也成为学术界产生激烈分歧的起点。

　　巴布尔将帐篷城市的模式从中亚带到印度，学者们认为这是法塔赫布尔·西格里城规划的源头，但这种模式在阿格拉或德里并没有发挥什么影响。在法塔赫布尔·西格里城，兴起于伊朗、流行于印度莫卧儿王朝的矩形花园结构扮演了第二重要的角色。

尚存的莫卧儿营地简图显示，中心区域是皇帝及其直系亲属的地盘，王公贵族的帐篷位于"第二区域"。距离中心更远的地方是市集和其他服务区域，分布在营地的四角。就法塔赫布尔·西格里城而言，规划人员用各个地点的地理特征来表明其社会政治等级。因此，皇宫及其附属建筑位于高高的山脊上，而普通百姓不得不将就住在更低的地方。此外，帖木儿的传统法令规定，南北轴线是帝国营地的中轴线，统治者在日常接受臣民拜见的仪式上应当面朝南边，这也是印度皇室礼仪的一部分。如前所述，法塔赫布尔·西格里城中央部分所在的山脊的方向，使得城内的建筑恰好能够满足皇家礼制的种种要求。

在历史学家讨论帝国营地与城市结构的关系的二次文献中，似乎存在值得关注的潜台词。一方面，对于包括雷扎维在内的历史学家来说，军营与城镇间的联系中蕴含的帖木儿与中亚传统是极为重要的，尽管雷扎维强烈反对任何对统治者父系家族纽带的暗示和猜想。毕竟，莫卧儿帝国在其存续期间，始终强调自己起源于中亚，并且来自中亚的移民是统治精英阶层的重要组成部分。然而，历史学家塔努亚·柯提亚（Tanuja Kothiyal）强调说，以营地模式为雏形的结构仅仅是印度目前存在的众多城镇类型之一，而且其他城市结构类型其实延续性更强。因此，她将莫卧儿的城市规划纳入更为广阔的"印度"背景之中，不再像许多其他史学家那样强调其是军事与"异域"模型。

法蒂玛（Fatima）伊玛目也同样指出，在奥朗则布离开沙贾汗纳巴德并逐渐接近自己频繁征战的南部地区时，人们以为这座原本仅仅是帝国营地的"服务区"的城市最终会变成一个荒芜的空壳，但事实却并非如此。诚然，城市人口有所减少，但直到17世纪后期，沙贾汗纳巴德依然是一座相当大的城市。显然，城市的延续性（及其对立面）是个需要反复思量的问题，因为许多研究印度莫卧儿王朝的历史学家都反对一种说法，即莫卧儿帝国的城市在某种程度上并不是"真正的"城市，而是没有自身城市生活的临时聚居地。与伦敦或巴黎在人口规模方面的比较，进一步强调了将莫卧儿帝国的首都看作是它们的同类城市的必要性，如果没有更合适的称呼，我们可以称其为"工业化前"的首都城市。从这个角度来看，我们需要注意到，针对15世纪和16世纪的欧洲君主对曾经的自治城镇的征服，费尔南·布罗代尔发表过具有广泛意义的评论，认为这导致了城市——尤其是那些被选作首都的城市——的主动性的丧失。

有趣的是，研究奥斯曼帝国的历史学家却并不反对将统治者的家族视为政治组织的核心和出发点的做法。相反，在最近的几十年中，他们总是在不断强调，从17世纪开始，正是城镇和农村地方巨头家族与苏丹宫廷之间的竞争，为未来的行政管理人员和军事领袖提供了训练场。另外，随着20世纪七八十年代研究奥斯曼帝国的历史学家对"集权主义"的探究的进一步深入，学者们对城市相关专著的兴趣随之高涨，许多学者对安纳托利亚地区城镇的研究都以行政构架为基础，甚至把对商人和手工业者的关注抛在脑后。尽管如今关于"集权主义"的理论并不像以前那样在学界占主导地位，但大公家族的作用以及行省地方巨头通过宗教基金会对城镇发展起到的促进作用，依然是目前史学关注的焦点。

虽然就我们的研究目的而言，莫卧儿宫殿是次要的，但我们仍然需要聚焦位于宫殿附近的商业区，毕竟一个聚居区之所以能被称为城市，就是因为商店与市场的存在。雷扎维指出，法塔赫布尔·西格里城的商业区块实际上位于宫殿周围一个长矩形的角上，宫殿北面只有一个市场，但南边却有四个。更有力的证据是一张地图，它以长矩形的形状展示了整个城市以及连接主要城市大门的街道。粗略来讲，这些主要街道将城市划分为九个相邻的矩形，尽管有一条街道并不算笔直，而是类似于弓状的弧形。另一个不规则之处在于，一条连接对角的街道穿过了其中一个矩形，因此整座城一共被分为十个功能区，而非九个。

其中一部分矩形区域的功能极易识别。例如，我们可以将某些主要以花园和休闲长廊组成的区域与在阿克巴朝廷就职的贵族居民联系起来。意料之中的是，宫殿位于整个网格的中心，四周围绕着办公建筑与服务型建筑。另外，雷扎维（及其前辈）发掘出，16世纪，矩形的一条长边上曾建有一片人工湖，现在这片湖已经基本干涸。由于以湖为边界的矩形旁边没有足够的建筑空间，所以宫廷中的人可以在坐落于山脊的宫殿里欣赏纯净的湖水以及湖畔美景。

雷扎维对宫廷以及帝国运作所需的众多办公建筑尤为关注，包括附近一些残存的房屋住所。穷人的小房子很容易就在历史中消失得无影无踪，但雷扎维最终还是描绘出了这座莫卧儿王朝首都的景象，比描绘阿格拉或德里时更为全面，因为阿格拉和德里的持续发展和反复重建已经大大改变了自身早期的结构。尽管法塔赫布尔·西格里城不是莫卧儿帝国首都的典型代表，但我们对它的了解比对其他城市的更多。

平行街道和直角交叉路口是沙贾汗纳巴德和斋浦尔新城的特色，至今仍是这两座城市的显著特征。皇宫博物馆里收藏了一张斋浦尔的地图，展示了这座城市全新时期的样子。尽管这两座城市都是遵循其大公的要求进行设计的，但两位掌权者强调的是不同的特征。沙贾汗纳巴德坚固的防御工事保护了位于亚穆纳河畔山顶的宫殿，所以这座建筑可以作要塞使用。饶是如此，厚重的城墙和复杂的城门并没有挡住1739年纳迪尔沙的攻击，更不用说1757年的艾哈迈德沙·杜拉尼（Ahmad Shāh Durrānī）以及一个世纪后的英国入侵者了。不过也可能是因为后期莫卧儿军队的统帅能力和训练水平落后了太多，以至于要塞的防御能力根本已经无关紧要。

另一座山上的大清真寺是沙贾汗纳巴德天际线上的第二大标志建筑。相比而言，斋浦尔最引人瞩目的建筑却并非宗教建筑，而是大公宏伟的宫殿，众多宫室与高耸的独立外墙是其重要的建筑结构。显然，防御能力并非18世纪卡其瓦哈大公的首要考虑，他们甚至有意从高山上城墙坚固的琥珀堡搬到了附近的平原土地上：多数情况下，斋浦尔城墙的行政意义可能远重于军事意义。

防御工事

在奥斯曼帝国的土地上，只有那些"继承"了原先政权的城墙的城市才在整个城区或大部分城区周围设有城墙，例如迪亚巴克尔（Diyarbekir）、科尼亚，特别是伊斯坦布尔，当然也有一些例外。奥斯曼帝国时期往往只有靠近边境的城镇建有城墙，例如奥斯曼帝国与伊朗萨非边界附近的（旧）凡城（Van）。而在安纳托利亚中部与西部，只有安卡拉和爱琴海地区的艾登（Aydın）的大部分城区周围还耸立着奥斯曼帝国时期建筑的城墙。安卡拉的城墙是当地人自己努力建造的。大约1600年，当地居民遭受到武装叛军组织塞拉里斯的侵扰，因此通过高筑城墙来避免自己的财产进一步受损。

在边境以外的地区，即往往被奥斯曼帝国的史料称为内陆或埃塞尔（içel）的地区，唯一的城市防御工事是城堡卡勒[1]（kale），被卡勒围成的区域内可能会有几个城区和兵营。高级行政官员可能也会住在这片被保护的区域内。18世纪的开罗，伊斯坦布尔委派的总督住在山上的城堡里，不能轻易离开，因此下层的军人把

---

[1] 卡勒：城堡，是当时的一种防御工事。

控了大部分城市居民的生活。许多堡垒在很大程度上依赖于陡峭的石壁具有的自然防御功能，有些地区还再度利用了中世纪早期小型堡垒城镇的围墙，这些城镇占据了安纳托利亚西部许多已废弃的古老聚居点的遗址。从布尔萨或安卡拉这些已经得到详细研究的城市的布局来看，由于这些中世纪小城镇的规模非常小，奥斯曼帝国时期建造的有顶集市和商队旅馆虽然离城堡外墙很近，但都在城墙以外。一部分城镇则没有任何防御工事。

　　而在莫卧儿帝国，城墙划定了各个城市的范围，人们需要通过华丽的城门才能进入城市。在沙贾汗纳巴德和法塔赫布尔·西格里城，城门上往往写有各镇的名字，旅行者们可以由城门口延伸出来的路走到要去的地方。显然，包括首都在内的莫卧儿帝国主要城市都建了具有防御功能的城墙。相比之下，伊斯坦布尔和埃迪尔内的防御就显得十分薄弱了，伊斯坦布尔只用一些拜占庭时期的围墙作行政边界。至于宫殿，古尔鲁·内吉普奥卢指出，宫殿的围墙即便造好了也无法发挥防御作用，因为墙壁太薄，几门大炮就可以将其炸毁。宫殿围墙的作用也只是划定宫殿的范围，以及挡住一些造反的士兵而已。此外，城垛可能也只有装饰用途。我们可以谨慎地做出推测：莫卧儿皇帝即便在权力鼎盛时期也始终对袭击保持警惕，而与之相对应的，奥斯曼帝国的统治者却不是如此。事实上，奥斯曼帝国也从未发生过这种袭击：即使是在第一次世界大战后协约国占领时期（1918—1923年），也就是本书研究的时期结束很久以后，伊斯坦布尔或其附近也没有发生过任何战役。

花园和避暑庄园

奥斯曼帝国城镇中的许多房子并没有大花园，尽管人们普遍会在院子里种一些灌木和树。即使是苏丹所有的面积较大的花园，也通常离宫殿有一定的距离，伊斯坦布尔海峡沿岸就是最受欢迎的地点。

作为补偿，安纳托利亚和巴尔干的主要城镇往往环绕着一条由花果园与葡萄园组成的"绿化带"，不过它们如今多数因为城市的扩张而消失了。这些花果园种植了人们用以过冬的水果和蔬菜。许多家庭在这条绿化带区域建造了精美程度不同的避暑别墅，以确保自己在夏季或是传染病暴发的危险时期能够远离拥挤的内城区。而从女性的角度来说还有另一个好处：住在邻近花园别墅里的家庭之间往往沾亲带故，所以女性待在家里的压力更小，也可以回避男人的关注。

奥斯曼帝国首都附近的花果园与葡萄园也属于半公共的娱乐场所。早在17世纪中期，许多伊斯坦布尔男性就习惯去海边进行社交娱乐。根据旅行作家艾弗里雅·切莱比的游记，连苏丹都喜欢去海滩和花果园。他说，谢里姆二世在伊斯坦布尔海峡沿岸的村庄度过了一段享用美食与美酒的好时光。女性结伴郊游主要兴起于18世纪，当然，实际兴起的时间可能更早，只是没有文字记录。18世纪早期，艾哈迈德三世苏丹在属于皇室成员的伊斯坦布尔海峡附近的别墅度过了很长一段时间。另外，他还在一条小溪流的岸上为自己造了一座夏宫，并设计了一座伊朗风格的精美花园，或许还添加了一些法国风格的装饰。只有在这些场合中，苏丹对于首都的居民来说才更像是一个确实存在的人，而非深藏于托普卡帕宫内的象征性人物。

花园在莫卧儿的城镇中也扮演着重要的角色。莫卧儿王朝的开创者巴布尔从未在自己新征服的帝国内建造过宫殿，倒是下令在这些地方造了许多花园，并赋予它们诗意的名字，其中最重要的就是在阿格拉建造的"八天堂"（Eight Paradises）园，当时阿格拉还只是个规模很小的定居点。在后来的首都城市，包括阿格拉和法塔赫布尔·西格里城，皇帝又建造了许多几何结构的正式花园，这与奥斯曼帝国精英阶层喜爱的非正式的"景观花园"不同。这些花园在设计城市布局方面意义重大。无论是在阿格拉还是在法塔赫布尔·西格里城，花园都是种植场所，不仅仅培育观赏植物，还种有蔬菜和水果。更重要的是，它们还是精英阶层享受生活的地方。后来的君主、皇室成员，以及地位比他们低一些的政要还会在完全对称的大花园里建造亭台楼阁。在花园和楼阁的主人去世后，这些地方往往就会成为他们的陵墓。在理想的设计里，人行道和笔直的水渠或水道将矩形的花园划分为四个较小的矩形，用楼阁改成的陵寝位于花园中心。如果花园靠近河流，那么陵寝则在靠近水的那一边。此外，花园四周通常造有围墙，每隔一段距离设一扇制作精美的大门。一个有趣的问题是，陵墓花园是否对不属于死者家族的人开放？因为如果当地人认为这是圣人的墓地，并希望从此处获得祝福，那么一定会有些特殊的安排允许人们进来参观。

商队与沿河城市

奥斯曼帝国距离海岸线较远且属于区域间或跨国陆上贸易中心的城市很多，这些城市尤其集中在阿拉伯行省。谢里姆一世征服马穆鲁克帝国后，他的儿子苏莱曼又从萨非王朝手中夺取了伊拉克，于是曾经的伊斯兰中心阿勒颇、大马士革、开罗和巴格达就成了奥斯曼帝国的省辖城市。以安德烈·雷蒙德（André Raymond）为首的部分学者的论文表明，这些城市的"省辖化"并不意味着衰败。恰恰相反，苏丹至少在某段时期为某些地区赢得了相对和平的环境，促进了当地贸易的发展。当然，苏丹及其官员重点关注的还是伊斯坦布尔和通往伊斯坦布尔的道路，其中他们最关心的依旧是连接伊斯坦布尔和汉志的通道。即便如此，他们还是会在成熟的商队城市里建立起商业组织支持的宗教基金会，尤其是在阿勒颇。由于篇幅限制，我们将重点分析阿勒颇。不过，大马士革的情况是与之类似的，开罗当然也是如此。

17世纪，阿勒颇是跨国生丝贸易的中心，这意味着伊朗国王治下以及定居在伊斯法罕附近新焦勒法（New Julfa）区的亚美尼亚商人可以在阿勒颇的汉里出售生丝，这些生丝大多属于各自的统治者。购买方是与英国利凡特公司（English Levant Company）

有关的商人，另外还有来自威尼斯和其他地区的私人商户。布鲁斯·马斯特斯（Bruce Masters）在研究这类贸易及其对奥斯曼帝国的影响时发现，阿勒颇的城市精英阶层会对终身税收耕地、房地产和社会宗教基金会进行投资，投资人的家庭是主要受益人。当然还有一部分精英阶层人士会参与贸易，但他们的方向是安全的多元化投资组合，而非与欧洲商人进行竞争的风险性投资，因为在17和18世纪，欧洲商人变得更具侵略性。

此外，阿勒颇也是区域贸易的枢纽城市，其他地区对阿勒颇生产的橄榄油肥皂的需求量极大。安托万·阿卜杜努尔（Antoine Abdelnour）在研究过叙利亚一座小镇的登记簿后指出，尽管18世纪的阿勒颇饱受地区动荡的困扰，人们被迫从农村来到城市寻求庇护，但它始终都是商业中心。奥斯曼帝国与伊朗间的生丝贸易于18世纪停止，其根源是萨非王朝覆灭前后的战争——以及来自中国和孟加拉的丝绸的竞争——但这件事对阿勒颇城市繁荣程度的影响远不如从前的学者所推测的那样大。

同时，17世纪的阿勒颇也以其精巧的商业建筑而名声在外，但可惜的是，很难说有多少建筑从当时的内战中留存下来。纽伦堡（Nuremberg）商人沃尔夫冈·艾根（Wolffgang Aigen）于1656—1663年居住在阿勒颇，他颇为钦佩地描述了城市里以整面石墙堆砌建造的汉、自来水设施以及小清真寺。城市中最重要的商业街带有防晒的穹顶，人们在这里出售各种纺织品，包括印度的棉布和欧洲的织物，艾根尤为严谨地将它们一一记录了下来。

另外，他还提到了咖啡的出现，当时这种情绪调节饮料还没有在欧洲消费者之间普及起来。17世纪中期，所谓的新汉（New Han）里还设有咖啡屋，顾客可以在此一边观察路人一边享用饮料。虽然在17世纪的伊斯坦布尔，苏丹有时禁止饮用咖啡，但宗教基金会设有咖啡屋这个事实表明，这一禁令在阿勒颇的有效性十分有限。

由于恒河、亚穆纳河以及它们的众多支流在北印度的关键作用，商业城市往往是商人乘船可以到达的地方。巴特那曾是古代重要的聚居地，但它在中世纪就衰落了。不过到了16世纪早期，舍尔沙在此建立了自己的都城，并很快取代了附近的旧城区。这个地区的城市化取决于恒河日新月异的变化，而巴特那的幸运之处在于，16世纪，恒河比从前距离巴特那城区更近。尽管在从1574年开始的莫卧儿时期里，巴特那只是一个省会，但城市的活跃发展一直在继续。巴特那位于德里和阿格拉通往富庶的孟加拉的路线上，这个地理位置为这座城市提供了额外的优势，只不过有时候葡萄牙人在省内具有的知名度可能会限制巴特那商人的机遇。

英国旅行者拉尔夫·菲奇（Ralph Fitch）曾描绘过16世纪后期巴特那的景象，并对这座城市的规模以及活跃的棉花、棉布、糖和鸦片贸易进行了评价，这些货物通常是被运往孟加拉的。但是阿尼鲁达·拉伊对此表示怀疑，因为这些商品同时也是孟加拉的传统产品，很难理解为什么孟加拉需要接受来自巴特那的供给。拉伊认为，菲奇的意思也许是，这些货物将通过孟加拉的港口出口，也有可能这位来自英国的旅行者只是单纯地犯了一个错误，实际上这些商品是从孟加拉运来的。阿布勒·法兹勒的记录表明，到了16世纪90年代后期，包括丝、鸦片和糖在内的经济作物已经成为该地区的主要作物，为商人提供了更多的机遇。弗朗西斯科·佩尔萨特强调，17世纪20年代，巴特那还成了重要的丝绸市场，当地的织布工能织出复杂的平纹细布。此外，17世纪早期，荷兰和英国商人在距离城市不远的地方建立了自己的市场，购买火药的主要成分——硝石。他们将其精制后通过孟加拉出口。有几位皇帝对硝石下了禁售令，但一两年之内又取消了禁售令，因而硝石火药贸易得以继续。

17世纪后期到访巴特那的英国旅行者还提到，除了与英国人和荷兰人进行贸易往来外，巴特那还与伊朗、格鲁吉亚（Georgia）和鞑靼地区进行交易。

在1670年以前到访巴特那的外国人对此地的建筑结构不曾多言，只是强调这里流行简单的泥屋。不过，在17世纪70年代来此的荷兰旅行者尼古拉斯·德·格拉夫（Nicolas de Graaf）提及，除了伊斯兰城市的普通建筑以外，城里还有精美的房屋与寺庙。手工业者聚集在一条大商业街上，拉伊总结说，这些人将来自农村的原材料进行加工，再由下游的商人将他们生产出来的商品进行交易。当巴特那的贸易扩张时，这座城市吸引了来自莫卧儿王朝精英阶层的投资，而莫卧儿王朝的政权在18世纪初瓦解后，这座城市依然繁荣。不过，到了18世纪40年代，也就是我们研究的时间范围的最后，当地定居的阿富汗人、（前）莫卧儿统治者和马拉地人在此地交战，结束了巴特那的繁盛时期——至少中断了一段时间。

阿勒颇和巴特那持续了一百多年的繁华景象表明，两个帝国的商人在17世纪都成功地进行了利润颇高的国内和出口贸易，而欧洲商人也会尽可能地参与其中。在这两个城市，商人都不关注与贸易相关的建筑，建筑的建造是精英阶层的事情。事实上，马斯特斯认为，精英阶层对阿勒颇商业潜力的评估过于乐观。但他们似乎在对巴特那的评估上并没有犯这种错误。

海洋的吉与凶

奥斯曼帝国拥有黑海、爱琴海和地中海的漫长海岸线，印度的船只也能通过红海向帝国运送香料和棉纺织品，为开罗的商人带来财富。至于莫卧儿帝国，在17世纪后期奥朗则布征服孟加拉以前，通往印度洋的通道在古吉拉特，在攻占孟加拉和奥里萨之后，莫卧儿皇帝还能从孟加拉湾的贸易中收取关税。在接下来的内容中，我们将重点关注古吉拉特，因为相关研究数量繁多，而且这个由苏丹国变成的莫卧儿行省城市化程度也极高。

与奥斯曼苏丹不同，莫卧儿皇帝并没有在海军建设上投入大量资金，却经常运营商务货船。另外，次大陆的西海岸线上林林总总的自治社区也以海上贸易为生，直到18世纪末和19世纪初被英国人排除在外。以较宽松的形式附庸于莫卧儿统治的地方大公——或自17世纪后期起从属于马拉地统治的地方大公——以及当地的商人，是商业领域的主要参与者。

虽然在海军方面的主张有所不同，但在海上贸易方面，两个帝国的政策却彼此相似——双方的精英阶层都对民众的海上贸易缺乏兴趣。尽管奥斯曼帝国的海军称霸地中海东部，但商业用船的筑造却没有获得多少官方支持。到18世纪，许多在地中海范围内行商的奥斯曼帝国穆斯林商人甚至偏爱使用法国或意大利托运人的服务。同时，除了在香料贸易上的投资以外，奥斯曼苏丹也不怎么参与海上风投。

我们再看莫卧儿皇帝这一边。莫卧儿统治者及其家族成员对海上货运的投资比奥斯曼皇室的要多得多，尤其是皇室女性经常委托商船运输货物到阿拉伯半岛。皇帝有时也会亲自干预：曾经有一次，沙贾汗阻止某位皇室成员的船去往吉达，令其转去穆哈（Mocha）。显然，皇帝收到了商人的建议，知道吉达的市场已经饱和。不过，和奥斯曼帝国苏丹类似，当帝国民众的出口贸易出现问题时，皇帝往往对此无动于衷。

可以说，在这两个帝国里，港口城镇都是外国商人行使重要权力的地方，当然，我们不应该将17世纪的情况套用到18世纪末甚至19世纪（见第六章）。在这个前提下，我们有必要比较伊兹密尔和苏拉特这两个城市，尽管苏拉特的规模显然要大得多：

据称莫卧儿帝国时期苏拉特的人口达到了二十万人，而在17世纪伊兹密尔的人口乐观估计也仅有九万人。

同样引起历史学家注意的一点是，16世纪时，许多鲁米——在印度，鲁米通常指来自安纳托利亚的人，或者泛指奥斯曼帝国的居民——居住在苏拉特。在葡萄牙语史料中，鲁米通常是以奥斯曼苏丹强大的士兵和葡萄牙的敌人的形象出现的。不过对历史学家而言遗憾的是，随着奥斯曼帝国在16世纪80年代后对印度洋事务的干预减弱，在印度活动的葡萄牙作家也逐渐对鲁米失去了兴趣，而其他的史料很少会记录鲁米的活动。由于苏拉特与阿拉伯半岛密切的贸易关系，一些鲁米也肯定和这个地区进行过贸易活动；并且在16世纪苏丹将也门纳入自己的版图，这可能会使奥斯曼帝国催生出在苏拉特建立"桥头堡"的计划。不过，随着1572—1573年莫卧儿征服古吉拉特，此类计划也全部宣告破产。

苏拉特和伊兹密尔都是拥有大面积内陆区域的港口，欧洲商人在此购买商品用于出口，相反，这两个城市商品的进口量则相对有限。在苏拉特，古吉拉特的棉织品是主要出口产品，而伊兹密尔的商人则为英国、法国、荷兰和威尼斯出口商提供了安纳托利亚的产品，例如原棉、棉纱或布、安哥拉羊毛和用这种羊毛织的成品。另外，商人，尤其是英国商人，还从商队手里购买了大量伊朗生丝。

织布是苏拉特及其郊区的特色，而伊兹密尔的手工业者却多数着眼于当地市场，并不考虑出口。毕竟，在伊兹密尔的贸易中，原材料占比极大，并可以在农村地区获得，但出口商感兴趣的成品往往来自安卡拉或马尼萨（Manisa）等地。诚然，伊兹密尔地区并没有像维吉·沃拉（Virji Vora）或是阿卜杜勒-加富尔（'Abd ul-Ghafūr）这种坐拥丰富的资源和业务人脉的商人（见第六章）。然而，还是有许多安纳托利亚的商人从17世纪的出口贸易中获得了巨大的利润。例如，安卡拉的伊马姆奥卢（Imamogli/İmamoğlu）就用商业收益购置了大片土地，将水排干后建造了花果园。一位成功的商人就这样将自己变成了土地所有人，其他地区当然也会发生类似的事情。

尽管伊兹密尔、爱琴海地区与意大利城市的中世纪贸易关系由来已久，但直到17世纪，英国和法国的商人才出现在这两个城市中。以伊兹密尔为例，历史学家就英法贸易对当地经济的影响进行了讨论。丹尼尔·戈夫曼（Daniel Goffman）认为，17世纪的伊兹密尔已经成为欧洲商人的乐土，苏丹可以与他们交易，但对其进行控制的手段十分有限。而梅林·奥尔农（Merlijn Olnon）的最新研究则显示事实并没有那么简单：17世纪下半叶，势力强大的柯普吕律家族通过大型宗教基金会，重新确立了对城市商业举足轻重的控制权。宗教基金会的建筑建于港口附近，其中包括了仓库，而出口商需要在仓库中存放货物，因此，如果不支付关税，他们就无法带着货物"逃脱"。相比之下，正如阿辛·达斯·古普塔（Ashin Das Gupta）所说的那样，苏拉特的衰落和英国人对当地堡垒的占领，很大程度上是18世纪初莫卧儿帝国解体所造成的结果。奥斯曼中央政权则更适应国际形势的变化，苏丹的官员对外国商人的活动拥有更大的控制权。中央控制权的重新确立对伊兹密尔核心地带的建筑产生了影响，例如作为柯普吕律宗教基金会的一部分的仓库。遗憾的是，由于地震和火灾，这个影响深远的柯普吕律家族留下的众多建筑都早已消失。

研究古吉拉特海岸的历史学家经常强调，仅仅关注主要港口是远远不够的。那些规模较小的甚至"被遗忘的"港口都是值得研究的对象，一部分原因就是它们充当了大型商业港口的"养料"，所以它们的命运也可以帮助我们重建地区的历史。就古吉拉特而言，学者们对中世纪时该地区的主要港口肯帕德进行了研究。除了苏拉特的主要港口以外，戈卡（Gogha）、腱陀罗（Gandhar）、兰德（Rander）和甘德维（Ghandevi）也都有过繁盛时期。可以说，在某些特殊的时期，商人总是因为（所谓的）天高"皇帝"远而获利，这些"皇帝"最早是莫卧儿皇帝和古吉拉特的总督，后来则是马拉地统治者。

伊兹密尔地区有一个名为库沙达瑟（Kuşadası）的小型港口，中世纪在那里行商的意大利商人称其为"斯卡拉诺瓦"（Scala Nuova），这个名字在意大利语中的含义是"新的阶梯"。另外，13到15世纪的福恰（Foça）也是热那亚的商船经常停靠的港口。毕竟，附近的萨伏尼（Şaphane Dağı）出产硫酸铝或明矾，染工们在染色前需要用这种矿物来清洗羊毛。15世纪，伊兹密尔还是个很小的城镇，靠近以弗所（Ephesus）遗址的阿亚索鲁克（Ayasoluğ）港口和当时先进的塞尔丘克（Selçuk）镇都是备受当地商人和意大利商人青睐的地方。然而在17世纪伊兹密尔崛起之前，最重要的港口还是在希俄斯岛上；至少在15世纪，该岛上的主要港口不是伊兹密尔的"养料"，而是它的竞争对手，热那亚人一直掌控这块区域，直到奥斯曼帝国在1566年将其征服。所以说，古吉拉特和爱琴海沿岸的港口共有的特征是，在港口的兴衰中，总是一个把控了海上交通的主体，而另一个充当占主导地位的港口的"养料"或干脆（暂时地）消失。

陆路路线上的小镇

小镇不仅存在于水路上，而且存在于陆路上。尽管我们本次重点研究18世纪70年代以前形成的小镇，但还是要注意到，当今大多数安纳托利亚地区的小镇是新近形成的，基层的城市化从19世纪才开始变得关键。无论是否出于自愿，来自巴尔干半岛的前游牧民和伊斯兰难民多数定居在安纳托利亚的内部——在1600年前后的干旱和军事叛乱后，那里的大部分地区空荡荡的。

商队有时会成为安纳托利亚各个镇的中心。例如在科尼亚以北的新兴小镇卡登哈讷（Kadınhanı），其名字就来源于当地的商队；而附近的阿勒特哈讷［Argıthan，现在属于厄尔根（Ilgın），但从前是个独立的镇］似乎出现在一个成立于18世纪的商队的周围，它坚固的城墙也阻遏了众多掠夺者。伊斯坦布尔海峡欧洲一侧的色雷斯位于从伊斯坦布尔到埃迪尔内的道路上，维齐尔索科卢·穆罕默德帕夏在此地的一条河流附近修建了一座清真寺、两间商队旅店和一个市集，把之前微不足道的停靠点变成了一个大城镇，也就是今天的吕莱布尔加兹（Lüleburgaz）。奥斯曼帝国官员将路边停靠点开发成为旅行者提供补给的市场的尝试通常是相当成功的。

不过也有失败的记录。例如谢里姆二世苏丹下令在科尼亚地区的卡拉珀纳尔（Karapınar）建造大型的宗教基金会，并以捐赠者的名字将基金会命名为苏丹尼耶（Sultaniye），在此定居的人可以享受减税优惠。但是很快就有人抱怨说，新定居者只是偶尔待在当地，于是税务登记册就记录了一种官方威胁——来此定居的人如果不履行义务，就将失去减税待遇。显然，这座城市本身并不具有吸引力，因为来自草原的风有时会引起沙丘的移动，这是安纳托利亚当时还不为人知的不宜居住的原因。不过历经几个世纪，卡拉珀纳尔终究还是成了一个小规模的镇子，而苏丹尼耶这个名字也失去了本身的意义。为了帮助不知情的人将这个小镇与安纳托利亚其他许许多多叫卡拉珀纳尔的地方区分开来，这个小镇现在的名字中包含了"省会科尼亚"的字样。

18世纪的印度，西拉贾斯坦的干旱地区也没有多少永久聚居点。不过，尽管莫卧儿帝国的中央税收机制走向了衰落，但最初制订的税收制度却影响到了该地区逐渐独立的印度教公国。多亏焦特布尔和比卡内尔（Bikaner）公国财政官员的记录，我们才得以了解这个地区和地方公路的信息。18世纪以前，放弃了帝国公路的骆驼商队还会通过这些道路来往。公国大公们沿路设置了检查站或警察哨所，它们被称为乔吉[1]（chowki）。一般来说，这些地方的官员主要是收取过境费拉达里[2]（rāhdāri），如果顺利的话，他们也会提供必要的安全保障。从某些方面来说，乔吉就像奥斯曼帝国的"铁门关"打耳班[3]（derbend），两者都是从当地居民中招募通行警卫，负责商队的安全，但这些警卫有时也会与自己本该镇压的匪徒相勾结。在西拉贾斯坦，曾经的匪徒可能成为警卫，为自己提供的安全保卫工作按日或按周收取费用。此外，部落首领和难以被控制的贵族也会负责一部分警卫哨所，以避免分担道路税。但倘若这些方案全都无效的话，商人还会集资雇佣"雇佣军"来保护农村市场。另外，还有一种印度特有的解决方案：贸易商人会雇佣特定种姓的成员，即查兰（Charan）和巴特（Bhat），因为谋杀查兰或巴特种姓成员的凶手会被贬为贱民。如果被捕，凶手将被判处死刑。还有另一个额外的威胁点在于，他们如果无法按承诺保住商品，就会在劫匪面前自杀。也就是说，商人可能会利用当地劫匪在道义和宗教上的顾虑来保护自己的商品。

---

[1] 乔吉：路上的哨所或检查站。

[2] 拉达里：过境费。

[3] 打耳班：由特权农民打耳班得恰（derbendci）驻守的山顶关哨。

农村市场，被称为曼迪[1]（mandis），总是建在哨所附近。C. S. L. 德维拉（C. S. L. Devra）将乔吉视为城市和商业层级的最下层，而曼迪的等级要高一等。当地的男人和女人都可以在曼迪上销售自己生产的产品。如果外部环境能大致维持和平，而且没有大饥荒或流行病，那么曼迪也可能变成卡斯巴或小镇。如若不然，市场就会消失。

尽管立场有所不同，但奥斯曼和莫卧儿帝国历史的研究者们都认为，农民只能买得起极少的制成品，而他们缴纳的税款却是任何模式的城市化的前提。城市居民生产并交易的商品在一定程度上服务于同城人的需求。如果生产的商品价值较高，那这些商品将流向统治精英，少部分也会流向富裕的商人和宗教人士。

为了实现从农村到城市的商品转移，相关行政机构的建立是必须的，君主许诺相关人员可以获得一部分税收作为报酬。与这些有特权的收税人员相关的家庭成员也会为他们提供服务，不仅是为了谋生，有时也是为了分享他们的权力（参见第三章）。

奥斯曼帝国历史的研究者们倾向于认为这种情况（商品从农村向城市转移）——在一定程度上——是理所应当的，但关于是否应当将城镇视为农村的寄生虫这一点，印度学者之间却存在更多的争论。伊尔凡·哈比卜赞同这个观点，而拉贾特·达塔（Rajat Datta）却认为情况更为复杂。在达塔看来，即使城市里

---

[1] 曼迪：低级市场。

的许多商品是农民买不起的，但附近城镇对农产品的需求却促使村民提高了生产量；即便国家机器取走了大部分盈余，农村也还留有一小部分剩余，其中的一部分则留在了村民的手里。也就是说，农村居民中也会出现较为富裕的一个阶级。换言之，小镇或城市附近的村庄的生活水平，应该比偏远地区的更高。不过，如果君主的收税机构"效率太高"，那么农民可能只会更加辛勤地劳作，而无法获得任何收益。

总结：城市层次结构

在本章，我们分别探讨了各个首都——包括永久首都和临时首都、主要商业中心——主要分布在海滨和河流流域，以及作为农产品市场的小镇。根据奥斯曼帝国的官方说法，伊斯坦布尔是苏丹的定居地［帕塔特[1]（paytaht）］。德里有时被视作"哈里发之境"（Dār ul-Khilāfa），或者说是哈里发的所在地，17世纪的沙贾汗纳巴德也获得了这个名号。而在港口城市中，奥斯曼帝国的伊兹密尔引起了人们的兴趣，主要是因为历史学家对伊兹密尔在奥斯曼帝国"融入世界经济"期间和在此之前的历史尤为关注。而至于苏拉特，则是因为殖民主义的到来，尤其是殖民主义在商业中心的出现，而成了研究的焦点，或许该市近期的惊人发

---

[1] 帕塔特：苏丹的住所。

展也为研究提供了新的灵感。

而在印度历史学者的眼中，苏拉特之所以持续获得研究者的关注，还因为其特殊性。这一点就是，印度教教徒和穆斯林都形成了对古吉拉特人的身份认同，这大概是对古吉拉特这个原本富裕且教育水平高的地区骚乱频发的一种反应。与"事后诸葛亮"——今天的历史学家相比，奥斯曼帝国和莫卧儿帝国时期宫廷的观测家们对港口城市的关注要少许多。

对古吉拉特进行的研究通常将整个地区视为一体，因此历史学家对其中小规模的和"被遗忘的"港口城镇也产生了兴趣。这种兴趣类似于如今研究奥斯曼和地中海的历史学家对爱琴海港口城镇的兴趣，这些城镇在中世纪显赫一时，后来淤泥和疟疾使它们无法持续其辉煌。但这些爱琴海沿岸的港口却并非伊兹密尔的"养料"，事实上它们往往是竞争关系。值得注意的是，"养料"港口的观点只吸引了研究伊斯坦布尔问题的历史学家。

同时，奥斯曼和印度莫卧儿王朝的历史学家都关心作为税收谷物市场的小镇。他们注意到，这种小镇倾向于在商队停留并缴纳费用的地点附近建立定居点。这两个子领域的学者都认为，在税收主要来源于农业的帝国中，市场是将农产品转化为货币的重要途径。尽管并非所有市场都变成了城镇，但许多市场经历了相似的变迁。因此，我们有充分的理由对商业贸易领域进行深入仔细的探究，为此，商人与商业将成为下一章的主题。

第六章
商人与商业

研究奥斯曼帝国和印度莫卧儿帝国的商业情况时，史料考证——一如既往——再次成为研究的起点；特别是在这个领域，奥斯曼帝国历史的研究者对研究莫卧儿帝国的历史学家的分析颇有兴趣。由于双方的史料基础大相径庭，所以我们首先应当做的，就是审查相关材料的记录与保存情况，并直面它们给印度洋两岸的史学家所带来的挑战。接下来，我们还有必要对奥斯曼帝国商人和莫卧儿帝国商人的活动与组织机构进行比较：在这两个政体中，买卖谷物和其他农产品类的商人会与政府机构勾结，这往往是危险的。此外，在印度莫卧儿帝国，还有一些关于珠宝交易的资料，而奥斯曼帝国中的相关记录却并不多见。

接着我们将走入问题的核心，进一步探究我们已知的——更重要的是未知的——印度进口纺织品在奥斯曼帝国的使用状况。尽管我们的史料并不充分，但它们的确反映了奥斯曼市场上种类繁多的印度纺织品的受欢迎程度和低廉价格。另外，由于任何贸易的繁荣都需要良好的交通运输环境和充足的资金，我们也将对这些要素进行研究，尝试弄清楚为什么印度最富有的商人的地位比想要在奥斯曼致富的同行的地位更加重要。最后，鉴于16世纪后期和17世纪大部分时期在莫卧儿帝国出现的商业繁荣带来的经济增速，远远超过了16世纪的奥斯曼帝国国内和跨国贸易的缓慢增速，我们将对造成这种现象的原因进行总结。

来自奥斯曼帝国的一手史料

无论是在奥斯曼帝国还是在莫卧儿帝国，与商人、市场和贸易相关的二次文献都相当多。例如在奥斯曼帝国的档案里，我们可以找到有关包税耕地竞标的税务记录和文件。文件往往也涉及税收，例如关税等，显然是与贸易息息相关的。另外，16世纪的塔利尔还给了我们一些关于市场和集市的位置的信息，这些设施的使用者要向苏丹委派的机构或个人支付费用。令当今史学家感到遗憾的是，17和18世纪的奥斯曼帝国官员很少对市场和集市进行系统性的登记。

我们将16世纪初期的安纳托利亚对市场和集市的记录与16世纪七八十年代的同类资料进行比较，会发现一个显而易见的事实，即这几十年来的人口增长促进了商业化的发展。除了村庄变为小镇，从而顾名思义拥有市场以外，在开放的农村地区也出现了商业交易活动，其营业额达到了足以产生可观税收的程度。有些商人为了逃避缴税做出的行为，还产生了更多的书面文件。商业合作也被记录在案，尤其是在发生问题的情况下，即将成为前合作伙伴的双方或多方会请卡迪来主持最终的账目清算工作。合作伙伴关系通常不会持续太久。伊斯兰教法规定，在某些常见的商业团体中，一位合作伙伴死亡后，该团体也应当解散。不过，在其他商业类型中，如果死者有继承人，那么合作伙伴关系可以维持，他们的继承人可以决定是否续约。奥斯曼帝国的许多商人似乎更喜欢短期合作关系，他们的继承人可以决定是否续约。事实上，因为这些商人太过精明，所以我们很难判断他们放弃长期投资是不是故意为之。

不过，很少有系列档案可以让我们追踪某个奥斯曼帝国商人在一段长时间内的商业活动。好在有内莉·汉娜这样杰出的历史学家，她发掘出了一位名叫伊斯梅尔·阿布·塔奇亚的贸易商人的商业生涯。伊斯梅尔是叙利亚人，但在1600年前后一直住在开罗。与其他商人不同，他很乐意在开罗一个卡迪的办公室里记录下自己的商业交易。在去世前，他留下了大约1000条商业记录。当然，伊斯梅尔在其他方面也非常特别：例如，他并不信奉当时流行的选择近亲作为生意伙伴的原则，相反，他更愿意与"陌生人"达成合作关系，这些"陌生人"有时甚至还包括非穆斯林。这些接触使得他的关系网络从威尼斯延伸到了印度。

在城市法官（卡迪）的记录中，我们发现大量涉及商业案件的参考资料。可惜的是，在伊斯坦布尔中心城区，只有17世纪初期以后的档案被保留了下来，关于16世纪中期的记录出现了很大的空白。而在另一个商业大都市萨洛尼卡，也只有17和18世纪的档案幸存。爱琴海区域的大城市伊兹密尔的卡迪档案则几乎全部丢失了，只有极少数留了下来。另外，卡迪的商业相关档案其实只有在主要城镇里才是尤为重要的，当地法院的书记员必须严格记录并保存好有关债务与合作关系的档案。不过，即便是在买卖双方很少以书面形式达成交易的小地方，历史学家们也能找到一些关于放贷模式的资料，似乎在现金匮乏的环境中，这种情况时常发生。

进一步的信息来自包税耕地的登记册。1695年之前，包税地基本是短期的［国库收入承包制，即"伊尔提扎姆"（iltizam）］，但在1695年以后，许多包税人购买了终身享有一定税收的权利——得益于终身包税制（麻力勘）的出现。倘若这类包税地的所有人多支付一笔费用，可能甚至可以将收入转移给自己的儿子们。短期包税耕地的延续性记录很值得我们去关注，通过它们，就有可能掌握某一片包税耕地的兴衰状况，因为理论上，每年税收的起伏足以反映出这块税收地生产情况的起起落落。

然而，终身包税耕地每年的税收变化通常不会太大。相比之下，如果麻力勘的持有者死了，那么奥斯曼帝国财政部可以在签订新合同前将这片耕地拍卖出去，而竞标人一般也很清楚这个镇子的关税或市场税情况。在这个方面，"入场费"（muaccele）表明了投标人对包税耕地附加价值的评估。对于当今历史学家而言，入场费的增长或降低取决于投标人对该地区的评估，可以成为探究相应税收水平的参考资料。所以，奥斯曼帝国的相关史料反映的并不是商人本身，而是收税人的观点。在多数情况下，收税人仅仅将贸易视为自己的收入来源之一。即便如此，这些记录仍然具有巨大的研究价值，因为它们来自奥斯曼帝国内部，而非外国。尽管在莫卧儿帝国的中心省份也有同样的文件，但很少有保存下来的。在印度方面，我们所拥有的类似记载主要存在于一些公国，例如焦特布尔或斋浦尔，它们虽然依附于莫卧儿皇帝，但对国内事务却基本拥有自治权。

在奥斯曼帝国，商人的账簿能够存入档案馆通常是因为财产被罚没——似乎很少有人像伊斯梅尔·阿布·塔奇亚那样将文件存放在卡迪的办公室里。拖欠税务是奥斯曼中央政府没收商人财产的主要原因。18世纪后期，商人财产充公的现象愈加普遍，但一场场失败的战争还是使苏丹的国库空虚。没收商人财产的相关文件可以追溯到18世纪60年代，也算是在本书研究的时间范围之内。顺带一提，18世纪早期，（曾经的）莫卧儿帝国古吉拉特的商人也遭受了类似的厄运，急需现金的省督没收了商人、掮客与银行家的资产。

活跃在奥斯曼帝国的外国商人

非穆斯林的奥斯曼商人也会在自己行商的异国他乡留下档案。也就是说，如果历史学家要研究18世纪活跃于荷兰的亚美尼亚商人和东正教商人，或是从现在的希腊北部前往匈牙利行商的东正教商人，那么应该多检阅荷兰或匈牙利的档案，而非一味寻找商人故乡的相关档案，当然，这些档案可能存在过，但长期以来已经遭到破坏。

同时，在奥斯曼帝国境内开展业务的英国、法国和荷兰商人也留下了大量记录，其中一部分已经成为近百年来史学家关注的焦点。从这个角度来说，即便是研究欧洲贸易而非奥斯曼帝国政体的学者，其研究范围也超越了狭义的商业史学。因此，一些研究伊兹密尔和伊斯坦布尔欧洲贸易的历史学家将注意力集中在了银行业务上。在18世纪下半叶，这两个城市成为欧洲商业循环的一部分，相关领域的研究也就尤为重要。另一部分历史学家则着重探究贸易进行的社会背景，从前学界对这个话题的兴趣并不大；此类研究的重点是贸易商人之间建立起的个人联系，以及服务他们的中介机构与他们之间的关系。

我们可以以玛丽·卡门·史密赫耐莉（Marie Carmen Smyrnelis）的作品为例。她研究了法国人在伊兹密尔的相关记录，不仅包括法国领事馆的记录，还包括对伊兹密尔圣波利卡普教堂（St Polycarpe）的记载（该教堂是法国天主教教徒和相关人员礼拜并接受圣餐的地方）。她的研究侧重探究了通婚所建立起的关系和在亲子关系中对孩子的责任，以及可信赖的朋友担保的借款。另外，史密赫耐莉在研究中所利用的档案文献还让读者能够多多少少地对法国人或奥斯曼人的身份认同有所了解，毕竟与民族主义时期的身份认同相反，当时的这种自我身份认同并不是稳定不变的，而是会根据具体需要和情况发生改变的。

在从16世纪末运营到19世纪初的英国利凡特公司的资料的帮助下，其他历史学家也可以对英国商人在伊斯坦布尔、阿勒颇或伊兹密尔创造的社会环境进行研究。事实证明，英国一些家族企业的私有档案对关于这一方面的研究很有帮助。通常，档案书写者是记录对象的血亲或姻亲，因此文本中可能包含了个人印象和主观看法。通过这部分档案，我们得以直接了解这些或成功或失败的生意人。在这个领域里，拉尔夫·戴维斯（Ralph Davis）的作品开启了先河，其相关研究最早出版于1967年，着重探究的是18世纪初的阿勒颇。当时这个城市的英国商人表现不佳，最终黯然回乡。因为伊朗生丝不再受到欧洲客户的追捧，而且伊朗的战争以及萨非王朝的衰败也大大影响了产品供应，所以英国的商人退出了部分地中海贸易。18世纪末，他们卷土重来，但很快法国革命和拿破仑战争的爆发又再次——尽管是暂时的——中断了他们的生意，直到1815年拿破仑战败后他们的生意才得以重新开始。在詹姆斯·马瑟（James Mather）最近的研究中，他也探讨了成功的英国商人——和其他旅行者——如何看待奥斯曼苏丹的权力及其统治的国家。

对于荷兰商人的研究比较少，也许是因为荷兰贸易在17世纪中期达到顶峰时，来自如今的印度和印度尼西亚（Indonesia）的香料与棉花的进口贸易已经使地中海贸易黯然失色。即便是这样，荷兰共和国还是从1612年开始就派遣大使前往伊斯坦布尔，荷兰商人住在伊兹密尔，有时好几代人都住在那里。荷兰驻伊斯坦布尔大使馆甚至建立了一个重要的档案馆，存放的档案里就包括以荷兰语和奥斯曼土耳其语混合编写的遗产清单，我们从中可以看出那些与大使及其家人关系密切的人当时居所的客观环境如何。

印度的商业贸易记录

在印度，与商人相关的记载也十分珍稀，不过却有一本极为独特的自传，是由一位有文学抱负以及广泛的宗教兴趣的耆那教商人在17世纪撰写的。另外还有大量档案和一本日记，记载了18世纪一位与法籍本地治里（Pondicherry）总督关系密切的商人的生平。可惜的是，就本书研究目的而言，这位名叫兰加·皮莱（Ranga Pillai）的商人的商业活动大多在我们关注的地理范围之外。另外，其他个别商人出现在现存文档之中，主要是因为他们和莫卧儿帝国权贵以及负责收取通行费和税款的包收租税人之间的纠纷。在极端情况下，商人可能会成群结队地逃离一座由收税时随意地狮子大开口的管理者所管辖的城市。所以一部分留存下来的公国档案也会记录这些商人要求纠正这种不公的请愿。

那么这些在莫卧儿帝国被称为扎吉达尔的帝国收税人该如何获得其家族和军事活动所需的现金呢？在莫卧儿帝国，农民及其领导人需要负责将大部分作为税款的农作物出售，专门的农产品商人也会参与这个过程。另外，尽管莫卧儿帝国的许多文人指出了纳税人可能从中蒙受损失，但包税制仍然十分普及。

比起奥斯曼帝国，农产品在北印度销售的情况更加普遍，因为莫卧儿皇帝并没有制定任何像奥斯曼帝国的骑兵（西帕希）那样可以获得税收补贴（蒂玛）的制度，其中一部分税收还遵循以实物支付的（见第三章）那样的制度。在奥斯曼帝国，这种农产品的实物收入可以说在一定程度上绕过了货币经济，让收税人及其家族可以直接从中获益。莫卧儿帝国的情况却大不相同，在这里，骑兵部队是大公和贵族的随从的一部分，其家族并不能直接获得皇帝分配给骑兵本人的大笔税收补贴（扎吉尔）这一现金收入。至少从原则上讲，他们无从规避市场，尤其是在阿克巴实行税收制度改革以后，必须以现金的形式向莫卧儿朝廷国库缴纳税收，因此许多包税人也必须通过在城市市场上销售农作物而获得现金。

倘若"当地耕地"的税收是以农作物形式收取的话——这种情况在莫卧儿帝国的附庸国中较为普遍，而在中央政府管辖的土地上虽然不普遍但也存在——那么包税人对于税收来说就更有必要了。在这种情况下，农民并不亲自销售自己的农作物，将农产品转化为现金完全是包税人的责任。

本地的史料当然对研究商业的历史学家很有帮助，但有关印度贸易的许多文件还留在欧洲国家和贸易公司的档案中。自从罗马时期以来，地中海区域的商人就在印度开展业务，但一直到1498年葡萄牙船长瓦斯科·达·伽马（Vasco da Gama）到达印度南部的卡利卡特（Calicut）之后，葡萄牙国王及其将领们才首次在一个欧洲政体与印度之间建立起了直接关系。除了对面向欧洲市场的香料贸易进行垄断尝试以外，无论是实际发生的还是预期计划的征服活动都产生了大量的文献。起初，葡萄牙人试图破坏印度洋上穆斯林商人的贸易活动，但在事实证明此举并不可行以后，他们决定收取"保护费"，发明了所谓的"保护信"（cartazes）制度。葡萄牙当局为非葡萄牙人的托运人发放这类保护信，承诺他们获得了免受葡萄牙政府侵犯的"保护"，这是典型的勒索保护费的做法。而作为保护信的所有人，则必须在葡萄牙人管辖的港口内支付关税。只要信件持有者没有偏离其规定的路线，没有运输规定范围外的货物，该保护信就是有效的。鉴于莫卧儿帝国并没有建立起强大的海军，即使是朝廷官员要从事贸易或进行朝圣活动，也必须获得葡萄牙的保护信。

在随后的几个世纪里，所有在印度洋开展活动的欧洲公司都开始签发这类"保护信"，某些在海岸线上拥有领地的印度大公也很快开始效仿。17世纪，莫卧儿皇帝试图迫使英国、荷兰以及法国的商业公司保护莫卧儿帝国（精英阶层）的船只免受海盗的侵犯。毕竟，那些有"穷凶极恶的强盗"之称的独立船长，据说在名义上都受欧洲国家的管制。苏拉特既是莫卧儿帝国的商业中心，又是首都与圣城麦加的纽带，但由于葡萄牙当局不愿意提供必要的保护信，或是难以找到有钳制海盗的能力和意愿的船长，所以当地的政治局势总是非常紧张。

由于上述种种，葡萄牙人在此地区的活动产生了大量的档案文献。后来，葡萄牙国王征服印度半岛南部西海岸的果阿作为其政治、贸易和宗教活动的中心，并允许宗教裁判所在此设立法庭，相关档案的规模得到了进一步的扩大。宗教裁判所要确保所有居住在葡萄牙人管辖的亚洲土地——葡属印度（Estado da India）——的人在受洗以后始终信仰罗马天主教，而"异教徒"将被移送教区组织接受惩罚。正是在相关的法庭记录中，我们找到了大量的信息，不仅与贸易相关，还与社会生活的许多方面相关，其中可能含有与商业有关的信息。不过也必须承认，这些档案的内容多集中在印度半岛，因此与我们此处探讨的主题关系较弱。另外，到了17世纪，葡萄牙政权在宗教和文化方面不包容的态度疏远了不少人，包括当地的基督教教徒。所以比起当时都在印度进行商业活动的荷兰和英国的商人，葡萄牙商人更难找到生意合作伙伴。毕竟这还是在17世纪早期，荷兰人和英国人对传播自己的宗教还没有多少兴趣。

17世纪初期，来自新兴荷兰共和国的商人以阿姆斯特丹（Amsterdam）为基地建立了一家特许垄断公司——荷兰东印度公司。该公司旨在垄断与欧洲的香料贸易，并很快取得了事实上的垄断地位，完全取代了葡萄牙人的位置。除了主要在如今的印度尼西亚而非印度本土进行的香料贸易以外，为满足17世纪兴起的欧洲丝绸制造厂商的需求，荷兰商人还重视丝绸、棉布以及绞丝的购入。当时被称作"工厂"的孟加拉贸易站就隶属于驻爪哇岛（Java）的荷兰官员，即所谓的"总督"；荷兰人称这座岛为巴达维亚（Batavia），也就是现在的雅加达（Djakarta）。因此，17世纪到18世纪早期在孟加拉行商的荷兰商人需要同时向巴达维亚和阿姆斯特丹的办公室汇报，此过程就留下了大量档案。向阿姆斯特丹的荷兰东印度公司办公室汇报在17世纪末和18世纪初尤为重要，因为荷兰会记录所有停泊在孟加拉港口的船只，以"密切监视"自己的竞争对手，无论船只的所有权归属于谁或目的地是哪里都会被记录在案。经济历史学家奥姆·普拉卡什在自己的大量著作中就分析了这类档案中的信息。普拉卡什能够研究经过某个孟加拉港口的贸易的记录，并了解其关税、通行费的具体数据以及过境船舶的清单，不得不说是幸运的——因为研究奥斯曼帝国的历史学家就没有足够的档案可供参考。

法国东印度公司（French Compagnie des Indes）则位于孟加拉湾的本地治里港口，也创建了数量可观的档案，这些档案的内容主要关于南印度。就本书的研究目的而言，这一点至关重要，因为法国在次大陆上的活动是英法竞争的重要组成部分，英法竞争又是18世纪欧洲政治的决定性因素，而双方的冲突往往会"波及"印度土地上的相关工厂。

毫无疑问，英国东印度公司的档案库是关于贸易的最为全面、最具指示性的资料来源，但是使用英国东印度公司档案文献的历史学家往往会遇到一系列相当棘手的问题。18世纪，这家英国公司逐渐成为一种类似国家的组织，不仅在孟买、马德拉斯（Madras）和加尔各答［也就是今天的孟买、金奈（Chennai）和加尔各答市］建立新的城镇，而且还会发动战争——尤其是针对迈索尔的蒂普苏丹（卒于1799年）和印度中南部地区松散的马拉地公国联盟的战争。在1818年结束的第三次马拉地战争中，英国于1759年占领了重要贸易城市苏拉特的城堡，从而控制了大片领土。此外，该公司在更早以前就在孟加拉发展成为当地的一股政治力量。毕竟，1757年在普拉西战役中战胜孟加拉大公（纳瓦布），就足以使该公司在很长一段时间里在孟加拉自由行动。但在古吉拉特却并没有出现这种情况。莫卧儿帝国政权几近瓦解之后，仍有大量或多或少享有自治权的地方大公与英国进行对抗。所以18世纪英国东印度公司的档案中与贸易相关的极为有限，而且数量一直在随着时间的推移递减。不过，在我们研究的时间范围内的17世纪和18世纪初，伦敦英国东印度公司的管理者还是经常会反对印度分公司在当地发动的政治和军事行为，因为进行这些活动所需的大笔支出会减少利润。即使在18世纪中叶之后，对英国东印度公司建立帝国的行为也有强烈的反对声音，这导致了对在孟加拉建立英国控制权的殖民者之一——罗伯特·克莱武（Robert Clive）滥用权力的审判（1772年）。不过，此案最后的判决结果是克莱武无罪释放。

帝国内外的不同视角

许多关于印度贸易的文献都是从特定的视角记载商人、贸易商品以及其与当地制造者之间的关系的，写作的视角完全取决于近代早期欧洲资本家的典型态度。研究奥斯曼帝国历史的学者对这个情况也很熟悉，但是在本研究的时间范围内，其重要性要弱一些。毕竟正如我们所了解的，在研究奥斯曼帝国历史的学者的学术成果中，英国利凡特公司的账目记录并不是独立的史料。在奥斯曼国土上进行交易的威尼斯或热那亚商人的相关记录，以及17世纪初期的荷兰商人的材料也是这样，马赛商会（Marseilles Chambre de Commerce）所保留的文档同样如此。不过，现在的学者正在试图将奥斯曼本土的史料与非奥斯曼本土的史料结合起来，尽管所涉及的不同视角使得这项任务困难重重。虽然研究奥斯曼史的学者需要继续想方设法解决这个问题，但是在目前的研究阶段，非奥斯曼本土的史料已经不像其在20世纪60年代或70年代那样，是商贸历史学家的主要史料来源了。

当历史学家把目光放在伊兹密尔的时候，把欧洲的档案与奥斯曼帝国本土的文献结合起来研究是很有价值的，这也是近几十年的热门话题。卡迪记录册的缺失的确令人遗憾，但我们还拥有从17世纪中期开始的相关记录，其中包括商业建筑（汉）拥有者的清单，以及当地可征税财产的记录。这些记录可能是加强税收项目的一部分，对研究者而言，它们是外国商人及领事在其开展业务活动的小城区——也就是所谓的法兰克街（Street of the Franks）——所收集的数据的有效补充。荷兰历史学家梅林·奥尔农将这两份记录与一份维齐尔建立在主要城市的宗教基金会（瓦合甫）的档案文件巧妙地结合在一起进行研究，从而在很大程度上弥补了因缺少卡迪记录册而形成的空白。

因此，历史学家在使用苏丹的官僚机构所创建的以国家为中心的记录时也不见得有多轻松。例如，关于包税耕地的记录就往往不只有单一的税收记录，而是合并了两个甚至三个相关项目，其中记录在"项目组合"中的税收记录也不一定与商业相关。更麻烦的是，外包给某个有钱人的"项目组合"可能每年都会发生变化；如果这种变化频繁的话，商贸历史学家就很难得出什么有效的结论。不过无论如何，正确查找定位各种史料来源的确有助于材料的分析，而根据所研究史料的潜在信息，将其进行调整提出的问题，历史学家也能够在一定程度上正确地使用奥斯曼帝国内部的史料。比如说，在靠近伊朗的边境地区有一座重要的贸易城市——埃尔祖鲁姆（Erzurum），该城市17和18世纪的税收记录就让历史学家能够对安纳托利亚地区和晚期的萨非王朝之间的贸易得出相应的结论。

不同的政治背景导致了奥斯曼帝国和莫卧儿帝国档案记载方面的差异。当然，16世纪末至18世纪60年代，奥斯曼帝国经历的一系列政治和军事危机导致了广泛的权力下放，但鲜少有行省的首脑会试图建立自己的公国。相反，他们中的大多数人似乎依旧将伊斯坦布尔的苏丹视作自己继续收税的合法化来源。他们认为如果没有苏丹，他们的竞争对手就可能轻易地挑战自己收取农民赋税的权力。其结果是，即便当地首脑是"实际上"的掌权者，但奥斯曼帝国的政权依然存在。莫卧儿帝国的情况却与之相反：1707年，奥朗则布崩逝后，莫卧儿帝国的领土迅速收缩，许多曾经代表莫卧儿中央在地方的权力的勒克瑙、古吉拉特和孟加拉的高级官员以及焦特布尔大公等小规模的政权首脑都在自己的领土上基本实现了独立。

这种与原先中央集权的"分裂"应该也是莫卧儿帝国和众多"继承国"的幸存官方记录少于奥斯曼帝国的记录的原因之一。出于这个原因，相比出自奥斯曼帝国的历史学家之手的史料，外国人从他们的角度记录下来的史料对研究印度的历史学家而言更为重要。在奥斯曼帝国，为了抵消偏远省份与中央之间的离心倾向，苏丹的官员不仅致力于加强与地方行政官员之间的联系，而且会建立"普通百姓"中拥有较多财产和社会资源的那部分人口与中央直接联络的渠道，中央政府由此多少能知晓些发生在偏远地区的事情。这类投诉和请愿多数涉及放贷人和过高的利率，或是有劫匪出没的危险贸易和朝圣路线。当然，这方面的记录大多属于单个事件，我们往往无法将它们串联起来，而必须逐个解释。尽管我们必须承认这种轶事证据存在的缺陷，但毕竟史学家不能创建数据，只能够分析诠释从自己能获得的任何一手史料中提取的数据。

尽管有上述种种局限性，但随着时间的推移，奥斯曼帝国的历史学家的任务可能比我们今天所想象的还要艰巨得多。16世纪中期到19世纪初期的大批"重要事务登记册"（Mühimme Defterleri）里包含了大量与商业相关的信息。我们也可以从17世纪中期以后所谓的"投诉记录"（Şikâyet Defterleri）里获取感兴趣的内容，18世纪中期之后还有数量更为庞大的"发送给各行省的政令记录"（Vilâyet Ahkâm Defterleri）作为补充。如果这些记录都能——至少部分能——通过电脑进行搜索查询，那么我们就可以将所有通行费、集会和其他所有苏丹官员关注过的相关主题的参考资料汇集在一起进行研究。倘若这一点能够实现，那么我们就能够描绘出迄今为止我们都不敢奢望的更加完整的奥斯曼帝国国内贸易图景。

行商的奥斯曼帝国商人

在20世纪90年代前，对奥斯曼商人的评价往往是负面的，因为许多——尽管不是全部——历史学家认为，贸易是非穆斯林专属的活动，而穆斯林则通常是农民、军人和管理人员。同时，在许多二次文献里，非穆斯林商人并非苏丹的臣民，而是从属于英国或法国贸易商人的合作方，其活动破坏了奥斯曼帝国政府的有序运作。另外，某些学者将基督徒和犹太人视为穆斯林商人"不公平的竞争者"，因为在他们看来，非穆斯林建立的贸易网络阻止了其他人获取贸易份额。

从这个角度看待问题的学者应该经常会从19世纪后期至20世纪初期到中期的民族主义中汲取灵感。因为从18世纪下半叶开始，众多非穆斯林最先对当时不公平的税收政策以及1839年的穆斯林政府集权化政策做出反应。通过"选择退出体系"并成为外国政府的庇护对象，甚至成为其臣民或公民，他们获得了穆斯林竞争者无法获得的优势。甚至在1908年后，联合与进步委员会（İttihad ve Terakki）政府将建立穆斯林资产阶级视为一项主要任务，而这项任务的前提就是消灭奥斯曼帝国的核心区域和后来的土耳其共和国的领土上的非穆斯林商人。这项政治计划到今天已经基本完成，而鉴于这个政策，将17或18世纪的奥斯曼帝国贸易看作破坏稳定的因素也是有一定合理性的。我们可以将这种政治学术上的理论称为"商贸历史上的民族主义模式"。

然而，今天的许多学者并不赞同这个理论。实际上，一部分人甚至强调，这个理论存在事实性错误。首先，20世纪60年代，哈利勒·伊纳尔哲克就已经指出，穆斯林商人并不罕见——例如在15和16世纪的布尔萨——恰恰相反，当时他们甚至是占据主导地位的群体。另外，根据费奥多西亚市（Caffa/Kefe/Feodosia）的关税记录，15世纪后期，穆斯林商人也掌控了黑海的大部分贸易。伊纳尔哲克还进一步证明，在征服者穆罕默德和巴耶塞特二世统治下奥斯曼帝国对黑海沿岸的征服，导致热那亚商人从该地区撤离，而奥斯曼帝国的臣民——大部分是穆斯林——则占据了他们留下的位置。

　　玛丽亚·皮娅·佩达尼·法布里斯（Maria Pia Pedani Fabris）、托马索·斯狄费尼（Tommaso Stefini）和杰马尔·卡法达尔（Cemal Kafadar）都在研究中表明，16世纪，来自波斯尼亚和安纳托利亚中部的穆斯林商人都到达过作为欧洲主要港口之一的威尼斯，并在那里毫无阻碍地进行贸易活动。丹尼尔·潘扎克（Daniel Panzac）对18世纪法国领事馆档案的研究也证实，尽管运输船只往往掌握在法国或意大利托运人的手里，但使用货船的商人通常是奥斯曼帝国的穆斯林。也就是说，在19世纪中期以前，所有宣称因为这些业务需要与"异教徒"长期接触，所以苏丹的穆斯林臣民不涉足贸易的说法都是不切实际的。相反，穆斯林和"异教徒"进行接触必然是司空见惯的现象：例如，当一个奥斯曼帝国的穆斯林商人与法国托运人签订合同，要求将货物运送到遥远的地中海港口时，他极有可能还要访问法国驻当地的领事馆以确认合同。也许有一些穆斯林无法接受这种接触，但这并非整个商业界的态度。

谷物交易

　　奥斯曼帝国的商业贸易中也有一些分支是完全不涉及西方商人的。诚然，我们并没有奥斯曼国内贸易全方位的评估数据，但是关于市场、商队和店铺租金的零散证据表明，像阿勒颇、安卡拉、布尔萨、迪亚巴克尔和萨拉热窝（Sarajevo）这样的城市并不只是外国人进行交易的地方，它们还是当地商人满足本地消费者的需求的地方。正如安德烈·雷蒙德所说的，阿勒颇在16世纪时版图的扩张、城市的繁荣，在17世纪初期的危机后的迅速复苏，在很大程度上都归功于与伊朗和印度的贸易。

其中尤为重要的一个贸易分支就是谷物贸易，特别是在为首都伊斯坦布尔供应谷物方面。如果商人想要在这方面进行投资，则意味着他的经营范围是"为苏丹服务"和"狭义的交易"之间的"灰色地带"。换言之，人们并不清楚这些商人可以在何种程度上合法获利，而不是因自己提供的服务而收取报酬。想在伊斯坦布尔进行谷物交易的商人必须在伊斯坦布尔卡迪办公室拿到许可证（见第三章），上面规定了他们获取货物的地点和数量，同时，奥斯曼政府会规定价格，而该价格通常比市场价值低。接下来他们要将谷物交给托运人，运送到伊斯坦布尔，最后用伊斯坦布尔市中心翁卡帕尼（Unkapanı）区的公共称进行结算。此类交易过程中所产生的文书资料让我们大致了解了帝国官方对该系统运行方式的期望。不过我们并不清楚商人如何确保自己能从耕种者处获得所需的谷物，毕竟耕种者们往往对售卖作物并不上心。

至于印度方面，18世纪莫卧儿帝国的附庸国斋浦尔的文献记载可以告诉我们有关农村地区的商人的活动信息——如前所述，当时斋浦尔的各项规定与莫卧儿帝国中央的规定极为相近。农村商人从生产者处购得谷物或黄油，一方面可以向统治者缴纳现金税款，另一方面自己也从交易中获利（见第八章）。大公的官员当然可以在政府的小麦或大米找到买家之前，禁止私人谷物交易，从而迫使商人购买农产品。他们甚至针对不从事税收类谷物交易的贸易商制定了特殊的规定。即便是这样，征税方和贸易商之间仍然存在基本的共同利益，双方必须合作，才能够将粮食作物变为现金。

奥斯曼商人：生命力和局限性

奥斯曼的商人还会购买伊朗进口的商品，而这种商业行为显然会涉及与其他穆斯林的接触。尽管一些苏丹认为什叶派异教徒都是该死的异端，所以常常是由臣属于伊朗沙的亚美尼亚商人而非奥斯曼商人来将生丝和纺织品进口到苏丹的领土，不过穆斯林也会参与奥斯曼和伊朗之间的贸易。另外，在不认同"商贸历史上的民族主义模式"的历史学家的眼中，在民族主义出现以前，没有任何理由认定，苏丹的非穆斯林子民就只能是奥斯曼帝国的商人。

研究奥斯曼历史的学者揭示了奥斯曼商人的商业活力，但在伊斯坦布尔，苏丹政府的统治导致商人很难在任何一段时期内开展大规模业务。经济历史学家铁木尔·库兰（Timur Kuran）认为，由于伊斯兰教法要求合伙关系应随任何一位合伙人的死亡而终止，所以不可能形成长期资本。当然，他的同侪穆拉特·希扎克沙（Murat Çizakça）和M. 马吉德·科纳诺格鲁（M. Macit Kenanoğlu）并不认同这个说法。他们强调，按照伊斯兰教法，某些形式的合作关系并不需要解散，但即便如此，事实仍然表明，伊斯坦布尔与开罗不同，很少有长期存在的商业合作伙伴关系。希扎克沙和科纳诺格鲁似乎认为，抑制贸易或制造业资本的长期集中的，是当地的政治环境而非伊斯兰教法本身，这一点特别体现在对包税耕地的投资往往比对商业贸易的投资更有利可图上，因为这会导致任何资本都倾向于进入非制造行业，不过相应地，这方面资金被没收的风险也较大。

同时，富有创业精神的奥斯曼臣民也容易受到苏丹政府的影响。在战争时期，成功的企业往往会因为苏丹将为军队筹措大量军饷的要求强加给它们而不堪重负，无论是谁积累起来的资本，都会因此而损失殆尽。不过这类麻烦对生产者的影响远比对贸易商的大，所以我们会在第七章中继续讨论这个问题。

鉴于上述种种困难，许多奥斯曼帝国历史的研究者认为，苏丹试图在市场限制之外，保障陆军、海军、宫廷和伊斯坦布尔居民有现成的供给，这使得奥斯曼帝国的商人很难拓展自己的业务。更重要的是，苏丹和为苏丹服务的精英阶层担心，一批富有的贸易商人和生产者会挑战君主以及官僚的力量，因此他们也刻意阻碍其崛起。而在偏远的城市，尤其是在18世纪末以前的开罗，想要保持生意正常开展并掌握在家族的手里，则会更容易一些。

18世纪的情况要更为错综复杂。如前所述，商业贸易是向持有任何宗教信仰的人都开放的活动。然而，奥斯曼宫廷对伊斯兰教逊尼派的坚定理念，再加上《卡尔洛维茨和约》（1699年）签订后苏丹声望在基督教土地上的下降，可能导致了在海外行商的奥斯曼商人逐渐失去了伊斯坦布尔政府的庇护，当时他们中多数是东正教教徒。16世纪和17世纪初期的情况与此大不相同，那个时候，在亚得里亚（Adriatic）地区陷入困境的穆斯林和犹太商人都可以获得苏丹以及维齐尔的支援。相比之下，他们在中欧经商的18世纪同行似乎一旦越过奥斯曼帝国的边境就只能"自生自灭"了。这些人甚至常常为了获得庇护而成为哈布斯堡王朝的子民。

莫卧儿帝国：珠宝商人以及其他人

让我们把目光转向莫卧儿帝国的商业。凭借不错的运气，我们得以了解17世纪斋浦尔的一位商人丰富多彩的一生，作者就是"主角"自己，作品写于他职业生涯的最后时期。让我们抓住这个独特的机会，从当地参与者的角度来探讨北印度的商业贸易情况。巴纳拉斯达斯（1586—1643）是一名珠宝商人、诗人、耆那教学者与改革者，拥有一个可以分享自己的兴趣与成就的熟人圈子。他的自传为研究阿克巴、贾汗吉尔和沙贾汗统治时期的帝国商业情况提供了一手史料。

巴纳拉斯达斯出身于一个商人家庭，但这个家庭有一些特殊。他的父亲卡拉格森（Kharagsen，卒于1616年）年轻的时候曾接受过珠宝手工艺方面的培训，并一度在孟加拉的税收管理部门工作。尽管莫卧儿朝廷的官员在招募非穆斯林文人时毫不犹豫，也不要求将皈依伊斯兰教作为事业成功的先决条件，但卡拉格森的官僚生涯还是很快就因为赞助人的去世而告终了。接着他返回家乡参与家族生意，不仅从事黄金白银的交易，还涉足珍珠、红宝石和"贵重宝石粉末"的业务。有趣的是，这份早期的清单并不包括钻石，要知道，17世纪的印度戈尔孔达苏丹国拥有当时全世界唯一的大型白钻石矿。然而，当巴纳拉斯达斯达到学龄之时，卡拉格森也开始做红宝石、珊瑚和钻石生意了。巴纳拉斯达斯强调，他父亲和后来的生意伙伴之间的关系是建立在互相信任和理解的基础上的，这个说法在某种程度上引起了研究新焦勒法/伊斯法罕地区贸易的历史学家的共鸣。

在巴纳拉斯达斯学会了基础的算术和识字之后，他父亲希望年轻的儿子可以参与家族生意。这成为他们频繁地争吵的原因，因为巴纳拉斯达斯对家族企业没有兴趣，他喜欢的是宗教知识和诗歌。他在文学领域的确获得了成功，后来的学者都赞扬他的传记"可能是第一本用印度语言撰写的自传"。这种结论应该是排除了两个著名莫卧儿统治者的著作，即巴布尔和贾汗吉尔的自传后得出的，因为它们一本是用突厥语写的，另一本则是用波斯语写的。无论出于什么考虑，无法否认的是，这位耆那教商人巴纳拉斯达斯的确接触不到这些宫廷作品，他只有想办法用自己的方式来叙述生平。

我们已经提过，巴纳拉斯达斯的才华主要在于宗教思想和文学领域，而不是贸易或账务会计。所以，尽管他的文学独创性给今天的读者留下了深刻的印象，但他所能提供的有关商业实践方面的信息却少于我们的预期。这种忽视是他有意为之的，因为巴纳拉斯达斯有意识地避免讨论自己在商业方面的成功，而主要强调失败。我们并不知道这种行为是出于谦逊，还是希望对竞争对手保密。与内莉·汉娜拼凑起来的伊斯梅尔·阿布·塔奇亚的生平故事不同，巴纳拉斯达斯对商业贸易活动的记录就像一个由少量的成功和一些重大失败组成的故事，部分原因是作者和他的朋友们都乐于享受生活的乐趣，因而并不在乎应当获得的资本收益。

不过，在巴纳拉斯达斯提到的商业灾难中，还有一部分是出于政治原因而非作者本人的失误。每当发生军事冲突之时，珠宝商所拥有的现金、金条和名贵宝石都会让他们陷入危险的境地。巴纳拉斯达斯提到，在很小的时候，他就不得不跟着家人逃离家乡，因为斋浦尔的莫卧儿将领为了挪用当地一些珠宝商的钱逮捕了这些珠宝商。得到释放的受害者立刻与同行讨论了这件事，结果镇上的所有珠宝商都决定逃离。他们再次背井离乡是在1600年，当时阿克巴与其长子萨利姆（也就是后来的贾汗吉尔）之间的战争一触即发，而镇上的长官已经准备好与叛逆的王子作战了。特别的是，巴纳拉斯达斯还提供了一些"人性的细节"，他说商人们曾经去问长官自己应当留下还是逃走，这位饱受折磨的权贵只回答说，他已经准备好在战斗中牺牲了——不过最终悲剧并没有发生。

巴纳拉斯达斯买卖纺织品和宝石。我们可以推测，在他的职业生涯的某个阶段，他对纺织品的了解极为有限，因为他记录下自己曾经获得一批劣质布料，一度无法售出，脱手以后也亏了许多钱。然而，一次失败并没有阻止他再次尝试，这次他入手了一批斋浦尔制造的布匹——他可能认识这里的制造商和经销商。珍珠交易也是巴纳拉斯达斯的主业，可惜他并没有记录珍珠的来源，也许是从科罗曼德尔（Coromandel）海岸或卡奇（Kachh）到肯帕德北部和苏拉特这块区域。商品和个人物品之间的界限有时并不清晰，因为巴纳拉斯达斯曾经提到过保存在他护身符中的珍珠，后来他宁愿把它们卖掉。另外，他也经常提到贵重宝石粉末，他的父亲也做过这方面的生意，但他没有告诉读者珠宝商将这种材料用在何处。

关于商业技巧方面，巴纳拉斯达斯偶尔提及在印度商业界广泛使用的胡迪（hundi），也就是信用证。但他更多时候还是会使用直截了当的方式，亲自参加他所谓的"市场竞争"。有时他和朋友建立起的合作伙伴关系在后期会给他带来许多麻烦。巴纳拉斯达斯毫不避讳地指出，在人生中的某个时刻，他曾试图向妻子隐瞒自己资金匮乏的窘境，但没有成功。妻子发现真相以后，还偷偷从娘家拿钱来帮助他。不过，巴纳拉斯达斯显然没有让这个女人成为自己正式的"隐名合伙人[1]"。许多学者会在没有确凿理由的情况下就称某些商人是"小贩"，但这样描述巴纳拉斯达斯也算是恰当的。在困难的时期，他甚至曾转而去做非商业的事业，例如在公众面前背诵宗教经文。

另外，17世纪的印度可能拥有世界上最富有的商人，但他们并没有记录下自己的生活和生意，而有关生意的信息仅见于英国东印度公司或荷兰东印度公司的档案。其中一个最著名的例子就是在古吉拉特的苏拉特市建立事业的维吉·沃拉（1585—1670）。沃拉和巴纳拉斯达斯是同时期的人，也是耆那教教徒，可他们的相似之处也就仅此而已。

莫卧儿皇帝阿克巴征服苏拉特地区后，开始将该城市作为帝国的主要港口，而苏拉特也在此时开始受到举世瞩目。得益于这个优势，维吉·沃拉很快就成了生意遍布全国的批发商人。当时开始光顾苏拉特的英国商人很快就发现，他能够在指定的当地市场上购买到所有的胡椒，因此无论是谁想要胡椒，都没有其他的购买途径。苏拉特的英国商人也许试图避免这种情况的发生，但维吉·沃拉总能一次又一次地买光所有库存，也就是说，当地的胡椒生意无一没有他的参与。

维吉·沃拉售卖的商品不止一种。相反，商业历史学家马克

---

[1]　隐名合伙人：原文为"sleeping partner"，字面意思为"睡眠伴侣"，实际意思是"隐名合伙人、匿名股东"。——编者注

兰德·梅赫塔（Makrand Mehta）发现，这位批发商人还会在当地购买鸦片和棉花，用以在东南亚交换香料，或者和经常来苏拉特的荷兰或英国商人交易，换取白银、铅和珊瑚。另外他还从事银行业务，主要针对英国东印度公司的商人，因为他们离开英国时只能携带数量有限的金条，到达印度后自然需要更多的现金。鉴于他的生意规模，维吉·沃拉可以要求按自己选择的货币来支付；如果对方想要使用商业交易中常用的卢比以外的货币，那么沃拉还可以要求其支付额外的费用——即便那是莫卧儿帝国的法定货币。

在阿克巴、贾汗吉尔和沙贾汗统治时期，另一位耆那教的代表商人是善提达斯·扎韦里（Shantidas Zaveri，约 1585 或 1590—1659），他和巴纳拉斯达斯一样是珠宝商人，但事业更加成功。善提达斯的事业兴起于古吉拉特的首府——艾哈迈达巴德，那里不仅是纺织品生产中心，也是珠宝中心。和巴纳拉斯达斯一样，善提达斯也对传播耆那教很感兴趣，而且因为他更加富有，所以可以采取更大规模的行动。1625 年，他赞助建造了家乡的耆那教寺庙。二十年后，当时还是古吉拉特总督的奥朗则布王子下令破坏了这座寺庙。但由于善提达斯拥有极高的影响力，他最终得到了沙贾汗皇帝的批准，重建了寺庙，而且显然还用了皇帝的拨款。尽管耆那教的宗教文学作品多数由僧人创作保存，但商人善提达斯还是捐赠了不少钱对手稿进行保存，并鼓励创作新的宗教作品。另外，他还在一定程度上参与政治活动，在耆那教各派的分歧上选择偏向一方。巴纳拉斯达斯当然也从事类似的活动，但活动的规模要小许多。

　　17世纪后期和18世纪初期的苏拉特，最显赫的商人是一位印度的穆斯林商人阿卜杜勒－加富尔。据称他的贸易额堪比整个英国东印度公司的贸易额，他拥有二十艘船，船的吨位在300—800吨之间。在1700年前后，臭名昭著的海盗威廉·基德（William Kidd）等对印度洋的船运造成了巨大的破坏，其中就包括阿卜杜勒－加富尔自己的生意。作为应对，加富尔在苏拉特组织了反对荷兰贸易的运动，想迫使他们赔偿穆斯林商人的损失。不过，由于他没有去吸纳同样活跃在这座城市的众多印度教商人，所以他建立的商人联盟最终瓦解；他也没有获得莫卧儿总督无条件的支持。苏拉特商人和他们的荷兰竞争对手最终达成了妥协，但冲突则一直持续到了1714年。

　　那么，关于莫卧儿商人对文化和宗教方面的赞助，我们又有什么了解呢？如果他们是穆斯林，则可能建立宗教基金会（瓦合甫），尤其是通过开办学校或建设公共取水喷泉来回馈家乡人民。在开罗，一些显赫的商人还会建造清真寺，其中一些在20世纪70年代仍然存在，应该也有望保留到现在。另外，还有一些建造商业建筑［瓦卡拉（wakala），类似于奥斯曼土耳其语中的"汉"］的商人在生命的最后将自己的财产都移交给了宗教基金会。遗憾的是，这类慈善机构的许多文件并没有具体说明捐赠者的职业，因此，我们往往无法确认他们是不是商人，尤其是当捐赠者是来自经商家庭的女性时。18世纪的东正教商人有时会向教堂捐赠刻有自己名字的银饰，这类捐赠品在18世纪出现的频率要远远高于从前的，因此我们也可以推断商业化的推进，特别是巴尔干地区商业化的发展，使得更多的贸易商人可以通过慷慨的慈善捐赠来展示自己的财富。

犹太商人则经常通过赞助犹太会堂来凸显其慷慨。例如，建造于15世纪的伊斯坦布尔的阿里达犹太会堂（Ahrida Synagogue），如今它的建筑外形是17世纪后期修缮过的。由于我们很难确认这些商人捐赠者，因此也很难说在这些不属于精英阶层的人中，是否存在可以与善提达斯在财富与慈善方面相提并论的人。虽然我们推测他们中的大多数人以更小的规模开展相关活动，但事实究竟如何，我们也只能期望未来可以获得更多研究成果。

奥斯曼和印度商人：贸易与政治

奥斯曼商人通常会寻找合作伙伴，而且在一定程度上更倾向于与家庭成员合作——不过，正如伊斯梅尔·阿布·塔奇亚的生平所展示的，这个规律也存在例外。高级别的商人根据合同提供资金，合作往往是"利润分成"的形式。在这种形式下，外出行商但也许没有投入任何资金的初级商人可以获得预定的利润份额。初级商人一般不承担风暴、海盗、抢劫和其他不幸遭遇带来的损失，除非他公然无视上级的指示。如果生意情况良好，那么多次远行的初级商人就可以积累足够的资本，自己也可以成为高级商人。

关于奥斯曼帝国的大规模商业组织，例如商业行会，我们掌握的资料很有限。在伊斯坦布尔或布尔萨，行会（见第七章）大概只是商店主的组织，而非批发商人的协会。也许从心态上看，商店主更加接近手工业者，而非批发贸易商人。不过，18世纪的开罗，情况则有所不同。我们的确发现，在开罗，存在一类叫作沙班达尔（shāh bandar）的人，也就是商会领袖，他们与军队关系密切，因此也具有实权；不过在奥斯曼帝国精英阶层的眼中，他们仍属于被统治阶级。奥斯曼长途商人也精心规划了"贸易委员会"，伊斯法罕新焦勒法区的亚美尼亚商人通过该委员会强制合同双方履行合同义务，并督促成员采取恰当的行为，但我们并没有找到相关的证据。奥斯曼帝国的卡迪偶尔会处理商业纠纷，甚至是非穆斯林之间的商业纠纷，但相关记录并没有多少，所以多数争端应当还是通过非正式调解来解决的。

尽管文献记载稀少，但这类非正式的机制肯定十分有效。由于许多商人的资本有限，必须通过信贷进行买卖，于是在伊兹密尔或阿勒颇"当地"的英国商人利用这个事实，试图劝说"高级商人"加入利凡特公司，但收效甚微。多数情况下，贷款应该都得到了偿还。

最常见的商业组织形式还是家族企业，其中包括通过利润分成制度与资本提供者联系在一起的跑长途的初级成员。另外，在外国的商人社群也至关重要。这类驻外商人群体的成员可能是在阿姆斯特丹做生意的亚美尼亚人或希腊东正教教徒，也可能是在哈布斯堡的里雅斯特（Trieste）和维也纳行商的希腊人，他们几代人都保持自己独立的宗教和种族身份，严格履行去各自的教堂礼拜的义务，往往也会继续穿着自己的特色服饰。18世纪的奥斯曼帝国，叙利亚的天主教教徒成了富有的"移民"商人群体，尽管他们行商的范围并没有超过埃及：在1730年后，该群体中有许多人为了躲避新成立的天主教团体和阿勒颇东正教牧首之间的冲突而离开了叙利亚的北部。从1769年开始，一个又一个叙利亚天主教商人为埃及税收做出了贡献，他们专门从事法国纺织品的进口，成了马赛人最恐惧和厌恶的竞争对手。这种地位赋予了这个富裕商人群体事实上的领导权，以及在统治阶级内部虽不正式但强大的影响力。

同时，有证据表明，一些商人团体中的成员有多种身份：例如18世纪，从奥斯曼色萨利（Thessaly）向维也纳出口红色棉纱的一个最富有的商人将自己的姓氏［马夫罗斯（Mavros）］翻译成了德语［沙瓦茨（Schawartz）］，即使在回到自己的故乡——希腊的安贝拉奇亚（Ambelakia）——并造了一座豪华的房子居住下来以后，他还是保留了这种写法。有时，由于玛丽亚·特蕾西亚（Maria Theresa，1740—1780年在位）和约瑟夫二世政府施加的压力，色萨利商人会成为哈布斯堡王朝的子民；还有些时候，商人向另一个君主投诚也许只是为了确保合同的履行，因为维也纳或的里雅斯特当局在必要的情况下会按照自己治下有记录的合同强制合同方履约。

从巴纳拉斯达斯的故事中可以明显看出，家族企业也在印度盛行。除了商人家族成员以外，种姓也是决定谁能够做商人的关键因素。多数受到承认的商人属于吠舍（Vaisya）种姓，这一种姓在印度种姓制度中排第三等。当然也有一些商人群体声称自己与武士种姓刹帝利（Kshatriya）有关，刹帝利是仅次于婆罗门的第二等种姓。不过，一个低等种姓群体宣称自己附属于一个高等种姓群体也是很普遍的事情。

在莫卧儿帝国西北部地区，如今位于巴基斯坦境内的木尔坦市（Multan）是众多商业群体的根据地，群体成员包括穆斯林、耆那教教徒和印度教教徒。在商人离开莫卧儿国境后，种姓团结在印度教教徒中扮演着特殊的角色。这些商人兼放债人活跃在阿富汗、乌兹别克汗国（Uzbek khanate）和莫斯科大公国。在16世纪和17世纪，他们还购得了相当一部分莫卧儿皇帝造币厂所使用的银。与其他此类群体一样，头领（被称为"沙"或是"沙阿"）（sah/shah）要为初级的旅行商人伙伴提供资金，而高级商人也通常会对初级商人的家庭负责——高级商人在适当的情况下会从分出的利润里扣除其妻子和儿女的费用。在家长外出的数月或数年中，这个措施确保了依赖于他的家庭成员的安全。另外，正如赛布·阿斯拉尼扬（Sebouh Aslanian）所说的，如果家庭能承受住他任何违法违规行为所造成的后果，那么初级商人应该也会提供更令人满意的服务。

木尔坦商人的业务范围很广，结合了贸易与银行业，甚至也在莫斯科（Moscow）提供金融服务。他们的重要性在18世纪初期的莫斯科大公国首都所发生的一件事上体现得淋漓尽致：当时一个在当地定居的印度教家庭要让遗孀为她的丈夫殉葬，但沙皇拒绝了这个请求。整个印度教群体都因此离开了这座城市，而由此带来的预期损失迫使沙皇允许了让遗孀殉葬的要求。甚至到了18世纪后期，也发生了一件类似的事情。

由于受到莫卧儿皇帝的支持，木尔坦商人中，属卡特里（Khatri）种姓的商人最为成功。莫卧儿皇帝的支持政策包括促进其与中亚之间的贸易。乌兹别克可汗也支持这类贸易。在某些情况下，皇帝甚至会与木尔坦商人建立合作伙伴关系。不过就算是建立了这层关系，商人想要业务蒸蒸日上，往往也只能凭借自己的能力和关系，即便在莫卧儿帝国瓦解之际亦是如此。相比之下，如同我们前面所说到的，奥斯曼苏丹只在15和16世纪真的给予了本国商人支持和保护。而且据笔者所知，没有一位苏丹派遣过船只到海外进行贸易，但派商船出海对莫卧儿帝国的皇帝、贵族甚至皇室女性来说都是寻常事。

就我们目前所知，出于贸易目的亲自前往奥斯曼帝国中央地区的印度人并不多；尽管在18世纪的伊斯坦布尔，印度托钵僧曾引来大批追随者，但商人只有零星的几个。不过，"印度制造"的纺织品倒是常常出现在奥斯曼帝国的土地上，而大量流回印度的白银也的的确确引发了奥斯曼权贵的不安。通常，印度纺织品以当地商人为中介到达开罗，再由代理商发往穆哈或吉达，最后在奥斯曼帝国完成分销。

另外，也有一批亚美尼亚旅行商人从伊斯坦布尔和伊兹密尔出发，用商业将奥斯曼帝国与波兰、荷兰联系起来，但他们与伊斯法罕新焦勒法区的著名同行不一定有什么关系。正如我们所注意到的，伊朗商人通常是亚美尼亚人，但有时也有穆斯林。他们将伊朗丝绸进口到奥斯曼境内。倘若我们可以弄清楚在伊斯坦布尔经商时，奥斯曼和伊朗的商人会如何与来自焦勒法或焦勒法以外的亚美尼亚同行进行互动，那一定也很有趣。只不过目前，我们对此还知之甚少。

奥斯曼商人与印度商人的接触：进口印度商品

通过对商人行为的研究，我们了解到这两个帝国联系最密切的纽带——货币。换言之，就是将印度的棉花和丝绸制品进口到奥斯曼帝国。奥斯曼帝国对香料和纺织品的需求由来已久，在帝国于1517年征服埃及之前，相关的商业就已经在当地得到了蓬勃发展。根据牛津（Oxford）的阿什莫尔博物馆（Ashmolean Museum）和伦敦的维多利亚与艾尔伯特博物馆（Victoria and Albert Museum）的纺织品专家的研究，印度的印花棉布明显早在11世纪就已经来到了埃及，并且其相关贸易似乎在13世纪马穆鲁克的政权下得到了进一步的发展。正如牛津纺织品学者露丝·巴恩斯（Ruth Barnes）所说的，"……考古研究表明，印度的纺织品……在13和14世纪就来到埃及，不只在福斯塔特（Fustat）这样的大都市得到使用，而是有着更大的使用范围"。有趣的是，尽管在马穆鲁克统治时期或是奥斯曼帝国早期就应该有不少棉花进口，但在巴恩斯参考的考古研究中，其实有不少物品的年代要追溯到1600年以后。

当然，巴恩斯强调的是，即便欧洲贸易公司涉足棉花贸易，埃及还是在进口印度的棉花；但她没有探讨为什么这些织物在考古研究中很少出现。造成这种空白的原因，大概是他们没有挖掘中世纪的齐赛尔·阿卡丁港（Quseir al-Qadīm），在那里可能会找到相关的文物。至于后期的纺织品，学者们就只能研究开罗郊区福斯塔特的考古发现了，据说许多当时的纺织品是从那里发掘出来的，但那里历史上的相关情况仍不为人知。在考古学家和纺织品专家的眼中，齐赛尔港的发掘更加重要，因为他们偏爱更古老的文物。更值得推敲的是，有人认为露丝·巴恩斯及其合作者们在面对从大量出土文物中挑选数件进行碳年代测定的艰巨任务时，没有对那些貌似17或18世纪的织物表现出多少兴趣，例如维多利亚与艾尔伯特博物馆的收藏。相反，她的研究团队可能更喜欢那些在设计上看起来更古老的纺织品，但这种基于偏好的选择是相当投机的。

值得注意的是，在19世纪的下半叶，印度和中东市场之间的联系得以恢复，尤其是对普通百姓日常使用的品质一般的棉花的需求显著增加。安德烈·雷蒙德分析过的开罗书面档案可以作为这个情况的补充证据。相关档案记录始于17世纪后期，包括埃及大商人的遗产清单。这些大商人显然也做印度纺织品生意，但雷蒙德并不能给出更多的细节。另外，露丝·巴恩斯已经指出，我们对印度商人从事这类贸易的程度也所知不多。雷蒙德认为，开罗商人很少去比吉达更远的地方，但目前尚不清楚吉达港的印度商品是来自阿拉伯半岛的，还是用船从印度次大陆运来的。至少这些研究发现支持了红海沿岸的印度和奥斯曼商人社群范围重叠的观点。无论如何，许多大型船只将大量印度朝圣者送往麦加的事实，以及让哈吉（hajj，即朝圣者）完成朝圣之路后可以放松一下的米纳（Mina/Muna）集市的存在，都表明应该有大量印度棉花通过海路抵达吉达。

而在埃及地区以外，尽管18世纪和19世纪后期印度工业复兴之后，棉织物应该十分普遍，但还是很少有印度棉织物在奥斯曼帝国被保存下来。文物消失的原因很多，其中之一便是在19世纪末以前，奥斯曼帝国的精英阶层家庭对不立即使用的东西没有好好保存的兴趣。如果弃置的物品情况良好，则可能赏给奴隶或其他仆人使用。棉织物尤其难以保存，因为许多品质一般的棉织物是供人们日常使用的，保存下来的可能性极低。此外，1870年到1950年（前）奥斯曼土地上的人民遭受了众多战争，因而流离失所，这必然导致财产的进一步损失。

土耳其的民族博物馆可能是曾经的仓库，其建造时间往往可以追溯到帝国的最后九十年间，曾广泛存在于奥斯曼帝国的印度棉花到了这时多数已经消失不见了。另外，在伊斯坦布尔的顶级博物馆之外，人们对"非土耳其"的手工艺品仍然缺乏兴趣。专注于纺织品的土耳其博物馆直到20世纪八九十年代才出现，通常有赖于私人收藏家的投入。托普卡帕宫的收藏里的确有一些印度纺织品，可是在伊斯坦布尔或安卡拉，却没有可以和艾哈迈达巴德印花布博物馆或新德里的工艺品博物馆的收藏品相媲美的纺织物。

由于在（前）奥斯曼领土上，制造于15到18世纪的印度棉布的文物数量稀缺，我们基本只能完全依赖于书面史料来进行研究，其中包括档案文献和叙述材料。这方面的研究内容首先引起了哈利勒·伊纳尔哲克的关注，后来吉勒·魏因施泰因（Gilles Veinstein）也对此进行了研究。17世纪的旅行作家艾弗里雅·切莱比宣称，在17世纪后期，埃及的亚麻布并不耐用，但这个缺陷也许是纤维细度造成的。如果他的说法无误——我们无从判断——那么印度棉布的耐用性应该是其竞争优势。奥斯曼与印度的交易绝不仅限于与莫卧儿帝国的。在15世纪后期布尔萨的卡迪登记册上，伊纳尔哲克发现德干巴赫曼尼苏丹国的维齐尔马哈茂德·加万（Mahmūd Gāwān）曾在1466年到1481年派出三名代理商来到布尔萨。他们最早于1466年，最晚于1479年到达布尔萨，目的是卖掉主人托付给自己的商品，其中相当重要的一种就是纺织品。在马哈茂德·加万被处死的1481年，又有数量更多的贸易商人出现，其中有一部分从布尔萨前往巴尔干地区，但显然奥斯曼官方对此没有任何记录。无论如何，这些商人的出现表明，到了15世纪后半叶，印度纺织品已经在布尔萨占有了一定的市场份额。另外，鉴于马哈茂德·加万不可能在不确定是否能找到客户的情况下派遣代理商，我们也可以假设早在15世纪中期，巴尔干地区就已经有了印度纺织品的一席之地。

在1980年前后，伊纳尔哲克重新关注奥斯曼帝国和印度的贸易往来，但当时他的研究中出现了早期作品里所缺乏的对时事的关注。在伊纳尔哲克撰写后来的文章时，土耳其政府已经接受了新自由主义原则，并取消了国家与私人投资相结合的形式。在过去的几十年中，这类结合曾经取代以进口为基础的经济结构，并在多数情况下通过高关税壁垒保护了国内生产者。随着当地制造商失去这层保护，伊纳尔哲克担心土耳其工人相对较高的工资可能会削弱20世纪80年代土耳其生产的纺织品在世界市场上的竞争力。伊纳尔哲克持有的观点是，"东方"的工资都少得可怜。然而近年来，普拉桑南·帕塔萨拉蒂（Prasannan Parthasarathi）对此表示反对。据帕塔萨拉蒂的说法，印度手摇织机的高机动性使工人获得的工资与其英国同行的相差无几，当然，两者都不高（见第七章）。从这个角度来看，不断加深的苦难以及幻想破灭的织布工重新回归农业只是殖民时期的特征，而非17世纪和18世纪早期的时代特征。

奥斯曼消费者与印度印花布

伊纳尔哲克在研究中发现了一种现象，即英国制造商会仿制印度棉布并将其在中东市场销售。我们可以将他提出的这个现象与帕塔萨拉蒂、乔吉奥·列略（Giorgio Riello）和马克辛·伯格（Maxine Berg）最新的著作联系起来看，因为这一点对于当今的学者而言可能比对20世纪的伊纳尔哲克及其同侪而言更为重要。毕竟，随着爱德华·赛义德的著作而走入历史主流的研究后殖民时期的学者常说，设计和生产中的创新并非欧洲专利；恰恰相反，尤其在纺织品领域，商业化的成功道路则需要向中国和印度学习。在伊纳尔哲克发表该观点几年后，日本学者深沢克巳（Katsumi Fukasawa）也提出了类似的观点。他强调，用手工模板印花对纺织品进行装饰是印度发明的，并在17世纪得到了广泛的实践，欧洲的制造商与伊朗和奥斯曼的类似，都是从印度的模板中学习了这项技术。看来，一些法国制造商尤其擅长模仿。谢里姆三世苏丹的驻法大使在1806年到1811年参观巴黎的作坊时，就重点介绍了制造商生产高品质印花布的技术，即将单个印花接连印到一卷布上，但印记之间的过渡几乎看不出来。

或许是法国制造商对印度印花棉布特别感兴趣，因此无论是关于进口到奥斯曼帝国的印度布料还是其本地仿制品的最有价值的史料，都来自法国。毕竟，在18世纪纺织品贸易的鼎盛时期，马赛商人是奥斯曼棉花、棉布和安哥拉羊毛的狂热购买者。对于这个重要但往往被忽视的话题，深沢克巳给出了更多详细信息，强调了阿勒颇作为纺织品市场的地位。显然，许多印度商人是通过巴士拉和巴格达进入奥斯曼帝国领土的，而在伊朗经历了长期战争以及后来萨非王朝覆灭后，阿巴斯港（Bandar 'Abbas）失去了原有地位，这导致许多阿勒颇商人与巴格达市场建立了密切的关系。不过，至少在一定程度上，面向奥斯曼市场的制造业似乎并没有出现在古吉拉特或孟加拉国，而是在本书研究所涉及的地理范围之外的南边。位于科罗曼德尔海岸的默苏利珀德姆（Masulipatnam）和后来的英国殖民地马德拉斯（今天的金奈）是其中的佼佼者，法属的本地治里也不甘落后。根据法国对18世纪后期奥斯曼市场的估计，尽管战乱期间发生了许多危机，但伊斯坦布尔市场仍然每年大批量购买印度商品，其中大部分是棉纺织品，所有进口商品合计价值五百万皮阿斯特（piastre izolete）。虽然大部分皮阿斯特或是库鲁什[1]（guruş）被用来购买适合制作穆斯林高级头巾的细棉布，但印花布和彩布也是有市场需求的。

　　奥斯曼帝国的史料还反映出印度纺织品的广泛使用情况。科莱特·埃斯塔布莱（Colette Establet）对大马士革后裔的研究证实，

---

[1] 皮阿斯特、库鲁什：皮阿斯特，原指源自西班牙（里亚尔）或荷兰（阿斯兰尼）的银币，后用来称呼奥斯曼的库鲁什银币。17世纪和18世纪奥斯曼铸币厂开始生产属于自己的库鲁什（常常贬值），进口的银币不仅价值不高，且容易被伪造。

在1700年前后，他们尽管财力有限，但仍然拥有一批印度面料，而非法国商人此时正在努力推广的法国纺织品。

奥斯曼帝国的历史学家穆斯塔法·奈马（Mustafa Naima）表达了对18世纪初期兴起的印度商品风潮的忧虑。奈马的忧虑对象是从远古时代开始地中海国家的统治者就关注的问题：印度商人要求以黄金或白银支付，而地中海地区能够提供给印度市场的商品却很少。另外，金银对于发动战争而言是必不可少的，这个情况也解释了奈马和其他18世纪的人对印度贸易的保留态度。

为了应对"真金白银"越来越稀少的问题，奥斯曼帝国的制造商开始仿制印度的棉布，其中阿勒颇、阿依塔普［Ayntab，即今天的加济安泰普（Gaziantep）和迪亚巴克尔］做得尤其成功。不过，仿制品中相当一部分相对粗糙且较重，因此苏丹的子民中富有的那一批人可能仍然偏好原产于印度的服饰布料。另外，深沢克巳也发现这类"仿印度"的棉布在法国商人中还占有一定的市场，尤其是红底或紫底白花的"迪亚巴克尔制造"印花布料加发卡尼（chafarcani）。由于法国购买者的存在，还有不少样品保存在马赛的仓库中，留存至今。对于在阿勒颇做生意的法国商人而言，这种面料色彩亮丽，极具吸引力。而在印度西北部，一种同名的布料已经被使用了一段时间了，所以迪亚巴克尔的加发卡尼品种的模板可能源自印度，并经由伊朗来到奥斯曼境内。或许，从17世纪后期开始就在孟加拉建立生意网络的亚美尼亚商人在18世纪的伊朗危机时期大量移民到了印度，并继续在自己的新家和故土之间进行贸易，从而在向伊朗和东安纳托利亚地区推广加发卡尼中发挥了作用。

运输方式

有趣的是，在探索奥斯曼帝国的时候，相较而言很少有研究涉及贸易商人的流动性。但是就像在近代早期一样，商品必须有人跟着才能够流通，所以富裕的商人也好，占比较大的初级商人也罢，他们的商队进行陆路交通或海上交通的频率一定很高。根据安纳托利亚的塞尔柱突厥（1081—1307，地域差异极大）人的传统，在奥斯曼帝国的主要道路上，人们建造了很多商队旅馆，它们通常被称作汉。总体而言，奥斯曼帝国的汉都具有实用性，并不像中世纪的同类建筑一样恢宏庞大。但即便如此，在某些地区，汉仍然是城镇的要塞甚至核心（见第五章）。

特别是在自16世纪后期以来的巴尔干半岛，旅行商人会参与集市活动，有时还是与当地教堂的神灵的节日有关的集市活动。事实上，奥斯曼帝国的高等贵族经常会占用举办集市活动的场所，将之变为他们设立在伊斯坦布尔或其他地区的宗教基金会的资金来源；也因此留下了许多我们现在可用的参考文献，其中有时会记录商户应付款项、商户来源地、交易的商品以及集市的外观。顺带一提，在奥斯曼帝国以及18—19世纪的焦特布尔，"比萨特"（bisat）这个词的某个变体就特指那些没有自己的固定铺位，只能摆地摊的卖家。

奥斯曼帝国内的运输往往靠骆驼、骡子和驮马，在道路可以行车的安纳托利亚和巴尔干地区的公路上，货运马车也是重要的运输工具。在叙利亚和埃及地区，因为不需要额外铺路，所以骆驼完全取代了在罗马时期使用的马车。不过在安纳托利亚地区，由于只有单峰驼和双峰驼的杂交品种才能在冬天的阴雨与寒冷中生存，而商队要前往安纳托利亚和巴尔干某些地区时，也只有骆驼才能在途中陡峭的山路上行走，所以骆驼在这个地区成了具有优势的运输工具。此外，单峰驼和双峰驼的杂交品种会快速退化，因此需要经常进行杂交配种，这个过程的成本极高。拜占庭时期的君士坦丁堡偶尔会使用骆驼，来自安纳托利亚的游牧移民也会用骆驼为在东南欧作战的奥斯曼帝国军队运送补给，但在巴尔干半岛上，骆驼发挥的作用就没有在叙利亚或埃及地区的大。16世纪哈布斯堡王朝大使奥吉耶·盖斯林·德·比斯贝克（Ogier Ghiselin de Busbecq）一度想让骆驼适应中欧的环境，但并没有取得任何实际上的效果。

也就是说，交通运输方式多种多样：一些游牧或半游牧民族的商人，尤其是来自安纳托利亚地区的，会将自己的骆驼出租给其他行商。当然，驮马也是有用的，骡子则通常在丘陵地带被使用。在18世纪巴尔干半岛的贸易规模不断扩大时，一些赶骡人就选择自己做生意，不再受人雇用。至于海上运输方面，18世纪，奥斯曼帝国希腊地区的商人拥有自己的贸易船，生意蒸蒸日上；因为受到频繁的英法战争影响，奥斯曼旅行者和货物原本在和平时期常用的法国南部船只无法成行，希腊船运商缺少竞争对手。相比而言，奥斯曼帝国的穆斯林则很少参与海上运输业务。

在印度，游牧或半游牧民族所进行的贸易运输早已成为研究的主题，尤其是开展于德里西部靠近巴基斯坦边境的塔尔沙漠地区的贸易运输。不过在19世纪后期以前，却没有多少与贸易运输相关的"可靠"史料。换言之，学者们在这方面的信息来源相当依赖殖民民族志、印度共和国官员在1947年后收集的数据以及口头叙述。莫卧儿帝国和后莫卧儿时期的杰伊瑟尔梅尔（Jaisalmer）、焦特布尔以及马尔瓦尔公国的多数领土被沙漠覆盖。尤其是马尔瓦尔，其恶劣的气候导致众多拥有商业头脑的居民——包括耆那教教徒和印度教教徒——移民次大陆其他地区，以贸易或放贷谋生。19世纪后期，马尔瓦尔人经常为仅存的扎吉尔拥有者工作，并向农民放贷。不过我们很难确定，他们在之前的几个世纪里是否也从事同样的活动，如果是，规模如何；还是说该地区的贸易和放贷是殖民时期的"新生事物"。由于农业收益曾是——现在也是——难以预料的，该地区的居民还会饲养牯牛用来运输货物，例如将多产的旁遮普地区的商品运往位于较偏远地区的市场。我们多次看到有关大规模牯牛运输商队的记载，这些商队通常属于班查拉人（Banjara）。他们的家庭和牧群四处迁移，在商业运输中起到了至关重要的作用。

货币问题

历史学家想要重现当时的经济情况，如果光靠地方官员制作的一系列数据，那么无论是莫卧儿帝国还是奥斯曼帝国的经济情况都是不太可能被重现的——考虑到本书的研究目的和外国人本身的需求，欧洲贸易公司的相关记录的可用性也有限。即便如此，研究奥斯曼和莫卧儿历史的学者还是能够找到有关造币的可用的书面文件，以及一些现存的货币，用以重现这两个帝国的货币史。另外，谢夫凯特·帕慕克（Şevket Pamuk）带领的团队将与建筑工人工资相关的史料收集起来，使建筑行业中受训及未受训工人的工资也有迹可循，并将结果与欧洲众多近代早期的城市的相关情况进行比较，类似的研究也有其他学者进行过。然而，在印度方面却似乎暂时找不到有关建筑工人报酬的任何史料，因此我们将重点关注可比较的问题，即在西班牙征服拉丁美洲后，全球白银贬值造成的后果。

历史学家厄梅尔·鲁特菲·巴尔坎于20世纪70年代发表第一项关于奥斯曼帝国的这一方面的研究成果时，采用了"货币数量"是价格形成和经济生活的主导力量的理论。也就是说，假设流通中的白银数量增加，那么商品的价格也必然升高。巴尔坎认为，通过贸易进入奥斯曼帝国的白银最终将导致国内商品价格的大幅度上涨，从而致使奥斯曼国家机构大范围运转失灵。然而，到了20世纪90年代，利用更加广泛的史料基础，谢夫凯特·帕慕克重新审视了这个问题，对这些结论进行了重大修改。帕慕克首先强调，流通中的白银数量并非导致通货膨胀的唯一因素。当然，对于16世纪奥斯曼税务登记册显示的人口增长浪潮是否会带来通货膨胀这个问题，经济学家的看法并不一致。此处所说的通货膨胀即食物供应的增速低于消费人口的增速，从而引起谷物及其他基础食品的价格上涨。无论这场争议最终的结果如何，从16世纪的税收登记册上我们可以明显地看出安纳托利亚农村市场的发展，所以货币流通速度极有可能（尽管无法证实）比在早期时更快，而这种加速也带来了通货膨胀。16世纪奥斯曼税收登记册清晰反映出来的城市化，也是贸易量增加并进一步致使货币流通速度加快的另一个因素。

　　尽管我们没有直接方法来测量这个关键变量，但帕慕克提出了不少指标，表明这个因素的确是导致价格上涨的重要因素。毕竟，在1600年前后，奥斯曼帝国财政部制定了一系列新的税种，即阿瓦利兹税[1]（avarız-ı divaniyye），主要以现金形式支付。如果纳税人售出的农产品及手工制品数量变多，就必须赚取更多的现金来支付新的税项，这也导致市场上货币流通得更快。

　　此外，帕慕克还指出，巴尔坎虽然将当前货币的价格和白银的价格区分开来，但他还是低估了在当时苏丹的统治下货币贬值的程度。换言之，巴尔坎尽管知道"贬值的影响因素"，但还是

---

[1]　阿瓦利兹税：16世纪后期奥斯曼帝国迫于战争压力征收的非常规税种，后来逐渐成为常规税种。

过于轻率地将价格上涨仅仅归因于流通白银的数量。18世纪是巴尔坎未曾关注的时期，当帕慕克将目光放在这个阶段时，这个事实就显得尤为清晰。钱币学的证据显示，在这一时期出现了第二次通货膨胀，而货币贬值正是罪魁祸首。此外，巴尔坎和帕慕克都强调，对现金的需求的不断增长和随之而来的货币贬值，都是因对抗哈布斯堡王朝和萨非王朝而不断壮大的军队产生的需求导致的。因此，货币的不稳定只有部分原因是白银的涌入，还有一个原因在17世纪的欧洲政体中也同样出现过，即君主（奥斯曼苏丹）在战争上的花费超出了帝国经济的承受能力。

贬值是"银荒"的结果，而讽刺的是，正是白银的涌入导致了价格的上涨。当然，奥斯曼帝国的巴尔干半岛和安纳托利亚地区也有一些银矿，但产量并不高，尤其在美洲的白银大量进入帝国后，采矿并不划算。约在1750年前，奥斯曼对欧洲国家的贸易差额仍属顺差，但经济上却损失了大量白银，因为正如我们前面所提到的，地中海地区的大部分运输贸易掌握在意大利和法国的托运人手中。此外，17世纪30年代，也门脱离奥斯曼帝国以后，也有一部分白银流向也门，用以购买奥斯曼人消费的咖啡。来自伊朗的进口丝绸和来自印度的香料与纺织品，也推动了金银进一步向东流出。尤其是在战争时期，硬币的供应十分紧张，因此，靠农民的实物什一税或阿瓦利兹税来供养战斗中的军队也是合理的。

16世纪末至17世纪初，奥斯曼帝国并非唯一因白银不断增

多而经历通货膨胀的政体。事实上，西班牙的通货膨胀问题才是
最为典型的，对通货膨胀的研究其实就源自近代早期西班牙的
历史学家，始于20世纪30年代进行该项研究的厄尔·汉密尔顿
（Earl Hamilton）。研究莫卧儿帝国历史的学者也开始讨论这种通
货膨胀在印度是否也发生过。提出这个问题是合理的，因为西班
牙人从美洲大陆获得的白银毕竟会经过拉丁欧洲和奥斯曼帝国，
用来购买印度的香料和布料。此外，到达奥斯曼领土的大量货币
并没有在帝国境内停留太久。与此不同的是，莫卧儿帝国可以自
给自足，仅需要进口高质量的马匹，来到次大陆的白银通常会留
在这里，莫卧儿帝国的史料中并没有奥斯曼史研究者所熟悉的与
预算赤字和货币贬值相关的记录。

　　伊尔凡·哈比卜给出了这个问题的部分答案。他指出，在
16世纪末以前，莫卧儿帝国在日常生活和纳税时使用的货币并
非阿克切这样的银币，而是被称为单姆[1]（dam）的铜币。所以，
16世纪白银的贬值完全没有影响到莫卧儿帝国的税收和经济。
不过，到了17世纪上半叶，白银供应量的不断增长确实促使政
府逐步用银币代替了铜币，伊尔凡及其同仁兢兢业业地记录下
了这个过程。为供日常交易使用，造币厂开始发行价值不到一
卢比的硬币，从长远来看，铜币越来越稀有，但从未绝迹。莫
卧儿帝国因此得以"免疫"于白银通货膨胀这种现象，哪怕是

---

[1]　单姆：印度的一种铜币。

在奥斯曼帝国白银通货膨胀最严重的时期，即16世纪末和17世纪初。

值得注意的是，莫卧儿王朝境内在17世纪末也从未发生过"价格革命"，尽管流入莫卧儿帝国境内的白银数量要大得多。因为如前所述，几个世纪以来，无论是来自西亚的商人还是后来来自欧洲的商人，在印度做生意的外国商人都只能售出少量本国的货物。而用金银支付是历来通用的程序。美洲大陆的白银进入欧洲商业圈后，流入莫卧儿帝国的白银也随之骤增。另外，正如奥姆·普拉卡什所指出的，印度的物价水平并没有出现显著的提升，更别说出现严重的通货膨胀了。

较早的一代学者认为，这种差异是由"文化"决定的：许多进口的金银其实从未进入莫卧儿的货币流通环节，人们将其制成珠宝首饰后储存了起来以备不时之需，印度教教徒也会将其制成金银制品捐赠给寺庙。正如我们所探讨过的，莫卧儿帝国的珠宝贸易是个值得讨论的问题，也许比同时期奥斯曼帝国的更为重要，但一些历史学家对这一现象的"道德判断"往往带有"东方主义"色彩。换言之，这些历史学家认为，印度的财富拥有者没有"理性地"将钱投资到农业改良或制造业上，因此印度错过工业化并失去与欧洲社会竞争的机会，他们是需要对此负责的。

不过，奥姆·普拉卡什也指出，储存金银并非莫卧儿帝国及其附属国规避由金银引起的通货膨胀的唯一原因。按照他的观点，当某个社会中金银的存量增长时，商品价格就会上升，但流通中的货物的数量却不会增加，或至少增加的速度并不相同。在这种情况下，同等的商品所对应的货币增加了，所以价格上涨是不可避免的。希琳·莫斯威和纳杰夫·海德尔同样也认为，需要现金结算的大体量商业交易在一定程度上保持了对货币的迫切需求，但由于需求极高，银行家通过汇票转账创造了"银行货币"，所以货币的供应量显然没有超过市场需求，因而在16世纪末和17世纪，莫卧儿帝国并未出现通货膨胀。奥姆·普拉卡什提出了类似的观点，他认为西亚以及后来的欧洲对印度产品——尤其是纺织品——的需求量不断增加，导致制造业也加速发展。制造业的发展与黄金白银的供应增长"步伐一致"，所以流通商品和金银之间的平衡反而没有太大的改变。所以，在通货膨胀严重损害了西班牙和奥斯曼帝国的经济平衡之时，印度莫卧儿王朝却没有同样的遭遇。

归根结底，在非资本主义经济体中，我们可以将通货膨胀看作不断增长的白银量在追赶增长缓慢甚至停滞的商品供应量。如果商品数量的增长速度与白银库存的增长速度一致，那应该不会出现通货膨胀。提尔坦卡·罗伊（Tirthankar Roy）则持不同意见，他认为与17世纪或18世纪早期南亚的经济体量相比，出口份额微不足道，所以白银流入的数量并不足以影响当地的货币供应。读者可能对此持有不同意见，因为即便每年流入的白银数量很少，但日积月累下来白银的数量也变得相当多了，毕竟流出次大陆的白银数量并不多。此外，或许我们也有必要考虑地区之间的巨大差异，就像穆扎法尔·阿拉姆曾指出的，他研究的奥斯曼帝国北部省份的税收在17世纪通货膨胀期间也增加了。

经济扩张与限制

16世纪的奥斯曼税务登记册只为我们提供了耕地扩张的间接证据，而且由于农业技术在本书研究的时间范围内并未发生太大的变化，所以耕地扩张是商业和手工业繁荣发展的根本原因。根据阿克巴的指令，官员必须仔细测量应税耕地（参见第八章）。我们也由此得知，在16世纪末期和17世纪奥斯曼人口增长逐渐缓慢之际，莫卧儿皇帝新近征服的孟加拉和比哈尔的耕地却在极速扩张。莫卧儿的税收随着农业的发展而增加，货币经济也随之扩张，因为所有公职人员的工资都是以现金形式发放的。另外，高级贵族的代理商还会把钱借给从事远距离贸易的商人和造船商。哪怕再富有的莫卧儿商人也不能跻身莫卧儿精英阶层，因此，参与贸易活动的贵族必然对商人的需求更加敏锐——至少，在他们还没有像巴纳拉斯达斯所记录的那样产生"强盗心态"之前是如此，而这种心态终将迫使商人逃离。如此，来自农村耕地的税收就成了商业扩张的燃料。约翰·理查兹（John Richards）是这样总结的："……莫卧儿帝国体系不仅鼓励深化货币使用水平，同时也鼓励在地方、邦以及更大的经济体之间建立更密切的联系。"

而在奥斯曼帝国，在国家机构的介入下，农村人口与精英阶层的市场联系可能并没有莫卧儿帝国的那样深刻与广泛。首先，我们已经知道，在奥斯曼帝国的领土上，什一税大部分是以实物支付的，因此将谷物推向市场的是收税人而非农民。其次，许多精英阶层的成员并不看好自己的同伴涉足贸易，他们认为在苏丹的子民的谋生之路上不应当有属于特权阶层的官员来与之竞争。不过即使是这样，精英阶层的贸易投资者还是存在的，但数量有限。更重要的是，奥斯曼帝国只出口少量需求旺盛的制成品，所以虽然帝国的扩张在事实上促进了贸易的发展，但是贸易的发展却并没有达到与莫卧儿帝国相当的商业增长水平。

从另一个角度来看，莫卧儿帝国在16世纪和17世纪的繁荣由从事出口的纺织工和商人的灵活性所致。假如他们没有通过扩大产量来应对奥斯曼帝国、拉丁欧洲、东非和东南亚地区对印度纺织品日益增加的需求，商品单价就会上涨；而且由于欧洲商业公司不断进口白银，莫卧儿帝国有可能出现白银大量涌入引发的通货膨胀。给奥斯曼帝国财政部部长和靠领工资生活的人带来了巨大麻烦的，正是这个问题。

总结："融入资本主义世界体系"

作为奥斯曼苏丹的子民和莫卧儿皇帝的子民的商人之间的差异，从本章的探究结果中清晰可见。印度的许多地区专注于棉纺织品的出口，例如古吉拉特、孟加拉和印度半岛的部分沿海地区，而奥斯曼帝国则主要出口农产品和半成品，例如纱线和皮革。相比而言，"裁缝可以直接使用的"纺织品并非面向大众市场的商品，例如在黑海北岸出售的安纳托利亚棉织品、经由威尼斯售往波兰或俄罗斯的布尔萨丝绸以及安卡拉海马毛织物，而且其文化重要性并不一定会转化为经济价值。因此，在奥斯曼帝国，我们没有发现会通过选择特定的织工做商业伙伴并给予其信贷从而组织纺织品出口的商人。不过在农业范畴，还是有不少奥斯曼商人会向农民提供贷款，然后以预定好的固定价格购买农作物，即使许多伊斯兰法学家对这种做法持保留态度。

据我们目前所掌握的史料，比起孟加拉和古吉拉特的中间商和为外国公司服务的商人所扮演的角色促成的交易量，活跃在伊兹密尔并向法国、英国和荷兰商人出售其所购货物的非穆斯林商人的交易量不免相形见绌。饶是如此，我们如果可以找到方法将18世纪末活跃在开罗的叙利亚基督教教徒的生意与其孟加拉或古吉拉特同行的进行比较，那应当会有更大的发现。

如今，众多研究印度莫卧儿王朝的历史学家已经否定了先前的假设，即17世纪初期荷兰、葡萄牙、英国和法国商人的出现对当地的经济和社会而言是毋庸置疑的灾难。相反，奥姆·普拉卡什和古拉姆·纳德里（Ghulam Nadri）这样的学者以及更年轻的学者都认为，16和17世纪是不同的，而18与19世纪也是有区别的。在早期，通过外国贸易商人流入该国的白银及其产生的需求增长，尤其是在纺织品产业，促进了经济生活的扩张。然而，在后来的时期，尤其是英国东印度公司发展成为地方政权时，形势发生了逆转。英国东印度公司成为政治和军事力量之后，英国背景的移民"农村商人"开始在（从前的）莫卧儿领土承接业务，阻碍了本地印度商人的业务。原先与英格兰手摇织布机工人的工资相当的印度织布工的工资，也因此急剧下降。正如普拉卡什所说的，他们之间的关系从"市场决定型转为强制型"，也就是说，从商业谈判变成了使用武力。

看起来，莫卧儿帝国政权在18世纪上半叶的迅速萎缩是导致贸易关系转变为殖民关系的主要因素，经济上的衰退也暗示了这种转变。希琳·莫斯威在这方面的看法值得我们关注。她指出，比起阿布勒·法兹勒所记录的16世纪后期的情况，一些重要的指标——尤其是城市制造业中的重要指标——表明，到1900年，印度北部和中部的经济水平低于阿克巴统治后期的经济水平。不过，要将其与奥斯曼帝国进行历时比较，是非常困难的。我们需要记住的是，在奥斯曼帝国，制造业的进口成品在18世纪后期之前还不能与奥斯曼本土商品竞争，许多进口商品在1830年以前也都不具有竞争力。穆罕默德·根奇（Mehmet Genç）提出，18世纪奥斯曼帝国制造业的艰难处境往往是由奥斯曼帝国需要为战争投资的特殊情况，而非进口商品的竞争导致的。从某种意义上说，与印度历史学家在研究莫卧儿帝国时的情况相似，假如我们想要辨别哪些问题是来源于欧洲的干预，而哪些又纯粹是由当地的因素引起的，则需要认真甄别不同时期和地理因素。

实际上，最近许多探究莫卧儿领土或曾经在莫卧儿领土上进行的贸易的著作，其关注点都是特定地区或特定群体；而这样的兴趣点也至少在一定程度上解释了为什么研究18世纪的历史的部分学者并不认为这段时期的一切都是灾难性的。这种态度在以孟加拉或古吉拉特为研究中心的历史学家中显得尤为明显。特别是在古吉拉特，即便在英国对此地进行政治控制以后，一部分印度商人仍然可以做好自己的生意。商业历史学家对这类成功商人的重视，在古尔恰兰·达斯（Gurcharan Das）近期编撰的系列文章中展露无遗。有些撰稿人甚至故意"硬着头皮"下结论。换言之，他们和大多数人不同，不将鸦片贸易视为严重的犯罪，而仅仅将其看作获取利润的方式之一，完全忽视了成千上万的中国人曾经深受其苦。

这个观点最著名的支持者可能就是提尔坦卡·罗伊，他甚至大言不惭地提出，商业历史学家应当认为，大英帝国在大约两百年的殖民统治中从印度获取的资源，本就是大公和巨头手中的"闲置财富"。罗伊断言，这些资源无论如何都不会被用于投资。显然，他的论点无视了一个事实：即便在英国政权的殖民统治下，至少有一部分"闲置财富"仍在原主人手中，而贫穷的织布工或潦倒的盐商才是首当其冲地受到殖民剥削的人。更不可思议的是，罗伊还认为，历史学家应该把这笔巨款视为"支付的服务费"。罗伊所说的服务是指殖民时期兴建起来的商业、工业和学术方面的基础设施，并且这些服务在1947年后取得了进一步发展。在他看来，正是这些基础设施使得印度商人——包括印度科学家——也能够跻身于当今世界之林。

显然，对于立足德里、勒克瑙或阿格拉进行研究的学者而言，采用这种立场来研究殖民时期的商业关系堪称荒谬绝伦。但对于研究孟买的人看来，这种立场似乎也没有那么离经叛道。19世纪后期，印度人拥有的世界级企业就已经在孟买运作了，当时一些富裕的企业家也开始对城市的基础建设进行投资。这方面的争论尽管始于1759年英国占领苏拉特城堡等事件，但总体来说与1760年后的时期发生的事件相关，因此与本书的研究内容无关。

不过，有必要提出一个问题，即这方面的讨论是否与研究奥斯曼贸易的历史学家相关。乍看上去，这一领域的分歧极大，因此关于印度的争论对研究奥斯曼帝国商业的历史学家来说微不足道，即使仅仅因为奥斯曼帝国的国家机构更具弹性，并且帝国政权维系的时间也更长。"融入欧洲主导的世界经济"的趋势当然也出现在奥斯曼帝国，但伊斯坦布尔或伊兹密尔所发生的一切都出于奥斯曼帝国官方的参与甚至认同。鉴于来自官僚机构的沉重负担，奥斯曼商人永远都不可能扮演维吉·沃拉、阿卜杜勒-加富尔或是安俊吉·那斯吉（Arjunji Nathji，1680—1760）这样的角色。迄今为止，商业史仍是奥斯曼历史学上尚未开发的领域，很少有奥斯曼历史研究者尝试过重现某个奥斯曼商人的职业生涯，内莉·汉娜和伊斯梅尔·哈克·卡狄（İsmail Hakkı Kadı）只是特殊的例外。似乎奥斯曼历史研究者总认为欧洲的史料只包含有关欧洲商人的信息，但印度商业历史学家的研究进展表明，这种想法过度悲观了，无论是在奥斯曼帝国内部还是非奥斯曼帝国来源的档案中搜寻到的与奥斯曼商人有关的信息，都很有价值。

许多印度商人通过组织棉纺织品的生产而致富。换言之，尽管有一定限制，但他们还是想方设法对当地的手工业者进行了管理。奥斯曼商人和手工业者之间的关系则大相径庭，究其原因不过是官僚机构的干涉更深入而已。所以在接下来的章节我们就将探讨这个问题。

第七章
近代早期的手工业

在对奥斯曼帝国历史的研究中，手工业者往往是近代早期欧洲资本主义对地中海世界进行冲击的受害者。事实上，的确有一部分手工业者在17世纪就失去了自己的市场，尤其是萨洛尼卡的羊毛织工，但其他多数人并没有感受到18世纪后期——也就是本书研究的时期结束后——欧洲经济扩张的影响。还有一些历史学家认为奥斯曼帝国的工匠是苏丹忠实的仆人，统治机构可以像调动棋盘上的棋子一样调动他们。虽然其中艰辛多数不为人知，但正是他们在制造枪支火药、编织帆布或建造要塞和清真寺建筑群方面付出的劳动，让君主得以将宏伟的国家建设项目从也门铺到匈牙利。

本章将重点介绍在奥斯曼帝国与莫卧儿帝国这两个迥然不同的政治背景下工作的手工业者的共同之处。换言之，对工匠仅仅是资本主义的受害者或者苏丹的仆人这一观点，我们持怀疑态度。在大型帝国中，市场交易虽然并不支配人与人之间的关系，但仍会起到至关重要的作用。我们可以推测政治结构与精英阶层对待工匠及其工作的态度之间也有类似的关系。同时，印度的草根群体与奥斯曼帝国的草根群体有很大的不同；在这种迥异的背景下，两者的相似性就会显得特别突出。基于这一系列指标，我们将"分析出"奥斯曼帝国和莫卧儿帝国以及一部分后莫卧儿公国的手工业者之间的异同。

欧金尼娅·瓦尼纳（Eugenia Vanina）关于13世纪到18世纪印度手工业者的研究的著作着重比较的是中世纪与近代早期欧洲的情况，尽管与本章的研究目的相异，但笔者仍从中受益颇多。首先，身为印度专家的瓦尼纳大量地引用了来自外国旅行者的作品，如弗朗西斯科·佩尔萨特（1590—1630）、让-巴蒂斯特·塔韦尼耶（Jean-Baptiste Tavernier，1605—1698）和弗朗索瓦·贝尔尼尔（François Bernier，1625—1688）。贝尔尼尔曾尝试从自己的哲学角度来比较法国和印度的社会政治结构。用今天的眼光来看，贝尔尼尔思想的局限性和危险性显而易见，但他与他的商业头脑发达的旅行者同行传递出的有关手工艺品生产的信息，却是莫卧儿帝国内部史料所未曾记载的。这些作者的观察成果由此成为17世纪欧洲与莫卧儿帝国之间进行贸易往来的重要纽带。

相比之下，曾经来到苏拉特或德里的奥斯曼人则没有留下任何对工匠的描述，从印度前往奥斯曼帝国朝圣的托钵僧或进行贸易的商人也对工匠群体不置一词。个体层面的互动自然会引发两者间的比较，但我们很难找到这类记录。特别是18世纪后期的勒克瑙，一定与奥斯曼帝国首都有某种联系，否则我们很难解释据称是受到伊斯坦布尔的一处门廊启发而建造的巨大的"鲁米门"（Roomi Gate，1784年修建）的存在。

其次，瓦尼纳的研究不是仅涉及北印度，而是涵盖整个次大陆的，时间跨度也更长。对于本章探究的领域，她的结论是，印度手工业技术在16世纪到18世纪的变化并不大，这提示我们无须进行技术工艺方面的讨论。此外，由于奥斯曼帝国近代早期的工匠技术也没有引起学术界太大的兴趣，我们更有理由不去探讨这个论题了。

无论是在奥斯曼帝国还是在印度莫卧儿帝国，女性都是熟练工人中的少数群体，她们或许负责准备工序，如纺织品生产中的准备工作。纺线纺纱则是个例外，这通常是女性的工作。在奥斯曼帝国，女学徒是相当少见的，不过在16世纪的布尔萨偶尔会出现这样的情况，文献中就记载了这样一个例子：有人委托一位女丝绸织布工培训一名年轻姑娘。另外，大约有1700位熟练的东正教女刺绣师为教堂工作过。而在18世纪的色萨利（希腊北部），甚至有一个仅由妇女组成的行会，其招募程序在家族内部完成。不过这些都是特例，一般来说，女性是不接受任何特殊培训的。南迪塔·普拉萨德·萨哈发现，在18世纪的焦特布尔，手工业者拒绝向女性传授技能，原因是女性在婚后会将技艺带到另一个家庭，从而给手工业者增添潜在竞争对手。因此，本章将假设手工业者都是男性，并称他们为"工匠"（craftsmen）。

在比较研究的初期，对于在一些案例中发现的奥斯曼帝国和莫卧儿帝国手工业者生活的相似之处，我们没有对其形成根源进行猜测。我们如果试图用撒马尔罕（Samarkand）、伊斯法罕或喀布尔中世纪的工匠情况来解释奥斯曼帝国或莫卧儿帝国的工匠问题的根源，就犯了用一个"未知"因素来阐释另一个"未知"因素的错误。为了避免陷入这种错误，我们会将16世纪早期到约1770年的大约两个半世纪看作一个独立存在体，而不关注在这之前以及之后的问题。在不投机取巧的情况下分析两个截然不同的社会和政治背景下的工匠是困难的，寻找相关的文献记载也同样是严峻的挑战。

我们的探究将从讨论印度历史学家和奥斯曼历史的研究者试图描绘的16世纪部分地区的"经济状况"图景开始，尤其是其中关于手工业者的内容。第二部分的内容将涉及在奥斯曼帝国和南亚地区生产供统治者及其宫殿使用的物品的作坊，以及工匠酬劳问题。估算工匠的收入并不容易，因为在奥斯曼帝国，相关的数据都是"杂乱无章"的，而这个问题在莫卧儿帝国更甚，因此结论仍是不确定的。接下来，在简要介绍种姓和亚种姓在印度工匠系统中的作用以及手工业者行会在奥斯曼帝国的地位之后，我们会接着探讨在近代早期印度中部以及奥斯曼帝国核心省份发挥作用的不同的"道德经济"问题，当然也是从比较的角度出发。随后，我们将向读者介绍的是，在各个政府机构都希望手工业者留在当地的前提下，手工业者如何通过迁移保住自己的生计。最后，我们将探讨一个方法论问题，解释"口述历史"在印度手工业研究中占有重要地位的原因，而研究20世纪以前的奥斯曼帝国历史的学者却对这个话题缺乏兴趣。

在谈及贸易商与工匠生产之间的关系后（见第六章），我们再次回到这个问题，但此次的重点是将手工业者的视角具象化。通常我们只能通过阅读文献的"弦外之音"来了解这些男女工匠的情况。在奥斯曼帝国和莫卧儿帝国的非资本主义市场经济中，一些手工业者会直接面向消费者销售商品，尤其是在需求主要来源于本地的情况下。从事出口业务的织布工则通常需要中间商。但例外的是，让-巴蒂斯特·塔韦尼耶的一段记录提到，贝拿勒斯本地织布工在17世纪中期直接售出了许多产品，甚至直接卖给了外国人。由于经济利润的差异，工匠与商人之间的关系往往会引起争议，而我们对工匠的了解更少的原因，大概是历史由胜利者书写，而工匠往往是失败的一方。

史料：手工业者稍纵即逝的痕迹

手工业者在两个帝国城市人口中都占较大的比重，尤其是在大城市，而在农村的规模要小一点，但也确实存在。即便如此，涉及这部分人群的史料文献仍然很少，极个别的例外就是《圣人纪》[1]（fütüvvetnâmes），这本书是在奥斯曼时期经过了重编的前奥斯曼时期的作品，其中就探讨了在苏菲主义盛行的背景下，工匠所应当具有的美德。有证据表明，识字的手工业者拷贝了这些文

---

[1]《圣人纪》：总结行为准则的书，在前奥斯曼和奥斯曼帝国的某些手工业者群体中流行。

本，可能还念给不识字的同行听。至少在18世纪萨拉热窝的部分城镇里，希望获得大师名声的手工业者须体现出自己对这部文学作品中所提到的戒律了如指掌。《圣僧传奇》里也有一部分与手工业者相关的内容流传了下来。

尽管失火以及疏忽给档案造成了很大的损失，但是研究奥斯曼帝国的手工业者的历史学家还是得到了大量幸存下来的档案，其中一部分是由中央政府和其他机构编纂的，还有一部分是当地卡迪所作，后者对我们的研究尤为重要。不过，这类档案有严重偏重伊斯坦布尔的倾向，所以历史学家由此得出的结论往往适用于首都和大城市，而不一定符合在小城镇工作的众多手工业者的情况。

卡迪登记册虽然是法官在当地任职时编写的，因此比其他类型的文献更接近基层现实，但事实上仍然是卡迪的书记官根据既定的行政机关公文格式记录的。这些登记册包括作为行省法官行政手册使用的中央行政部门的政令副本，也包括诉讼与反诉案件记录，其中就有因为手艺不合格或工匠活动未得到行会认可等导致的纠纷。此外，法官的档案中还包括死者的遗产清单，拥有一定财产的工匠通常会给后代留下这类清单。同时，如果手工业者行会将纠纷提交给苏丹朝廷而非卡迪，那么至少在18世纪，判决结果会被记录进行会条例［尼扎姆[1]（nizâm/nizâmnâme）］中；

---

[1]　尼扎姆：正规的行会规则条例记录。

但假如没有出现争议，就不会被记入。在朝廷记录或者少数单独的文件里，也会有简短的行政规定的价格清单（纳尔），有时还会包括某种产品的质量规格等。这些史料都给我们提供了奥斯曼帝国主要城市的工匠合法或非法的习惯做法的相关信息。为苏丹宫廷服务的工匠和画家的名单也被留了下来，以此为主题的传记与文本也并不少见。

相比之下，莫卧儿帝国在这方面就缺少档案文献，所以历史学家只能重点研究考古发现和文学材料。另外，由皇帝或帝国的附庸国的大公赞助的细密画上也会出现工作中的手工业者，但这类卑微的群体很少会成为关注的焦点。不过至少，比起在奥斯曼帝国，这类细密画在印度莫卧儿王朝和后莫卧儿公国更为常见。

印度学者往往会关注斋浦尔这个16世纪以来就附庸于莫卧儿皇帝的拉贾斯坦公国的首府，因为其档案的保存状况比受到战争影响的德里或阿格拉的更好。苏布·哈利姆汗曾对17世纪末和整个18世纪与当地宫廷作坊（卡卡那）相关的史料进行过一系列的分析。哈利姆汗所分析的史料十分珍贵，因为尽管我们可以从文学史料中得知，皇帝有众多宫廷匠人为其服务，但除此以外，在莫卧儿帝国的核心区域，没有留下堪与斋浦尔留存的档案媲美的档案文献。根据阿布勒·法兹勒的总结，在阿克巴时期，差不多有一百个这样的作坊在运行。阿布勒·法兹勒还写下了莫卧儿宫廷最青睐的纺织品的清单，并附上了价格。同时，阿格拉和德里的宫殿也会使用从各省运来的手工艺品，不过很难说这些物品是贡品还是在市场流通的商品。

南迪塔·普拉萨德·萨哈也是一位研究拉贾斯坦的专家，她研究过18世纪手工业者向焦特布尔的拉其普特统治者提交的请愿书。不幸的是，她在充分发挥自己的才能完成深入研究之前，就离世了。在18世纪莫卧儿帝国衰落时，焦特布尔就几乎独立了，但也会频繁遭受来自马拉地的袭击。这些袭击使得数量是当地包收租税人的两倍的商人蒙受了金钱损失，他们通过收取会费将损失转嫁给地位更低的工匠。工匠向统治者提出的请愿书就能够反映出他们当时所处的困境。

由于印度工匠生产出了许多用于出口的商品，一些欧洲旅行者也记录下了他们对制成品，尤其是对丝绸和棉纺织品的观察，其中最令人感兴趣的自然是法国商人让-巴蒂斯特·塔韦尼耶的游记。他在17世纪40年代到60年代多次到访印度，不仅专注于宝石——尤其是钻石——研究，还试图在印度发展法国的整体贸易。因此，他十分关注肯帕德、布尔汉布尔（Burhanpur）、锡龙杰（Sironj）和孟加拉等地的纺织业务。有趣的是，他还会提醒潜在客户某些市场——例如法国或波兰市场的特殊需求，以便他们能够更好地卖出纺织品。尽管出口的纺织品仅占印度纺织品总产量的一小部分，但塔韦尼耶的游记仍是对我们手头稀少信息的宝贵补充。

另外，英国殖民势力也会留下档案，例如18世纪中期的孟加拉档案中就包含有关英国东印度公司控制当地工匠的方式的重要信息。荷兰的档案里也有关于孟加拉织布工的内容。在印度独立至今的七十多年里，对这些档案的访问要求都受到了严格的审查管理，这种情况是研究奥斯曼帝国的历史学家不太会遇到的。这种不同之处也许就是更普遍的态度差异的一部分：虽然小心谨慎是历史学家的工作态度，但多数研究奥斯曼帝国的历史学家并不认为近代早期的奥斯曼帝国政府是有"敌意"的研究对象，需要以审慎的目光分析其一举一动。或者说，如果他们这样做了——正如研究巴尔干地区的某些历史学家所做的那样——那么往往只意味着这些史学家对奥斯曼文献还不够熟悉。但是印度的许多历史学家对莫卧儿帝国却始终是这样的态度。

或许记录莫卧儿帝国臣民税收义务的登记册中包含的手工业者和市场税务的信息与奥斯曼帝国的相应信息数量相当，甚至更多。可惜这批原始文件早就消失了，我们只能以编年体史书及其他文学作品为参考了解它们的相关信息。关于莫卧儿帝国的繁盛时期，最重要的史料来源是阿布勒·法兹勒有关阿克巴统治时期的作品的第三卷。阿克巴皇帝最信赖的伙伴阿布勒·法兹勒用前两卷涵盖了阿克巴统治期间的历史，第三卷则对莫卧儿帝国进行了详细的统计描述，具体说明税收及其来源的相关数据多数可追溯到1595—1596年。虽然帝国的大部分收入来自农业，但手工业的税收也很重要，足以留下一定数量的记录。希琳·莫斯威就是通过研究阿布勒·法兹勒的文本才得以对莫卧儿帝国的经济进行大规模的统计分析，其中对城市和农村的手工制造业的分析尤为重要。

阿布勒·法兹勒的深远影响

莫斯威将阿布勒·法兹勒记载的数据和1900年左右全面建立的英国殖民政权的官员记录进行过比较，从而评估殖民统治对印度的国库收入来源以及经济的影响。在一定程度上，她比较的结果回答了印度历史学的"大问题"，即殖民统治以何种方式以及在何种程度上阻碍了经济的发展（见第六章）。不过在当前这一章，我们只关注她对16世纪后期国内手工制品需求的分析。我们必须始终牢记一点：比起研究奥斯曼帝国的历史学家，研究莫卧儿帝国的历史学家更强调人口收入分配的不平等。因此，他们会争论收入有限的人是否能够购买手工制品，如果能买，可以买多少。这是迄今为止奥斯曼帝国研究者未给予重视的论题，而事实上，奥斯曼帝国的收入分配也十分不平等。正如科莱特·埃斯塔布莱近期的一篇文章指出的，在1700年前后，众多大马士革的居民都家徒四壁。

假如我们想要参考莫斯威的模式，对奥斯曼经济进行全方位的研究，并确定其中的工匠收入，那就必须将不计其数的税收登记册汇总在一起，最好是从苏莱曼苏丹统治时期的税收登记册开始。没有人试过做这样的研究，当然，不这么做的理由非常充分，毕竟在印度，所有适用的数据都来自单一的文本，即阿布勒·法兹勒和/或他的书记处编写的统计概览，而他们使用的源头文件已不可考。奥斯曼帝国的情况则不同，历史学家可以评估16世纪官员编制的简明税收账册[1]（icmâl）的可靠性，乍一看，这是历史学家对奥斯曼经济情况进行整体评估最便捷的史料，但可惜的是它错误连篇。其实，莫斯威也曾意识到，阿布勒·法兹勒书记处的计算有错误，但正如我们所知道的，她别无选择，况且有限的错误对整体的研究工作没有太严重的影响。相反，奥斯曼简明税收账册的源头档案是冗长而详尽的登记册穆法沙[2]（mufassal），有些行省的保存了下来，有些行省的则没有，奥斯曼帝国历史的研究者需要把它们一一搜集起来。所以说，这类统计数据始终是"有瑕疵的"，研究人员很快就会自问，最终的研究结果是否对得起研究过程中付出的努力。这种可以预见的情形导致奥斯曼帝国研究者对这方面的问题避而不谈，转而着眼于各个行省乃至各个城市各自的税务登记册的内容，并以从相应的卡迪法庭获得的数据以及包税耕地的档案作为补充。

其次，奥斯曼帝国历史学家必须面对这样的事实，即16世纪埃及地区的税收登记册大多丢失了。对于历史研究而言尤为可惜的是，埃及地区是中央政府的主要收入来源之一。当然，斯坦福·肖（Stanford Shaw）曾经借助"重要事务登记册"和其他档案及文学资料估算出了埃及的税收。此外，包括安德烈·雷蒙德、内莉·汉娜、米歇尔·图奇斯切尔（Michel Tuchscherer）、

---

[1] 简明税收账册：税务登记册塔利尔的一部分。

[2] 穆法沙：常见于15、16世纪的详细的税收登记册，蒂玛和扎米特就是根据穆法沙来分配的。参见"简明税收账册"。

尼古拉斯·米歇尔（Nicolas Michel）和埃伦·米哈伊尔（Alan Mikhail）在内的众多历史学家也曾致力于深入分析尼罗河谷的城乡经济。总之，16世纪安纳托利亚和鲁米利亚的塔利尔在某种程度上可以帮助我们进行全面评估，但同时期的埃及等地的相关史料却存在很大的欠缺。另外，我们有相对较多的17和18世纪的埃及地区的史料，但没有关于中央行省的史料。仅仅出于这一个原因，任何试图确定工匠在奥斯曼经济中的地位的行为都是高度投机的，而且与希琳·莫斯威令人印象深刻的作品相似的作品，我们将不可避免地认为其基于"假设"而非基本可靠的数据。

在这个前提下，值得注意的是，布鲁斯·麦高恩（Bruce McGowan）在20世纪70年代使用"小麦等量经济"的概念估测了如今属于塞尔维亚（Serbia）的奥斯曼帝国地区在16世纪的农村税收，用以将农业生产和非农业生产的税收进行比较。他这篇多少可以与莫斯威的作品相媲美的文章一经发表就引起了人们的广泛关注，但该文章涉及的却是手工制造业重要性有限的农村地区。似乎没有人对手工业和制造业突出的区域做过类似的研究。

在某些情况下，莫斯威也不得不采用假设性的预算以及殖民时期的其他估算数据。这种做法背后隐藏着一个假设性观点，即非精英阶层劳动者的基本生活情况在16世纪末到19世纪末并未发生太大的改变。由于某些研究学者广泛地研究过殖民统治带来的重大变化，我们还不能确定这个前提是否真的准确。可倘若我们不接受这种假设，就无法计算16世纪城乡对城市手工业产品的需求，整体研究也就难以实现。在这一前提下，莫斯威得出的结论是，在阿克巴统治时期，城市劳动人口的税收约占农村和城市人口总税收的五分之一。考虑到农村地区手工业产品的价格较低，莫斯威推测，城市人口——包括工匠和从事服务工作的人——约占阿克巴臣民总数的15%。莫斯威曾经的导师伊尔凡·哈比卜推算出的比例则更高，接近17%。也就是说，按照近代早期的标准，阿克巴统治的地方城市化水平较高，工匠的生产水平也较高，尤其是"考虑到"大量印度的手工业者住在农村这个事实的话。

从某种意义上而言，莫斯威的成果让人回想起费尔南·布罗代尔提出的观点，即要构建"大局观"，他以此构建了地中海经济模式。为此，我们通常要采用虽不完美但至少可以提供重要参考的数据。如今，苏莱曼苏丹在16世纪中期曾经统治的土地已经分成了大约二十个国家，它们的历史学家往往只着眼于自己所居住的民族国家的历史，而并不重视奥斯曼帝国这个整体。众多研究奥斯曼历史的学者已经意识到视野狭隘的危险，但语言障碍与国家历史问题阻碍了像莫斯威的研究那样基础广泛的研究的开展。如果将来这个项目可以纳入奥斯曼帝国研究议程，那么必定需要集体的努力以及适当的资金投入。也许总有一天研究奥斯曼帝国的学者们会再次感受到"大问题"的吸引力，那么届时莫斯威的著作将值得我们再度审视。

奥斯曼帝国手工业与印度手工业的关联：宫廷作坊

从苏布·哈利姆汗的作品中，我们可以明显看出，无论是莫卧儿皇帝还是包括省督与大公在内的权贵，都会设立会集了高水平手工业者的作坊。奥斯曼历史学家会对哈利姆汗的研究尤为感兴趣，是因为在16世纪，奥斯曼宫廷也赞助成立了类似的机构"御画坊[1]"（nakkaşhane）。在16世纪至18世纪保留下来的一系列宫廷记录中，就列出了为苏丹工作的工匠/画家的名字，以及支付给他们的报酬。书记员有时还会在清单上添加一点个人信息：例如在16世纪20年代，谢里姆一世从与伊朗伊斯梅尔沙的战争中带回了许多著名的手工业者/画家，还有一些巴尔干半岛的伊斯兰居民，可能是通过少年强征制度（德夫希尔梅）征集的。狭义上的奴隶［艾希尔[2]（esir, üsera）］似乎很少，但是谢里姆一世带回来的这批伊朗人只有在他崩逝之后并且获得其继任者的允许才可以离开。按官方说法，这些异乡人是被流放了。

御画坊一度设在一座前拜占庭教堂中，大概在16世纪50年代以后，御画坊的设计经过一系列微调，被用于装饰各种物品，包括丝绸、彩陶、书稿和皮革书皮。以这些物品上的装饰（虽然水平参差不齐）为基础，研究奥斯曼艺术的历史学家重现了16世

---

[1] 御画坊：奥斯曼宫廷赞助的"艺术办公室"。

[2] 艾希尔：战俘、奴隶。

纪相继涌现的一系列时尚设计。遗憾的是，由于我们对御画坊和民间作坊之间的信息传输渠道并不了解，就很难说某种设计的普及是出于官方指令，还是与朝廷关系密切的顾客乐于复制御画坊的模板，以体现自己与现任君主的亲密关系。不过在某些案例中，从宫廷到官僚机构的传播链显然表达了苏丹的意愿。关于受过良好教育的奥斯曼人对此有何看法，我们不可能得出任何总结性的结论。然而，穆斯塔法·阿里在他的《苏丹谏言》(*Counsel for Sultans*)里发表过讥讽的评论，称苏丹雇用了太多镀金匠、画家和装潢工，干脆让他们都加入宫廷骑兵队伍算了。

　　一般来说，印度宫廷作坊(卡卡那)的产品并不会进入市场。欧金尼娅·瓦尼纳对莫卧儿和次莫卧儿统治者建立卡卡那的原因给出了令人信服的解释。她认为，许多贫穷的手工业者如果自己做生意，就不可能付出金钱和时间来追求需求数量有限的高质量产品。独立手工业者只有靠销量大、价格低、质量一般的产品才能生存。奢侈品生产是无法做到快速周转的，因此只有宫廷赞助人才能让画家/工匠生产出高质量的作品——弗朗索瓦·贝尔尼尔早在17世纪就发现了这一点。另外，卡卡那还包括武器制造工厂，其生产过程是由专家进行的一系列活动，类似于奥斯曼伊斯坦布尔的火炮铸造厂(tophane)。

　　同时，苏布·哈利姆汗还指出，许多卡卡那的账目中包含制成品的价格，而为阿克巴宫廷服务的纺织品作坊的账目也在其中。显然，我们目前尚不清楚官员是通过生成这些货币价值的记录来把控制造过程以保证工作效率，还是一些产品的确在没有交易记录的情况下流入了市场从而留下了这些记录。在某些情况下，莫卧儿朝廷的成员还会购买与宫廷无关的手工业者的产品。事实上，如果德里和阿格拉的精英阶层对孟加拉生产的布料没有广泛的需求，那么孟加拉根本不会有足够的货币用来缴纳贡金。毕竟，首都的布料购买者拥有孟加拉所缺乏的白银。所以说，帝国宫廷和高等贵族不仅会消费自己的卡卡那制造的产品，还会进入市场自行购买。

卡卡那与市场间的联系还在于，皇帝、政要以及附庸国大公会在自由市场购买其作坊所需的原材料，并向为他们工作的非奴隶手工业者支付酬劳。在斋浦尔，相关的收支记录得以保存下来。但是我们还必须记住，这类档案的来源是由莫卧儿宗主国统治下的印度教大公管辖的附庸国，而非直接受到莫卧儿皇帝掌控的行省。另外，这些记录涵盖的时段是1683—1843年莫卧儿帝国的危机时期，当时帝国正在危机之中和瓦解的边缘，因此，我们不能轻易认定斋浦尔的记录适用于莫卧儿皇帝的卡卡那。不过无论如何，由于属于原始档案，这些记录仍然具有巨大的研究价值。

斋浦尔的某些手工业者/画家会根据工作表现获取报酬，其中最杰出的大师，包括那些其产品进入宫廷的大师，则都有月薪。他们的产品是非商业性质的，但报酬、薪水和原材料的购买则无一不体现斋浦尔卡卡那与市场之间的联系。

　　卡卡那保证了对下一代手工业者的培训，其雇用的师傅等儿子到了工龄就可以带他们入行。正如米卡·那提夫（Mika Natif）所说，在高度专业化的插画书绘制作坊，画家对与自己一起工作的大师满怀敬意，因为他们以前专心致志地学习的作品正是这些大师的杰作，他们会吸收模仿大师作品的某些特点，以期在技巧和手法上超越大师。不过，王室卡卡那并非培训未来大师的唯一场所，因为普通商店和作坊中的师傅也会训练自己的儿子来接手自己的位子。简言之，卡卡那最重要的贡献，就是它们制造了大量的产品——从制作精良的火炮到装饰精美的纺织品，从地图到轿子。赞助生产的大公或贵族自己保留了一部分产品，我们从斋浦尔的市政厅保存至今的产品和斋浦尔王宫里曼·辛格二世王公博物馆的藏品中就可见一斑。其他的产品则作为礼物送给了外国宫廷，有些地方至今仍保存有来自斋浦尔的礼品。

　　负责管理相关仓库的官员会周期性地清理掉卡卡那赞助人不愿意保留的产品。在这部分被清理的产品中，有些会成为送给固定人群的礼物，其他的则由二道贩子买去转售。所以我们可以推测，崭新的产品虽未立刻流入市场，但后来还是有可能在市场售卖的。此外，即便某个产品仅仅作为礼物流通，但仍以自己特定的方式助益面向富裕的印度城镇居民的商品供给，从而促进了消费。鉴于大量商品涵盖其中，我们可以假定，除了市场经济以外还有另一种再分配机制，不仅涉及分配机制中普遍包括的粮食和货币，还涉及制造业。

卡卡那雇用的手工业者多数靠付出劳动赚取工资。一些外国公司也可能运营自己的卡卡那，例如在17世纪中期到18世纪初，荷兰东印度公司就在卡西姆巴扎尔（Kasimbazar）设立了卡卡那：该公司雇用了一批也许有一定资本积累和缫丝经验的"缫丝大师"，又雇用了一批工人在其监督下缫生丝。省督有时也会强迫当地人在他自己的作坊或工匠家里为自己劳动。

在奥斯曼帝国，官方作坊生产的商品也有进入流通环节的，但规模要小许多。例如，"荣誉礼袍"（hil'at-i fahire）就不仅由苏丹颁发，苏丹在各省任命的官员也会将其发给政府认为"配得上"这一荣誉的人，而且人数相当可观。有些受袍者在几年后被没收财产，那么袍子会再度回到苏丹手里，由他来让袍子进入新一轮的流通。另外，还有一些相对贫穷的受袍者可能过几年就会卖掉礼袍。因此，即便是出于非商业目的制造的物品，也会有一部分冲出"礼物流通"领域而流入市场。

另外，比起印度皇家作坊的产量，奥斯曼帝国皇家作坊的产量更加有限。根据我们目前掌握的证据，除了苏丹以外，几乎没有其他人设立过同类场所。在16世纪末和17世纪初期，帝国作坊雇用了700名到900名工匠，其间，1596年的数字异常地增长到了1451人，此后人数下降到前几年的正常水平。但到了17世纪中期，人数急剧下降。从1698年到该机构被废除的1796年，只有230名工匠还以"天才团体"的身份工作。尽管迄今为止没有确实的证据，但可以推测，在其后的时间里，奥斯曼帝国宫廷必然也从自由市场中的手工业者那里购买过奢侈品。从这个角度来看，印度卡卡那庞大的生产数量和生产规模意味着，莫卧儿帝国宫廷作坊产品的再分配数量远远超过了奥斯曼的同类产品。虽然莫卧儿帝国的宫廷及其附庸国的王廷无疑消费了大量奢侈品，但最新的一项学术研究强调，还有不少奢侈品来自市场交易，并最终离开了宫廷，重新进入商业流通环节。

奥斯曼帝国手工业与印度手工业的关联：手工业者收入

历史学家从行政法令价格规定清单（纳尔）中提取了关于奥斯曼帝国手工业者收入与支出的相关信息，这些信息通常记录在当地法官的登记册上。在许多省级城镇的清单里仅仅记载了基本的食物和材料，但在较大的中心城市，尤其是在伊斯坦布尔，包括工匠使用的工具在内的制成品也会出现在记录单上。比如，一些价格单会包含用于准备蜜糖果仁千层酥的托盘以及染坊里使用的大水壶。部分官员会在清单上记录下制成品的生产成本，并假设工匠的报酬是他所花费的资金的十分之一。利润率有时会更低，但是百分之十应该是普遍适用的原则。如果工作难度较大和/或产品质量需求较高，穆哈台斯布[1]（Muhtesib）可能允许有百分

---

[1]　穆哈台斯布：意译为"市场监察员"，主要负责监察市场，也要负责道德风纪的监察。

之二十的利润率。也许低水平的报酬意味着原材料和中间产品太过昂贵，所以苏丹的官员意识到，为了不损害官僚机构的利益，不能给手工业者更高的报酬。我们还可以假设，17世纪的伊斯坦布尔（相对有据可查的时间段与地点）有足够多训练有素的工匠，同行竞争也降低了工资水平。相比之下，16世纪早期的手工艺大师能获得多少报酬，我们不得而知，大概当时的竞争还没有那么激烈。如前所述，在苏丹的皇家作坊内，画家和手工业者的日薪极高，16世纪末作家穆斯塔法·阿里甚至认为他们的工资过高了：看来，在16世纪80年代，大师们除了每天可以拿到五阿克切到十阿克切，工作完成后还有额外的材料钱和奖金。

对于奥斯曼帝国官员定价的方法，我们还只有非常笼统的概念。原则上，他们会定期与手工业协会的负责人商谈，根据当地的供需调整价格；因为倘若行政法规中的价格与当前的市场价格差距太大，则可能出现"黑市"。即便如此，我们依然无法确定价格规定清单是否能持续更新，特别是因为伊斯坦布尔法官的登记册只保留下来一部分，而这是我们探究城市手工制造行业的关键史料。17世纪，一些宗教学者反对由官方指定价格，因为他们坚持认为买卖双方在做出决定时应享有自由；但是这些知识分子的影响还是有限的，由政府制定价格的行政法规直到20世纪的战时经济时期仍在施行。

好在有奥斯曼帝国官员的记录，我们有大量数据来验证在约1520—1770年的两个半世纪里，伊斯坦布尔建筑工人的工资和购买能力，包括熟练工的和非熟练工的。以每克白银的价格来衡量，按照贬值的情况进行调整后，我们发现，非熟练工的工资变化很小，熟练工的收入则变化较大。17世纪中期发生的重大危机导致熟练工的工资骤然下降，后来则得到恢复，甚至一度短暂地达到了历史新高。然而，在17世纪70年代以后，我们观察到的熟练工收入基本呈下降趋势，只在1760—1770年有暂时的回升。关于购买力，在我们所研究的两个半世纪里，非熟练工的购买力也几乎没有变化，有资历的熟练工的购买力则在16世纪早期下降，但从1750年开始"起飞"，直到我们所研究的时期结束。

当然，我们必须时刻警惕，伊斯坦布尔的物价并不能代表整个帝国的物价，谢夫凯特·帕慕克由此总结道，在16世纪初期，伊斯坦布尔建筑工人的工资与同时期欧洲其他城市工人所获得的工资相差无几，但由于当地物价水平高，所以人们的生活水平较低。伊斯坦布尔和欧洲主要城市之间的差距"在工业革命后扩大了，但仍小于预估"。至少从这个角度来看，历史学家可以再次强调将奥斯曼帝国和欧洲国家进行比较之后得出的结论：伊斯坦布尔是东南欧的城市，甚至可能一度是地中海地区最大的城市。可惜的是，我们没有近代早期的与奥斯曼帝国任何家庭预算相关的史料文献。另一边，我们也无从得知印度工匠——无论是建筑行业工人还是其他手工业者——如何使用自己的钱。

在印度，除了瓦尼纳研究的卡卡那记录中有报酬的相关信息以外，印度南部地区、古吉拉特和孟加拉的工匠及其工资的相关信息也有许多。在这些地区，英国、荷兰和法国公司记录了购买纺织品所花费的资金，以及生产和付款的条件。然而，我们不知道生产者收取了多少，也不知道中间商提走了多少。

在17、18世纪，印度手工业者生产的面料已经在奥斯曼帝国市场占有一席之地。进口的面料通常比奥斯曼帝国同类型的产品价格便宜。如前所述，哈利勒·伊纳尔哲克认为，印度手工业者的低收入是商人生意成功的原因（见第六章）。但是近期，普拉桑南·帕塔萨拉蒂对此提出了不同的看法：正如我们所见，由于南印度在殖民时期前的物价水平较低，尽管当地织布工的工资不高，但他们的生活水平却与英国织布工的生活水平相近。鉴于我们没有奥斯曼帝国织布工所获报酬的数据，因此不能得出确切的结论。

手工制造业的社会组织：（亚）种姓和行会

在本书研究的时间范围内，奥斯曼帝国的手工业者组建了大大小小的行会。迄今为止，伊斯坦布尔以及阿勒颇、阿卡拉、布尔萨、开罗和萨拉热窝等较大的省级城市里都保留着有关手工业者行会的大量文献。相比而言，印度的手工业者则根据种姓和亚种姓划分，也就是按印度教认可的由四个主要种姓［瓦尔纳（varna）］构成的种姓制度划分，苏珊·贝利（Susan Bayly）

将其称为"四种理想道德原型"。简单来说，四个种姓分别是：神的使者婆罗门、国王的战士刹帝利、农牧人或商人吠舍，以及奴仆首陀罗（Shudra）。秩序的森严清晰地区分了种姓，该体系中还包括所谓的"不可接触的"贱民，这些人做的都是最低贱的工作。

不过，尽管瓦尔纳制度在古代印度教经典中就存在，但在18世纪前甚至是殖民时期，印度的许多地方并没有普遍严格落实这个制度。毕竟莫卧儿帝国统治的大部分地区被森林覆盖，而这些区域的人对种姓的洁净或污秽知之甚少。即便莫卧儿帝国的统治者是穆斯林，其国家的形成也往往与种姓差异的普及并行，而殖民统治又大大加快了这一进程。苏珊·贝利对此给出了令人难忘的总结："……种姓等级制度绝非印度'传统'生活的普遍特征，作为一套以仪式为基础的等级制度，在很大程度上，它是通过近期殖民'现代化'进程来普及的。"

对莫卧儿和后莫卧儿时期的手工业者来说，具有决定性影响的组织并非至高无上的瓦尔纳种姓，而是大量的低种姓和亚种姓。一个人所属的细分种姓［阇提（jati）］是与生俱来的，而且他只能与这个种姓或亚种姓的人结合，但莫卧儿和后莫卧儿时期许多阇提的等级并非一成不变的。如果抓住了某种机遇，这个种姓或亚种姓可能享有比之前更高的地位，尤其是在财富增长的前提下。换言之，随着市场的发展，已经获得一定利益的种姓可以将这种利益定义为种姓特权，从而将其合法化。此外，发现自己的地位受到威胁的人也可能将种姓特权作为自卫的手段。

在另一些情况下，个人也许会尝试让自己的邻居认为他们属于比自身曾属种姓更高等的种姓。例如，一个低种姓的人如果搬家到没有人认识其家庭的地方，或者获得了非凡的成功，那么凭借他的成就，就有机会让别人以为他"肯定"属于更高等的种姓。不过，到了殖民时期，官方汇编的记录里往往包含个人所属种姓和亚种姓的信息，从而使这类流动变得困难起来。

当然，奥斯曼的子民也生来就属于某个社会等级，这决定了他们可以如何——或不能如何——过自己的生活。首先，一个生在为苏丹服务的家庭（阿斯科利）——即便是最低级的手工业者家庭——的男孩倘若继承父亲的事业，就也会成为有特权的手工业者，而非普通的纳税阶层（拉亚）。其次，就像在印度莫卧儿王朝一样，许多手工业者学习自己父亲或叔伯的手艺，最终继承了他们的商店。因此，无论是在奥斯曼帝国还是在印度，制造业的某些职业都可能是世袭的。不同的是，奥斯曼帝国的行会并不会正式限制其成员对婚姻伴侣的选择。诚然，年轻的手工业者娶前辈的女儿是常事，特别是伊斯兰法还强调婚姻伴侣应当来自社会地位平等的家庭。不过，无论是对于手工业者的婚姻，还是他们的儿子做学徒的情况，近代早期奥斯曼帝国的文献都只字未提，甚至研究奥斯曼帝国的学者只有在参考莫卧儿帝国、中世纪欧洲或其他"外国"地区的文献的时候，才会发现文献上存在这样的空白。

图14

供应贸易的手工业者：图为布尔萨科扎汉（Koza Hanı）市集的清真寺（可能建于1490—1491年），在清真寺的中心位置有一个喷泉，喷泉顶部有一个小清真寺式样的装饰。科扎汉的意思是"蚕茧的汉"。汉的名字总是变得很快，因此我们并不知道这里是从什么时候开始叫科扎汉的。20世纪70年代，科扎汉其实是纺织品和蚕茧的批发市场。现在这个建筑已经成为售卖丝绸的购物中心，而庭院则是人们喝茶休闲的最佳场所。

奥斯曼帝国手工业者行会可能按照不同的宗教信仰分为穆斯林、犹太人或东正教徒各个不同的行会组织，但也存在拥有不同信仰的综合行会，尤其是在伊斯坦布尔。因此，从现代意义上讲，行会并非"非宗教"的，但在不同的时期与地点，行会的宗教特征多多少少地淡化成了背景。我们可以推测，在综合行会中，成员之间以各种各样的方式进行互动，而并不是所有人都得到了政府的承认。当然，到了19世纪，在同民族主义和政治身份对抗的时候，宗教/教派组织开始壮大，跨宗教组织越来越少，手工业者越来越倾向于建立单一信仰的行会。有时，非穆斯林手工业者会退出某个组织，因为如果他们继续待在里面，就不得不服从穆斯林成员的安排；而在18世纪中期的"小浪潮"中致富的人已经不再愿意处于这种附属地位。

奥斯曼行会负责人自然会时刻审查成员，以确认他们的宗教信仰一致；如果行会的成员是穆斯林，那么负责人会向伊斯兰法官或穆哈台斯布报告缺席公共祈祷的人；基督徒或犹太人的行会也有类似的团体审查。不过，仿佛没有比得上种姓/亚种姓长老会（panchayat）这样的组织，在极端情况下，种姓长老会甚至可以将罪犯从这个他生来就从属于的种姓组织中驱逐，宣告这个人社会身份的丧失。当然，奥斯曼行会还可以剥夺手工业者的会员身份，但这种情况很少见——历史学家对此有争论，认为某些行会负责人将（前）成员开除是因为将其视为贸易商人，而商人——因为更加富有——是不属于行会的人。另外，教堂和犹太人社区也会禁止某些人参加自己团体的宗教活动，这种惩罚对于接受惩罚的男人而言是灾难性的，而女性极少遇到这种情况。在奥斯曼帝国，行会、宗教团体和国家官员一起合作，确保了手工业者的服从性。

我们尚且不能确定在强制手工业者服从守则方面，种姓长老会是否比彼此独立但又相互关联的会员性组织机构更为有效。种姓长老会毕竟是个单一的机构，不仅要处理手工制造业方面的问题，还要解决现代学者定义的"宗教"事务，而手工业者个人面对长老会中颇具影响力的同僚，其回旋余地比起处于同样境况的奥斯曼手工业者的要小许多。另外，在奥斯曼帝国，出庭的被告通常可以选择皈依伊斯兰教来脱罪，但在印度这并不是件容易的事情，因为从某种程度上说，就算他皈依了伊斯兰教或基督教，种姓仍是他在生活中必须面对的事实。

手工业者的道德经济

关于17和18世纪手工业者的思想和目标，没有直接相关的史料保留下来，因此，研究奥斯曼帝国和印度的历史学家都不得不采用间接的史料。在某些时期的南亚部分地区，纺织品就是洁净和/或者污秽载体，而从事这一行业的手工业者也根据其参与的工作，被分为"洁净"的或"污秽"的。不过，地域差异很大，因此也不能一概而论。而在奥斯曼帝国，只要人们都遵循伊斯兰教法所规定的保持洁净的礼仪，对污秽的顾虑似乎就不像在次大陆上那么普遍。在一些圈子里，的确有人担心非穆斯林对洁净的关注度不如穆斯林，但其实伊斯坦布尔的许多穆斯林也并不抗拒吃城市中亚美尼亚人面包店里的面包。奥斯曼帝国和莫卧儿帝国虔诚的穆斯林男性都会避免使用丝绸，但女性在这方面的选择则相对更灵活。一些人会让步，使用棉丝混织的面料，即马什鲁（mashru），而在次大陆上这样做也是被"允许"的。如果剪裁方面能确保穿着者的身体只接触到棉布，那么也没有理由放弃丝绸的光泽。不过，我们也不知道有多少工匠买得起马什鲁服饰。

在探究手工业者思想的过程中，我们所遇到的最大的障碍是文盲问题。"典型"的手工业者即使要以自己的名义请愿上诉，也不得不求助于专业的撰写人，因为只有专业的撰写人才知道（或者手工业者以为撰写人知道）在某种情况下适合写怎样的请愿书（见第四章）。然而，这个麻烦并没有阻止手工业者提出自己认为重要的议题，幸亏如此，我们才得以发掘出当时存在的种种状况，例如在18世纪的伊斯坦布尔，犹太药品商人和犹太香水商人投诉穆斯林同行密谋驱赶自己。苏丹政府的成员并不会理所当然地偏袒穆斯林一方，而是会提出调解方案，其中最主要的考虑显然是希望该市所有合法的工匠都有谋生之路。也就是说，即便手工业者的请愿书并非请愿者直接发声，但他们仍希望苏丹和维齐尔会严肃考量自己的诉求。即使是基督徒和犹太人这样的"二等公民”，也有类似的想法。

在分析焦特布尔低种姓手工业者的请愿书时，普拉萨德·萨哈用了一个观念，与奥斯曼帝国历史的研究者的观点不谋而合。她认为，统治者及其官员总是会遵循"瓦哈比"或者说"适度"原则的要求。而在奥斯曼帝国历史的研究者看来，"正义本位"是统治者行为的指导纲领。根据这两个关键的概念，王公需要对自己治下的"贫困子民"的诉求给予一定程度上的回应。正如奥斯曼帝国的政治智囊团所言，统治者需要军事力量，但只有拥有金钱，才能获得军事力量。从前几章的内容中我们可以看出，这笔钱只可能来自臣民缴纳的税款，也只有在（还算）公正的治理下才能够交得出。也就是说，正义意味着保护贫穷的工匠和农民免受压迫，尤其是免受统治机构成员的压迫。奥斯曼帝国的政治作家们都非常清楚，这种正义是增兵、巩固统治甚至扩张政治权力的前提。

手工业者迁移

焦特布尔统治者遵循的瓦哈比原则，实际上就是奥斯曼帝国以正义本位为基础扩大对受保护人群的庇护的原则的印度版。统治者至少得部分满足"弱势人群"的需求，而这总是与解决他们最基本的生计问题相关。否则，因为人口稀少，大公会发现自己统治的只是一片荒地，而得不到任何收益。焦特布尔的手工业者流动性很高，这一点和他们18世纪安纳托利亚的同行一样。奥斯曼帝国安纳托利亚的居民很少会彻底逃离苏丹的领土，但如果某省的长官或包收租税人太过贪婪，那么逃离该行省是很常见的行为。另外，焦特布尔的统治者可能很难在居民逃离以后找来新的定居者，因为在拉贾斯坦西部现存文献提及的地区，干旱和饥荒几乎是日常状况。

普拉萨德·萨哈还发现，焦特布尔的统治者大力促进档案登记工作，是为了对可用的人力和物力资源有更完善的了解，类似发现在研究奥斯曼的学者的学术成果中也很常见。如前所述，拉贾斯坦是男女劳动力都短缺的地区。而在18世纪的奥斯曼帝国，尤其是1800年前后，苏丹官员档案登记的范围也扩大到了前所未有的程度。但是双方的动机大相径庭，当时奥斯曼帝国扩大登记范围是因为其精英阶层开始担心伊斯坦布尔城市的规模太大而难以管理。因此，苏丹及其官员计划驱逐某一类的居民，而非像焦特布尔方面那样试图挽留他们。即便如此，按照印度近代早期的标准，奥斯曼帝国的人口还是适量的，但苏丹官员的"统计目光"并没有超出拥有40万—50万居民的首都。尽管苏丹和皇帝都表现出了控制的态度，但事实上两国政府都只能在十分有限的程度上控制手工业者的流动。

在南亚，织布工人的流动有利于确保自己收入的稳定。尤其是在棉布的主要生产地南部地区，织布工为了躲避战乱和18世纪频繁发生的饥荒而迁移——在印度半岛地区和拉贾斯坦也是如此，拉贾斯坦工匠迁移的原因通常是季风破坏了他们的生活。即使是在地中海地区，工匠们也会做出迁移的决定，而考虑到印度的气候，比起在安纳托利亚或巴尔干地区，在印度迁移所需的费用要更低。毕竟在印度多数地区，房屋不需要供暖，也不需要坚固的墙体，而安纳托利亚和巴尔干地区的房屋则需要帮助人们抵御冬季的寒冷——至少在一定程度上。由于牛车能够行驶的公路路况糟糕，赖以生存的原棉和食物的供应问题也会形成导致印度织布工迁移的危机。在漫长的迁移路线上，来自任何地方的干扰都可能导致织布工群体粮食或原材料的短缺。

除此以外，流动性也是南亚纺织工与外国商人打交道时的优势所在。作为欧洲贸易公司中介的当地贸易商下订单时，多数纺织工会要求其支付预付款。如果情况有变，无法履行合同，纺织工就会逃跑；把预付款还回去的可能性是有的，但是有时他们会直接将其吞掉。因此，必须确保向外商交付布匹的印度商人常常蒙受损失。

这类工匠迁移在古吉拉特和孟加拉这些纺织品出口中心显得尤为突出，当地的商人在17世纪就已经发现交付的布匹质量很难保证。为了应对这种状况，英国东印度公司采取了一系列措施阻止织布工在其控制的定居点之间流动，尤其是在孟买和金奈地区。尽管遇到了这样的阻力，但由于纺织业在莫卧儿皇帝和马拉地反对派之间频繁爆发的战争下承受了巨大的压力，工匠依然纷纷逃向被外国控制的港口，即使这么做可能会造成收入和个人独立性上的损失。

相比之下，对于奥斯曼帝国的手工业者是否迁移这一问题，国家计划才是第一影响因素。从15世纪或更早前开始，奥斯曼帝国就会时不时地转移一部分居民以加强苏丹的统治。官员会指派手工业者——以及奥斯曼中央地区的居民——（再次）迁移，例如迁到政府想要发展和/或控制当地人口的新纳入版图的城市。

如今是奥斯曼"地标"的大型建筑的建造项目也需要雇用大量的专业建筑工，他们往往来自较远的城镇，自愿或被迫前来完成政府指派的工作。为这类工程项目招募工匠成为控制城市人口的另一种方式。16世纪，苏莱曼苏丹的宗教基金会建筑群招募动员了大量建筑业工人，而苏丹宫殿的扩建工程也需要众多移民建筑工。这种动员和调动工人的政策在18世纪重新出现，当时对边境要塞的整修工程至关重要，尤其是在与俄罗斯帝国有领土争议的边境。

同时，自愿的迁移也在发生，尤其是迁往伊斯坦布尔；到了16世纪后期，这已经成为政府颇为关注的问题。不过，1703年和1730年的伊斯坦布尔叛乱，身兼士兵和手工业者两职的起义军士兵扮演了关键的角色，自此，如何阻止移民进入首都成了苏丹及其仆从所要面对的迫在眉睫的问题：他们在移民的必经之路上设置路障；规定前往附近城镇旅行后返回的人需要提供证人证词，以证明其在该市拥有住所。有时官员对可能前来的移民抱有偏见，甚至宁愿违反奥斯曼的"瓦哈比"原则。例如，18世纪的新政令导致各省人员很难再进入苏丹的宫殿和维齐尔的办公室提交请愿书，而这本来并不是一件难事——毕竟，请愿是"弱势群体"尝试维护"正义"和维持生计的主要途径。

奥斯曼的档案记录会重点登记迁移情况，无论是出于苏丹官员命令的迁移，还是政府试图阻止的人口迁移。相较之下，官员并不强调自然灾害造成的人口迁移。即便如此，最近的研究仍表明，此类迁移也发生得相当频繁，尤其是在16世纪末和17世纪初安纳托利亚遭受长期的干旱之后。一方面，人们频频离开安纳托利亚中部的城镇和村庄；另一方面，16世纪时还微不足道的港口城市伊兹密尔却迅速崛起，到了17世纪后期一跃成为奥斯曼帝国的大型城市之一（见第五章）。手工业者也是这类迁移人口的一部分，尤其是来自萨洛尼卡的犹太羊毛纺织工，当时他们的特殊工艺正面临失传的危机。尽管现存的档案记录往往无法准确地反映出人口的"自发"迁移，但现在许多历史学家已经放弃了旧时奥斯曼历史研究者以国家为中心的视角，从而探究到了与印度的情况相仿的人口迁移情况。

为出口商人工作的手工业者

尽管次大陆的市场吸收了当地纺织品中相当大的份额，但印度商人在促进出口方面的活动——换言之，就是印度商人组织工匠为欧洲市场生产棉花和丝绸的活动——产生了大量当代文献和现代研究。我们探究的重点是1605年的莫卧儿帝国，尤其是古吉拉特和孟加拉，这两个行省都是阿克巴在16世纪70年代征服的，并属于传统的纺织品出口地。

按照17和18世纪的术语，孟加拉包括今天的印度西孟加拉邦（West Bengal）、比哈尔邦和奥里萨邦，还包括独立的孟加拉人民共和国。在当时的孟加拉，许多生产日常用品的手工业者都在农村居住，那里出产生丝和高质量的棉花。长期以来，当地工匠既生产高档纺织品，也为"普通"市场供货。最好的棉布出于达卡纺织工之手，其价格之昂贵，连从17世纪早期开始就活跃在孟加拉的荷兰出口商都望而却步。所以说，制造方和商人提供的这类豪华的纺织品应该是给印度精英阶层，尤其是莫卧儿帝国政府的官员做头巾使用的。一些工人专门将金银和丝线与棉混织，制成以花朵图案为主的锦缎，这种布料在波兰和莫斯科公国尤其流行。另外也有专业的刺绣工匠，奥姆·普拉卡什认为今天的勒克瑙仍在生产的赤坎刺绣（chikan）就与其相关。总体而言，孟加拉在生产日常使用的棉织品领域的表现并不突出，更加侧重价格较贵的丝绸和丝棉混织物的生产。

在孟加拉可以买到的精美丝棉混织布通常是条纹或格纹的。奥斯曼的学者会注意到，市场上还有阿拉查（alacha），它应该与奥斯曼市场上被称为"阿拉查"（alaca）的具有"混合图案"或"条纹图案"的织物有关。在孟加拉的商业术语中，阿拉查是指"色彩鲜艳的条纹丝绸织物"，而在奥斯曼的语言里，条纹也是阿拉查的典型特征。

　　前文提到，尽管有独立工作的手工业者存在，但是若想生产只有异乡的市场才有需求的产品，就得有足够的资金，而绝大多数人没有足够的资金。瓦尼纳对卡卡那在公国流行起来的诠释在这里也同样适用：如果出口商人拒绝购买织布工提供的商品，那么织布工及其家人将挨饿。因此，生产的一方接受了预付款以后，就必须严格按照出口商给的样品制作。已经习惯了进行创造性设计的经验丰富的师傅会对这种境况有何反应？我们对此感到好奇。

　　比起孟加拉的情况，古吉拉特的商人和手工业者之间的关系显然更加和缓。1700 年左右，出于安全考虑，许多古吉拉特的纺织品生产者迁往该省最大的城市苏拉特，并且可能进一步提高了自己的谈判能力。苏拉特存在提供资金的中介机构，但这并不一定意味着织布工就是贫穷的。古吉拉特的产品市场需求极高，尤其是阿拉伯/奥斯曼市场。因此，即便是在 18 世纪末和 19 世纪初，也就是本书研究的时间范围之外，织布工也可以同时为好几个商人供货，而且英国东印度公司（尚且）不能决定价格。据推测，比起手工业者，这种情况更有利于当地商人。然而，在 1750年，英国东印度公司取得古吉拉特实际政权以后，他们发现当地的工匠比孟加拉或印度半岛的工匠更难掌控。

图 15

　　工匠和其他城镇居民休闲的场所：位于土耳其安纳托利亚萨夫兰博卢（Safranbolu）的公共浴场（建于1645年），出资人是辛西·霍加[1]（Cinci Hoca，卒于1648年）。萨夫兰博卢当地的传统手工业一直延续到20世纪七八十年代。出生于此的卡拉巴扎德·侯赛因·埃芬迪（Karabaşzade Hüseyin Efendi）因据说其通晓精神世界而闻名，在服务受到精神疾病困扰的易卜拉欣一世（İbrahim I，1640—1648年在位）期间，他成功晋升为一名军队法官，但事实上，他本人却连马德拉沙学校都没有读完。辛西·霍加积累了巨大的财富，并资助建造了这座建筑。

　　奥斯曼帝国手工业者和从事出口贸易的商人之间的关系很少被记录在奥斯曼帝国的档案中，主要因为欧洲商人的重点需求是

---

[1] 辛西·霍加：卡拉巴扎德·侯赛因·埃芬迪的绰号，他是苏丹宫廷的驱魔人和精神治疗师。——译者注

原棉、葡萄干、皮革以及小麦与大麦——尽管出口小麦和大麦违反了苏丹的命令。但即便手工制造业产品出口在奥斯曼远比不上在印度重要，但它确实存在。在18世纪色萨利的城镇和村庄，生产出来的红棉线要供给哈布斯堡王朝的织布工，而今天保加利亚村庄的皮革制造工人也会将部分产品出售给维也纳和布达的商人。此外，奥斯曼帝国的丝绸纺织品在波兰也拥有市场，其中甚至有一些是专门为波兰市场生产的。迄今为止，研究奥斯曼的手工业和贸易的历史学家往往会忽视商人与手工业者的关系，因为奥斯曼奢侈品生产通常属于艺术史学家的研究领域。

手工艺史和民族志

本章最后一节的内容与方法论相关。1947年独立之后，印度共和国通过有关部门收集了大量传统手工业的相关档案，甚至赞助出版了许多报告。纺织品成为人们关注的焦点，着眼于提高纺织业对市场需求的响应能力，从而提高相关工艺的快速反应能力。即使到了今天，只要去往德里的高档服装市场，人们就会意识到，手工艺品仍然在印度城市市场和出口市场上发挥着重要的作用。强调当前情况的同时，20世纪末的报告和相关研究有时也对更为古老的手工技艺进行了阐述。正如伊尔凡·哈比卜提及的，纺织业的演变非常缓慢——不过即使是这样，倘若我们研究的时间跨度有几个世纪而非短短几十年，那么技术上的变化也可以说是巨大的。

而在土耳其共和国，则很少有社会历史学家对民族志感兴趣，也只有极少数的民族志专家会研究历史。探究纺织品生产的历史学家更是凤毛麟角，其中就有哈利勒·伊纳尔哲克——奥斯曼历史学的"奠基人"之一，他曾经收集过不少纺织品并发表了与其相关的论文。学者们这方面兴趣的相对缺失至少部分出于这个事实：除了专门的"礼品店"迎合的利基市场以外，土耳其用于出口或广阔的本土市场的手工艺生产并不是什么值得探讨的问题。

在印度，研究者对手工艺历史的研究可以追溯到七十多年前，这是研究奥斯曼历史的学者难企及的。从19世纪60年代印度彻底沦为英国的殖民地以后，殖民政府就尝试根据英国市场和英国普通消费者的需求来调整当地的经济。出于这个目的，官员们制作了许多档案记录，政府也打算利用这些档案记录增加税收。殖民政府的目的是根据世界市场的需求毁掉某些手工艺，并改造剩下的部分。同时，比迪莎·达尔最近的研究显示，当地的熟练工人，例如生产扎多兹（Zardozi）和赤坎绣品的刺绣工，就试图通过建立复杂的技能、经验和声望等级制度，维护职业尊严并增强职业自豪感。历史学家也许会问，19世纪和20世纪初的手工业者社会组织在多大程度上延续了莫卧儿帝国时期的习俗？诚然，部分人类学史学家发现了一些颇有趣味的传承性，但这个问题在许多情况下仍未得到解答。

在探究例如贝拿勒斯的丝绸织工、金属匠人和木工的流行元素和节日文化这类问题时，社会人类学家尼塔·库马尔（Nita Kumar）着眼于19世纪80年代到20世纪80年代这段时期。在这些专业领域，即使到了20世纪末，也还有许多子承父业的情况，这是17世纪早期和中期就有记录的传统。丝绸纺织市场在19世纪后期有所衰退，但在印度独立之后又很快恢复。游客和朝圣者的需求使市场始终保持活跃。另外，到了20世纪后期，小型作坊的金属制品生产陷入了危机。这也是古老的手工行业，弗朗西斯科·佩尔萨特在17世纪20年代就已经提到了贝拿勒斯的工匠生产的供印度教家庭使用的铜制餐具和其他日用品。库马尔曾提到，木头玩具的制造在20世纪80年代的贝拿勒斯经济中也起着举足轻重的作用，与"在莫卧儿时代"如出一辙。但她采用的史料只能追溯到1900年前后，因此其说法的可靠性还有待考证。当然也有更古老的史料，可以追溯到17世纪中期，来自让-巴蒂斯特·塔韦尼耶的记录，他提到，从孟加拉和勃固（Pegu）购来的彩色树脂胶就有部分用于装饰木制玩具，当地人——大概是指南亚东部地区的人——都十分喜爱。遗憾的是，塔韦尼耶并没有指明这些工匠工作的地点是贝拿勒斯还是其他地方。

此外，比起研究奥斯曼帝国的历史学家，印度史学家更加重视民歌、谚语以及其他"非书面文学"作品，并认为这是研究没有话语权的群体的方法。这个观点有一定道理，因为在印度，这类文本从19世纪开始就常常出现在书面文献中，早在同类文本引起苏丹领土上的采风者的兴趣之前。在奥斯曼帝国，人们对此类问题的兴趣直到很久以后——苏丹统治的最后几十年才产生，在早期的土耳其共和国尤其浓厚。因此，关于近代早期手工业者的活动及其境况，口述历史学家几乎没有搜集到任何史料。

即便如此，我们还是可以找到一些与手工业者相关的民族志和/或经济研究，尤其是亨利·格拉西（Henry Glassie）发表的与此相关的内容丰富而详尽的综合研究。哈鲁克·吉洛夫（Halûk Cillov）、海德马里·多阿纳尔普·沃兹（Heidemarie Doğanalp Votzi）以及克劳迪娅·基金格（Claudia Kickinger）的专著也值得关注。哈鲁克·吉洛夫是经济学家，后来成为著名的统计学家，他在1949年发表的博士论文就覆盖了安纳托利亚偏远城镇和村庄的居民仍大量使用手工纺织棉布的时期；尽管这种棉布质量较差，但比机织棉织品便宜许多。吉洛夫在总结中对政府是否应该保护手工编织这个问题阐述了一些反思，但这不是他的主要研究内容。

对印度的研究强调手工业者在当今世界的商业生存能力，与此不同，对奥斯曼传统手工艺的实地研究往往着眼于记录过去的工作条件——趁它们消失于现实生活和人的记忆中之前。多阿纳尔普·沃兹就曾在20世纪80年代采访过安纳托利亚西部小镇萨夫兰博卢的最后一位手工鞣皮工，这表明在条件许可的情况下，手工艺方面的书面史料和口头史料是可以结合在一起的。除了工业化前的鞣皮技术以外，沃兹还叙述了20世纪20年代初的老工匠的回忆。他们还记得在1923—1924年土耳其和希腊交换人口之前，只有少量的希腊手工业者活跃在贸易过程中。另外，一些萨夫兰博卢的前鞣皮工告诉沃兹，由于东正教教徒是"小老百姓"，因此按照惯例，他们进入当地市场是有特权优势的。可以推测，穆斯林鞣皮工自视是更成功的工匠，出于道德原因向弱势的同行伸出援手。可以说，允许东正教鞣皮工先出售他们的商品是一种慈善援助。

总　结

在16世纪到18世纪的奥斯曼帝国，至少在大城市的手工业者群体中，行会组织无处不在。我们无从得知苏丹是否在新征服的行省也强行建立起了这类组织。然而神奇的是，在16和/或17世纪的开罗和耶路撒冷，行会就已经出现了，但显然在马穆鲁克王朝（13世纪50年代到1517年）的记载中并没有相关信息。我们所能看到的奥斯曼帝国行会的记载都来源于个别大城镇，因而无从得知行会在较落后地区的盛行程度。无论如何，由于奥斯曼帝国本土的产品较少用于出口，所以与印度出口贸易的相应情况相比，苏丹领土上的行会领袖似乎主要负责与苏丹的官员、对手行会或行会内部桀骜的成员进行谈判，而他们与购买产品用于出口的商人之间的讨价还价则无足轻重。

有趣的是，在与印度手工业者相关的史料中，关于政府规定至少在原则上适用于特定城市所有市场的价格的信息很少。这并不是说我们对此一无所知：我们不知道阿布勒·法兹勒记录的纺织品和珠宝的价格是仅仅针对皇宫的，还是符合一般价格标准的。不过在建筑材料方面，阿布勒·法兹勒特别指出，阿克巴要求将价格都记录下来，以防欺诈。尽管我们不知道行政上登记的价格是规则还是例外，但至少这些数据是规范的，与奥斯曼帝国的类似记录相仿。孟加拉的价格清单尼尔[1]（nirkh）也时有书面记载。不过，统治者往往会放任卖方设定价格，似乎并没有花多少精力在执行价格政令上面。伊斯坦布尔的情况则不同，价格基本由官方确定，政府会不断强调必须按这些价格进行买卖，在省级城镇也是如此，尽管形式没有那么完美。同时，奥斯曼帝国精英阶层从宫廷手工业者处购买的成品的数量，比莫卧儿帝国及其后继各王朝王子和卡卡那运营官员购买的要来得少。如果我们可以进行猜测，甚至做出假设，那么可以说，就是因为卡卡那生产的产品得到了普及，所以莫卧儿皇帝才不认为对市场价格的行政控制对其经济利益有什么重要性可言。

此外，奥斯曼帝国和莫卧儿帝国的手工业者群体之间的主要区别在于社会结构。对于印度手工业者而言，至少在大多数情况

---

[1] 尼尔：孟加拉官方文件上记载的价格，但是统治者通常会认可卖方设置的价格。

下，所属的种姓或亚种姓决定了他们从事何种工作、和谁结婚，以及居住在哪个区域。奥斯曼帝国行会的约束力要小许多，但它们获得了宗教团体的支持，并在必要的时候可以得到政府机构的支持。我们无法确定这三个机构共同的影响力，是否能与组织良好的种姓或亚种姓集团的影响力相媲美。

在实践中，莫卧儿帝国城市市场的安排比种姓规定得更加灵活。某些种姓/亚种姓的成员获得世俗财富后，有机会让自己获取更高的社会地位。另外，在纺织品需求激增时期，低种姓成员有时会受邀"援助"高种姓成员，他们会利用这个机会获得新的一技之长并从此站稳脚跟。尤其是在欧洲公司的工作间里，高级工匠是领头织布工，是"缫丝大师""帕特尔（patel）"或"穆卡达姆（muqaddam）"。很难说荷兰或英国商人建立卡卡那并任命首席工匠管理工人的时候，在多大程度上考虑了种姓制度因素。我们也无法确定莫卧儿帝国精英阶层赞助的作坊是否采用了独立于种姓制度的上下等级结构。无论如何，种姓的力量是强大的，多数印度手工业者都没有组织起奥斯曼帝国或伊朗萨非王朝里那样的行会。

图16

  勒克瑙戈默蒂河（Gomti）河畔晾晒的纺织品：历史上的勒克瑙一向以纺织品而闻名，尽管如今它已经发展成为重工业城市，但时至今日印度国内外对该市男女织工所生产的刺绣作品仍有大量的需求。

  无论奥斯曼帝国和莫卧儿帝国手工业的社会组织是什么情况，农村的手工业者都是处于边缘地带的人群，通常我们所获得的史料根本无法反映出他们的生活状态。然而同时，耕地和农村又都是奥斯曼帝国和莫卧儿帝国的核心，因此农村生活将是我们下一章的中心议题。

第八章
印度和奥斯曼帝国的农村生活

史料，不过如此

我们首先还是要谈一个众所周知的问题，因为它值得反复重申：无论是档案文献还是文学史料，都永远不可能是"完美无瑕"的，不管是直接地还是间接地，本质上都是为统治机构和精英阶层的利益服务。比起与城市居民相关的史料，与农村相关的史料更是如此，原因很简单，全世界的统治阶级——包括莫卧儿帝国和奥斯曼帝国的官僚在内——在关注农民和游牧民时，其真正的兴趣都是征税、征税以及进一步征税，顺带才会关注一些关于劳动力资源和贸易线路安全性的问题。比起研究奥斯曼帝国的学者，研究北印度的历史学家似乎更加关注这种情况引起的贫富差距和党派关系问题。

村民多数是文盲，所以只有在官员或学者认为他们的诉求适合被记录下来时，今天的我们才能看到这方面的材料。因此，对于这些占绝大多数的人口，也就是奥斯曼苏丹及莫卧儿皇帝治下的农民和游牧民，我们的了解还远远不如人口数量少得多的帝国城市人口。好在我们手头有一定数量的关于这两个帝国16世纪的税收情况的统计证据，奥斯曼帝国的是原始档案，而莫卧儿帝国的则主要是阿布勒·法兹勒创建的综合文献（见第七章）。除此以外，还有一些私人文件，通常保留在个人手里。在印度莫卧儿王朝，文人会编写众多手册，向胸怀大志的官僚教授账目相关技能。尽管他们编写手册的意图并非是对农村生活进行记录，但这些手册事实上还是包含了许多向农村居民征税的信息。至于17世纪的早期到17世纪70年代的档案，无论是莫卧儿的还是奥斯曼的都并不丰富；不过在接下来的时期，尤其是在18世纪，两者的可用史料数量都大大增加，尽管其覆盖范围仍不均匀。

在17与18世纪，奥斯曼帝国留存下来的卡迪登记册的数量逐渐增加，这大概也反映了居住在卡迪所在地附近的人越来越愿意寻求正规的司法方案来解决农村的纠纷。在此之前，他们更可能将这类纠纷交给受人尊敬的长者仲裁。另外，正如我们在前面所提到过的，在18世纪中期以后，奥斯曼中央试图通过鼓励各省臣民直接向苏丹表达诉求来确保安纳托利亚和巴尔干地区的行省与中央"保持联系"。这项政策至少在伊斯坦布尔周边地区收效颇佳，18世纪的中央政府借此解决了相当多的农村纠纷。由此产生的大量书面档案对研究农村生活的历史学家而言极有价值，但将奥斯曼帝国首都附近的村庄视为整个奥斯曼帝国的农村的典型代表是不对的。与伊斯坦布尔市场的密切关系很有可能在一定程度上决定了当地的农业种植，因为首都行政机构的购买能力远远超过了行省的购买能力。也就是说，对于其他地区而言是奢侈品的水果和蔬菜，在首都周边地区会很常见。另外值得注意的一点是，拥有征税权的人对农民有诸多投诉，但农民对征税者的投诉却极为少见。或许，拥有较高的社会和政治地位是其诉求能够被记录在案的前提。

此外，奥斯曼精英阶层一向认为，比起游牧民和半游牧民，农民是更优秀的纳税人。除非（半）游牧民给农村人口造成了重大的困扰，否则苏丹的官僚对这些非定居人口几乎不费任何笔墨。然而，从17世纪后期开始，奥斯曼中央政府试图让游牧民和半游牧民在农村定居，甚至必要的时候还会采取武力手段，随之产生的相关文献记载也越来越多。尽管早期的尝试往往以失败告终，但奥斯曼帝国的官僚却对此浓墨重彩。而在18世纪和19世纪，尤其是19世纪，中央政府进一步着力促进牧民定居。到了19世纪后期，推动人口的增长开始成为中央政府的重要策略，至少与促进牧民定居同等重要，甚至可能更重要。

在本书研究的时间范围内，以农民为主角的叙事性史料极为罕见。农村出身并于17世纪下半叶居住在开罗的埃及宗教学者优素福·穆罕默德·谢尔比尼（Yusuf b Muhammad al-Shirbīnī）撰写的《哈兹阿尔卡夫》（*Hazz al-Quḥ ūf*）就是其中之一。根据作者自己的说法，这是他针对民间诗人阿布·沙杜夫（Abū Shaduf）的诗作所写的评论，但这位诗人的名字从未在任何其他文献记载中出现。阿卜杜·拉海姆（Abd Al Raheim）认为，应该是当时一位地位很高的学者要求优素福写一篇体现农民普遍粗鲁的文章，以奚落沙杜夫的抱怨，从而使农民整体显得不讲道理。据信，优素福用这种写作方法有意规避了奥斯曼－马穆鲁克精英阶层对埃及作者的审查制度。不过加布里埃尔·贝尔（Gabriel Baer）则反对说，17世纪并不存在这样的审查制度，而阿布·沙杜夫只是优素福的文学创作。这种创作形式在各地城镇居民中都很常见，作者也只是想通过突出农民普遍贫穷——并且往往是"粗俗"的——等细节来娱乐城市读者。除了随处可见的污秽之外，优素福还强调了农村饭食的粗陋和严肃宗教文化的缺失。

　　一旦接受了这种解释，就没有必要去探究优素福可能拥有的"更深层次的动机"了。然而在贝尔论文的最后一段中，他也承认，优素福的文本在阿拉伯文学史上是特殊的存在，尤其是因为作者在文中描绘了大量民族志方面的细节。尽管贝尔并不接受早前学者从优素福的文本中解读出的背景故事，但他也妥协道，作者可能有尚且不为人知的写作动机，所以说，在缺乏历史背景的情况下贸然进行"文本精读"是比较危险的。

　　对于北印度而言，除了伊尔凡·哈比卜为奥朗则布统治时期以及随后几十年撰写的研究材料以外，有关农村生活的重要信息都来自琥珀堡的拉其普特卡其瓦哈公国（后来的斋浦尔，参见第七章），之后则还有一部分来自焦特布尔。由于奥朗则布驾崩后发生的一系列继承人危机，我们多次注意到，莫卧儿的省督与各附庸公国的大公开始在基本无视中央的基础上治理"自己的"领土。尤其是在1739年纳迪尔沙洗劫德里之后，莫卧儿帝国收缩为偏安北印度一隅的区域性王国。如前所述，琥珀堡大公在18世纪20年代将首都搬到了新建的斋浦尔，而幸存下来的文档中仍然包含有大量与乡村生活相关的档案。S.P.古普塔（S. P. Gupta）详细研究了这部分档案，并得出结论：正如在其他领域的做法一样，卡其瓦哈政府对农村的管理，与其（前任）宗主国莫卧儿帝国的皇帝的治理手法极为相似。另外，只要莫卧儿政权尚有表面的权威存在，斋浦尔的大公就与德里始终保持密切的关系。因此，可以说卡其瓦哈公国的做法就是后莫卧儿的做法的代表，其现存史料也反映了被现代印度农村历史学家称为"土地制度"的一系列措施。另外，18世纪的焦特布尔公国的档案却是完全不同的版本，农村居民的投诉成了档案的主旨之一，过度征税是其中最常见的话题。

自然环境

向奥斯曼帝国和莫卧儿帝国国库纳税的农村人口生活的生态环境存在很大的差异。在16世纪中期，奥斯曼帝国的领土已经深入温带地区。在温带环境下，匈牙利和巴尔干半岛的大部分地区属于大陆性气候，寒冷的冬季为农业耕种带来了重重困难，因为比起20世纪，小冰期（1300—1850，地域性差异较大）使得寒冷的季节开始得更早，持续的时间更长。安纳托利亚内部也是大陆性气候，只有沿海地区拥有地中海地区典型的炎热的夏季与温暖的冬季。在大内陆海东岸的"大叙利亚"（Greater Syrian）地区，只有相对很小的一片土地适合地中海型农业，因为高山几乎阻止了雨水到达以草原和沙漠为主的内陆地区。另外，只有在尼罗河河水的灌溉下，埃及才能够生产出伊斯坦布尔中央政府所需要的食物、纺织品以及现金。倘若没有年年泛滥的河水，埃及的农村地区也只会是一片荒漠。相比之下，底格里斯河（Tigris）与幼发拉底河（Euphrates）河谷地区的生产力要低许多，因为自中世纪以来，这里的大部分土地已经盐碱化。另外，这两条河流的水量变化也极大，因此，伊拉克地区的农业生产力较低，对伊斯坦布尔政府的意义也远没有埃及地区那么大。内扎特·戈允其（Nejat Göyünç）和沃尔夫·迪特尔·许特罗特（Wolf Dieter Hütteroth）绘制了一张地图，展示了16世纪后期包括如今的伊拉克南部希特市（Hīt）在内的幼发拉底河流域的农业生产情况。图中显示，农业耕种者大多种植小麦、粟和棉花。除了辛贾尔（Sinjār）山区会种植葡萄作为小麦和大麦以外的补充，在近河地区以外，很少有其他作物种植。

印度的耕种活动很大程度上取决于季风降雨，开始于六七月并结束于九月或十月的降雨决定了农业生产的可能性。这导致的结果就是，拉贾斯坦西部干旱，东部则因为季风期较长而只是半干旱。而再往东，季风到达的时间则更早，如今的地理学家将其划归为亚热带地区。温度也很重要，我们研究的大部分地区位于亚热带，但富有的孟加拉则属于热带。另外，莫卧儿帝国还包括高山气候地区，不过从税收的角度来看它们不值一提。必须承认，现在我们不能用与绘制目前印度地图类似的手段来准确地绘制出印度莫卧儿王朝的气候地图，因而也不能用曲线展示17或18世纪的季风状况。但是事实上，季风必然决定了近代早期印度的农业和家畜饲养业。

过去学者们对奥斯曼帝国环境气候的介绍只是作为研究的背景，与随后他们对农村生活的探讨没有什么关系。就算是最近，也很少有人对奥斯曼帝国农民身处的自然环境以及他们必须应对的土壤和气候问题表现出浓厚的兴趣。在笔者看来，这种缺失并非偶然。事实上，研究奥斯曼帝国历史的学者在阅读苏丹官员的一手史料后，在很大程度上已经接受了他们的观点，即哪些项目取得了成功，而哪些又迎来了失败，都是仅仅由人组成的机构来决定的。也就是说，政府总是可以将责任归咎到某一个人身上，并对其进行惩罚，以此从保护其臣民免受压迫的形象中取得统治合法性，也向官员明确表达苏丹不容忍失败的决心。不过到了今天，环境历史也开始"赢得"研究奥斯曼历史的学者的注意，近几年来出现了不少相关的重要书籍，并且在不久的将来一定会出现更多。其中，穆罕默德·亚武兹·埃莱尔（Mehmet Yavuz Erler）、埃伦·米哈伊尔、萨姆·怀特（Sam White）以及穆罕默德·库鲁的作品都让研究奥斯曼历史的学者意识到农业及畜牧业都十分依赖气温和降雨这个基本事实。尽管奥斯曼帝国的官员并不愿意承认自己的失败和拖延，但每当干旱和长期的寒冷天气影响了收成，并致使公路不通畅的时候，他们也一定束手无策。

20世纪末的历史地理学家一度认为，东地中海地区并没有受到小冰期的影响，至少其遭受的破坏没有北欧和西欧遭受的那么严重。然而，萨姆·怀特以及最近穆罕默德·库鲁的研究表明，奥斯曼帝国安纳托利亚地区在17世纪就遭遇了严重的干旱，中部和东南部的损失尤为惨重。库鲁甚至提出，曾引起20世纪历史学家极大兴趣的16世纪中叶奥斯曼帝国的人口扩张现象，其实主要是安纳托利亚地区中部和东南部的特征，应该得益于该地区在这段短暂而美好的时期里相对较充沛的降雨。16世纪90年代严重的干旱开始之际，许多人逃离了受灾地区，前往爱琴海沿岸或伊斯坦布尔定居。显然，安纳托利亚农村在17和18世纪的荒废景象并不仅仅因为学者们曾经推测的军事叛乱以及由此造成的过度征税，气候也是重要的原因之一。

另外，我们也很难判断，档案中记载的1600年左右安纳托利亚地区年轻农民离开村庄参军或加入准军事队伍的状况，在多大程度上是频繁的干旱而非人口增加所导致的。我们需要更多采用了萨姆·怀特以及穆罕默德·库鲁所采用的范式的研究，以了解帝国的其他地区是如何度过气候引发的危机的。农业技术也需要我们投入比之前更多的关注，包括缺水的情况下磨坊的运作以及风车磨坊的有限普及。除了埃及这个特例以外，我们对寒冷和干旱条件下其他地区的农民用以谋生的技术手段还没有特别具体的了解。

　　在印度莫卧儿帝国方面，伊尔凡·哈比卜就致力于全面探讨"印度农民同自然数千年间的顽强抗争"。具体来说，他着手探究莫卧儿帝国农业的哪些方面直到殖民期间都没有太大的改变，而哪些方面又进一步发展或萎缩。哈比卜总结道，就整个莫卧儿帝国而言，农业耕种规模在1595年到1910年间大幅扩大。也就是说，1595年是个至关重要的临界点——阿克巴在位期间的许多统计数字都指向这一年（见第七章），而1910年的农业状况则代表了殖民时期的农业状况，或者说，代表了19世纪末和20世纪初的农业状况。不过，农业增长主要出现在一些特定的地区，尤其是安拉阿巴德、阿瓦德、比哈尔以及贝拉尔，所有上述地区的耕地扩张都基于森林砍伐。在后莫卧儿时期的印度地区（今天的巴基斯坦），还出现了新的运河系统，这为农业的发展提供了可能性。

　　在恒河－亚穆纳河平原以外的莫卧儿地区，大部分耕种完全依赖降雨，尤其是季节性的季风降雨。但是在某些年份里，季风无法提供足够的降水，或者恰恰相反，季风在错误的时间点到来，从而危害农作物的生长。考虑到始终存在的干旱威胁，哈比卜将讨论的重点放在耕种最需要的供水及供水技术上。所谓的波斯轮车，就是在16世纪北印度广泛使用的灌溉装置，其普及时间与莫卧儿帝国统治开始的时间吻合。哈比卜还在作品中探讨了莫卧儿帝国皇帝开凿运河的情况，尤其是沙贾汗下令修建大量运河以将亚穆纳河的河水用于农业灌溉的情况。另外，新的运河还为他新建立的首都沙贾汗纳巴德——也就是今天的旧德里（Old

Delhi）——提供了水源。此外，拥有财富的人也会赞助公共工程，他们通常都是匿名赞助，人们通过修建水坝和水渠从长流河或非长流河中取水。其中，建造水渠有时会使用改变了方向或已经消失的河流塑造的河床。莫卧儿贵族成员也会赞助灌溉系统来为自己的花园取水，毕竟他们的花园对于早期的莫卧儿皇帝来说至少同皇宫一样重要（见第五章）。哈比卜在文中探讨了北印度农民所面临的重重困境，包括饥荒，尤其是1630—1632年季风导致的灾难性问题，但他并未探讨全球气候变化与次大陆遭受的旱灾之间可能存在的联系。

对土地的掌控：奥斯曼帝国

在19世纪中期之前的奥斯曼帝国，苏丹对所有耕地、牧场和森林拥有所有权。苏丹的土地被称为米里，耕种他的土地的农民只是租户，但只要保持耕种，农民就可以一直保留租用权，在农民去世以后可以将土地的租用权传给子女。一块租用耕地，如果其面积正好是一个农民用一头牛就可以耕种的，被称作奇夫特（çift）或奇夫特利克[1]（çiftlik），人们普遍认为一块奇夫特足以满足单个家庭哈内[2]（hane）的生活需要。哈利勒·伊纳尔哲克将

---

[1]　奇夫特利克：a.足够养活一个家庭的耕地；b.非农民的农场主为利益和/或社会声望而经营的耕地。

[2]　哈内：单个家庭，官方认定的农村社会"基石"。

这种制度称为奇夫特哈内制[1]（çift-hane system）。在没有获得负责收税的官员的事先许可的情况下，农民是无法离开自己的村庄的；不过对于收税的官员而言，要追踪住在离自己很远的村庄里的人也不是一件容易的事情。

根据法律规定，奥斯曼的农民无法分割自己使用的土地：如果不止一个儿子继承了这块地，他们就只能共同耕种这片土地。当然，农民也并不总是遵守这个规定。在16世纪后期，许多安纳托利亚的村庄只保留了几块完整的奇夫特，其他的多数是"半耕地"，甚至还有更小块的耕地。所以，我们也无法推定居住在同一个村庄的家庭有相等的收入，即使相关家庭可能通常会相互帮助。另外，在16世纪末和17世纪初期有许多年轻人以雇佣军的身份加入苏丹的军队，其中应当有部分原因就是他们不愿意在长兄的控制下在农田工作。

一个农民去世后，如果他有儿子，那么儿子将继承耕地及其附带的权利和义务，首先就是为农产品支付什一税（奥苏尔）的义务，其次还需要为耕地的使用权进一步纳税[2]（resm-i çift）。从16世纪后期开始，政府征收阿瓦利兹税，最初是迫于战争压力，后来各种杂税的征收成为常态。这些税收对农民家庭而言，至少在特定的情况下会引发种种问题，因为税收的数额无法预计会让不佳的收成状况雪上加霜。

---

[1] 奇夫特哈内制：哈利勒·伊纳尔哲克用来研究农民耕地租期的术语（参见"哈内"）。

[2] 进一步纳税：穆斯林农民为了保有其耕地而缴纳的税。

同时，有些省份的地区法律规定，如果农民没有儿子，那么他的耕地就由女儿继承。苏丹的官员解释其缘由时写道，死者已经为耕地付出一生，再剥夺其家庭的劳动成果则是不公平的。不过除此以外，在农村人口不断外流的情况下，政府的这项政策还有稳定家庭耕地的考虑。不过即便如此，女儿想要继承耕地还需要缴纳额外的特别税[1]（resm-i tapu）；同样，在没有活着的儿子可以继承耕地的前提下，孙辈想要继承耕地，也需要缴纳同样的税。尽管伊斯兰教法中关于个人财产和不动产支配及继承的规定几个世纪以来都保持不变，但关于农民的米里租用制的规定却常常变更。总体而言，可以继承去世亲戚耕地的人数量呈增长趋势。因此，随着时间的推移，农民耕地租用权继承的规则与伊斯兰教法中与不动产相关的条例趋于吻合。

到了17世纪，巴尔干半岛某些地区的农民除了继承耕地以外，也要继承其父亲和祖父缔结的集体债务中的一部分，这些债务往往是为了纳税而向当地显贵借的。尽管这种做法违反了伊斯兰教法中"债权人或债务人去世时，遗属必须偿清所有债务"的规定，但当地的卡迪似乎默许了这种行为。

我们可以将奥斯曼农民要缴纳的税款中的一部分视为向苏丹支付的租金。然而，哈利勒·伊纳尔哲克提出，从历史学家的角度来看，情况却并非总是如此。奥斯曼最早的文献记载就有所谓

---

[1] 特别税：除了死者儿子以外的人继承耕地时需要缴纳的税。

的七库鲁克[1]（kulluk），也就是关于"奴役"的内容，应该就是后来被转化为金钱的劳务债务。也许很多农民曾经是农奴，随着货币经济的日益普及，他们摆脱了社会地位上的弱势。奥斯曼帝国早期的苏丹对其属民征的税甚至有可能低于从前巴尔干的领主们征的，苏丹也支持将劳务费用从奴役的形式转为现金支付。在15世纪末以及16世纪，哈布斯堡王朝的统治者掌控了中欧的大部分地区，并因推行严格的农奴制度而闻名。这使得一些农民，甚至是基督教教徒，选择了苏丹作为自己的统治者。同时，也存在其他的抗衡因素，因为哈布斯堡王朝皇帝——奥斯曼人称其为维也纳国王——治下狭小的领土上的人口就比幅员辽阔的奥斯曼帝国的更多，至少在两个帝国的边境稳定之后是这样。非穆斯林的特别税（吉兹亚）也有可能抵消了成为奥斯曼人民的多种优势，但这都很难说。

鉴于苏丹拥有的绝对地位，百姓的私人财产只能包括居住的房屋、花园、葡萄园及其他果园。实际上，在苏丹所有和私人所有之间，存在"灰色地带"，至少在17世纪末以后出现了这种情况。另外，在安纳托利亚的一些地区，有一部分土地持有者声称这些有限的土地是自己的私有财产穆尔科（mülk），尽管我们不知道这种特殊地位是如何形成的。同时，村民种植的树木也引发了争议，它们构成的果园被村民宣告是私人的不动产。中央政府

---

[1]　七库鲁克："七种奴役"，是奥斯曼帝国早期的奴役劳动，后来转化成了现金支付的形式。

有时会采取这样的立场：只要新的违规种植园没有结出果实，征税人如果认为农民侵犯了自己的权利，就可将树木连根拔起；但是假如树木或葡萄藤已经结出果实，那么征税人就只能对农产品收税。树木当然是种植者的财产，但果园的性质就不那么清晰了。事实上，我们在死者的遗产继承清单中的确发现了果园这一项，而作为苏丹财产的耕种土地则根本没有被列入其中。

对土地和农民的控制：莫卧儿帝国的做法

莫卧儿帝国的许多农民都可以永久保留自己的土地，但方式是作为终身的租户，而非我们现代意义上的土地所有者。他们可以出售或抵押土地，但必须确保土地继续作为耕地来使用。不过，莫卧儿皇帝并没有像奥斯曼苏丹那样特别强调对土地的征用权，毕竟奥斯曼帝国还出现过著名的伊斯兰大教长阿布·苏德（Ebusuud，1490—1574）将苏丹对土地的征用权纳入伊斯兰教法框架的事件。16和17世纪的莫卧儿皇帝之所以对此保持沉默，大概是因为国内的林地太多，在种姓长老的带领下，农民总能找到土地耕种，而不会过多依赖远在天边的国君。换言之，或许是由于北印度的森林和灌木丛难以深入，贸然提出土地征用权的主张也是不现实的。

不过，在印度的村庄中，高种姓成员和属于仆从种姓的农民之间存在明显的等级差异，市场关系也加剧了收入的不平等。即便是拥有土地的低种姓农民家庭，也有义务满足同村庄的高种姓家庭的需求，尤其是在为高种姓成员华丽的婚礼宴会做准备工作时。在接待宾客的时候，高种姓成员也可能会要求他们提供进一步的服务。如前所述，焦特布尔的档案文献中就经常出现相关的投诉，南迪塔·普拉萨德·萨哈就找到了一部分案例，表明一些认为自己有权得到低种姓男女服务与服从的高种姓的人会虐待低种姓的人。

莫卧儿帝国的皇帝把从农业中征收的税款分配给军人和朝臣，作为他们的财产（扎吉尔），如果我们算上各种税费和杂项，大约是收成的一半。但在奥斯曼帝国，仅在特殊情况下才有可能出现如此高的税率。毕竟恒河和亚穆纳河平原每年可以丰收两次，而安纳托利亚和巴尔干半岛上水资源的缺乏往往迫使农民每隔两年休耕一次，以为来年的耕种积累足够的水分。在条件最乐观的情况下，莫卧儿帝国的核心地区可以两年丰收四次，但奥斯曼帝国中央地区两年只能丰收一次。

在莫卧儿帝国的某些省份，一个村庄的居民大多属于同一个种姓，其中的成功人士声称自己拥有更高的权力和资历，同一种姓的其他成员也接受他的主张。这类人被称为柴明达尔，其掌控的地区的类型多种多样，既可能是几个聚居点，也可能是整片次级行政区域，即帕尔夏纳（pargaha）。莫卧儿政府为确保纳税人能够直接向包收租税人纳税做出了巨大的努力，尤其是在阿克巴的财政部长托达尔·马尔在任期间，但相关的努力都只是部分和/或暂时获得成功。阿克巴和托达尔认为柴明达尔是——或者说应该成为——服务于中央政府的收税人，但强制落实这一点基本是不可能的，尤其是在偏远地区。这导致的结果就是，即便在莫卧儿帝国解体以后的很长一段时间内，柴明达尔仍然是土地的真正掌权者。

奥斯曼帝国精英阶层收取的土地收入 （存在有争议的情况）

苏丹的官员将农民缴纳的税款分配给军事及行政机构的成员（阿斯科利），尤其是参与苏丹征战的骑兵部队（西帕希，见第三章）。忽里西罕·伊斯兰奥卢曾在一项重要的研究中探讨了16世纪安纳托利亚中北部农民的情况，她提出，农民很少能将自己的劳动成果推销到城镇以外。毕竟，中央政府下令，任何宗教法官辖区（卡扎），包括其中心城镇（通常规模很小），都应当自给自足。

相比之下，收税人则会定期在市场上销售谷物以及其他收取来的实物税。小西帕希往往会在家庭内部消耗掉收缴上来的谷物，但大的收税区（扎米特或哈斯）拥有者会将收的大部分实物放在市场上销售。省督在自己管理的土地上逗留的时间很短，他会聘请固定的人或包收租税人来收取税款，因此也更中意现金而非车载斗量的粮食。所以，在研究奥斯曼农村市场的定位时，我们还需要关注税收的受益人而非农民，因为他们很少会来到所在辖区的中心，除非政府命令他们将粮食运送到停靠点以供给作战中的士兵。不过，在纺织品原料方面，如安格拉山羊毛，情况则可能有所不同。我们发现，16世纪70年代安卡拉地区的村民向威尼斯出售羊毛，用从中赚取的货币来缴税。然而，这仍只是个特例。

而从村民的角度来看待收税程序的时候，我们需要弄清楚的是，人数较少的蒂玛拥有者是如何在收税过程中为他们的同僚和自己成功征税的。毕竟在许多地方，聚居点很分散，听说征税人要来，许多农民都会躲进山里。

我们可以提出一个假设性的解释：在后来被称为阿扬的当地领袖出现前至少一个世纪的16世纪，安纳托利亚的乡村就活跃着一群当地名人，他们在省级行政机构担任半官方的角色，在18世纪则完全成了正式的官员。这些名人往往从分散在安纳托利亚和巴尔干农村的大大小小的宗教基金会获得权力与声望。尽管基金会的管理人员并没有专属的大批武装随从，但每个有名望的家族多少都有些强壮的仆人。另外，著名的圣人或大善人的后代总会享有较高的声望，而他们的支持也会使许多不为农民所知的蒂玛持有人的征税合法化。不过，这种假设仍然有待证据证实。

另一个棘手的问题是，当赋税过于繁重时，农民往往会抵制，或至少会拒绝服从。18世纪，焦特布尔的大公就经常接到指责，人们希望他的行为符合印度国王的准则（瓦哈比）。类似的问题也在奥斯曼帝国发生过，村庄和小镇的居民会就赋税问题向苏丹投诉，在1600年左右，由于投诉太多，穆拉德三世甚至颁布了冗长的"司法令"[1]（cadâletnâme），禁止几种常见的盘剥行为。其中尤其过分的是，一些当地行政人员会带着武装收税队伍突袭村庄，要求居民缴纳各种不合法规的税，用来充当自己手下的雇佣军的军饷。

另外一种不幸也可能降临到农民的头上：法官会将普通的事故判为谋杀，要求责任人为此缴纳巨额罚款。詹姆斯·斯科特（James Scott）曾经把20世纪在马来西亚（Malaysia）发生的农民反抗运动称为"弱者的武器"，换言之，就是装疯卖傻、有意拖延、推三阻四、消极怠工等。我们有理由推测，同样的事件也会发生在奥斯曼的安纳托利亚、巴尔干和埃及。事实上，这种情形也许就可以解释优素福笔下埃及村民的"愚蠢"。

因此，奥斯曼帝国的勘测员有时无法进行适当的记录。例如，在耶路撒冷特别行政区（桑贾克），埃米·辛格（Amy Singer）就发现有官员报告说，当地农民并没有严肃对待自己的勘测工作，而且在他们这些外来者试图对村庄数据进行记录时胡说八道。这些问题很有可能不是耶路撒冷的农村独有的，但并非每个受到干扰的官员都会承认自己在普查登记工作上的失败。另外，当地人甚至可能把趾高气扬的征税人逼到角落揍一顿——没

---

[1] 司法令：16和17世纪颁布的法律条款，禁止了一系列常见的对纳税人的盘剥行为。

有证人愿意站出来告诉法官这件事。

　　一直以来，历史学家都认为，在奥斯曼帝国的领土上没有发生过农民武装起义。无法容忍局势时，深受迫害的家庭只会离开村庄躲进山里，年轻人则会加入巡回雇佣军队伍。然而最近，萨姆·怀特提出，农村地区激烈的抗议活动有时甚至会迫使苏丹收回成命。安纳托利亚南部的卡拉曼的民众以牧羊为最主要的生活来源，那里是反抗运动最有成效的地区；这并非偶然，毕竟游牧民拥有的武器和马匹是许多农村地区都缺乏的。

莫卧儿帝国精英阶层收取的土地收入
（存在有争议的情况）

　　莫卧儿帝国的中央财政部对不同作物的预期产量进行了登记。托达尔·马尔改革后，规定：征税人必须将税收要求手写下来交给村长和当地柴明达尔，而后者也必须以书面形式做出答复，并写明纳税的数额。阿克巴的官员详细阐述了16世纪40年代莫卧儿的第二个皇帝胡马雍在萨非王朝避难时，取代其位置的阿富汗国王舍尔沙的政府所制定的法规。然而，无论是舍尔沙的档案还是莫卧儿皇帝的档案都没能流传到我们面前，我们不得不再次依赖于阿克巴的大臣兼亲密朋友阿布勒·法兹勒所记录的数据。基于对1595年前繁多数据记录的总结，阿布勒·法兹勒给出了每单位土地上的平均产量，并将其分为三个档次："好""中"

和"差"。希琳·莫斯威认为，这三个档次主要反映了当地的水资源是丰富的还是稀缺的。将每个村庄三档土地上收获的农业产品的产量相加后除以三，舍尔沙和后来阿克巴的财政官员就可以对农作物的平均产量进行粗略的估算。由此，他们推测：皇帝收取的土地收入占总收成的三分之一——理论上讲，这就是农民应当缴纳的税款。然而，我们在前面也提到过，众多的杂税使得农民的纳税数额增加到大约总收成的一半。

在阿克巴统治时期，托达尔·马尔的财政部在一段时间内取消了扎吉尔制度，代之以直接向扎吉达尔们支付薪水，其目的是对土地和将来可能产生的税收进行更详尽的调查。我们很难想象现金拮据的奥斯曼政府尝试采取类似的措施的情形。然而，阿克巴政府采用的勘测程序，在某种程度上，与16世纪奥斯曼帝国官员在我们熟知的税务登记册（塔利尔）中计算税收的方式类似。苏丹的财政官员也将土地分为三类，计算连续三年的平均农作物产量，得出推定平均值。不过，奥斯曼帝国的勘测工作可能更加简单粗暴；而阿克巴的官员甚至规定在丈量土地的时候，勘测员应当使用竹竿，因为与其他材质的工具相比，竹竿更不容易在热度和湿度的影响下膨胀或收缩。尽管莫卧儿帝国的改良可能更加典型，但历史学家也发现，即使在托达尔·马尔任职的时代，官员们也从未成功丈量出所有农民的耕地。

伊尔凡·哈比卜认为，莫卧儿帝国频繁更换扎吉尔采邑这一传统的目的也是防止扎吉达尔建立起稳固的地方权力（见第三章），但也在客观上加剧了对农民的压迫。因为收税人无法长期从某一个村庄中获得税收，所以就没有考虑该村庄长期生产力的必要。奥斯曼的蒂玛持有人多数地位不高，苏丹自然就乐意让他们和骑兵在地方多留一段时间。不过即便如此，蒂玛持有人也还是要更换采邑的。因为奥斯曼的西帕希在某一个地区的任期更长，所以对当地农民的盘剥就不会像印度的收税人那样残酷。

　　然而，无论是村民还是奥斯曼政府，在短期包收租税人方面都面临着严峻的问题，因为短期包收租税人任职时间极为短暂，所以不会考虑未来的情况，只追求当前收益的最大化。建立于1695年的终身包税区（麻力勘）制度让包收租税人开始考虑其税收土地的长期可用性，从而解决了这个问题。从理论上讲，他们会保护纳税人，避免过度盘剥。只不过，随着麻力勘成为奥斯曼财政机构的组成部分，事情的走向就不同了。比起地位较低的包收租税人，苏丹的家族成员以及高官成了麻力勘唯一可能的竞标者。这类人几乎不会亲自前往自己的收税区；相反，他们只依赖承包人和分包人"在当地"收税，而这些人则更像是莫卧儿后期和后莫卧儿时期的扎吉达尔。

两个帝国的佃农

　　原则上，印度农民用现金缴税租税，但并非没有例外，至少在18世纪，一些身为佃农的村民就是将部分农产品交给扎吉达尔的收益分成者。扎吉达尔会让自己治下的商人负责将这些农产品进行商业化处理。在后莫卧儿公国，政府有时会给商人施加巨大的压力，要求他们承担销售佃农交付的农产品的风险。假如农民不销售自己的产品，是否会被要求缴纳更高的费用，这也是个值得探究的话题。

在18世纪的奥斯曼帝国，承租分成制是当地巨头设立的土地制度（奇夫特利克）的主要特征，在有商业潜力的地区最为常见，但从律法上讲，这属于在奥斯曼土地制度边缘试探的制度。除了"他们的"收益分成者以外，奇夫特利克的拥有者还会雇佣一些奴隶全年劳作，在收成季节还会雇用外来打工的人，而种植园或单一种植并非典型形式。

近期，一些希腊和土耳其学者对巴尔干半岛奇夫特利克农业和分成制扩张的研究表明，在该地区，掌握在非农民手中的农业集体的数量在18世纪迅速增长。在萨洛尼卡附近，常常有城镇居民购买奇夫特利克作为投资；而在其他地区，当地巨头往往是苏丹的仆人或前仆人，他们的投资行为则更为活跃。新兴的投资者更喜欢在荒废的土地上建立自己的奇夫特利克，与神圣同盟（Holy League）之间的战争（1683—1699）可能是造成大量土地荒废和随后奇夫特利克增加的原因。市场导向的奇夫特利克主要是供给奥斯曼的军事机构和首都伊斯坦布尔，而非将经济作物出口到西欧，后者显然只是少数情况。也就是说，20世纪五六十年代的经济历史学家下结论还是过于仓促，因为从17世纪波兰的单一

作物种植或中南美洲的种植园经济衍生出来的经典模型其实并不
怎么适用于奥斯曼帝国的情况。

农民的实物税以及奥斯曼帝国的货币经济

奥斯曼帝国的多数农民应该是以部分实物和部分现金的形式
缴纳税款的。奇夫特税和针对非穆斯林收取的特别税（吉兹亚）
通常是以当前使用的货币支付的，农作物什一税则基本都是以实
物支付的。另外，农民还必须用现金来代替易腐烂作物——如水
果或蔬菜——的什一税。特别是在16世纪初，由于市场稀少，农
民想要将自己生产的作物拿到市场上售卖，抑或蒂玛及扎米特拥
有者想要将收来的实物税变现，都不是一件容易的事情：当时的
推车还处于原始状态，而村民必然不会一直用牛拉车，毕竟牛对
于耕种来说不可或缺。

在多数奥斯曼行省，农作物的什一税高于收成的十分之一，
因为纳税人要向收税人缴纳一份额外的谷物。因此，在16世纪的
安纳托利亚，常见的做法是收取收成的八分之一作为什一税。蒂
玛拥有者及其随从马匹需要消耗大量的大麦，所以，只要西帕希
仍然是奥斯曼军队的主力（直到17世纪早期甚至更晚都是），就
会有大量作物从纳税人直接流向收税人，而不经过市场。此外，
在此期间，雇佣军在奥斯曼军队中所占的比重越来越大，他们也
会通过非市场渠道获取一部分粮食。农民需要用现金来支付阿瓦

利兹和纽祖尔税[1]（nüzul）。前面我们也讲过，奥斯曼军队在通往前线的道路上会设置停靠点，而农民则必须向停靠点的仓库供应粮食，其中一部分用以抵销税款，因此不会得到报酬。相对于其他渠道，这类粮食的"价格"通常低于其在当地的市场价。即便如此，苏莱曼·德米尔吉（Süleyman Demirci）从一项对安纳托利亚中南部卡拉曼省的阿瓦利兹的税收研究中得出结论：这种税的数额其实并不大。

此外，这项税款对农民家庭来说包含了隐形的成本：农民必须将粮食运输到很远的地方，而且通常路况较差，途中会有很多牛死掉，也会有许多推车损毁到无法维修的程度。骆驼可能适合运输粮食，但它们对农民来说太昂贵了，最多也就是有钱的村民可以租用骆驼。住在离军事区域很远的农民得到允许可以缴纳现金而非粮食；也有一些出于各种原因有特权的农民，被允许可以支付远低于军区附近村庄粮食价格的费用。还有一些问题是政治冲突造成的。失业的雇佣军洗劫村庄时，没有武装或武装力量弱的农民就可能被抢劫；正如鲁特菲·居切尔（Lütfi Güçer）强调的，征税人也常常会抢劫农民。

相比而言，从奥斯曼军队领袖的角度来看，这些问题都微不足道；直到17世纪末甚至18世纪初，军队的供给都运作良好。苏丹军队后勤工作的质量总是比同时期的欧洲对手的要来得高。

---

[1] 纽祖尔税：为奥斯曼军队通往前线的道路上预先设置的停靠站仓库提供供给的税种。

"非市场"或"伪市场"的措施也确保了粮食可以供应到苏丹宫廷以及首都伊斯坦布尔。"伪市场"这个表达是合理的，因为尽管供应方获得了报酬，但其商品价格远远低于市场价。苏丹宫廷和伊斯坦布尔之所以会为此支付一定的款项，也许仅仅是因为，只要政府付了钱，哪怕是微不足道的钱，那些本拥有阿瓦利兹税豁免权的纳税人就不得不像其他人一样交付被要求上缴的粮食。伊斯坦布尔居民所享有的带有特权性质的粮食供应，应当是出于对苏丹和精英阶层的高层人员在重大粮食短缺的情况下的安全的考虑。毕竟，尤其是从16世纪末开始，越来越多的城市手工业者和商店老板至少名义上都是当地军队（库尔）的成员；而仅在17和18世纪，就有不止一位苏丹因为库尔的叛乱而失去王位。

伊斯坦布尔居民享有特权的弊端在于，农民和大农场主除了维持生计、预留种子、缴税和应付强制交粮以外，对超出这个范围的生产缺乏动力。因此，到了18世纪下半叶军事需求急剧增加的时候，没有现成可以扩增的粮食来源。另外，部分有结余的生产者更倾向于将粮食秘密出口，出口地区的首选是威尼斯，次优选择是法国南部的粮食紧缺地区：因为这些地方的出口商给出的价格更高。

同时，农民必须缴纳现金税意味着他们必须定期进入市场；而在16世纪，市场的数量也显著增加。然而，17世纪的干旱使得位于安纳托利亚山地的耕地蒙受了极大的损失，所以部分市场再次消失，农民也迁移到了水源更加稳定的西部沿海地区。忽里西罕·伊斯兰奥卢提出，16世纪的人口增速超过了食物供应的增速，农民家庭往往会避免在日益贫瘠的土壤上种植粮食。相反，他们将耕种重心放在了更加容易交易的农作物上，包括棉花和水稻，目的是从有限的耕地中获得更多的收入。伊斯兰奥卢认为，征税人，包括在17和18世纪掌握了奥斯曼大部分地区的当地巨头（阿扬），垄断了利润最高的农作物——尤其是出售给出口商人的农作物，并对其进行商品化。出口商开出的价格超出了奥斯曼的顾客所能够承受的水平，因此，对这样的商品进行垄断就像是种了棵摇钱树。所以说，多数阿扬并不需要冒险参与农业集体生产；至少在安纳托利亚，大规模农业生产的重要性仍然有限，农民仍然是生产关系的主体。

莫卧儿农民、货币经济及其弊端

我们多次提到，莫卧儿宫廷贵族及扎吉尔拥有者要求纳税人以现金缴税。所以比起奥斯曼帝国的农民，莫卧儿的农民出售的农产品在市场上的份额要大得多，农村商人发挥的作用也相应地更重要。

与16世纪到18世纪的奥斯曼帝国管理者不同，莫卧儿皇帝通常不会通过法令来规定价格。当然，与奥斯曼的价格清单"纳尔"相对应，莫卧儿也有"尼尔"这个词，但通常记录的是市场上观测到的价格，而非行政命令的定价。如果季风来得不合时宜，那么粮食价格可能会上涨到人们难以承受的水平，许多农民会暂时或永久地出售自己的土地并离开这个地区。莫卧儿皇帝及其政府往往通过减免税收来向困境中的农民提供帮助；但如果政府认为收成的损失不会对生存造成太大的威胁，则只会允许一定程度的拖欠。然而，后一种做法可能在后续的几年里给耕种者带来极其严重的问题。

最重要的是，许多印度农民——尤其是孟加拉和古吉拉特的农民（见第七章）——还是兼职纺织工，他们生产大量棉布并将其销往英国、荷兰和法国，因此他们对市场的影响也更加敏感。此外，尽管我们无法评估国内贸易水平，但印度国内市场也确实消化了大量布匹。布料在南亚内销的数量也许比出口的更大。

那些活跃在莫卧儿帝国拉贾斯坦部分地区的农民纺织工会在高温导致耕种难以进行时选择织布。换句话说，织布工从事农业生产时，会减少对订单的依赖——无论订单是否来自出口商人。在阿格拉附近的靛蓝染品产区，农民会经营一种手工作坊，将染料从靛蓝植物的茎里浸出，干燥后出售。如果时机适宜，农民还会购买一些装饰品，可能是婚礼所用的银饰，可以在危机时期卖出去。除了织布工以外，提供其他服务的村民也依赖于市场，因为他们可以收到现金报酬。显然，早期的历史学家夸大了传统农民对农作物的依赖度。

农民经常会向放债人借钱，最常见的目的是缴纳税款。农户一旦借了高利贷——往往是按复利计算的——就很难偿还上了。在这种情况下，农民或是他的妻子与儿女就会成为该地区高种姓巨头的仆人。这类仆人工资低，大概是因为有大量为维持最基本的生计不得已而为之的人。这种当地巨头家族与农民－工匠之间的联系又进一步加剧了经济不平等。由于债务，许多农民在自己继承的土地上失去了独立耕种者的地位，并随着时间的推移，逐步沦为地位低下的世袭仆人。

奥斯曼农村的人口迁移

奥斯曼帝国的精英阶层一般认为，只有遵从苏丹的命令而进行的迁移才是唯一合法的迁移，苏丹可能会出于当前的政治目的将农民或手工业者从一个行省转移到另一个行省。如果没有迁移令，村民就必须留在原地，这种安排在很大程度上是为了方便征税，从而确保精英阶层的收入。

不过事实上，在整个帝国，农民的流动性其实很大，因为按照今天甚至是19世纪末的标准，许多行省的人口都是相当少的。尽管我们对家畜饲养所知不多，因此也无从得知用牛耕地的可能性，但耕地总是有的。在沙漠边缘，尤其是今天的叙利亚地区，只有在奥斯曼政府的保护下，村庄才得以延续。但到了16世纪后期，政府的保护愈加不可靠，多数农民为了逃避沙漠游牧民族的巧取豪夺，纷纷迁走了。应该有部分难民定居在叙利亚的沿海地区，那里从中世纪后期以来荒废许久，在奥斯曼帝国时期又得以复兴。

如前所述，干旱和/或政治不稳定因素促使许多安纳托利亚农民在1600年前后的艰难岁月里离开了自己的村庄。我们可以推测有一部分人仍然与游牧民族和半游牧民族群体保持联系，因为安纳托利亚的农业人口中有很大一部分是在塞尔柱时期到达并在16世纪的人口增长时期定居于此的游牧民族的后裔。此外，一直到20世纪后期，安纳托利亚增加的农民仍然拥有大批羊群以及能提供饲料的高山牧场，对畜牧业也十分熟悉。鉴于以上林林总总的联系，我们可以推测，在村庄中越来越难维持生计的人可能游说自己游牧民族或半游牧民族里半真半假的亲戚，让他们帮助自己组织羊群，使自己的家庭能够参与牧羊业。

虽然迁移的牧民常常逃避登记，但我们还是很容易发现，奥斯曼帝国里一些逃脱的村民会去往远离其先前所在地的地方参与农业；如果他们迁移到城镇，那么官员终究会找到他们并将其登记在册。在当地名流拥有自己的地产的地区，尤其是在巴尔干半岛，想要避免成为分成收益的佃农或进行农业劳动的人会迁移到人迹罕至的山区或丘陵地带。在17世纪的危机时期，这种迁移流向有助于农民在这些地区幸存下来，尽管低地更适合耕种，但农民还是离开了低地。不过，在其他地方，地势较低的地方往往是沼泽，因此还不如高地理想——鉴于我们有限的了解，我们还无法确定安纳托利亚南部的情况是否适用于色雷斯。

从迄今为止的研究来看，在奥斯曼帝国安纳托利亚地区，自发的迁移——或者说非官方命令下的人口流动——主要还是由干旱和资源匮乏导致的。另外，尤其是在16世纪末和17世纪初，行省之间的人口迁移以及向"庇护之地[1]"（mahruse）伊斯坦布尔的迁移还有可能是叛军组织塞拉里斯的袭击造成的，因为在此期间，塞拉里斯对所有无法躲在堡垒里面的人进行了掠夺。有时移民迁移的距离很远，如从安纳托利亚东北部特拉布宗（Trabzon）逃离的难民会去往克里米亚。在1683—1699年的战争时期，巴尔干半岛还出现了另一种类型的移民：在哈布斯堡王朝掌控了该地区的绝大部分土地时与之站在同一边的塞尔维亚人，在奥斯曼重新夺回控制权之后，移民到了奥地利和匈牙利的领土上。在这种情况下，政治顾虑应该是移民的主要因素，也就是出于对背叛苏丹会受到惩罚的恐惧。当然应该还有其他人群出于政治考虑跨越了奥斯曼与哈布斯堡的边界，但究竟是出于何种具体动机，又是何种规模，我们尚不了解。

根据我们手头有限的史料，莫卧儿政府并不认为官员能够或应当控制移民，也许是因为在莫卧儿帝国的许多地区，移民只是在季风期间为满足生存需要而迁移。在奥斯曼各行省，迁移也往往是出于生存目的。但是官员似乎并不觉得自己有必要在官方档案中写下，如果强制执行苏丹的法令，禁止所有未得到征税人允

---

[1] 庇护之地："受到保护的地方"，通常指苏丹的财产，特指城市。

许的移民，将会发生什么。显然，出于务实的考虑，他们只是让事情顺其自然地发展，等到情况好转后，可能会再尝试将人们安置回曾经逃离的地方。

北印度的人口迁移

印度牧场稀缺，这也解释了为什么莫卧儿的精英阶层对本地的马匹并不满意，并且认为满足军队需求的马匹应当从中亚或阿拉伯半岛进口。由于缺乏牧草，绵羊的繁殖量较少，当地羊毛的质量不佳。移民群体可能会饲养牛群和运输货物（对比第六章的内容），但由于偷牛事件常有发生，饲养者必须做好保护牛群的准备。就像以敢对村民甚至苏丹的省督使用武力而闻名的安纳托利亚游牧民族和半游牧民族那样，莫卧儿的养牛人也对武器的使用非常熟悉。

贾特人在中世纪一直过着不稳定的牧民生活，到了11世纪，他们成了战斗专家。在这个过程中，他们习得了新的战斗技术；一部分贾特人擅长骑马作战，另一部分甚至能够在印度河上以武装船只作战。可能是因为蒙古的入侵以及德里苏丹国内部继承权引发的战争，一些贾特人从印度河谷向东迁移到恒河-亚穆纳河平原。显然，关于这类迁移以及贾特人随后从畜牧业向农业转变的明确原因，我们还了解不多。到了莫卧儿时期，贾特人在旁遮普和帝国中部省份建立定居点，并融入当地种姓系统。

当他们所处的社区按照婆罗门（神职人员）、利帝利（战士）、吠舍（商人和农民）以及首陀罗（仆人）的印度教四个等级给他们划分等级时，贾特人被划分为最底层的仆人。不过，低等级的身份并没有反映出他们实际的经济地位，也许是因为他们的军事才能，恒河－亚穆纳河流域的贾特人总能成为不可或缺的耕种者。到了16世纪末，阿布勒·法兹勒的记录里甚至出现了一大批贾特人出身的柴明达尔，也就是说，他们成了被纳入莫卧儿系统的负责低等级税收的地方掌权者。通过跋山涉水地向东迁移，一些贾特人即使并没有改变其社会地位，但其经济地位的确得以改善。

如果某个群体中有成员成了柴明达尔，那么次大陆的历史学家通常会认为相关的人都成了从事农业工作的人。每当人口增加时，曾经以养牛为生的群体——包括以盗牛为生的群体——都需要找到适合定居的土地。通常，定居的前提是找到可居住的土地。在某些情况下，曾经的牧民会发现，向莫卧儿朝廷提供服务也是替代农业生产的选择。居住在德里附近的梅瓦尔地区和阿拉瓦里（Aravalli）山区的人口被称为梅人（Meo），他们中有很大一部分就做了邮递员，服务于帝国邮政系统，从中获得金钱报酬。另外还有一部分梅人担任皇家卫兵。他们驻扎在宫殿外，保护宫殿，并执行皇帝的命令。舆论称，阿克巴会为他们分配定居的土地，苏拉吉布汗·巴德瓦杰（Surajbhan Bhardwaj）认为这个说法大概率是真的。如果这个假设成立，那

么梅人从山顶搬到平原的部分原因，可能就是一部分人融入了
莫卧儿统治机构。现在我们仍能看见梅人在高山村庄留下的生
活痕迹，不过，我们并不知道，被荒废的高山聚居点，是在梅
人仍靠养牛和抢劫为生时就已经存在并给他们提供生活场地了，
还是在他们决定定居的时候才开始建设起来的。关于此，似乎
没有什么可靠的证据。

总结：回到现金关系

在向农产品征税时，奥斯曼和莫卧儿的官员似乎都受到了伊
朗财政官员的经验技巧以及中亚统治者的实际做法的启发。或
许，倘若莫卧儿中央档案没有遭受如此巨大的损失，我们将会发
现更明显的相似之处。不过，收税的方式同样取决于市场机遇，
当然还有金银的充裕或匮乏程度。在16世纪中期奥斯曼帝国的中
部地区，随着人口的增长，市场的数量也有所增加。但随着村民
和城镇居民从安纳托利亚中部和东南部日益干旱的土地上撤离，
无论是人口还是市场，其数量应该会走下坡路，但我们没有多
少证据证明这一点。与莫卧儿帝国农村市场相关的文献似乎也很
少，值得一提的是，伊尔凡·哈比卜和希琳·莫斯威并没有在各
自的巨著里提及有关农村市场的条目。

如前文所述（见第六章），印度莫卧儿王朝可用的黄金白银
数量一定比奥斯曼帝国的要多许多，金银的匮乏无疑限制了安纳

托利亚和巴尔干的农民参与市场。讽刺的是，一方面，大多数奥斯曼农民比莫卧儿农民更少接触货币经济；另一方面，卡尔·马克思早期认为，印度村庄自给自足，很少依赖市场，他有这样的观念显然是因为对印度的情况不够了解。相比之下，伊尔凡·哈比卜强调说，莫卧儿的税收要求迫使农民出售大部分农产品，农民因此与市场产生联系。同时，由于销售所得流入官僚机构，农民没有什么购买能力，所以村庄也需要从内部做到自给自足。因此，地位高的村民可以通过购买服务和以物易物来满足自己的大部分需求。然而，另外还有一些历史学家认为，至少在18世纪，货币经济就已经渗透进了农村，商品不仅通过农村的互惠关系流通，也会通过市场流通。尽管种姓制度对每一个农民的生活都至关重要，但也只是他或她的命运的决定因素之一，而非唯一。也正因如此，将莫卧儿帝国与奥斯曼帝国的农村进行比较是有意义的。倘若种姓是唯一的决定因素，那么这两个帝国的农村的共同点过少，比较就毫无意义。

在印度莫卧儿王朝，定期出口的棉布、丝绸、香料和其他奢侈品的出口额使精英阶层得以储备大量黄金白银。金银的大量供应使得扎吉达尔和莫卧儿的国库坚持收取农民的现金税成为可能。可惜的是，价格方面的资料很少，但显然决定客户购买大米、小麦、棉花以及其他必需品的价格的因素是市场条件而非中央政府的行政命令。相比之下，奥斯曼帝国政府则会明确规定国内市场上大部分商品的价格，在多数情况下，交易双方都会遵守收到的指令。在次大陆的土地上，农民欠商人和放债人的债务使得他们在农产品需求旺盛的时候也无法获得收益。当价格上涨时，（即便是小规模的）资本的所有人也会从中获益；这种情况在奥斯曼的核心省份也很普遍。

综上所述，倘若要将19世纪早期奥斯曼改革之前或印度殖民时期之前两国农村人口的生活概念化，似乎并不现实。通过对这两个帝国中的"边缘人群"，即非精英阶层的女性、仆人和奴隶进行更深入的研究，我们将更清醒地认识到这个"现实"。

第九章

关注社会边缘人群

　　无论古今，在众多人类社会中，权力机构——包括社会的成员——都会将一部分人定义为地位低下的人。甚至在当今世界，即便是在把大多数人视为公民而非臣民的时代，这种法律和社会地位上的差异依然存在，而且由此产生的冲突往往会引发暴力。正是因为对这种情况心知肚明，2018年夏天在慕尼黑（Munich）张贴的一张选举海报上才会说，只有让人享有基本人权的地方，才能被称为"家"。另外，即使在富裕的社会中，身体有缺陷的人也必须非常努力才能满足自己的需求，而这种努力有时是能够成功的，有时则不然。显然，这些人的许多同胞并不认为他们是与自己一样享有平等权利的人。

　　在奥斯曼帝国和在莫卧儿帝国一样，很大一部分人处于"二等公民"的低下地位。由于苏丹和皇帝的权威，统治者的决断往往就决定了一个群体如果皈依伊斯兰教将得到什么特权，而拒绝信仰权威宗教又会给这个群体带来什么不利影响。在奥斯曼帝国，成为穆斯林就意味着拥有免缴人头税（吉兹亚）的巨大经济优势。而在莫卧儿帝国，吉兹亚的收取是断断续续的，阿克巴将其废除，而奥朗则布为了表明对伊斯兰教的拥护又恢复了这项税收（见第四章）。此外，在某些地点和时期，包括近代早期的欧洲在内，对非主导宗教或教派人士的羞辱，至少在这个社会的某些成员看来可能是值得称赞的。在奥斯曼帝国，这些人可能会认为，"劣等"宗教人士连最基本的日常礼貌都不配享有。到奥斯曼帝国旅行的人有时会注意到，作为异乡人和"异教徒"，哪怕是社会地位较低的女性和儿童也会侮辱他们——而精英阶层的男性通常不会这样做。不过，与近代早期欧洲的诸多统治者不同，无论是奥斯曼苏丹还是莫卧儿皇帝，都没有试图通过大规模部署国家权力来使自己的臣民皈依国教。

另外，性别也将社会划分为两个部分，男人比女人享有更多的权利和机遇。除了一部分性别导向的历史学家以外，很少有学者会认识到，一个女性一旦与政治精英脱离关系，就会自动沦为社会中的低等人群，这种"普遍"的情况使得男性在我们已知的社会中享有特权。"二等公民"实际上是多数人群，即便我们将奥斯曼和莫卧儿统治阶级中的女性排除在外。很多人选择忘记这个不争的事实，为过去的生活添上浓厚的浪漫色彩，其实是因为他们往往是认同社会的特权阶级的。

本章将首先讨论非精英阶层的女性，接着则是关于奴隶和仆人的内容。由于仆人通常是女性，所以这两个类别的内容有重叠的部分。此外，我们将简要地重复种姓制度的相关内容（见第七章和第八章），这是包括莫卧儿帝国在内的次大陆社会有别于奥斯曼社会的主要因素。毕竟，比较不仅仅应当强调相似性，更应当突出差异性。同时，我们要记住杜弘睿的警示：差异可能掩盖潜在的相似之处。最后，我们会探讨舞女和歌女，在莫卧儿帝国，她们可能是妓女，但仍应因其艺术修为而受到尊重。

"二等性别"的史料

许多有关奥斯曼帝国女性的史料都来源于受雇于卡迪法院的书记员之笔。由于伊斯兰宗教法律沙里亚法（şeriat, sharia）赋予女性继承权，因此卡迪法院的记录中有不少属于女性的遗产清单记录。另外，伊斯兰教法也承认女性具有独立人格，而非其父亲或丈夫的附属品。因为拥有这些权利，女性原告或被告也会出现在当地的卡迪法庭，有时甚至会亲自表达自己的诉求。不过，男性亲属的干预通常会限制女性行使自己的权利，特别是在他们自称代表女性亲属发声的情况下。其中，有一些人当然是出于关心女性亲属的心理，但其他人的意图则颇为可疑。

这些女性活动能够被记入档案，是因为官员将记录下它们视作自己的"工作"。即便是这样，此类记载也并不多见。自然，在所有父权社会中，许多被统治阶级的女性一整天都在做饭、打扫卫生、缝制衣服以及照顾儿童和没有行动能力的人。在一些地区，女性也会从事农业劳动。然而她们的劳动通常算不得工作，仅仅是"女性应当做的事"。我们必须再次强调，即便是今天，"女性的劳动并非工作"这种观点也很普遍；而出于本书的研究目的，这种观点也必须被纳入考虑范畴，因为它至少从一定程度上解释了我们为何对在奥斯曼帝国和莫卧儿帝国的家庭、花园以及农田中工作的女性了解得如此之少。

　　尽管这个困难确实存在，但因为安纳托利亚、巴尔干半岛以及阿拉伯行省的档案史料极为丰富，所以迄今为止相关的研究算得上硕果累累。研究涉及的女性大多是城镇居民——女性农民甚至很少有机会离开村子去最近的法院。现今的多数研究都针对女性的物质财产和与婚姻相关的问题，以及她们普遍在卡迪法庭上所需面对的问题情境。毕竟，卡迪法庭认为女性是不可信的证人，因此，与男性的证词相比，她们的证词不值一提。无论如何，法院只会在男性不了解的问题上采纳女性的证词，如怀孕或分娩（包括死胎）。

　　奥斯曼帝国16世纪的史料数量有限，但到了17世纪，尤其是18世纪，相关的法院文件数量大幅增加。就算这样，我们往往也很难解释为何有或没有某种类型的文献。例如，为什么在阿勒颇和开罗与城市名流母亲和妻子相关的记载颇多，但在安纳托利亚和巴尔干有关地方大亨的女性亲属的信息却很少。毕竟在18世纪，苏丹对安纳托利亚和巴尔干地区的统治十分宽松，当地的巨头一定会通过精英内部的联姻来巩固自己的地位。在慈善项目的研究上也出现了类似的矛盾：16世纪，伊斯坦布尔的普通女性居民经常会建立宗教基金会（瓦合甫）。另外，根据一项深入的研究，在18世纪安纳托利亚爱琴海沿岸，掌权的当地巨头卡拉奥斯曼奥卢家族（karaosmanoğullari）所出资建立的瓦合甫里，却很少有女性创始人。为何会出现这样的差异，原因至今不明。

在市场或别处挣钱的被统治阶级女性

每个城镇都有一批女性要工作谋生，或向外放贷。毕竟不是每一个家族都会（或能）供养丈夫死亡或被丈夫遗弃的女性亲属。哈乃斐[1]（Hanefi/Hanafi）教法学派（麦兹哈布，mezheb）在奥斯曼帝国中部省份占主导地位，在那里这类情况一定很常见。因为与遵循其他教法的派别不同，哈乃斐法官不允许被丈夫抛弃的女性离婚，而女性受害人只能从丈夫的财产里获得日用补贴——假设有财产的话。在非常少见的情况下，普通的手工匠人，如在苏丹海军军械库工作的铁匠，会承认自己的妻子需要亲自赚钱，因为他们的工作职责让其无法随时顾及家人。1720年，一条来自艾哈迈德三世的命令明确允准这类女性以售卖羊蹄为生，这实属例外。然而，需要通过工作来供养家庭的妇女的数量可能比起初预计的更庞大。

令人感兴趣的是，17世纪的奥斯曼旅行家艾弗里雅·切莱比提供了关于埃迪尔内女性的信息——她们参与了伊斯坦布尔的庆典游行，出售的玫瑰水大概是家乡生产的。我们很想知道，这两

---

[1] 哈乃斐：伊斯兰教逊尼派四大教法学派之一。

座城市之间的距离如此遥远，她们是如何来到伊斯坦布尔且没有在公路上被路匪抢走财物的。可惜的是，艾弗里雅·切莱比并没有对此进行记录。

尽管如前所述，职业女性的相关信息稀少而分散，但我们有纺织品产量高的城镇的数据。在17世纪的安卡拉，用于纺织当地产的安哥拉山羊毛的织布机中，有一定比例的织布机并不在作坊里，而是在私人住宅中。女性很有可能就是在这些地方，协助男性织布工纺纱以及准备织布机所用的纱线。我们还有一份来自16世纪布尔萨的有趣文件，从中我们了解到一名女性曾教女徒弟制作一种轻薄的丝绸织物〔瓦里（vale）〕的工艺（见第七章）。我们之所以知道这件事，是因为这家人和女学徒闹翻并终止了这段关系。遗憾的是，对我们而言，这场纠纷只涉及女孩的婚姻，与纺织品生产无关。

过去的学者通常认为，尽管女性会为家庭和家族进行刺绣，但市场工作是男人的活计。不过，近年来，学者们发现了一些案例，足以认定这种单一的划分方法过于简单了。在16世纪后期到18世纪早期希腊东正教教徒用于教堂礼拜的头巾上，我们有时会看见女性的名字。另外，头巾上绣的日期大概是指这块头巾的完成日期或被捐赠的日期。尤为引人注意的是，一名叫德斯皮内塔（Despineta）的女工的作品，在有些研究中，她也被称为德斯皮内塔·阿格拉里亚（Despineta Argiraia）。在17世纪末到18世纪初，她居住在伊斯坦布尔的郊区贝希克塔什（Beşiktaş），如今那里已经是市中心的一部分了。绣有她名字的头巾出现在一座安卡拉教堂，距离推测中她位于安纳托利亚东部小镇埃尔津詹［Eğin，即今天的凯马利耶镇（Kemaliye）］的住宅约450公里，甚至更远。遗憾的是，伊斯坦布尔的牧首区还有很多未知和未经研究的档案，其中可能有更多的信息。凯马利耶镇的铭文（1723年）将捐赠者和制作刺绣品的女性的名字都记录了下来。除此以外，其他铭文则只写了一位女性的名字，我们无从得知名字的主人到底是刺绣工还是捐献人。不过，今天的专家认为，制作价格昂贵的绣品的女画家/女工匠都有签署自己名字的特权。

最近，耶尔德兹·耶尔马兹（Yıldız Yılmaz）提出，18世纪奥斯曼帝国宫廷里的高级宦官有时还拥有宫廷女性制作的刺绣品。我们不知道，这些刺绣是付钱买来的，还是苏丹后宫的女奴隶出于义务为上司做的。

从事商业活动的女性可能是奴隶贩子，她们的处境十分尴尬：一方面，男性奴隶贩子总想让她们听从自己的指挥；另一方面，如果可能的话，他们又想把她们逐出这门生意。考虑到当时女性歧视的盛行，他们当然可以得到官方的支持，而且到了18世纪中期，仍然活跃在奴隶交易中的女性并不再被视为商人，而只被看作小贩。然而，要在这方面彻底清除女性也是困难重重的，毕竟大多数奴隶交易商人没有女性助手是无法展开业务的。至少在17世纪的伊斯坦布尔，许多奴隶，或者说大多数奴隶应该是女性，交易之后她们进入的也是陌生男性无法进入的新主人的后院。因此，若只有男性商人，那么即使想要把女性奴隶交付到目的地也并不容易。另外，许多富裕的女性并不会亲自去往市中心被称为艾希尔汉（Esir Hanl）的公共奴隶市场，但她们的财产中又有不少女奴。也就是说，女奴隶贩子会带着许多女奴一起去准买家的房子里，让她们尽情挑选。

还有一些女性会给地位高的女性送货，因为多数情况下，地位高的女性并不会外出购物。在16世纪末的奥斯曼帝国宫廷，这种女性商人通常是犹太人，拥有基拉（kira）的头衔，基拉源于希腊语，意思是"端庄的女士"。埃斯佩兰萨·马尔奇（Esperanza Malchi，卒于1600年）就是为萨菲耶苏丹（Safiye Sultan，卒于1618年）服务的基拉，享有很高的地位，并在实际上拥有相当大的非正式政治权力。不过她不幸在涉及驻扎在伊斯坦布尔的士兵的宫廷政变中站错了队，并因此而丧命。后来来到苏丹后宫的女商人大多行事低调。但是无论如何，女性向苏丹后宫的精英阶层女性运送奢侈品的情况一定非常常见，所以后来的学者才能在相关文献上发现她们的存在。这类小商人用来包装商品的布料博恰[1]（bohça）就是土耳其语中表示女性八卦的"bohçacı kadın"一词的来源：有些女商人会将新闻、传闻和商品一道带进宫中。另外，如果个人情况不允许亲自交付，那么一些在家里工作的女性也可能需要女性中间人将自己的货物交给商人。例如，在18世纪

---

[1]　博恰：用来包装昂贵商品的布料，有的图案精美。

的突尼斯（Tunis），这种女性中间人应该就为这座城市著名的毛绒装饰品的编织女工充当代理人，到了后期，男性染匠和漂洗工才取代了她们的位置。

在17世纪的开塞利，有一定资产的女性常常会对外放贷。我们并不知道她们是否会收取利息。尽管伊斯兰教法禁止收取利息，但奥斯曼的宗教基金会经常违反这条禁令，只是为了给买家"一笔好买卖"。这种习惯做法也许鼓励了私人放贷方做出同样的行为，特别是借款方不是自己的家庭成员的情况下。从遗产清单来看，在外有欠款的多数女性，她们所能够拥有的财产，只有丈夫在离婚时向其支付的"到期应付款[1]"（mihr-i müeccel），或是遗嘱执行人从已故丈夫留下的钱里分给遗孀的钱。如果女人在配偶之前去世，那么她的"到期应付款"将移交给继承人。众所周知，奥斯曼社会现金匮乏，一部分女性的确能够从对货币的高需求中获益。

有资源和管理才能的女性有可能会担任宗教基金会的管理者，前提通常是该慈善机构乃是由她们自己出资设立的，且在基金会文件中声明，只要她们在世，就应当管理相应的资源。当然，她们通常会指定男性家庭成员在自己死后接管基金会。另外，许多男性、女性捐助者都规定，等自己死亡之后，就由他们的后代或解放的奴隶做接手人。一些创始人会剥夺女性的接管

---

[1] 到期应付款：丈夫在离婚时应当给妻子的一笔钱。如果丈夫先于妻子离世，那么遗嘱执行人也应当从遗产里拿出一笔钱，给遗孀到期应付款。

资格，另外一部分人则并不反对自己的女儿在男性继承人不济的情况下经营自己的慈善事业。18 世纪 90 年代——也就是本书研究的最后一年的约三十年后——的安纳托利亚北部托卡特镇（Tokat），当地颇有影响力的宗教基金会的收入就是由一位名叫谢里费·法蒂玛（Şerife Fatma）的女性管理的，她自称是先知穆罕默德的后代。她的在职时间显然有数十年，也就是说，她的任期可能从 1770 年前后就开始了，不属于本书的研究范围。就伊斯兰教法而言，女性完全可以管理宗教基金会，但在基金会众多的信托人中，女性可能只占少数。对富裕的慈善机构的资源的管理权不仅仅关乎管理者的声望，也是管理者获得收益的来源，因为许多捐助者都会向负责管理其瓦合甫的人支付大量薪水。

莫卧儿帝国和后莫卧儿时期的被统治阶级女性

与莫卧儿帝国女性相关的一手和二手史料基本都集中在皇室家族的女性身上。由于本章探究的是被统治阶级的女性，因此必须将她们排除在外。后莫卧儿公国倒有少量的档案文献涉及这个阶层的女性，往往因为她们是请愿人，或出现在男子提出的请愿书中。

希琳·莫斯威还发现并研究了许多关于 17 世纪中期商业城市苏拉特的女性的波斯语文献。其中一些文本是婚姻契约（nikāhnāma），里面明确了准新郎应当满足的四个条件。这些文本特别有趣，因为它规定的条件显然是"苏拉特的中产阶级穆斯林所普遍遵守的"。根据契约，如果丈夫不遵守列出的前三个条件，那么妻子将有自动离婚的权利。第一条，丈夫娶了第一个妻子后不能再娶第二个，也就是说，苏拉特商人圈内采取的是一夫一妻的婚姻制度，一些女性——或者说她们的家庭——拥有约束其丈夫的社会力量。第二条，丈夫必须承诺，只要妻子没有严重违反法律，就不会遭到毒打——不过，倘若是由男性来判断违法的程度的话，这条其实不能为女性提供多少保护。第三条，丈夫不可以离弃妻子，或者中断供养妻子六个月到三年，具体期限取决于不同契约的规定。所以说，这些女性显然有自己的财产，或者说其家人必然会在必要的时候向她们提供帮助。第四条则规定了丈夫不能纳妾；如果丈夫纳妾，妻子虽无权自动离婚，但可以出售、释放或赠出这个奴隶女孩，使她远离丈夫的视线。遗憾的是，我们并没有看到因未履行苏拉特婚姻契约而引起纠纷的法院案件记录。

玛丽·蒙塔古（Mary Montagu）是一位具有卓越的语言才能和高超的文化素养的女性，她也是英国驻奥斯曼大使的夫人，与18世纪初奥斯曼帝国精英阶层的女性来往颇多。从她的信件中，我们得知，奥斯曼帝国的精英阶层也采用一夫一妻制，并试图营造出不赞成一夫多妻制的社会氛围。

拥有财产是女性享有权利甚至特权的先决条件，这对沙达布·巴诺对女性拥有财产的研究至关重要，也是将莫卧儿帝国的情况与奥斯曼帝国的情况进行比较的前提条件。社会对女性掌控某种类型资源的许可或不许可，其实体现了这类资源的价值。毕竟男性总是觉得供不应求的东西对家庭生活至关重要，所以会拒绝让女性拥有这类物品。

我们已知，从法律的角度来看，穆斯林女性是具有优势的，因为宗教法律正式赋予她们继承亲属遗产的权利，尽管她们分配到的财物只有同她们和死者的关系一样的男性的一半。而且这条规定的执行可能取决于卡迪法庭。一些印度教法律则将死者女儿以外的所有女性亲属都排除在继承队伍之外，而女儿只能够得到儿子所得份额的四分之一。不过，富裕的人在世期间就可能为女儿打算：如连沙贾汗皇帝都是他的顾客的艾哈迈达巴德珠宝商桑蒂达斯（Santidas）在赠给儿子大量财产的同时，也给了女儿一套房产。特别是在没有男性继承人的情况下，印度教女性也有可能获得已故家庭成员的财产。

古吉拉特的情况则更为复杂，因为在这里，不仅穆斯林，连包括女性在内的印度教教徒也会在符合自己利益的时候向沙里亚法庭求助。与之类似，尽管拉比和教会人士反对这种做法，奥斯曼帝国的犹太人和基督教教徒也会在同样的情况下前往卡迪法庭。现在有很多研究就在重点关注这种"挑选法院的艺术"。

显然古吉拉特富裕家庭的女性也很清楚，沙里亚法的重点并不在于社群，而在于个人以及个人财产。因此，伊斯兰教法可以帮助她们抵抗来自家庭成员的压力。毕竟除非有意志坚决的遗孀领头，家庭总是掌握在男性手中的。此外，在当时的社会，通过婚姻安排来摆布女性是男性权力的重要组成部分，因此，女性家庭成员就更不可能对家庭财产拥有多少控制权了。正如费尔哈特·哈桑所言，尽管沙里亚法和亲属制度都不是特别支持女性，但女性及其他社会底层成员也有一定的机会利用这些制度为自己谋取福利。尽管如此，我们也需要记住，只有女性来自生活水平明显高于平均水平的家庭时，这种对抗父权的要求才有可能得到满足。此外，只有女性拥有足够的信息资源，才有希望捍卫一夫一妻制婚姻或是自己的财产权。如果一个家庭将新娘与外界隔离，她就无从得知沙里亚法赋予自己的权利，即便有一天她知道了也为时已晚。

可以推测，在很多情况下，在婚礼上收到的珠宝和其他装饰物是女性财产的主要来源。也许正是出于这个原因，比起奥斯曼帝国的珠宝贸易商，莫卧儿帝国和后莫卧儿时期印度的珠宝商人似乎扮演了更为重要的角色。而女性对房产与农业耕地的掌握情况则差异巨大；在莫卧儿帝国的一部分地区，女性可以成为住房的共同所有者或是获得农业用地；也有文件显示她们曾捐赠或抵押这些财产。正如莫斯威所说的，在繁荣的社会环境中，至少有一些女性识字，从而更容易意识到自己所拥有的权利。

同时，奥斯曼被统治阶级女性也经常因为出售房产而被登记在册。因此，我们可以去探究，这两个帝国里，在离婚、患病或丧偶的情况下，女性是否能将这些财产出售给兄弟、堂表兄弟或是叔伯，以获得这些男性亲属的支持。沙达布·巴诺所探讨的案例多数涉及穆斯林，尽管哈桑还找到了许多与印度教女性有关的记录，但证据的缺乏导致做出概括性的结论十分困难，即便只是针对古吉拉特地区的结论。

希琳·莫斯威、费尔哈特·哈桑和沙达布·巴诺的研究中的婚姻契约以及其他文件的确为商人的妻子提供了很大程度上的保障，但如前所述，这些女性仍然属于特权阶层。而在穷人之中，男性可以将妻子和孩子卖掉做奴隶。在阿克巴统治期间，这种买卖是非法的。然而，在饥荒时期，莫卧儿官员容忍了在公共街道上贩卖受饥儿童的行为。儿童贩卖在奥斯曼帝国的土地上也是非法的：苏莱曼苏丹统治期间的一段文字就写到鞑靼人因饥荒卖掉孩子，并威胁说任何违反统治者禁令购买此类奴隶的人都将会被处决。不过，虽然奥斯曼帝国也会发生饥荒，但这类文件极少出现。也许将来还会有更多相关文件出现，但我们可以肯定地说，在本书研究的时期内，将孩子卖作奴隶的父母极为少见。倒是在19世纪后期，至少偶尔有关于切尔克斯（Circassian）女孩被亲戚卖给精英阶层家庭的记录。

当然，在没有足够证据记录的情况下，就妄断某个事件或习俗不存在，这样做是非常危险的，因为处于那个时期的人会出于种种原因而忽略掉后人乐于讨论的事件。不过即便如此，我们还是有必要注意到，敌视奥斯曼帝国的外国观察人员——数量众多——也没有提及丈夫或是父亲可以将妻子或女儿卖作奴隶的情况。因此，尽管必须时刻强调我们掌握的有限的信息仅仅是关于一小部分女性人口的，但我们大概可以得出结论：印度莫卧儿帝国里妻子的地位差异极大。苏拉特一些富裕的穆斯林女性可能会拥有奥斯曼女性缺少的权利，包括将小妾送走等——不过我们也不知道在丈夫违反婚姻契约的情况下，有多少女性会提出离婚。而莫卧儿皇帝治下贫穷且没有家庭保护的女性，在最坏的情况下，有沦为奴隶的危险。我们甚至还发现男性和女性自卖为奴的偶然案例，这些女性往往是缺少家庭供养的，这种情况在已知的奥斯曼文献中还没有出现过。

在 18 世纪后莫卧儿时期的焦特布尔，农村工匠家庭或农民家庭的女性的价值仅仅是劳动力或孩子的母亲。她们大多从事没有任何技巧的繁重工作。等到她们无法再生育或干重活时，同村的村民很有可能把她们称作所谓的女巫，借此将这些年老的女性驱逐出去——至少没有像近代早期的欧洲人那样把她们烧死。值得注意的是，对女性价值的低定位意味着，当妻子将丈夫留给情人而自己离开的时候，众多低种姓的男性只想获得金钱补偿，因为他们的妻子不再为其提供服务了。至少在后莫卧儿时期的焦特布尔，与精英阶层的道德风气截然不同，在这类低种姓群体中，女性的逃离并非对男性荣誉的侵犯。也就是说，如果我们假设当时高种姓或地位较高的人群间的观点是整个社会的主流观点，显然是个严重的错误。

尽管关于莫卧儿帝国女性的档案文献并不丰富，但服务于皇帝的画家创作了大量以女性为主角的细密画及其他画作。相比之下，奥斯曼帝国的画作中就很少出现女性角色。莫卧儿帝国有一个突出的例子是一幅17世纪时创作的细密画，该画展现了一位女性画家在富裕的印度家庭的后院工作的场景，画家描绘的是一位地位较高的女性（见第二章）。这位画家是从何处接受的绘画培训，我们似乎无从得知，也许像欧洲文艺复兴时期时有发生的情况那样——在自己父亲的画坊里学到绘画技巧。这幅女性创作的细密画得以保存下来也是个例外。在莫卧儿帝国和后莫卧儿时期的印度，描绘女性，甚至是工作中的女性的作品更为丰富，因此我们可以将奥斯曼帝国的书面档案与印度的视觉史料并置。

　　为了能对一些印度女性所做的工作有一定的概念，莫斯威将莫卧儿时期的细密画和以英国作者为主的学者在19世纪初期的观察结合起来研究。显然，一些研究印度技术的历史学家认为，在两者之间相差的那两个半世纪里，日常生活所使用的技术并没有经历太大的改变，不过这个观点仍然有待确认。如前所述，无论是在印度、奥斯曼帝国还是在近代早期的欧洲，纺纱都是妇女的工作。值得一提的是，莫斯威出版的作品里的一幅图显示女工使用的是脚踏纺车而非手纺机——此外，在安纳托利亚，手纺机在20世纪60年代才开始普及，虽然纺车也还在使用。在农业方面，印度女性至少偶尔移种水稻，在收成之后用脚踩式锤子清洁大米，这个过程需要两个人合作。她们还需要用研钵和杵将大米碾碎——这项艰巨的工作却只能一人独自完成。煮米去壳的工作比较轻松，但人们认为这个做法只适用于质量最差的大米。

奥斯曼帝国通常用驮马驱动的水磨坊和手工磨坊来制作面粉，但在印度莫卧儿王朝，这项工作往往落在为小型手工磨坊工作的女性身上。至少目前，我们无法确定对机械化的兴趣的缺乏是否能够表明印度莫卧儿王朝女性的工作价值是低于奥斯曼帝国的，毕竟在奥斯曼帝国，大城市以外的人口是比较稀疏的。

莫卧儿的细密画还提供了建筑行业的女性的相关证据，她们的工作依旧只是无须特殊培训的杂务。我们发现，在阿克巴新都城法塔赫布尔·西格里城的建筑工地上，在被送进石灰窑烧制之前，女性要将石头和砖块弄碎筛分。还有一部分女性用大碗运送沥青。如果我们目前掌握的研究成果可靠，那么在奥斯曼帝国的建筑工地或其他大多数公开的工作场合，其实是没有女性的存在的。例外是艾弗里雅·切莱比在开罗看到的场景，妇女和女孩会在街上出售面包。19世纪的文献也记录过这种习俗，因此我们可以确定，艾弗里雅会这么写并不是想给自己的故事增添异国情调。

奥斯曼帝国的奴隶

奥斯曼帝国的仆人通常是奴隶，男女都有。相比之下，非奴隶的自由仆人鲜有记载，这大概是因为奴隶和富裕家庭养大做仆人的穷人小孩（贝斯勒梅）之间的界限是模糊不清的，尤其是在童养仆为女孩的情况下。从16世纪下半叶开始，城市法官的记录上偶尔会出现穷人将孩子交给富裕家庭养大做年轻仆人的合同。有时候，女孩的原生家庭还会保留给她议婚的权利，但在有些情况下，父母似乎已经放弃了这个孩子，任凭其自然发展。我们可以想象得到，这种情况在父母一方去世、另一方再婚的情况下比较常见，因为继父或继母对孩子的福祉并不感兴趣。还有一些成为自由人后继续服务于主人家庭的奴隶也很难确保自己的自由人身份，因为原主人去世以后，新主人可能会想要把这个仆人再卖个好价钱。

奴隶是人口中的重要因素，他们通过为他人服务而存活，尽管并不稳定。近年来，包括买卖和奴役在内的奥斯曼帝国奴隶制度引起了学术界的广泛关注，其中部分原因是从15世纪下半叶到17世纪，与宗教学者不同，许多统治阶级成员的地位也类似于苏丹的奴隶。一部分学者将苏丹的仆人视为"精英奴隶"（不在本文讨论范围内），他们究竟是"奴隶"类别的子类别，还是一个完全独立的类别，这个问题仍然是有争议的。

然而，在通过所谓的德夫希尔梅制度招募来为苏丹服务的男孩成为士兵之前，他们会被强制做体力劳动。离家不久后，他们就要在遥远的村庄为农民服务，而根据16世纪布尔萨的一篇圣人传说，即便是非致命的事故也可能让他们失去性命。毕竟，一个脚被冻坏的男孩无论是在农田还是在军队里都是毫无用处的。被伊雷娜·贝尔迪恰努·斯坦海尔研究过的这篇圣人传说中讲道，要不是农民妻子反对，故事的主人公在遭遇冻伤事故以后，就要被他服务的农民杀死了。最后，农民只是把这个男孩丢出了家门。在等待成为近卫军的过程中，从这种磨炼中幸存的男孩成为新军[1]（acemi oğlan），必须从事苏丹要求的项目。可以说，苏莱曼清真寺在建造期间，将近百分之四十的工时是由新军完成的。另一部分近卫军候补男孩则参与从安纳托利亚西北部向伊斯坦布尔运输木材的工作和薪柴供应工作。

另外，在20世纪50年代到80年代，研究奥斯曼帝国历史的学者开始关注社会史和经济史，除了市场上产品的销售情况以外，他们只注重税收、手工艺和农业生产。然而，到了20世纪90年代，随着历史学家对"工作"一词的定义扩大，他们对奴隶所提供的服务也开始感兴趣。正如在其他历史学子领域中所发生的那样，奥斯曼社会史在这一时期从经济史中剥离。因此，在家庭里提供服务的劳动人口也开始为人所关注，并进入历史研究的范畴。女权主义学者也处于这种趋势之中，毕竟从17世纪开始，苏丹的子民雇佣的奴隶似乎大多是女性。实际上，在17世纪以前，男性奴隶极有可能是隶属于苏丹的特权阶级成员和拥有帝国最高地位的显贵。不过在边境地区，例如特拉布宗，还有许多男性奴隶是因为袭击和自卫而被雇佣的。

总的来说，奥斯曼帝国的奴隶制度始于14世纪苏丹征服巴尔

---

[1] 新军：近卫军候选人，等候加入近卫军的机会。

干半岛，那时战俘以及在和平时期被抓捕的劫匪沦为伊斯坦布尔和布尔萨奴隶市场上的商品。当时奴隶在生产中起的作用可能是有限的，但比后来的还是要大一些。康斯坦丁诺斯·穆斯塔卡斯（Konstantinos Moustakas）研究了今天属于希腊农村地区的15世纪的税收记录，里面提到了所谓的阿扎德（azade），该词指的可能就是得以解放的奴隶。另外，哈利勒·伊纳尔哲克提出，水稻作为一种高价值的农作物，本来是由奴隶种植的，后来这类耕种者才获得了"普通"奥斯曼农民的地位。有趣的是，在南亚的部分地区，农业奴隶的产生也与水稻的种植息息相关，也许是因为水稻种植需要繁重的劳作，并具有一定的健康风险。然而，由于保留至今的14世纪末和15世纪初的少量记录也很少会提到奴隶，所以我们现在对奴隶在农业和手工艺品生产中起的作用的结论仍然只是推测。

哈利勒·萨赫里奥卢（Halil Sahillioğlu）关于布尔萨卡迪记录册里幸存档案的研究论文至今在学界都有举足轻重的地位，这篇研究早期奴隶制度的论文显示，奴隶通常在被俘五年到十年后会被记入登记册。在当时男性和女性奴隶的一生中，他们可能会被数次易手。然而，许多奴隶的主人都会为将来的奴隶解放做好准备，包括签署穆卡特比[1]（mükâtebe）合约，向奴隶承诺在他完成某项任务后，就可以享有自由——但16世纪很少出现和女性

---

[1] 穆卡特比：奴隶主和奴隶签订的合约，规定奴隶完成某项任务后即可获得人身自由。合约签订后，奴隶主无权废止合约。

奴隶签订这种合约的情况。受宠的女奴还可以通过结婚来获得自由，无论是和前主人结婚还是和家里的仆人结婚。还有一些主人承诺自己死后奴隶将得以解放[1]（tedbir），这其实就是禁止其他人在未来再对其进行出售的规定。不过，前主人去世后，其继承人可能会反对这项规定，声称奴隶的价值极高，已经超过了遗产的三分之一，因此继承人可以凭自己的意愿来处置。为了防止这种情况可能导致的令人毛骨悚然的法庭案件，至少在17世纪后期，一些主人会规定，在自己死前数周或数月内，奴隶就可以获得自由，但奴隶本人在主人真正死亡前都不知道自己自由人的新身份。

除了战俘以外，奥斯曼帝国的奴隶市场上还充斥着在袭击中被俘的人。在哈布斯堡和波兰接壤的边境上，当地掌权者经常为了赎金而绑架俘虏。这催生了一个特殊的贸易部门，其中的中间人有时被称为谈判代表。另外，伊斯坦布尔的苏丹对北非的阿尔及尔、突尼斯和的黎波里（Tripoli）的控制较为宽松，因此在这三个行省都存在大量的海盗军。海盗船长俘获基督教统治者治下的船只时，如果这位统治者还没有与阿尔及尔、突尼斯以及的黎波里的掌权人缔结特别条约，那么这艘船上的大多数人最终会沦为奴隶。在这种不宣而战的战争中，奥斯曼北非的海盗就类似马耳他骑士（Knights of Malta），后者也是用同样的方式侵吞奥

---

[1] 解放：奴隶主做出其死后释放奴隶的承诺。

斯曼的船只的。地中海地区富裕的男女会缴纳大量的赎金，而穷人，除非其家人可以从慈善捐款中筹集足够的赎金，否则他们返回家园的可能性就微乎其微了。五分之一的战利品［彭齐克[1]（pencik）］属于苏丹。在奥斯曼帝国海军中还保留大量桨帆船的时期，也就是说，在17世纪末以前，多数俘虏将作为桨帆船奴隶度过一生。到了18世纪，海军不再使用桨帆船，这批人就转而在海军兵械库劳动。与普通的奴隶主不同，苏丹政府往往不会释放奴隶，除非有外国大使为之赎身，抑或是奴隶年迈到无法从事繁重劳动。

被马耳他、罗马教皇或托斯卡纳（Tuscany）船只俘虏的奥斯曼船员也会拥有相似的命运。他们将在意大利成为奴隶，只有被威尼斯人俘获的战俘能在战争结束、解除敌对状态后被遣返。无论是在奥斯曼帝国还是在欧洲的天主教和新教国家，皈依主流宗教往往是融入社会的先决条件，这大多是违背俘虏的个人意志的。但是比起近代早期个人很难超越自己的出身的欧洲典型阶级固化社会，奥斯曼帝国"唯才是举"的情况要多得多。因此，许多俘虏在可以回国的时候选择了留下。在17世纪后期，维齐尔卡拉·穆斯塔法帕夏就将一批来自波兰和欧洲其他政体的皈依者聚集了起来，其中只有一个西班牙人还想要回家。

除了战争和来自"外来者"群体的攻击以外，苏丹治下的自

---

[1]　彭齐克：所有战利品的五分之一。

由平民也常常是绑架案的受害者，劫匪的目的就是将受害人作为奴隶出售。尽管这属于犯罪行为，但根据奥斯曼帝国的记录，这种情况并不罕见。在瓦拉几亚和摩尔达维亚，也就是今天的罗马尼亚（Rumania），每当当地大公背叛奥斯曼苏丹时，近卫军都会攻击该地区，当地的居民就成了受害者。而当行省重新回到苏丹的掌控之中，按理说袭击应当停止，但为了获得战利品，士兵们会继续对当地的居民做在战时才会做的事情。从更"个人"的层面来看，儿童，尤其是女孩，更容易成为绑架的受害者，因为一旦离开家人，就没有人能在法庭上证明他们是自由人。而且，如果被绑架到语言不通的省份，那么他们甚至无法进行自我辩护。如果绑架者成功绑架并出售了年轻的奴隶，那么这件事情根本不会被记录在案。我们得以知晓这种情况的存在，往往是由于出售失败的案例，通常是因为父母循着线索设法找回了自己的孩子。

在本书研究的时间范围内，奥斯曼帝国的文人并没有像在阿克巴晚年时期那样质疑奴隶制度，他们最多对奴隶贩子的残酷行为做出批判。艾弗里雅·切莱比就曾在开罗亲眼见识过阉人的"生产"，当时一位被称为凯提达·易卜拉欣帕夏（Kethüda İbrahim Paşa）的人想要几个被阉割的非洲男孩作礼物送给别人。旅行作家艾弗里雅·切莱比对这些可怜男孩的高死亡率和阉割的残酷行为发出了感慨，但并没有说易卜拉欣帕夏应当受到指责，即便下令进行阉割手术的人是他。

莫卧儿帝国的奴隶

研究印度莫卧儿王朝的历史学家对奴隶制的兴趣似乎并没有研究奥斯曼帝国历史的学者的那么强烈，尽管作为奴隶的印度人的数量相当可观。事实上，印度莫卧儿王朝的情况比较特殊，因为奴隶贩子会把人带出国，再由其他商人从国外带进奴隶。奥斯曼帝国则与之不同，在帝国领土以外，只有战争或袭击的不幸受害者才有可能成为奥斯曼帝国的奴隶。而且，奴隶一旦进入苏丹的领土，就不能离开。

我们首先讨论印度奴隶的售卖。虽然他们在15世纪末16世纪初的布尔萨并不常见，但也偶尔出现在登记册中。记录中的奴隶应该大多来自南印度，因为文件显示，他们的皮肤颜色较深。其实在南亚，人们并没有将深肤色与低地位或是奴隶联系在一起，而在奥斯曼帝国却总有人引用虚假的先知穆罕默德言论来贬低非洲人，来自非洲的人不得不对抗他们的歧视。

更多的印度奴隶被送往中亚或图兰（Turan）。斯科特·利维（Scott Levy）追踪研究了这些男女奴隶的命运——他们需要几乎徒步穿越兴都库什山脉（Hindu Kush Mountains），幸存下来的人就会被卖掉。除了在印度已经沦为奴隶的人以外，还有一些不幸的旅行者在图兰和次大陆之间的旅途上被俘虏，然后被放在奴隶市场上售卖。还有一些奴隶作为送给皇室的礼物来到中亚。尽管阿克巴因禁止奴隶交易而美名远扬，但在他漫长的统治期间的某一个时期，大概是在发现奴隶制是错误的之前，他送过四个奴隶给布拉哈（Bukhara）的统治者，为他的建筑工程劳动。贾汗吉尔也效仿父亲做过类似的事情，而且规模更大。

档案文献，尤其是乌兹别克斯坦（Uzbekistan）的宗教基金会的档案文献，记录了印度奴隶在当地贵族的土地上工作的情况。地位崇高的托钵僧谢赫可能有300个到500个这样的劳动力，他让这些人在自己种植园一样的庄园里耕种。普通的有钱人至少也有几个做内宅和花园工作的奴隶。工匠的需求量很大，特别是有建筑相关技能的工匠，因为他们的主人要让他们去建筑清真寺和其他重要的建筑，如帖木儿在撒马尔罕下令建造的比比·哈内姆（Bībī Khānum）清真寺。没有任何数据可以给我们用来估算某个时期在中亚存在的印度奴隶的数量，因为乌兹别克斯坦的统治者似乎并不收取彭齐克，所以也就没有像奥斯曼档案中时而会出现的那种记录。即便如此，现存的文献里关于印度奴隶的记录显示，这个数字应该是相当可观的。

印度的奴隶通常是因为战争而失去自由的。德里苏丹国的精英阶层多数是来自中亚的移民，他们向自己出生的地区售卖了大量俘虏，而莫卧儿皇帝也遵循了这个风俗。在几次由帝国发动的战争结束之后，在售的人口增加导致奴隶的价格下跌，外国的奴隶贩子也开始到莫卧儿帝国来补充自己的"库存"。即使是这样，在中亚地区，可以卖了做妾的年轻女孩往往售价很高。一如既往，我们还是没有与老年女性命运相关的信息。在15和16世纪的奥斯曼帝国，战争胜利后，奴隶的价格也会下降，因为缺钱的士兵会想要快速把战利品出手换成现金；到了这种时候，就算只是手头稍微宽裕一点的农村村民也可能拥有一个到两个奴隶。17世纪，莫卧儿皇帝禁止将奴隶出口到其领土以外。可惜我们无从判断这个禁令是否对出售到中亚的俘虏的数量产生了影响，哪怕只是暂时的影响。此外，沙贾汗征服中亚的乌兹别克斯坦的徒劳尝试必然导致了不少士兵最终流入他们原要征服的城市的奴隶市场（见第三章）。

有一些人将自己的不幸遭遇记录了下来。莫斯科大公国的档案中就留下了一个印度穆斯林商人的故事，他在中亚进行交易以后就被奴隶贩子俘虏了。也就是说，即使是穆斯林也不一定能得到保护，毕竟逊尼派的匪徒也很乐意绑架什叶派教徒。被多次易手之后，这个商人终于逃到了莫斯科大公国的领土：想必他已经放弃了重返家园的奢望，因为记录了他的命运的文件正是他1661年向沙皇呈上的请愿中的一部分，他在请愿书中请求沙皇允准自己皈依基督教。我们并不知道故事的结局如何。

其他来自印度的奴隶则流入了莫卧儿皇帝的后宫和贵族的庭院，这些奴隶多数是女性，其流入的方式我们已无从得知。男性奴隶以阉人为主，通常来自孟加拉，但数量并不多。阿克巴的后宫中就有许多奴隶服侍统治者的配偶们和皇家的公主。后来阿克巴释放了宫廷的男性奴隶，但并未将这种慷慨大度延伸到女性奴隶身上。不过在17世纪初期，贾汗吉尔的皇后努尔·贾汗（卒于

1645年）也释放过女奴。宫廷从服务于统治者的演员和早前释放的男性奴隶中为十二岁到四十岁的女人挑选丈夫，而年龄较大的女性则可以选择离开宫廷安排自己的婚姻，或者是留在宫里继续服侍主子（应该是以自由人仆从的身份）。我们可以将留在宫廷服务的奴隶视为例外，因为他们并不怎么影响奴隶的整体地位。约17世纪，还是有一部分莫卧儿王朝的贵族无视阿克巴对奴隶贸易的禁令，在家中蓄养了数百名女奴，其中一些是他们自己（私底下）的姜室，其他的则是各个后院女性的奴仆。这些精英阶层家庭中的奴隶姜室和女仆加起来的总数一定十分庞大。

也有外国的奴隶来到印度。哈利勒·萨赫里奥卢在15和16世纪的布尔萨的档案中发现有卖给印度男性的舞女，但我们对她们几乎一无所知，甚至不知道她们来自何方。买主是印度的有钱人，应该是准备把买来的人带回自己家乡。最常见的还是非洲的奴隶，其中一些是葡萄牙商人带到果阿出售的——镇政府甚至在他们的定居点周围筑起了一道围墙防止奴隶逃脱。随后，荷兰和英国的东印度公司也开始涉足这项贸易。在因陀妮·查特吉（Indrani Chatterjee）和理查德·伊顿编辑的一本书中有对南亚奴隶制问题的重要论述，但有趣的是这本书只着眼于印度半岛，而没有关于莫卧儿帝国的章节。此外，还有一批驻扎在葡萄牙飞地第乌（Diu）的印度商人，他们原本从事商品贸易工作，将纺织品从印度出口到非洲，再将非洲的象牙进口到印度，从18世纪50年代开始，他们向马达加斯加（Madagascar）和马斯克林群岛

（Mascarenes）贩卖非洲奴隶，利润也随之翻番。必须承认的是，这类贸易发生在本书定义的后莫卧儿时期，而且涉及莫卧儿王朝领土外的地区。不过，仍值得注意的一点是，即便在次大陆实际销售的非洲奴隶的数量依然有限，但印度人在奴隶贸易中的参与度却可能是极高的。

一部分非洲奴隶途经汉志到达印度，其主人往往会劝服他们皈依伊斯兰教。莫卧儿帝国并没有军事奴隶，但成为穆斯林的非洲奴隶中有一些建立了功勋（见第三章）。例如，马利克·安巴尔就曾经是阿比西尼亚的奴隶，在17世纪初期，他带领德干苏丹国艾哈迈德讷格尔的军队，在一段时期内成功抵抗了莫卧儿帝国对德里的入侵。贾汗吉尔憎恨这个对手，以至于在他的多幅肖像画中，他都在向这个已经死去的敌人的头射箭（见第二章）。

莫卧儿帝国的低种姓人群

在探讨被迫为他人服务的男女时，我们还必须考虑到低种姓从属于高种姓的地位，这在当时以及现在都是次大陆社会的基本组成结构，奥斯曼帝国则没有类似的东西。在种姓制度中，所谓的"洁净"或"污秽"是社会分级的重要因素。相比之下，这种社会划分对经济生活的影响引起了巨大的争议，许多历史学家现在更愿意在忽视种姓制度的情况下研究经济史。至于"洁净"：自然，《圣人纪》记载的道德准则（fütüvvet）或是伊斯兰教规定的道德行为在奥斯曼帝国和帝国兴起之前都是在手工业者圈内盛行的概念，其中提及纺织和在公共浴场服务都是污秽行为。然而，苏丹政府选择了完全忽视这类禁令。苏丹的官员除了把开酒馆视为不光彩的行为以外，很少会认为什么行业比其他行业更"洁净"。

在种姓分化决定的事项中，就包括什么人可以和什么人一起吃饭，或是谁可以嫁给哪种人。从某种层面上讲，种姓差异极为明显，甚至渗透进了穆斯林和基督教教徒的社群中，而他们的宗教教义本该反对一部分人生来就精神价值低下的说法。不过，尽管种姓制度论述的重点是仪式的洁净以及与下等种姓者甚至是贱民达利特（Dalit）接触造成的污染，但近期的史学研究表明，比起理论上的种姓界限，现实生活中的种姓界限反而更容易跨越。例如，西瓦杰加冕为王以后，人们就欣然接受了本属于首陀罗的他"实际上"是刹帝利。

出于对平民的关注，我们则只需要考虑种姓差异对劳动人口的影响就可以了。在有种姓长老会的地区，各种有争议的经济问题由种姓的长老解决。我们没有发现奥斯曼帝国城市里从16世纪以来常见的手工业者行会出现在殖民时期以前的莫卧儿帝国。古拉姆·纳德里的研究向我们展示了在纺织业以及可能运往奥斯曼帝国等地的出口商品方面，种姓问题与商业考量是如何互相影响的（见第六章）。在对18世纪下半叶古吉拉特政治经济学的研究中，古拉姆指出，在多数时候，种姓和亚种姓并不能阻止种姓间的流动。例如，卡特里种姓的人如果接到了大量高质量棉布订单，无法独立完成的话，他们就会雇用昆比（Kunbi）种姓的人。而昆比种姓的工匠会很快学会这项技术，并成为卡特里种姓的人强大的竞争对手。在本书研究时间范围的终点，也就是18世纪的某个时期，卡特里种姓的人感到异常愤慨，因为莫卧儿的一个省督给了他们的竞争对手昆比种姓的人生产女性流行服饰沙丽（saris）的权利。1742年，卡特里种姓的纺织工人拒绝向英国东印度公司交付布料，以此抗议穆斯林纺织工移民到这里，但很难说这次罢工是纯粹的经济问题，还是混杂了宗教、地位和种姓的问题。

奥斯曼帝国"误入歧途"的女性

与在其他地方一样，在奥斯曼帝国，被男人抛弃的女性可能会沦为妓女。然而，与她们有关的文献却很少，因为在编辑奥斯曼卡迪登记册时，书记员往往不会对单身人士之间"平常的"风流韵事和卖淫嫖娼进行区分。尽管各种风流韵事是大丑闻的根源，但由于大城市特别是伊斯坦布尔的单身青年极多，所以屡见不鲜。另外，我们也能够想象，如果某个年轻人根本不喜欢家人给他或她安排的结婚对象，那么某种隐秘的关系就可能会发生。无论真实情况如何，婚外情能写到卡迪登记册上，其最典型的原因是邻居的干预——这个邻居可能会将负责监督道德行为的穆哈台斯布牵涉其中。城镇居民通常认为，如果有传闻说某一个社区的居民容忍女性与非亲戚的男性接触，那么这个社区也会声誉扫地。另外，他们还担心，如果有人为争夺这种女人的青睐而大打出手，那么一旦他们城区出现了凶手不明的死者，他们还不得不为其付抚恤金。有时对娼妓方面的投诉也可能只是人们对不受任何男性控制的女人抱有单纯的怀疑。当然我们必须考虑到，受挫和嫉妒也可能是动机。

对法庭案件的研究表明，与此类事件有关的女性通常会被判离开这个城镇，未能阻止丑闻发生的男性亲戚有时也得一同离去。有时我们还能看到皮条客的相关内容，不过多数情况下，社会普遍存在的女性歧视也导致这种人的行为很少被写进法院记录，而被他们盘剥的妓女却往往会被记录下来。被赶出城镇的女性经常会因为生活艰难而返回，并承诺不会在将来给居民造成困扰。迄今为止，我们还没有从奥斯曼帝国的相关证据中发现这些名誉受损的女性中有出色的舞者和歌手。她们不存在吗？抑或只是，现存档案文献的作者忽略了她们？

莫卧儿帝国：歌女和舞女的微妙处境

相比之下，莫卧儿帝国的情况就复杂得多了，因为存在专业的女性歌舞表演人员，并且她们享有很高的文化声望，但她们可能是妓女。莫卧儿的细密画里就有女性歌舞者在皇室成员的诞辰和婚礼的相关庆典中表演的场景——没有迹象表明画里其他“真实的”女孩和女人也是演员扮演的。正如卡露娜·夏尔马

（Karuna Sharma）所言，要把舞者与性工作者区分得清清楚楚是很难的。即便如此，如同之前的德里苏丹国统治者所做的那样，莫卧儿宫廷也会将女表演艺术家和妓女区别开来，虽然妓女也会用唱歌跳舞来提高自己的服务价值。尽管一部分女表演艺术家也会受一些人尊重并享有一定的地位，但显然没有一个人会被写进阿布勒·法兹勒编撰的备受推崇的音乐家的名单里。精英阶层的文人则经常用同一种语气讨论女性表演艺术家和"欢场女性"。

至少在18世纪早期，富裕的奥斯曼家庭拥有自己的女歌舞者，维齐尔的妻子会训练一批女孩唱歌跳舞，显然是为了让她们在精英家庭的宴会上表演歌舞以娱宾客。由于文献的匮乏，我们对这些女孩知之甚少。同样，我们也不知道显赫家庭的男主人是否会让女奴在男性客人面前展示艺术才能，如诗会——在奥斯曼叫作梅克里斯（meclis）。这种表演在莫卧儿帝国精英阶层的诗会上应该是很普遍的，在莫卧儿，人们称诗会为梅赫非勒[1]（mehfil）。伊斯坦布尔的女性歌舞者大概只会为精英阶层的女性进行表演。在这座奥斯曼帝国的首都，在公共场合进行艺术表演的，似乎都是男扮女装的年轻男孩。

莫卧儿帝国的情况却大不相同。我们得知，对宗教无比虔诚的贾哈纳拉公主（Jahānārā，1614—1681）就特别喜欢一个舞女，她曾提到这位舞女创作了一支特别令她享受的舞。尽管贾哈纳拉

---

[1]　梅克里斯、梅赫非勒：诗会，莫卧儿帝国的诗会上有时会进行歌舞表演。

公主是伊斯兰教神秘主义的学者，但她似乎并不认为舞女出现在自己的随从队伍里是"不雅的"。不过无论如何，舞女的表演总归有点说不清楚。贾哈纳拉的皇弟奥朗则布一开始规定这种表演在宫廷一周只能进行一次，而且只能从远处观赏，宫廷贵族简短地享受过之后舞女就要立即退场。到了 1669 年，奥朗则布皇帝禁止在宫廷里进行歌舞表演。文学史学家们发现，到了 18 世纪，也算是超出了本书研究的时间范围，上流社会的交际花以及后来的精英阶层女性，许多都因诗歌造诣而闻名，其技艺之高超足以被载入诗歌类百科全书。沙达布·巴诺认为这种现象和印度庆典活动中数量与日俱增的女性歌舞表演有关：或许这也鼓励了已婚女性发展文学素养。可惜的是，很少有历史学家关注这一方面的社会进程。

总　结

在本章中我们已经看到，两个帝国留存下来的数量不平衡的档案文献使比较相关话题比之前更加困难。但至少，性别差异是奥斯曼帝国和南亚地区的社会结构的基本组成部分，这一点是很明显的。女性歧视在两个帝国中都极度猖獗，那么这样一个索然无味的事实又可以带给我们什么启发呢？

尽管莫卧儿帝国的细密画给我们提供了一些女性从事的工作的信息，但在书面史料方面，奥斯曼的卡迪登记册的记录则相对更加丰富，所以我们手头有关奥斯曼帝国女性的信息更多。由于伊斯兰教法赋予了女性（有限的）继承权，来自富裕家庭的女性则有可能来到奥斯曼卡迪法庭捍卫自己的财产权，甚至参与宗教基金会的管理。值得注意的是，南亚的许多有女性相关记录的官方档案似乎都出自穆斯林社群。另外，比起在单一的英文出版物中所能获得的信息，锡克教教徒（Sikh）、耆那教教徒和印度教徒的文献中女性的相关信息可能会更多一些——马拉地档案就是一个例子。

在印度，某些公主和贵族女性有很大的影响力：当然，我们关注的是统治阶级和被统治阶级之间的关系，因此统治阶级的人本身在我们的研究中的重要性就微乎其微。不过，与皇室女性打交道的女性也可能出现在文献里，其中就包括地位卑微的女仆和其他同伴。也许从宫廷史书以外，如奥朗则布的大量书信中，我们会获得比目前的已知材料更丰富的与女仆相关的内容。

同样，次大陆上与奴隶制相关的材料也可能比我们想象的更为丰富。关于奥斯曼奴隶的（相对）丰富的文献史料也是在最近三十年才得见的，随着对印度洋地区奴隶制的研究的不断深入，熟悉次大陆档案文献的学者也许会重新审视这一点。无论是对奥斯曼帝国的研究还是对莫卧儿或后莫卧儿政权的研究，我们都还有很多路要走。

附　录

总　结

那么，在我们从北印度莫卧儿王朝政权中心的视角远距离探究奥斯曼帝国的历史后，从中又能收获什么呢？如果笔者没有理解错，本研究也是成熟的研究奥斯曼历史的学者从奥斯曼帝国的角度出发，转而对印度莫卧儿王朝进行探讨的首次尝试。在将来的研究中，一定会涌现出对奥斯曼帝国和莫卧儿帝国同样熟悉的学者。但就目前而言，还请读者暂且忍受，笔者的专业只是研究奥斯曼帝国，而且无法摆脱由此带来的局限性。不过尽管如此，本书还是留给了我们一些值得深思的成果的。

历史、史学、人口（不可）安置及统治合法性

我们的研究在三个不同的层面上进行：首先，存在史料应用的问题，特别是在史学上，这本身就是个关键问题，因此需要比本书更详尽的处理。如果我们综观整个人类通史，那么奥斯曼苏丹和莫卧儿皇帝统治的政体和社会应该定位在哪里？我们应当超越许多旧的二次文献中普遍存在的简单化或是党派性的假设对它们重新进行定义。尽管有关封建主义、亚细亚生产方式和伊斯兰

教城市的争论已经属于20世纪后期的思想史，但其中包含的对人类社会和政治思想秩序的关注却仍然拥有现实意义。

虽然关于奥斯曼帝国或莫卧儿帝国是不是奉行封建主义的争论在20世纪80年代逐渐消失，但历史学家仍然需要探究统治阶级与被统治阶级之间的交互关系，尤其是研究涉及长途贸易的商人时。毕竟，随着20世纪末到21世纪初互联网在商业和日常生活中发挥的作用日益增大，世界帝国和国际经济系统以及地区和小型经济体之间的互动也成为具有政治价值的问题。因此，历史学家开始考虑，全球问题和地方问题之间的矛盾在近代早期是否重要。尽管这个问题与奥斯曼帝国和莫卧儿帝国的历史学家都息息相关，但对这个问题进行全方位的探讨对本研究来说还是过于宏大了。

此外，我们探讨了帝国的结构、政府官员以及这些统治精英所形成的政治文化，换言之，就是统治的建立与巩固。在这方面，安纳托利亚或巴尔干社会与北印度社会之间社会政治秩序的异同都尤为值得玩味。虽然我们没有强调王朝的兴衰，但需要注意的是，巴布尔的统治是"不断征战"模式的，他的都城随着自己征服的脚步而不断改变，这在某种程度上就与安纳托利亚和巴尔干半岛上14和15世纪的普遍情况相类似。在这些地区公国的生存时间往往并不长，所以大多数统治者及精英没有机会建立起全面发展的行政机构，而对于这些机构来说，带有办事处和档案馆的固定都城是实用甚至必要的。一开始，巴布尔的王国似乎并不牢固。他的多个儿子之间的继位战争给了阿富汗王子舍尔沙在北印度建立政权并驱逐巴布尔儿子胡马雍的机会。舍尔沙的统治一直持续到了他本人去世。

胡马雍得以重新确立莫卧儿王朝的统治，主要是因为获得了重要外部势力——伊朗沙的支持，这个重新崛起的方法是大多数失去王位的安纳托利亚或巴尔干大公所无法效仿的。毕竟，尽管帖木儿在与巴耶塞特一世的战争中恢复了众多安纳托利亚大公的地位，也因此成了这些小统治者的"外部支持"，但他在该地区的停留时间不长，还不足以彻底重建曾被巴耶塞特苏丹征服的政体。也就是说，他所提供的支持还无法与塔赫玛斯普沙给胡马雍的支持相提并论。

巴布尔的孙子阿克巴将莫卧儿王国扩张为一个成熟的帝国。从某种意义上说，阿克巴类似于奥斯曼帝国的穆拉德二世及其儿子征服者穆罕默德，他们牢固地确立了奥斯曼帝国对安纳托利亚和巴尔干大部分地区的统治地位。另外，当我们把目光转向阿克巴统治时期出现的宫廷文化时，可能会将这位16世纪后期的莫卧儿皇帝与立法者/伟大者苏莱曼相提并论。虽然正如前文所说，我们应当尽量避免将奥斯曼苏丹和莫卧儿皇帝的整体统治视为两条平行的线，但本书的研究也已经体现出，这两个帝国无论是在所采用的统治手段、税收方式还是吸收的波斯文化方面，都有很大的相似性。

尽管奥斯曼帝国和莫卧儿帝国都将征服视为统治合法性的来源，但两者的含义却是不同的。正如伊纳尔哲克半个多世纪前所言，奥斯曼帝国对安纳托利亚和巴尔干半岛的征服意味着当地精英阶层的部分成员加入了苏丹的军队和政府，其他人则在战争中丧生或移民。除了在一些边境行省，奥斯曼帝国统治阶级管辖的是统一的人口，穆斯林和非穆斯林都包括在内，统治者可以向其征税，或将其迁移到边地（流放）。假如信仰基督教的村民通过德夫希尔梅制度入伍，那么至少在15和16世纪，政府会将其视为苏丹的奴隶。然而，就算自然或人为的灾害导致人们无力纳税，苏丹也不能将自己的子民售卖为奴。伊斯兰大教长阿布·苏德认为，即便非穆斯林臣民发动反抗省督剥削的运动，但只要他们继续对苏丹效忠，那么没有人可以把他们降为奴隶。由于过度征税，阿布·苏德设想的叛乱势必常常发生。

然而，在莫卧儿帝国，正如伊尔凡·哈比卜指出的那样，未能缴纳应缴税款意味着犯罪，犯罪主体多数为农民，他们最终会被送入奴隶市场。也许，莫卧儿帝国的精英阶层认为，无论出于什么理由，不纳税都意味着反叛，这些人都应当沦为奴隶。哈比卜在此引用了17世纪旅行家弗朗西斯科·佩尔萨特和彼得·芒迪的游记作为一手史料。不过，理查德·伊顿并不认可这个看法，他认为，缴不起税的农民通常会逃进森林，而皇帝毕竟势力有限，无法抓到他们。另外，在印度境内征服战争期间或平定叛乱的战争期间被俘获的囚犯，实际上可能会在中亚以奴隶的身份丧生。即便阿克巴及他的部分继任者禁止向帝国以外的地区出售俘虏，但这种操作在现实中却仍在发生。

即便如此，比起16世纪以来的奥斯曼帝国，莫卧儿帝国征服某个地区以后，与之前的掌权者的谈判空间更大。例如，在征服德里苏丹国以后，当地的许多精英屈服了，并获得了扎吉尔作为弃暗投明的奖赏。也许他们的态度转变和14与15世纪屈服于奥斯曼帝国的安纳托利亚地区的小领主所经历的相似，后者投降的条件也是能够继续获得一部分地方的税收。另外，尽管奥朗则布征服了当今印度除了半岛最南端的大部分地区，但在帝国军队武力收服从前属于湿婆神的王国之前，马拉地仍然有一支强大的机动突袭部队，甚至连遥远的孟加拉也遭受过其侵袭。虽然阿克巴政府一度尝试将当地现存的种姓和地区首领（柴明达尔）变为服从统治的纳税人口，但取得的成果有限，而且是暂时的。尤其是在新近砍伐出的森林地带，低等级的柴明达尔和忠于他们的村民能够很轻易地逃到无人区域，就像那些缴不出税的农民一样。所造成的结果就是，莫卧儿统治者甚至从没有统治过一个"多多少少"统一的人口，而只是统治了一群大大小小的地方掌权者，以及将这些掌权者视为自己的直接统治者的居民。

造成奥斯曼帝国和莫卧儿帝国统治结构差异的主要原因，是次大陆上始终存在的"军事劳动力市场"。军事劳动力市场为兼职或全职的士兵提供了选择雇主的平台，他们可以自主选择开出的条件最好的那一个。假如雇主不符合他们的期望，那么他们也能轻易抛弃这个雇主。而在16世纪的奥斯曼帝国，这种情况却并不常见。尽管用伊纳尔哲克的话来说，17世纪早期"叛乱的帕夏"

也雇佣过类似的军队。换句话说,在18世纪安纳托利亚和巴尔干地区省际战争中进行战斗的士兵,很有可能也经过了类似发生于南亚的商业谈判,是为雇主服务的雇佣兵。同时,虽然被奥斯曼中央控制的近卫军和宫廷骑兵队伍从18世纪开始效率日渐低下,但还是降低了包括苏丹在内的奥斯曼帝国掌权者对当地各种军事劳动力市场的依赖。

当我们把目光从军事和行政事务转向政治领域,会发现另外一些相似之处的存在,但在仔细审视之下,统治合法化方面的差异其实更引人注意。一方面,16世纪的奥斯曼苏丹似乎认同千禧年思想,并会推行固有神圣性概念;另一方面,这种做法在伊斯坦布尔的苏丹宫廷并不常见,反而在胡马雍、阿克巴和贾汗吉尔的王朝是重点。此外,莫卧儿帝国托钵僧圣人的威信和潜在权力更为强大,也许足以与苏丹统治巩固前安纳托利亚圣人的相比。苏丹和皇帝都需要在臣民面前露面,而在奥斯曼帝国,这一要求的理由更加实际:一个优秀的统治者必须听到臣民的诉求。在莫卧儿帝国,这一点显然也很重要,但除此以外,想象或谒见神灵或君主 [达善[1](darshan)] 的宗教意味更加强烈。诚然,奥斯曼苏丹的露面也有一定的宗教意味。

对非穆斯林的治理方式也是统治穆斯林人口的合法化手段,在这一点上,奥斯曼苏丹似乎在征服阿拉伯地区(1516—1517)

---

[1] 达善:想象或谒见神灵或君主,是早期莫卧儿皇帝采纳的印度风俗。

以后改变了政策。在此之前，对非穆斯林臣民的"安置"［伊斯蒂玛莱特[1]（istimalet）］是重中之重，要让一部分基督徒在阿尔巴尼亚（Albania）拥有蒂玛，而其他基督教士兵则守卫奥斯曼的要塞。然而，在帝国成为一个多数人口为穆斯林的政体后，其他方面的考虑变得愈加重要：尤其是确保叙利亚和埃及的知名学者效忠苏丹这一点，因为对于他们而言，对异教徒的伊斯蒂玛莱特属于毫无必要的不合理让步。不过，我们也不用夸大乌理玛[2]（ulema）想法的关键性。毕竟，谢里姆一世在攻下大马士革后，就以示威的姿态下令，对伊本·阿拉比（Ibn 'Arabī, 1165—1240）的陵墓进行装饰，尽管他一定知道当地的许多宗教人士对这位神秘主义者颇不认同。从长远来看，与中欧哈布斯堡王朝的持续战争，使得巴尔干地区的基督教人口仿佛属于潜在的"第五纵队[3]"，毕竟在1517年以前，将他们轻描淡写地插入坚固的要塞堡垒就已经是一件很普遍的事情了。

从不同的层面上讲，奥斯曼帝国的宗教宽容性具有财政意义，因为非穆斯林人口缴纳的人头税（吉兹亚）对苏丹的国库做出了重大的贡献。即便如此，穆罕默德四世也十分乐意无视这一点，大力推动伊斯兰化，并因此闻名。不过到了17世纪末，将吉兹亚的收入最大化再次变得重要，与哈布斯堡王朝和神圣联盟

---

［1］ 伊斯蒂玛莱特：伊斯兰统治者对非穆斯林人口的安置。
［2］ 乌理玛：伊斯兰教国家对享有盛名的神学家和教法学家的统称。——译者注
［3］ 第五纵队：泛指隐藏在对方内部的间谍。

的战争（1683—1699）促使穆罕默德四世下令对吉兹亚进行改革，目的是增加国库收入。在另一边的莫卧儿帝国，吉兹亚并没有同等的财政意义，阿克巴废除吉兹亚并没有使国库收入骤减。大约一个世纪以后，奥朗则布再度开始征收人头税，这个举措也是近期史学学术界争论的话题之一。塔潘·雷乔杜里认为奥朗则布希望吉兹亚能够减少富裕印度教教徒的资产，以使他们考虑皈依伊斯兰教。相反，萨蒂什·钱德拉和理查德·伊顿却认为奥朗则布采取这一措施的动机与宗教信仰并无直接关联。在这两位学者看来，17世纪70年代，莫卧儿政权陷入危机的时刻，重新收取吉兹亚是动员穆斯林人口在德干地区展开全面战争的手段。

作为由穆斯林统治的帝国，其主要人口却是非穆斯林，而且武装分子的数量也颇为可观，因此莫卧儿皇帝除了采取被奥斯曼帝国称为伊斯蒂玛莱特的政策以外别无他法。另外，皇帝还必须面对伊斯兰学者的批判，他们反对一切向非伊斯兰教的妥协。无论读者接受哪一种解释，都应当考虑到，充实国库固然重要，但它排在宗教政治问题之后。之所以出现这种与奥斯曼苏丹大相径庭的态度，是因为可供莫卧儿皇帝支配的税收要多许多。

被统治阶级的世界：商人、手工业者和农民

从经济角度来看，奥斯曼帝国和莫卧儿帝国的主要区别在于：无论是阿克巴统治的还是后来奥朗则布扩张后短暂统治的莫

卧儿帝国，都是手工制品，尤其是棉纺织品的主要出口国。对于莫卧儿的精英阶层而言，纺织品是重要收入来源，尽管与农村税收比起来微不足道。印度商人和外国商人凭借其经营的庞大商业网络将这些商品远销海外，并带回了大量白银，这些白银多数留在了南亚。毕竟，当地居民进口的商品很少，大多是适合作战的马匹。众所周知，印度纺织品在西欧和北欧也拥有广阔的市场，而东南亚和非洲的客户也购买印度的素色棉布和印花棉布。东非当地统治者对南亚棉花的需求还助长了德里苏丹国的奴隶贸易，德里苏丹国对非洲奴隶士兵的需求量极大。

另一边的奥斯曼帝国出口的制造业产品的数量却极为有限：在16世纪前后，安哥拉出产的纺织品在波兰和威尼斯拥有市场，而17世纪的高品质丝绸则卖给了波兰贵族和莫斯科大公国精英，商人把安纳托利亚的地毯运往特兰西瓦尼亚的同时，也将一小部分运往意大利和西欧。农产品，包括原棉以及皮革和棉线这类半成品，其出口量要远远大于客户订购的制造业产品。奥斯曼帝国的手工业者主要还是为当地人，尤其是伊斯坦布尔庞大的消费市场服务。15世纪到18世纪的许多奥斯曼手工业者直接为其家乡或附近城市的市场制作产品。因此，与次大陆的情况相比，远途商人对奥斯曼帝国的手工业生产者的控制力度要小很多。在次大陆，提供给包括奥斯曼帝国在内的阿拉伯地区及其他东南亚地区市场甚至东非、欧洲市场的商品基本都由贸易商人来负责。

在奥斯曼帝国，除了个例以外，只有苏丹可以负担得起单独为自己家族生产的作坊，更重要的是，到了16世纪后期，穆斯塔法·阿里甚至认为这些皇家工匠所需的开支超出了他们自身的服务价值。在17世纪后期的某些时候，在苏丹高级官员的支持下，宫廷匠人的数量急剧减少。另一边，印度莫卧儿王朝宫廷的手工艺品占本国手工制造业总产量的一大部分，包括那些属于宫廷贵族以及后莫卧儿时期公国大公的手工艺品。相较之下，除非有新的史料出现并提供不同的证据，否则我们就可以认为，由省督和当地掌权者所有的家族作坊在奥斯曼帝国并不常见。

诚然，我们无法测算莫卧儿帝国宫廷和后来的附属国大公所赞助的作坊的生产规模。希琳·莫斯威认为，在阿克巴统治时期，皇室三分之二的钱是用来支付手工作坊生产的商品的。不过，皇帝及其男仆、女仆不仅会使用宫廷作坊生产的物品，还会消费采购自"普通"市场的商品，所以说莫斯威估算的金额并非全部流向了宫廷作坊。无论情况究竟如何，显然许多不参与出口贸易的手工业者都在尽力满足皇帝和贵族的需求——更不用说奥斯曼和莫卧儿帝国的军事机构还对产品有海量的需求，这一点和其他近代早期的政体是一样的。

两个帝国的商人都建立起了长途贸易关系。斯蒂芬·戴尔、斯科特·利维和阿勒普·班纳吉（Arup Banerji）的研究表明，通往欧洲的海上航线的运输量的增加并没有导致到俄国及中亚其他国家的陆地的贸易量的下降，至少在18世纪末以前是这样的。另外，海上交通不是欧洲商人独享的，古吉拉特的商人也会跨越印度洋，有时还会把去往麦加朝圣与贸易和放贷结合起来。也就是说，南亚商人会在也门、汉志、伊朗、俄国和东南亚地区开展业务，但在部分地区，相关史料确实有限。不过16世纪以后与莫斯科大公国（以及后来的俄国）相关的史料确实数量不少。

至于在苏丹治下从事长途贸易的穆斯林和非穆斯林商人，他们离开奥斯曼的领土后，最有可能向西行进。17世纪初期的亚美尼亚商人曾一度想在马赛（Marseilles）的生丝进口贸易中占有一席之地，但取得的成果只是暂时的。尽管一些亚美尼亚人也是伊朗沙的子民，但其他亚美尼亚人更可能来自阿勒颇，是奥斯曼帝国的子民。法国皇室最初是容忍外人来复兴马赛的贸易的，因为在16世纪后期的内战中，当地贸易遭受了巨大的打击。但当地商人并不欢迎外来竞争者，到了17世纪中叶，他们成功摆脱了亚美尼亚商人。另外，穆斯林、犹太人和东正教商人等奥斯曼的子民，曾于16世纪末到17世纪初在威尼斯做生意，直到克里特战争（1645—1669）以及1684—1718年一系列威尼斯与奥斯曼的冲突爆发，这些战争与冲突基本上使威尼斯商人在地中海东部地区绝迹。其他奥斯曼商人，包括东正教教徒和亚美尼亚人，曾活跃于18世纪的阿姆斯特丹。伊斯坦布尔和当时属于波兰如今属于乌克兰的利沃夫（Lwow/Lviv）之间也有定期的商队往来。18世纪，巴尔干商人——主要也是东正教教徒——在匈牙利、维也纳甚至莱比锡（Leipzig）的集会上都有业务开展。

相比之下，奥斯曼商人在帝国东部边境的商业活动较为有限。安德烈·雷蒙德指出，在18世纪以前，开罗商人很少在吉达或穆哈以外的地区行商。不过即使是这样，奥斯曼的商人还是会在苏拉特做生意，最好的证明就是18世纪著名的切拉比家族（Chelabis）。然而，在大约17世纪以后，苏丹手下的官员不再关注离开苏丹领土的奥斯曼子民，所以与之相关的档案文献记录很少，不过将来古吉拉特的档案记录也许可以填补这一空缺。

因此，奥斯曼商人对于与西方商人接触的重视，并非19世纪中期的新生趋势，而是可以追溯到更早的时候。由于埃及木材匮乏，对于许多奥斯曼商人而言，在没有苏伊士运河（the Suez Canal）的情况下，要将运输船开进印度洋，费用似乎高到令人望而却步。乍看之下这个观点显得落伍，但17世纪的奥斯曼旅行者艾弗里雅·切莱比就对重筑阿契美尼德王朝时期的苏伊士运河的好处进行过评论，他还发表了对17世纪后期航行在红海上的巨大的印度船只的看法。假如奥斯曼商人想要进入这个市场，就会遭遇强大的竞争对手，尤其是他还需要将货币带出国境——和法国国王一样，18世纪的苏丹对这种行为也持反对态度。

对奥斯曼和莫卧儿帝国的农村生活的研究也呈现出了一些相似的特性：两个帝国的君主都下令对农村居民进行常规登记。奥斯曼帝国的原始文件保留了下来，但对于莫卧儿帝国，我们则只能依赖阿布勒·法兹勒提供的数据。值得一提的是，史料来源的相似性令这两个帝国的差异显得更加突出。当然，尼罗河河谷和恒河-亚穆纳河平原彼此相仿，因为这些地区农业的繁荣都归功于河流的恩赐。即便如此，北印度肥沃土地的面积还是远远大于被尼罗河滋养的土地的面积，而且在恒河-亚穆纳河平原，一年可以有两次收成。除此之外，苏丹的陆军和海军消耗的多数小麦和大麦并非来自埃及，而是来自巴尔干地区，那里耕种困难，尤其是在西部的山区。结果就是，阿克巴统治时期末统计的农业税收是同时期奥斯曼帝国的三倍。

虽然两个帝国都继承了伊朗和中亚的统治传统，但二者的土地所有权制度只具有广义上的可比性，细节方面则差异巨大。奥斯曼苏丹声称自己是几乎所有农业耕地（米里）的所有者，并在众多法令中强调这个事实，而南亚农民耕种的土地的所有权则显然不是莫卧儿统治者重点关注的话题。尽管与奥斯曼农民相似，莫卧儿农民也是终身的佃农，但值得注意的是，在伊尔凡·哈比卜有关莫卧儿农业和税收的著作中，并没有专门探讨农民租期的章节。莫卧儿的多数农业税以货币形式支付，反映了莫卧儿经济更为广泛的货币化。在莫卧儿帝国时期，北印度的扎吉达尔在采邑扎吉尔上收的税也基本都是现金。相比之下，奥斯曼帝国的蒂玛拥有者收到的税则多数是实物。

由于干旱，这两个帝国的农民常常会陷入生存困境。在恒河-亚穆纳河平原以外，季风的缺席或晚至成了农民和手工业者生存的重大威胁。高利息使得多数农民无法偿清债务，而这些债务会让他们乃至后代沦为债权人的仆从。奥斯曼帝国不存在债务奴隶，即便如此，干旱也始终威胁着17世纪的安纳托利亚中部地区。尽管苏丹颁布法令要求任何纳税农民都不得在未经许可的情况下迁移，但无论是水资源的匮乏还是失业雇佣军的掠夺，都导致大量农民离乡背井，尤其是在最易遭受干旱的地区生活的农民。另外，大规模耕地（奇夫特利克）的所有者借佃农和劳工之力，为国内或出口市场生产仍是少数现象，尤其是在安纳托利亚地区。正如忽里西罕·伊斯兰奥卢所言，农村的精英阶层可以通过出售农民缴纳的农产品来获取利益，因此在许多地方，他们对接管农民的土地并没有什么兴趣。

被统治阶级：女性和奴隶

奥斯曼帝国留下的大量档案文献足以让学者对很少被记入叙事史料的人——尤其是非精英阶层女性和奴隶——进行深入的研究。在我们所研究的时间范围内，卡迪的登记册是最可靠的史料来源，可即便在这些地方记录中，"低等阶层"的出现次数也极其有限。

而在对南亚非精英阶层女性的研究方面，古吉拉特的史料则尤为重要，尽管多数只剩下复制品。这部分文献多数来自苏拉特，往往涉及的是拥有财产的穆斯林女性，因为伊斯兰教法保护了女性对亲人财产的继承权。有趣的是，当时在苏拉特最常见的操作，是去寻找最有可能支持原告诉求的法院，这种被称为"挑选法院"的做法也是奥斯曼人的习惯，如今已经是研究奥斯曼帝国法律的历史学家所青睐的课题。也就是说，尽管有犹太教禁令，奥斯曼帝国的犹太人还是可能寻求萨洛尼卡的穆斯林卡迪的判决，而古吉拉特的印度教教徒也会向穆斯林卡迪提起诉讼。费尔哈特·哈桑一度提醒我们，伊斯兰教法和通行的亲属制度其实并不偏向于保护女性的利益，尤其是在财产纠纷中，而犹太人或印度教教徒则更缺乏保护女性权益的传统。

我们从对奥斯曼帝国的研究中获得的任何与女性相关的信息，几乎都只涉及拥有一定财产的城市女性。毕竟在任何社会，掌握一定数量的物质资源是能够在书面记录中出现、受人尊重并享有地位的前提。在卡迪的书记员写的遗产清单中，我们发现，女性拥有的财产包括房屋和/或花园、优质的纺织品和珠宝，可能还借出了一些外债，无论是否收取利息。事实上，对奥斯曼女性的历史研究源于20世纪七八十年代，重点就是"女性及财产"问题。而现在，女性应对暴力和奴役的方式，对自己的荣誉以及婚姻选择的努力尝试，也是人们所青睐的课题。社会历史学家的选择，反映的其实是他们自己所生活的社会关注的议题，因此我们也可以推测，土耳其城市女性以及对妇女抱有同情之心的男性对殴打妻子的丈夫的反对，尤其是对"荣誉谋杀"的反对，在其中发挥了一定的作用。

在过去的十年中，研究奥斯曼帝国历史的学者也开始关注男女奴隶，尤其是女性奴隶。直到最近，对包括奴隶在内的各种形式的非独立劳动人口的研究，通常是由致力于研究奥斯曼帝国末期的学者或研究地中海海盗与海盗活动的历史学家来完成的。然而现在，这类议题也吸引了研究 16 世纪到 18 世纪奥斯曼历史的"主流"历史学家。人们对这方面兴趣激增的原因之一应该是研究奥斯曼历史的学者终于将个人服务纳入了"工作"的范畴，因此也就能够把在精英阶层的家或花园里劳动的奴隶的工作囊括在内。对慈善项目和文化交流有研究的历史学家也关注奴隶被解放的问题——解放奴隶的事情时有发生。对此感兴趣的奥斯曼历史研究者假如想要获得这方面的一手史料，可以对圣彼得堡（St Petersburg）的档案以及克里米亚的卡迪登记册进行探究，因为在16 和 17 世纪，奴隶的俘虏和出售对克里米亚地区来说有重要的经济价值。

在南亚，奴隶的出口与进口规模都相当可观。印度人、葡萄牙人、英国人等都会从非洲引进奴隶，引入半岛地区国家的奴隶数量尤其多。还有一些男性、女性奴隶来自莫卧儿帝国，尽管官方并不赞成，但还是会有父母在饥荒期间卖掉自己的孩子，甚至也有丈夫卖掉妻子的案例记录。在莫卧儿和后莫卧儿时期，与印度相关的二次文献经常提及奴隶，但很难弄清楚其中奴隶的实际数量。即便如此，还是有一些历史学家始终致力于研究奴隶问题。

危机与化解：政治经济与政治文化的博弈

本书并没有探讨奥斯曼帝国或莫卧儿帝国的衰落。这两个政体在18世纪遭遇的危机在何种程度上影响了纳税人群？对这个问题的研究是艰巨的任务，需要深入的探讨。遗憾的是，奥斯曼帝国背景下的相关研究仍处于起步阶段。在探究奥斯曼帝国的衰落问题时，奥斯曼历史的研究者往往更强调来自外国对手的压力，尤其是俄罗斯和后来的法国与英国，巴尔干半岛人民的（原）民族主义追求也威胁着苏丹的统治。这种说法一般最适合于19世纪的社会状况，但最近的研究也开始对它与18世纪下半叶的关联进行探究，这正是《库楚克－开纳吉条约》（1774年）的签订威胁着伊斯坦布尔的粮食供应的时期。因为从那时起，俄国船只可以进入黑海，在战争时期可以阻挠奥斯曼帝国的船只到达伊斯坦布尔。不仅如此，奥斯曼和俄国之间在瓦拉几亚和摩尔达维亚频繁发生的战役也破坏了农业收成，迫使农民不得不离开家园。

对探究精英阶层和非精英阶层的关系的历史学家而言，较大的困难之一是多数与奥斯曼帝国"衰落"相关的研究都集中在精英阶层身上，普通百姓只作为过度征税、战争、抢劫以及其他厄运的受害者出现，而他们并没有办法保护自己。尽管这种观点在一定程度上具有合理性，但就本书的研究目的而言，我们必须集中精力关注被统治阶级中的不同人群。巴基·泰兹詹提出，在17和18世纪奥斯曼的大城市里，尤其是在伊斯坦布尔，士兵和手工业者的联合显然降低了军事效率。此外，这样的结合让广大城市穆斯林居民在政治上有了发言权，这是 16 世纪苏丹治下的城市里穆斯林居民不曾拥有的权利。不过就像硬币有正反两面一样，伊斯坦布尔大量的非穆斯林人口并不能享有同样的优势，这很有可能鼓励了富裕的基督徒和犹太人寻求欧洲领事馆的庇护。

为了说明另一个例子，我们需要更了解奥斯曼帝国的非正规军士兵。18 世纪，跨越哈布斯堡王朝边境进行袭击变得越来越艰难，他们也因此丧失了生计。在远离边境的地区，只要雇佣他们的省督失去职位，受雇的雇佣军就会失业。更麻烦的是，非正规士兵在战斗结束后——甚至在结束前——就会被解雇，因此往往无法获得全额薪水。于是这些人利用自己的武装力量以掠夺为生，在这种情况下普通的村民生活得更加艰难，他们在养活自己的同时还需要生产出供给军队、宫廷和首都的其他产品。托尔加·埃斯梅尔（Tolga Esmer）就探究过一个关于这种雇佣兵的故事——雇佣兵在 19 世纪初期参与过各种战争。诚然，这已经远远超出了我们研究的时间范畴——不过他以 18 世纪众所周知的方式使自己的行为合法化。在整个 18 世纪，保加利亚语、土耳其语和阿拉伯语的读写得到了更广泛的普及，出现了更多反映各种各样"普通"百姓的生活经历的文本。弗拉察（Vratsa）一位教名为索弗罗尼（Sofroni，1739—1813）的主教，作为士兵暴力侵害的受害者，就留下了一段记录，讲述奥斯曼帝国无法向军队提供足够的供给时，士兵像强盗一样掠夺的行为危害了将来的税收，并损害了巴尔干地区的非穆斯林人口对苏丹的忠诚度。面对无力满足的要求，许多东正教教徒转而向沙皇投诚，尽管人数还算不上庞大，索弗罗尼也违背良心而放弃了自己教区的信徒，逃往瓦拉几亚的修道院寻求庇护。

对莫卧儿王朝的衰落的研究与奥斯曼帝国的有所不同，原因很简单，莫卧儿帝国在18世纪期间就解体了，而当时奥斯曼帝国却依然存在，即便已经衰败了不少。M.阿塔尔·阿里（M. Athar Ali, 1925—1998）就曾经提出，尽管莫卧儿政体乃至其"后代公国"在英国东印度公司和其他任何欧洲势力入侵并发展到足以影响印度的政治平衡前就已经解体了，但早在18世纪，欧洲贸易就已经对它们产生了负面的影响。然而，作为一位严谨的学者，他也承认没有足够的证据来支持这种说法。

在阿塔尔·阿里看来，更重要的一点是，莫卧儿精英阶层并没有理解科技创新——包括时钟、火枪以及望远镜——的重要性。我们可以类比奥斯曼史的研究者关于印刷业滞后的讨论。并不是说印度莫卧儿帝国完全没有进行技术创新，事实上，伊尔凡·哈比卜的研究表明情况恰恰相反。最近，乔吉奥·列略对印度印花棉布的精美进行了专门探讨，其技术精湛程度连当时的欧洲人也要努力从中学习交易的奥秘。即便是这样，莫卧儿帝国的技术进步速度仍然十分缓慢，这影响了包括城市化在内的诸多关键进程。与20世纪七八十年代的普遍观点相反，阿塔尔·阿里的观点是，城市并非农村经济的寄生虫。他认为，在农业危机时期，城镇反而是安全阀。阿加特·达塔后来进一步发展了他的思路。

阿塔尔·阿里认为，由于对欧洲的出口，印度当地富豪更难获得本地生产的奢侈品，有限的供应导致了激烈的竞争。这些竞争使农民、手工业者、商人生活得更加困难，其影响甚至超过官方课税的影响。同时，在伊尔凡·哈比卜看来，即便农民叛乱并非导致帝国瓦解的最后一根稻草，精英阶层的过度剥削也是莫卧儿王朝衰败的关键因素。另一部分历史学家则重点关注所谓的扎吉尔危机：对德干的征服需要获得当地前贵族的支持，因此莫卧儿朝廷对他们非常慷慨，但矛盾的是，尽管统治得到了巩固，可供分配的资源却变得越发稀缺。更详细的研究也表明，这些税收来源可能是可以"在实际中"获得的，但莫卧儿政府大概没有与当地贵族成功建立联系，从而使中央政府得以处置这部分有争议的税收。

另外，穆扎法尔·阿拉姆提出了另一种解读方法。在对18世纪初的阿瓦德和旁遮普的研究中，他指出，这些地区的经济正蓬勃发展，这也使得该地区的莫卧儿省督获得足以脱离帝国中央控制的武装力量。从动机来说，这些地方巨头中的一些人开始觉得中央并没有为他们带来什么利益，尽管在官方层面仍然承认帝国政府的地位，但这种感觉促进了帝国事实上的瓦解。

相比之下，在阿拉姆2013年的著作的第二版的序言中，他不再强调政治经济，而侧重政治文化因素。他如今着眼的事实是，既定的宫廷贵族往往是伊朗或中亚其他国家的后裔，他们不愿意容忍新的印度精英崛起——这些精英很可能起源于城市商业界甚至是更低下的圈子。1707年奥朗则布驾崩后，迅速更迭的各任君主没有发展出统治必需的个人权威，无法与新兴商人及其他"暴发户"——通常是印度人和印度教教徒——达成妥协，也使得情况变得更加复杂。阿拉姆并不认同阿塔尔·阿里的观点，他不认为莫卧儿王朝在文化层面没有足够的创新。然而，他也确实认为，莫卧儿中央政权在18世纪的衰落的确与其政治文化的失败有关。享有名望的文人时刻准备着贬低新兴的同行和皇帝本人，但皇帝又没有给出合适的政治回应，以满足新人对承认和包容的需求。尽管角度不同，阿拉姆还是认同，在18世纪初，文化的失败是造成莫卧儿政权下的社会、政治和宗教迅速瓦解的关键原因。

结　论

本书所探讨的话题并非多数奥斯曼史研究者所青睐的——甚至笔者怀疑是否还存在其他对此感兴趣的研究奥斯曼帝国的学者。此外，在阅读本书时，读者一定会想到本该探讨或能够探讨却没有涉及的方方面面，部分原因是篇幅的限制，另外也是由于笔者的语言能力和其他领域知识的欠缺。而且，在初次进入一个领域时，很容易会错失一些重要的史学进展。希望后来的研究者可以对此进行必要的修订。

时间线

年份	奥斯曼帝国	莫卧儿帝国
1336—1405	帖木儿（跛子帖木儿的一生）	帖木儿（跛子帖木儿的一生）
1398		帖木儿击败德里苏丹国马哈茂德·图格鲁克（Mahmūd Tughluq）苏丹，在德里进行大屠杀
1402	帖木儿在安卡拉战役中击败巴耶塞特一世	
1421—1444，1446—1451	穆拉德二世统治时期	
1453	奥斯曼帝国军队征服君士坦丁堡，即（后来的）奥斯曼首都伊斯坦布尔	
1481	奥斯曼帝国军队入侵意大利城市奥特朗托（Otranto），并于次年穆罕默德二世逝世后撤退	
1481—1512	巴耶塞特二世统治时期	
1483—1530		莫卧儿王朝的第一个统治者、帖木儿后裔—巴布尔的一生
1512—1520	谢里姆一世苏丹统治时期	

（续表）

年份	奥斯曼帝国	莫卧儿帝国
1514	谢里姆苏丹击败伊斯梅尔一世沙，获得查尔迪兰战役的胜利	
1516—1517	奥斯曼帝国征服叙利亚和埃及	
1520—1566	苏莱曼苏丹统治时期	
1521	奥斯曼帝国征服贝尔格莱德	
1526	苏莱曼苏丹在莫哈奇战役中击败拉约什二世	巴布尔在第一次巴尼伯德战役中战胜罗第王朝
1527		巴布尔在坎努战役中击败拉其普特统治者拉娜·桑伽（Rana Sangra）
1529	苏莱曼擢升侍卫长约翰·佐波尧为匈牙利国王，但未能攻占维也纳	
1530—1540，1555—1556		巴布尔的儿子胡马雍统治时期。胡马雍曾被驱逐出印度，但在萨非王朝的帮助下重建莫卧儿政权
1533—1536	苏莱曼向萨非王朝宣战，并最终占领了伊拉克	

（续表）

年份	奥斯曼帝国	莫卧儿帝国
1538	奥斯曼帝国在海雷丁·巴巴罗萨的指挥下，击败西班牙、威尼斯和热那亚的联合舰队，获得普雷韦扎海战的胜利	
1548—1626		马利克·安巴尔的一生。他抵御了莫卧儿帝国几十年来对尼扎姆·沙希王朝的侵略
1556	莫斯科大公国征服阿斯特拉罕汗国	奥斯曼海军将领赛义迪·阿里·雷斯作为大使访问胡马雍和阿克巴的宫廷；第二次巴尼伯德战役爆发，阿克巴击败喜穆（Hemu），将其处决
1556—1605		阿克巴统治时期
16世纪50年代末		卡其瓦哈王朝琥珀堡大公比哈尔·马尔，臣服于阿克巴
1570—1573	奥斯曼帝国与神圣同盟开战，从威尼斯手中夺走塞浦路斯	
1572		阿克巴攻占古吉拉特
1576		莫卧儿帝国巩固对孟加拉的统治

（续表）

年份	奥斯曼帝国	莫卧儿帝国
1589		莫卧儿帝国征服喀什米尔之始
1600		莫卧儿帝国征服尼扎姆·沙希首都艾哈迈德讷格尔
1605—1627		贾汗吉尔统治时期
1627—1680		1674年以来的马拉地国王西瓦杰·邦斯拉的一生
1628—1658		沙贾汗统治时期
1645—1669	奥斯曼帝国与威尼斯爆发争夺克里特岛之战，奥斯曼帝国于1669年攻占干地亚（Candia），彻底征服克里特岛	
1648—1687	穆罕默德四世统治时期，奥斯曼帝国的全盛时期	
1658—1707		奥朗则布统治时期
1664和1670		西瓦杰两次洗劫莫卧儿港口城市苏拉特
1665		奥朗则布命拉贾·贾伊·辛格·卡其瓦哈出征，后者征服了西瓦杰在布伦特尔的关键要塞

（续表）

年份	奥斯曼帝国	莫卧儿帝国
1683	奥斯曼帝国第二次围困维也纳失败	
1685		奥朗则布征服比贾布尔
1699	《卡尔洛维茨和约》：奥斯曼帝国失去大部分匈牙利的土地	
1707年后		莫卧儿帝国出现了一批在位时间短和/或治理效率低的统治者，从巴哈杜尔·沙一世（Bahadur Shāh I，1707—1712年在位）到法鲁赫希亚尔（Farrukh-Siyar，1713—1719年在位）
约1722年及以后	奥斯曼帝国开始有计划地夺取伊朗的土地，尤其是大不里士，1725—1729年，奥斯曼帝国占领大不里士	吉勒宰攻占伊斯法罕，伊朗沙出逃，萨非王朝在伊朗的统治终结
1739		纳迪尔沙洗劫德里
1742—1751		马拉地的袭击动摇了后莫卧儿公国在孟加拉和穆尔希达巴德的政权

（续表）

年份	奥斯曼帝国	莫卧儿帝国
1757		凭借一个复杂的计谋，英国东印度公司击败纳瓦布西拉杰·乌德·达乌拉，赢得了普拉西战役的胜利，获得在孟加拉的收税权
1759		在所谓的"城堡革命"中，英国东印度公司占领苏拉特军事要塞
1761		第三次巴尼伯德战役，阿富汗统治者艾哈迈德沙·杜拉尼战胜马拉地军队
1768—1774	俄土战争爆发，奥斯曼帝国惨败	
1774	《库楚克–开纳吉条约》签订，奥斯曼帝国失去克里米亚	

重要名词及术语汇编

"奥"即奥斯曼帝国词语，"莫"即莫卧儿帝国、次莫卧儿或后莫卧儿
公国词语

新军	Acemi oğlan	奥	近卫军候选人，等候加入近卫军的机会
司法令	Adâletnâme	奥	16和17世纪颁布的法律条款，禁止了一系列常见的对纳税人的盘剥行为
阿克切	Akçe	奥	奥斯曼银币，在16世纪后期大幅贬值
阿克尼济	Akıncı	奥	奥斯曼军队的非常规部队，曾在征服鲁米利亚的过程中发挥了重要作用，后来被降为先头部队，在主力军参战前对当地居民起威吓作用
阿拉查	Alacha /alaca	莫	孟加拉语，是一种色彩鲜艳的条纹图案丝织物，也许同奥斯曼帝国市场上销售的某种名为"阿拉查"的"混合"或"条纹"图案织物有一定关联
阿拉斯塔	Arasta	奥	商店林立的街道，通常是一举建成的，赚取租金以提供给某个宗教基金会使用
阿斯科利	Askeri	奥	苏丹的仆人，免缴大部分税收。尽管"阿斯科"（asker）的意思是"士兵"，但包括法官和教士在内的学者兼官员也属于阿斯科利

（续表）

阿瓦利兹税	Avarız-ı divaniyye	奥	16世纪后期奥斯曼帝国迫于战争压力征收的非常规税种，后来逐渐成为常规税种
阿扬（穆斯林），可卡拔斯（基督徒）	Ayan, kocabaşı	奥	地方巨头或显贵。阿扬可以通过非正规渠道取得地位，或是通过地方选举后受政府任命；可卡拔斯充当收税人，需要苏丹政府的直接任命
巴巴	Baba	奥	意思是"爸爸"，同样也用来称呼托钵僧贤者
巴以罗	Bailo	奥	威尼斯驻伊斯坦布尔大使
巴斯穆哈瑟贝	Başmuhasebe	奥	中央对账办公室
有顶集市	Bedestan	奥	带顶棚的市场，通常是用石头建造的
贝斯勒梅	Besleme	奥	由条件优渥的家庭养大的穷人小孩，即童养仆，长大后提供相应的服务
贝勒贝伊	Beylerbeyi	奥	省督，在帝国早期管理的区域很大，后来苏丹划给贝勒贝伊的区域较小，但安纳托利亚和鲁米利亚的贝勒贝伊领地还是一如既往的面积广阔
贝勒贝伊领	Beylerbeylik	奥	贝勒贝伊管辖的行省
比萨特	Bisat	奥、莫	没有固定摊位，只能摆地摊的小贩。焦特布尔采用的是这个词的变体
博恰	Bohça	奥	用来包装昂贵商品的布料，有的图案精美

（续表）

海运商队	Caravane maritime	奥	18世纪，运送货物的往返奥斯曼的法国或意大利商队，常与当时处于奥斯曼统治下的希腊商队竞争
恰舍	Çarşı	奥	用来做生意和工艺品的街道或区域
市集画家	Çarşı ressamları	奥	在公共市场提供画作的细密画画家，这些画作比供给宫廷的简陋。由于画家并不署名，我们不知道他们是不是因为作品失去精英阶层的喜爱而沦为普通市场的画家
乔吉	Chowki	莫	路上的哨所或检查站
吉兹亚	Cizye/Jizya	奥、莫	一种曾经在伊斯兰国家向非穆斯林人民实施的人头税
奇夫特利克	Çiftlik	奥	a.足够养活一个家庭的耕地；b.非农民的农场主为利益和/或社会声望而经营的耕地
奇夫特哈内制	Çift–hane system	奥	哈利勒·伊纳尔哲克用来研究农民耕地租期的术语（参见"哈内"）
单姆	Dam	莫	印度的一种铜币
宫殿阳台	Darokha	莫	莫卧儿宫殿城墙上装饰精美的阳台，皇帝在此接受公众朝拜
达善	Darshan	莫	想象或谒见神灵或君主，是早期莫卧儿皇帝采纳的印度风俗
德弗特达尔	Defterdar	奥	财政长官

（续表）

打耳班	Derbend	奥	由特权农民打耳班得恰（der-bendci）驻守的山顶关哨
德夫希尔梅	Devşirme	奥	奥斯曼帝国从其基督教臣民的男孩中募集兵丁的制度
迪立克	Dirlik	奥	参见"蒂玛"
公众觐见大厅	Divān-i 'amm	莫	皇帝宫殿中用来召开大型聚会的场所
杜尔巴	Durbar	莫	皇帝主持的庄严集会，帝国权贵们必须参加
天才团体	Ehl-i hiref	奥	服务于苏丹宫廷并赚取工资的画家或手工艺人群体
奥尔夫之民	Ehl-i örf	奥	地方首脑及其武装部队
EIC	EIC	莫	英国东印度公司
艾希尔	Esir，üsera	奥	战俘、奴隶
穷人	Fukara	奥	也用来称呼托钵僧
《圣人纪》	Fütüvvetnâmes	奥	总结行为准则的书，在前奥斯曼和奥斯曼帝国的某些手工业者群体中流行
卡扎瓦	Gazavat	奥	打着推进伊斯兰教普及口号的掠夺战争
库鲁什	Guruş	奥	17世纪和18世纪奥斯曼模仿欧洲银元生产的属于自己的银币，进口的银币不仅价值不高，且容易被伪造

（续表）

汉	Han	奥	有一个或两个院子的商业建筑，贸易商人和手工业者可以在此投宿，收取的费用通常用以维持慈善机构的运行
哈内	Hane	奥	单个家庭，官方认定的农村社会"基石"
哈乃斐	Hanefi，在南亚为 Hanafi	奥、莫	伊斯兰逊尼派四大教法学派之一
哈斯	Has	奥	岁入超过 10 万阿克切的封邑，通常被授予省督或苏丹皇室成员
乎尔	Hul'	奥、莫	一种离婚模式，由女方提出，女方需要向男方支付一笔费用。或者说，如果男方提出离婚，则需要向女方提供抚养费，但女方提出乎尔的话，则需要放弃至少三个月的抚养费。通常，提出乎尔的女方也需要给男方一定的现金
简明税收账册	Icmâl	奥	税务登记册塔利尔的一部分
伊贾拉	Ijāra	莫	由竞标决定的农村税收转让承包。中央并不认可包收租税，因此只允许针对恢复废弃田地的伊贾拉；然而违规行为还是频繁发生
伊贾拉达尔	Ijāradār	莫	从伊贾拉合同中获益的人，即前文所说的为扎吉达尔收税的包收租税人

（续表）

以撒里耶	İrsaliye	奥	向伊斯坦布尔缴纳的贡税，通常来自没有蒂玛的行省
伊斯蒂玛莱特	Istimalet	奥	伊斯兰统治者对非穆斯林人口的安置
扎吉尔	Jagīr	莫	皇帝分配给将领和大臣的大片税收封地，以保证他们为自己提供军事和行政服务
扎吉达尔	Jagīrdār	莫	扎吉尔的拥有者。他们终身享有征收封地田赋的权利，但不能世袭，对封地也没有所有权
卡勒	Kale	奥	城堡，是当时的一种防御工事
卡卡那	Kārkhāna	莫	莫卧儿皇帝以及次莫卧儿或后莫卧儿大公以及贵族赞助的作坊，生产的产品多数供权贵使用
卡萨巴	Kasaba	奥	奥斯曼土耳其语和现代土耳其语中"小镇"的意思
卡扎	Kaza	奥	卡迪所在的行政区，比旗（也就是桑贾克）小
汗·伊汗纳	Khān-i khānān	莫	莫卧儿宫廷的高级官职
库尔	Kul	奥	苏丹的仆人之一，免税，依附于苏丹，类似奴隶
七库鲁克	Kulluk, yedi	奥	"七种奴役"，是奥斯曼帝国早期的奴役劳动，后来转化成了现金支付的形式
雇佣军	Levent	奥	通常是海军

（续表）

玛达伊玛沙	Madad-i ma'āsh	莫	发给宗教人士的财政补助
马德拉沙	Madrasa（medrese）	莫、奥	奥斯曼帝国的伊斯兰教法学校，莫卧儿帝国的未来行政人员培训学校
马哈勒/马哈拉	Mahalle，mahalla	奥、莫	城区
庇护之地	Mahruse	奥	"受到保护的地方"，通常指苏丹的财产，特指城市
麻力勘	Malikâne	奥	有多重含义，此处指终身包税区
曼迪	Mandi	莫	低级市场
曼沙布	Mansab	莫	莫卧儿皇帝派遣或设立的高等军队或办事处
梅克里斯，梅赫非勒	Meclis，mahfil	奥、莫	诗会，莫卧儿帝国的诗会上有时会进行歌舞表演
梅夫列维哈内	Mevlevihane	奥	米列维教团托钵僧僧舍
到期应付款	Mihr-i müeccel	奥	丈夫在离婚时应当给妻子的一笔钱。如果丈夫先于妻子离世，那么遗嘱执行人也应当从遗产里拿出一笔钱，给遗孀到期应付款
米里	Miri	奥	最终拥有权归于苏丹的田地、草原和树林，农民对其拥有租用权

（续表）

穆法沙	Mufassal	奥	常见于15、16世纪的详细的税收登记册，蒂玛和扎米特就是根据穆法沙来分配的。参见"简明税收账册"
穆哈台斯布	Muhtesib	奥	意译为"市场监察员"，主要负责监察市场，也要负责道德风纪的监察
穆卡特比	Mükâtebe	奥	奴隶主和奴隶签订的合约，规定奴隶完成某项任务后即可获得人身自由。合约签订后，奴隶主无权废止合约
穆拉卡	Muraqqa'/murakka	莫、奥	书法和细密画作品集，通常装订精美
御画坊	Nakkaşhane	奥	奥斯曼宫廷赞助的"艺术办公室"
纳尔	Narh	奥	行政规定的价格清单
纳瓦布	Nawab	莫	印度莫卧儿帝国时代各邦总督的称谓，国王或皇帝座下的二把手
尼尔	Nirkh	莫	孟加拉官方文件上记载的价格，但是统治者通常会认可卖方设置的价格
尼扎姆	Nizâm，后来写作nizâmnâme	奥	正规的行会规则条例记录
帝国秩序	Nizam-ı alem	奥	实际上指为了避免苏丹的儿子针对皇位发起的长期战争而使皇位迅速得到继承

（续表）

纽祖尔税	Nüzul	奥	为奥斯曼军队通往前线的道路上预先设置的停靠站仓库提供供给的税种
奥苏尔	Öşür, aşar	奥	什一税，是伊斯兰教法认可的税种。事实上，该税税率会超出十分之一，一些安纳托利亚的村民甚至需要缴纳双倍的税
种姓长老会	Panchayat	莫	地方（亚）种姓长老会
帕尔戛纳	Pargana	莫	次级行政区域
帕塔特	Paytaht	奥	苏丹的住所
彭齐克	Pencik	奥	占所有战利品的五分之一
皮阿斯特	Piastre	奥	原指源自西班牙（里亚尔）或荷兰（阿斯兰尼）的银币，后用来称呼奥斯曼的库鲁什银币
卡斯巴	Qasbah	莫	小镇
莱雅特	Ra'īyatī	莫	非精英阶层纳税人群
拉达里	Rāhdārī	莫	过境费
拉其普特	Rajput	莫	声称是原印度武士阶级刹帝利后裔的印度军人阶级，一部分是莫卧儿帝国忠实的盟友，另一部分则是帝国的宿敌
拉亚	Reaya（单数写作raiyyet）	奥	非精英阶层纳税人群
可怜的拉亚	Reaya fukarası	奥	苏丹"可怜的子民"，是奥斯曼帝国留存下的文献在引导适度收税的时候经常使用的词语

（续表）

进一步纳税	Resm-i çift	奥	穆斯林农民为了保有其耕地而缴纳的税
特别税	Resm-i tapu	奥	除了死者儿子以外的人继承耕地时需要缴纳的税
桑贾克	Sancak	奥	行政区类别，即旗
沙里亚法	Sharia，奥斯曼土耳其语写作 şeriat	奥	伊斯兰教法
西希勒纳梅	Silsilename	奥	此处指饰有肖像画的奥斯曼苏丹谱卷
西帕希	Sipahi	奥	为皇宫服务或以农村贡税为生的骑兵，参与苏丹的战争
流放	Sürgün	奥	人们被驱逐到苏丹指定地点
塔博尔/战车要塞	Tabor, wagenburg	奥	奥斯曼军队成功运用的战术：将炮车连接起来，由士兵在旁护卫，部队从车队里轮流集结并发起进攻
塔利尔	Tahrir, tapu tahrir	奥	税务登记册，主要用于15—16世纪，登记册上列明省、区和聚居点及纳税人，包括税收豁免等。有些文件还列出农业税，是分配蒂玛的依据
解放	Tedbir	奥	奴隶主做出其死后释放奴隶的承诺
泰尔举曼/台尔果	Tercüman, dragoman	奥	职业翻译（水平参差不齐）

（续表）

蒂玛	Timar/dirlik	奥	年收入不足2万阿克切的税收封地。蒂玛拥有者必须加入苏丹的骑兵队伍，并根据其蒂玛的规模招募士兵
军阀	Uç beğleri	奥	参与苏丹征服巴尔干战争的半独立军队
瓦合甫档案	Vakfiyye, vakıfname	奥	创建宗教基金会的档案
瓦合甫	Vakıf, 复数写作evkaf	奥	宗教基金会
瓦哈比	Wajabī	莫	"适度原则"，表现为统治者必须维护一定程度的正义，倾听臣民的诉求，并确保适度收税
瓦坦扎吉尔	Watan jagīr	莫	臣服于莫卧儿皇帝但仍然保有自己家族税收采邑的大公治下的扎吉尔。与普通扎吉尔不同，瓦坦扎吉尔并不需要几年更换一次
亚亚、穆色勒姆	Yaya, müsellem	奥	有正式耕地的农民士兵，活跃在早期奥斯曼军队中
柴明达尔	Zamīndār	莫	印度对一种土地拥有者的称谓，指（多多少少）融入莫卧儿系统的地方首脑，负责低等级的收税

（续表）

扎特	Zāt	莫	个人在朝廷的官方职位等级的量化表达。在阿克巴统治下，500扎特即为贵族，到了17世纪，扎特"通货膨胀"，1000扎特才算贵族
扎米特	Zeâmet	奥	年收入介于2万到10万阿克切之间的税收封地。扎米特拥有者被称为扎米或苏巴斯，需要率领一定数量的士兵一起加入苏丹军队